21世纪高等院校工商管理硕士教学用书

谢玉华 李亚伯 编著

管理沟通

理念·技能·案例

第三版

Managerial Communication

Ideas Skills Cases

3rd edition

东北财经大学出版社
Dongbei University of Finance & Economics Press   大连

图书在版编目（CIP）数据

管理沟通：理念·技能·案例／谢玉华，李亚伯编著．
—3版．—大连：东北财经大学出版社，2017.1（2017.8重印）
（21世纪高等院校工商管理硕士教学用书）
ISBN 978-7-5654-2612-4

Ⅰ.管…　Ⅱ.①谢…②李…　Ⅲ.管理学-研究生-教材
Ⅳ.C93

中国版本图书馆 CIP 数据核字（2016）第 302378 号

东北财经大学出版社出版
（大连市黑石礁尖山街 217 号　邮政编码　116025）
网　　址：http：//www.dufep.cn
读者信箱：dufep @ dufe.edu.cn
大连图腾彩色印刷有限公司印刷　　东北财经大学出版社发行

幅面尺寸：185mm×260mm　　字数：508 千字　　印张：24.25　　插页：1
2017 年 1 月第 3 版　　　　　　　　2017 年 8 月第 6 次印刷

责任编辑：石真珍　　　　　　　　　责任校对：贝　达
封面设计：冀贵收　　　　　　　　　版式设计：钟福建

定价：45.00 元

第三版前言

本书自出版以来，深受广大读者欢迎。在第一版和第二版的基础上，我们精益求精，进一步对许多观点和想法讲清、讲透，对许多案例进行深挖。

"管理沟通"课程发展历史虽然不长，但一经引进，就迅速普及。这或许基于沟通对人们工作和生活的重要性。如今，沟通的理念已为现代企业和职场中的人们所广泛认同。作为课程，各高校都在 EMBA、MBA、科学学位研究生、本科学生中开设了，而且深受欢迎。"管理沟通"成为职场经理人的必修课，也是所有学生培养职业素质的必修课。

笔者从 2000 年开始承担湖南大学 MBA "管理沟通"课程的教学任务。该课程 1998 年才在清华大学 MBA 学员中开设，所以，承接该课程的教学任务后，笔者为备课寻找资料颇费心思。当时的中文教材很少，好在有不少前辈在前面探索，翻译了国外一些好的教材，为这门课程奠定了基本框架。在教学过程中，笔者越来越觉得中国式沟通不同于西方文化背景下的沟通，大量活生生的沟通案例天天在我们的企业演绎。作为教师，我们有责任探讨中国企业的沟通规律，诠释中国企业的沟通故事。于是，笔者尝试在"管理沟通"课程中加入中国文化背景分析，尤其是加入本土案例，进而逐渐形成自己的体系。本书试图体现如下特色：

第一，贯彻诚恳沟通的价值观。在快节奏的社会中，管理容易走向技术主义，价值观被忽略。而仔细分析管理沟通各种成功案例后发现，这些案例无不体现一个根本的规律：各方彼此诚恳沟通。而失真的媒体发布会、遮遮掩掩的危机处理、欺上瞒下的组织内沟通，不管沟通者的技巧多么高超，最终都会导致沟通走向绝路。

第二，自成体系。基于 17 年来的教学经验，笔者用 3 个模块来组织内容：管理沟通的一般原理、组织内外沟通、沟通技能。管理沟通的一般原理包括沟通概述、沟通的一般策略及心理和沟通；组织内外沟通包括组织内部沟通及变革沟通、冲突沟通、媒介沟通、危机沟通、跨文化沟通；沟通技能包括说、写、读、听等，以及会议沟通。从笔者的经验看，3 个模块都很重要。沟通原理打基础；组织内外沟通解决企业实际中的沟通问题，在企业培训中尤其受欢迎；沟通技能的训练越来越受年轻 MBA 学员们的青睐，而 MBA 学员的年轻化趋势还在增长。

第三，中西结合并兼容大小企业实际。本书的理论框架既有西方管理沟通的基本原理，也有中国文化背景下的沟通理念；既有世界 500 强公司的案例，也有本土中小企业的故事，还包括职场流行小说的场景。由于职业习惯，笔者对企业发生的沟通问题都悉心关注、跟踪，试图将最新的企业动态反映在本书中。对本土案例，笔者要感谢与我有过教学互动的湖南大学 MBA 学员，他们不但在课堂上提供了丰富的企业素材，还在课外提供了大量的信息和企业调研的帮助。

第四，吸纳新知识。现代社会技术日新月异，给组织沟通带来极大的方便，同时也带来挑战。如何在新媒体、新技术下优化沟通机制，在海量的信息环境中与自己的内外部沟通对象互动，是组织沟通的新问题。本书吸纳新知识、研究新成果和企业新案例，对这些问题进行探索。

本书可以作为 EMBA、MBA、EDP 的教学用书，也可以作为研究生修读教材。本书共分 12 章，一般每章 4 个课时，但有些章可以考虑只用 2 个课时（如第 1 章和第 5 章）。当然，选用本书的教师可以根据课时安排及学生对象进行选择，比如：对年轻些的 MBA 学员，可以加大说、写、读、听的训练，尤其是写和说的训练；EMBA 教学着重于沟通理念及组织沟通；EDP 和企业的 MBA 内训可以多讲组织内外沟通。为方便教学，本书配有电子课件，请任课教师登录东北财经大学出版社网站（www.dufep.cn）查询和下载。

特别感谢北京交通大学的佘江东教授，他在本书第一版出版之际，就通读全书，并向笔者提出了非常中肯的意见，这也使笔者坚定了修订的决心。感谢清华大学钱小军教授创建并坚持的"全国'管理沟通'教学研讨"团队。自第一届"MBA 管理沟通教学研讨会"1999 年在清华大学召开后，基本上每年如期召开一次，截至 2016 年已举办了十六届。承担 MBA "管理沟通"课程教学的老师们已将该会议视为行内盛会，会议规模不断扩大，不断有新的学校、新的教师参加。每年的教学研讨让大家分享信息、启迪思想，也激励大家做好这门课的教学工作。特别感谢暨南大学沈远平、佟瑞教授，北京理工大学裴蓉教授，浙江大学魏江教授，南开大学赵伟教授，中国人民大学冯云霞、刘彧彧教授，哈尔滨工程大学姜炳麟教授，华东理工大学康青教授，郑州大学孙恒有教授，中南财经政法大学张华蓉教授，哈尔滨工业大学张莉教授，吉林大学张秋惠教授，武汉大学李锡元教授，云南大学曾萍教授，内蒙古大学史增震教授，上海理工大学时启亮教授，南京理工大学葛志宏教授，西安交通大学曾小春、孙福滨教授，广西大学刘亚萍教授，中山大学杜慕群教授，北京航空航天大学的苏文平教授，天津大学梁洨洁教授，大连理工大学郭文臣教授，山东大学孙卫敏教授，广东外语外贸大学贾佳教授等，他们在每年的管理沟通教研会上无私贡献自己的教学经验，分享他们的教学成果。感谢所有同行老师们的交流和分享。正是在这种氛围中，笔者丰富了"管理沟通"课程的教学思想。在本书中，笔者还借鉴了前辈、同行的很多理论，在此一并致谢。感谢许多 MBA 学员读完本书后提供反馈信息，如湖南大学学员丘神影、周后勇等都给了积极的反馈，并提出了修改意见。

本书第一版由谢玉华教授撰写提纲和最后统稿审校，并负责撰写第 1、2、3、4、5、6、7、8 章，第 9 章第 4 节及第 9、10、11、12 章的大部分案例；李亚伯（湖南大学工商管理学院副教授）负责撰写第 9、10、11、12 章中的其他内容。第三版由谢玉华完成全书的修订工作。书中引用了笔者跟踪关注的一些案例以及在企业调研中收集的案例，大部分注明了来源，有些则综合多种材料及笔者的思考撰写，未及一一注明，在此对所有相关企业及人员表示感谢！研究生刘晓东、王瑞、张媚、潘晓丽、郭永星在搜集资料，打印、整理企业访谈及案例方面做了大量工作，对他们的劳动致谢！

学海无涯，本次修订是笔者对过去 17 年"管理沟通"教学的一个梳理。在写作中更感觉到该课程需要继续探索、深化。书中纰漏之处，恳请读者批评指教。

笔者联系邮箱：xieyuhua66@163.com。

谢玉华

于湖南大学工商管理学院

2016 年 10 月

目 录

第 1 章

沟通概述

学习本章后，您应该可以：

- 了解沟通在企业管理中的作用
- 理解沟通的基本含义及沟通过程
- 掌握沟通的基本原则

引　例　　　　　　　　　　不沟通导致双输

L任省道1814线主任、技术负责人。从交通学校分到项目部四个实习生，实习期为一年，工资400元/月，包食宿。四个实习生刚到工地由于实践经验不足，L指派了一个老施工员方师傅带他们工作。半年后四个实习生已经很熟练地掌握了工程技术，对工作也非常认真，对方师傅也很感激，只是对工资400元/月有不少抱怨。方师傅由于带出了几个徒弟，工作上就不上心了，事情基本交给实习生去做，自己天天打牌。对此L心里很不满意，但不好与方师傅产生正面冲突，一直没有说他。年底项目经理让L就每个员工的表现评分。L根据考勤结果把方师傅的分打得很低，实习生的分打得很高，想为实习生多拿点奖金作为补偿，同时也是对方师傅给出警告。奖金发下来后，方师傅非常气愤，激动地对L说："我施工的地段无论从进度和质量都是全线最好的，为什么把我的分打那么低，你是不是早对我有意见了。""不是的，"L说，"方师傅，你每天泡在麻将里，这个分对你够客气了，你施工的地段之所以好都是那四个实习生的功劳，你自己想想吧。"方师傅也软了下来："实习生干得好也是我带出来的呀，不能喝水忘了挖井人吧。"L不客气地对方师傅说："我现在是就事论事，干得好的人终究不是你，总不能让干得好的人吃亏吧。现在不是大锅饭年代，你没别的事就请回吧。"

方师傅回去后确实改进了不少，但他与四个徒弟之间的关系却越来越差。一个月后四个实习生来找L，实习生刘说："我知道你对我们很好，但是我们还是想提前结束实习，你帮我们签个字吧。""为什么？"L惊讶地说，"你们的待遇不是提高了吗？""但是我们和师傅的关系也搞僵了呀，其实我们只是来实习，工资不是最主要的，人际关系坏了，又学不到什么东西才不顺心，还是早点走算了，你就帮我们把实习表签了吧。"L哑然而立……

1.1　沟通在管理中的地位和作用

"管理问题就是沟通问题。"随着信息时代的迅猛发展，管理沟通在企业管理活动中起着越来越重要的作用。任何一个组织要与外部的政府、社区、媒体、客户、消费者进行沟通，以创造一个良好的生存环境；要与内部的员工、股东沟通，以营造和谐共进的氛围。所以，沟通是组织的生命线、营养源。沟通能力成为企业选拔、晋升员工的一个重要指标。

1.1.1　沟通在管理中的地位

作为福特公司的董事长，我告诫自己，必须与各界建立和谐关系，不可在沟通上无能为力。

——亨利·福特

20 世纪 60 年代，亨利·明茨伯格在对总经理工作进行大量观察的基础上，提出了管理者角色理论。他认为管理者扮演着十种不同但高度相关的角色，见表 1–1。

表 1–1　　　　　　　　　　　管理者角色描述

角色	描　述	特征活动
挂名首脑	象征性的首脑，必须履行许多法律性或社会性的例行义务	迎接来访者，签署法律文件
领导者	负责激励、动员下属，负责人员配备、培训和交流	实际上从事所有的有下级参与的活动
联络者	维护自行发展起来的外部接触和联络网络，向人们提供帮助和信息	发感谢信，从事外部委员会工作，从事其他有外部人员参与的活动
监听者	寻求和获取各种特定的信息，以便透彻地了解组织与环境；作为组织内外部的神经中枢	阅读期刊和报告，保持私人接触
传播者	将从外部人员和下属那里获得的信息传递给组织的其他人员	打电话，举行信息交流会
发言人	向外部发布有关组织的计划、政策、行动、结果等信息；作为组织所在产业方面的专家	举行董事会议，向媒体发布信息
企业家	寻求组织发展的机会，制订行动和变革方案，监督方案的执行	制定战略，检查决议执行，开发新项目
混乱驾驭者	当组织面临重大的危机、意外、动乱时，负责采取补救行动	制订危机补救方案，预防、预测危机
资源分配者	负责分配组织的各种资源，作出组织的重要决策	调度、授权，安排组织的人、财、物
谈判者	作为组织的代表，参加主要谈判活动	作出谈判决策，签署合同

从表1-1可以看出，沟通活动贯穿于管理者角色的每一项活动中，沟通是管理者实现其角色的基础性手段之一。

　　　　　　　　　　　沟通的重要性

一个大公司经理每天将其70%～80%的时间花在"听说读写"的沟通活动上。

美国普渡大学理查斯·瑞得于1972年出版第一本管理沟通教科书《组织内部沟通》，他被称为"组织沟通之父"。他认为："人们能想到的每一个组织失败的例子几乎都在某种程度上与人类的沟通行为有重要关系。事实上，已经有学者令人信服地得出结论：沟通的失败至少是组织失败的最基本原因之一。"

一手缔造了"诺基亚神话"并担任15年诺基亚董事长兼CEO的约玛·奥利拉认为：CEO的基本素质是沟通能力和激励人的能力。

普林斯顿大学对1万份人事档案进行分析发现：智慧、专业技术、经验三者只占成功因素的25%，其余75%决定于良好的人际沟通。

哈佛大学的调查结果显示：在500名被解职的员工中，因人际沟通不良而导致工作不称职者占82%。

美国组织行为学专家弗雷德·鲁森斯（Fred Luthans）在其《组织行为学》著作中描述了两种管理者：有效的管理者和成功的管理者。有效的管理者是指拥有优秀和忠实的下属以及高绩效团队的管理者。这样的管理者满足两种标准：①使工作在量和质上都达到很高的绩效标准；②使其下属有满意感和奉献精神。成功的管理者是指在组织中相对快速地获得提升的管理者。对这类管理者的界定只有一个标准——晋升的速度。

弗雷德·鲁森斯和他的同事们通过对多个层面、多个类型，包括零售商店、医院、政府部门、报社、公司总部、金融机构、制造业等248名管理者进行研究发现，这些管理者都从事以下4种活动：

（1）传统管理：计划、决策和控制。观察到的行为有：制定目标，明确实现目标所要完成的任务，分配任务及资源，安排时间表等；明确问题所在，处理日常危机，决定做什么、如何做；考察工作，监控绩效数据，预防性维护工作等。

（2）日常沟通：交流常规信息和处理案头文件。观察到的行为有：回答常规程序性问题，接收和分派重要信息，传达会议精神，通过电话接收或者发出日常信息，阅读、处理文件、报告等，起草报告、备忘录等，以及一般的案头工作。

（3）人力资源管理：激励、奖惩、处理冲突、人员配备和培训。观察到的行为有：正式的奖金安排，传达赞赏之意，给予奖励，倾听建议，提供团队支持，给予负面的绩效反馈，制定工作描述，面试应聘者，为空职安排人员，澄清工作角色，培训，指导等（制定规章制度并依此进行奖惩不可能被观察到，所以这一范畴没有考虑）。

（4）社交活动：社会化活动和与外界交往。观察到的行为有：与工作无关的闲谈，插科打诨，议论流言蜚语，抱怨、发牢骚，参加政治活动以及搞小花招，与外部相关单位打交道，参加外部会议、公益活动等。

他们进一步研究这些活动的相对频率，表明一般管理者大约花费 32% 的时间从事传统管理活动，花费 29% 的时间从事内部沟通活动，花费 20% 的时间从事人力资源管理活动，花费 19% 的时间从事外部社交活动。成功的管理者的内部和外部沟通占整个管理活动的比例达到了 76%（其中内部工作沟通占 28%，外部网络沟通占 48%）；有效的管理者的内部和外部沟通占整个管理活动的比例为 55%（其中内部工作沟通占 44%，外部网络沟通占 11%）（见表 1-2）。

表 1-2   **不同管理者在各项管理活动上的时间分布**

	一般管理者	有效的管理者	成功的管理者
传统管理	32%	19%	13%
内部工作沟通	29%	44%	28%
人力资源管理	20%	26%	11%
外部网络沟通	19%	11%	48%

三种不同的管理者，哪一种晋升更快呢？传统理论认为，晋升基于绩效，但弗雷德·鲁森斯的研究发现，社交活动和管理者的成功有着最强的相关性，但是却和管理者的有效性有着最弱的相关性。人力资源管理活动和有效性有强相关性（仅次于日常沟通活动），但是却和成功有着很微弱的相关性。成功的管理者所表现出的行为和有效的管理者所表现出的行为不仅不吻合，而且可以说是截然相反。这对晋升是基于绩效的传统假设提出了挑战。

弗雷德·鲁森斯的研究表明，沟通对管理者有着越来越重要的意义。

1.1.2   沟通在管理中的作用

小案例 1-1   **吉利收购沃尔沃的沟通**

2010 年 3 月 28 日，中国浙江吉利控股集团有限公司（简称：吉利）在瑞典哥德堡与福特汽车签署最终股权收购协议，获得沃尔沃轿车公司（简称：沃尔沃）100% 的股权以及相关资产（包括知识产权）。本次收购涉及金额 18 亿美元。收购沃尔沃的谈判艰苦而漫长，其中就有来自沃尔沃工会的阻力。沃尔沃工会负责人瑟伦·卡尔松也公开宣称："我们将不惜任何努力阻止吉利将就业岗位转移到中国。"但李书福本人的魅力打动了沃尔沃工会。2009 年年底前，在福特宣布吉利成为沃尔沃轿车公司首席竞购方之后，李书福同福特汽车公司高管共同飞赴瑞典哥德堡沃尔沃汽车总部同沃尔沃工会代表对话。沃尔沃工会成员当即就给李书福和福特公司高管出了一道难题，问他们能不能用三个词来说明为什么吉利是最合适的竞购沃尔沃的公司。就在福特公司代表陷入尴尬时，英文并不太好的李书福主动请缨："我想说的三个词就是 I love you！""我爱你们，我也爱沃尔沃这个品牌，能够运营好沃尔沃品牌以及爱护沃尔沃的员工、保障沃尔沃员工的利益是吉利的责任和义务！"李书福用西式的表达方式瞬间赢得了沃尔沃工会代表的好感，赢得了现场热烈的掌声。

资料来源　高巍，陈喆．揭秘吉利竞购沃尔沃始末：收购野心始于 2002 年 ［N］．每日经济新闻，2010-02-23．

　　管理的真谛就是沟通。一个企业要实现高速运转，要让企业充满生机和活力，有赖于下情能为上知，上情能迅速下达，有赖于部门之间互通信息，同甘共苦，协同作战，充分调动员工的积极性和创造性。良好的沟通让员工感觉到企业对自己的尊重和信任，从而产生极大的责任感、认同感和归属感，促使员工以强烈的责任心和奉献精神为企业工作。此外，沟通还能化解矛盾、澄清疑虑、消除误会。管理者最重要的任务就在于培养起员工之间的一种健康向上的关系。沟通在管理中的作用可以概括为传递信息、激励员工、使团队和谐、促进科学决策。

　　首先，沟通传递企业信息，促使企业各项工作顺利运行。企业的任何一项工作都离不开信息传达。管理者要向下属下达工作指示，下属要向上司反馈意见、建议；部门之间要进行信息交流才能开展合作。

小案例 1-2　　　　　　　　一起由沟通不畅引起的事故

　　江海公司承担国家粮食中转、储备任务。2007 年 9 月 15 日上午，储运部储运科机械二班司机孙美珍正在驾驶 18 号吊车作业，8 点半左右，当吊至第三关时，吊车吊臂突然发生倒塌事故。事故发生后，公司保卫部门立即对该事故进行了调查。

　　14 日上午，18 号吊车司机朱九妹在作业过程中发现吊车滑轮不好，将该情况报告给当班的机械一班班长孙华兴，孙华兴随即打电话向设备科报修，并将"18号吊车换变幅滑轮"写在机械班"机械交接簿"上。设备科机修工潘卫军接到报修任务后，对该吊车进行修理，当拆下吊车保险片时，又接到科室其他任务，随即中止了修理，并电话通知储运科该吊车修理尚未结束。第二天，机械二班接班作业，班长陈敏红在不明 18 号吊车情况下，安排司机孙美珍作业，从而造成倒塌事故。

　　在这起事故中，每个环节都存在沟通不畅问题。设备科修理工在中止修理后，未采取有效的安全措施，或加挂警示标志，留下安全隐患。机械一班班长孙华兴，在吊车修理中止后，未发现吊车隐患，现场监管不力；在交班时，未将吊车修理未结束这一信息醒目、清晰、准确地传递，交班不清。机械二班班长陈敏红，在不明

18号吊车情况下，盲目派工，造成事故。吊车司机孙美珍，工前检查不仔细，未及时发现吊车隐患。根据公司规定，"在作业过程中，由于对机械情况不明或调配不当，所发生的事故，机械班长应负直接责任"，因而按照接班流程，机械二班班长陈敏红对该起事故负主责；在修理流程、交班流程、作业流程中，如果安全措施到位，排除隐患，该事故完全可以避免，因而修理工潘卫军、机械一班班长孙华兴、吊车司机孙美珍对该起事故负次要责任。

资料来源　根据湖南大学 MBA 学员李毅的作业改编。

其次，沟通满足员工的心理需求，激发员工的工作热情。彼得·德鲁克在其被后人誉为管理学"圣经"的巨著《管理：任务，责任，实践》中提出，工商企业的目的和使命，第一是经济上的成就，第二是使工作富有活力并使员工有成就感，第三是企业对社会的影响和对社会的责任。要使企业的员工工作富有活力并使员工有成就感，就要吸纳员工充分参与。员工对自己工作的企业信息有很强的知情欲望，有参与的需求。企业应该向员工公开信息，把员工当作主人。管理者常常与员工沟通还可以鼓舞士气。

中外比较 1-1　　　　　　上级与下级的沟通

无论是杰克·韦尔奇领导下的通用电气、山姆·沃尔顿领导下的沃尔玛，还是赫布·凯莱赫领导下的西南航空，公司内部几乎每一位员工都能清楚地了解这些领导者的主张，也都知道他们对员工有什么期望。因为他们是优秀的沟通者，也是公司员工良好的工作伙伴，他们一直在密切留意员工和公司运营的情况。为了了解下情，他们乐于与员工讨论工作，并且乐此不疲。因此，他们非常清楚公司的运营状况，甚至是细节。

正是这些领导者积极主动与员工沟通的意愿和非凡的沟通力，强化了他们对整个公司的影响力；他们对公司事务的热情参与，也大大激发了员工的工作激情，从而推动公司迅速成长。

由于长期受到儒家伦理道德观念的濡染，中国人逐渐形成了一种固有的行为方式，那就是所谓的"听话"：孩子要听大人的话，晚辈要听长辈的话，下级要听上级的话……这种单向的服从式的管理模式，阻碍了人与人之间的正常沟通，使之变成了一种自上而下的灌输，这对于我们的工作和生活是很不利的。

资料来源　余世维. 有效沟通［M］. 北京：北京大学出版社，2009.

再次，沟通促使团队和谐，改善组织人际关系。工作群体中成员互相交流思想和感情，在沟通中产生共鸣，消除误解，创造"人和"的工作环境。

最后，沟通使企业获得内外全面客观的信息，有利于科学决策。沟通还促使组织内员工参与决策，群策群力，将决策民主化和科学化结合起来。

中外比较 1-2　　　　　　　　　　沟通技能课程的开设

　　欧美国家大多数大学都把沟通技能课列入基础教育课程的核心部分。英语作文、英语写作（法律写作）、组织沟通、管理报告、商业沟通、英语修辞、商业英语、有效演讲、沟通基础、面访技术等多种多样。1991 年一位学者对美国中部地区 13 个州的 908 所高等教育学院进行了一次调查，发现 565 所院校有沟通专业。其中，560 所（占 99%）院校开设了至少一门沟通课。最普遍的课是公共演讲，94% 的学校都开设了这门课；其次是人际沟通，占总数的 68%。调查还表明，在 71% 的学校，有些基础沟通课是所有学生的必修课，而不是只对主修生开设。78% 的学校要求所有学生必修公共演讲课。另外的必修课有人际沟通，包括小组沟通、面访、关系处理以及领导技能。这是自 20 世纪 60 年代以来强调人际沟通趋势的延续，而且这种人际沟通课程（68%）已超过修辞课（54%）。42% 的学校给参加辩论活动的学生学分，显示这些学校强调辩论比赛；31% 的学校开设了组织沟通课程；22% 的院校开设了文化间沟通课。有些较大的院校甚至开设了诸如健康沟通、家庭沟通和性别沟通课。71% 的院校要求核心课程中有一门基础演讲课。

　　除了开设沟通课外，美国大学还采取许多其他措施培养学生的沟通能力。例如，课堂上鼓励学生发言、提问、参加讨论。发言很多时候没有对错之分，关键是发表不同的意见。为鼓励学生在课堂上积极发言，一般教授都在每学期开始发给学生的教学计划中明确指出，课堂发言将是期末成绩评估的一部分，有的还明确百分比。在教学上，教师经常注意提高学生的表达能力、组织材料的能力，使报告生动、有趣，吸引听众，使听众既享受到精彩的娱乐，又真正学到知识。这些报告可能是读书报告，学生对所读文章给出自己的批评、评论和讨论；也可能是解答问题，在课堂上作报告或示范。通常这样的报告要花费 5～10 分钟，长的可能 20 分钟左右，每学期有 3～5 次。这样的课堂报告经常在一门课的期末成绩评估中占相当大的比例。此外，美国大学教师也鼓励学生单个找他们提问、对教学提建议或讨论一些教学问题，这样有利于提高学生的人际沟通能力。还有一种形式是小组讨论。有时教师把学生分成几个小组，选定一个负责人，组织讨论问题或搞活动。这种形式也常用于课外作业，即几个学生集体做一个作业，共同写一个报告，然后在课堂上由一个人或每个小组成员分工作报告。这些教学形式都有利于培养学生的沟通、组织和领导能力。

　　资料来源　佚名．美国的沟通教育［N］．浙江日报，2005-11-07．

　　管理才能评鉴（Managerial Assessment of Proficiency，MAP）是针对担负管理责任的企业主管人员所需具备的 12 项关键管理能力的一项人力资源测评，它通过客观的评鉴工具加以分析，以了解管理者现有管理能力的优势和弱势，进而辅以训练，强化其能力的弱势部分，以有效提升其管理才能。世界上 70% 的知名公司都采用该评价体系来分析自己企业的人力资源状况。这 12 项关键管理能力包括 4 个群组 12 项能力，即行政能力（时间管理与排序、目标与标准设定、计划与安排工作）、督导能力（培训教导与授权、评估部属与绩效、行为规范与谘商）、沟通能力（分析与组织信息、给予明确的信息、获得准确的信息）、认知能力（问题确认与解决、决策与风险衡量、清晰思考与分析）。

中外比较 1-3   **对经理人的能力评价**

    根据美国企业管理大师史考特·派瑞博士的研究，按"管理才能评鉴"所设定的 12 项基础能力考察，中国经理人在"目标与标准设定"方面的能力表现最为突出，与 17 个国家、7 万余名做过评鉴的经理人相比较，指数为 75%，显示该项能力的水准在全球处于前 1/4 的位置。其他较高的能力为"计划与安排工作"，指数为 67%；"决策与风险衡量"，指数为 59%。但在部分能力上，中国经理人的平均表现就显得比较弱。最弱的能力为"分析与组织信息"，指数为 20%。其他如"清晰思考与分析"，指数为 32%，"评估部属与绩效"，指数为 41%，与全球经理人比较，在后 1/3 的位置。

    就 12 项能力所分属的 4 个能力群组来比较，中国经理人在与"事"有关的工作能力群和认知能力群方面都有较佳表现，平均指数为 53%，但在与"人"有关的沟通能力群及领导能力群方面，平均指数为 39%，表现较差。与美国和新加坡比较，他们的经理人在"对事"与"对人"的能力上差距甚小，可以说是平衡发展。

    资料来源　汪尚.中国职业经理人的差距在哪里［J］.企业导报，2001（7）.

    中国经理人在沟通能力上不如西方管理者的表现：①缺乏战略管理思维，员工对企业的认识不一。②沟通带有明显个人色彩，员工被贴上"我方""非我方"标签，根据人际关系的远近沟通。③信息不畅，从上向下的沟通多，从下向上的沟通不全，横向沟通很艰难。④管理者难以获得全面准确的信息。⑤非正式沟通，小道消息常被使用。所以，中国经理人应该加大沟通能力的修炼。

1.2　沟通的基本含义

1.2.1　沟通的定义

    什么是沟通（communication）？它包括什么？"沟通"是一个抽象词，和许多词一样，有多层意思。《大英百科全书》指出，沟通是"若干人或者一群人互相交换信息的行为"。《牛津大辞典》指出，沟通是"借着语言、文学形象来传送或交换观念和知识"。美国《哥伦比亚百科全书》指出，沟通是"思想及信息的传递"。美国著名传播学者布农认为，沟通"是将观念或思想由一个人传送到另一个人的程序，或者是个人自身内的传递，其目的是使接受沟通的人获得思想上的了解"。英国著名传播学者丹尼斯·麦奎尔指出"沟通是人或团体主要通过符号向其他个人或团体传递信息、观念、态度或情感"，"沟通可定义为'通过信息进行的社会相互作用'"。还有一些表述，如：

沟通是文字、文句或消息的交流，思想或意见之交换。（《韦氏大辞典》）

沟通是意义的传递和理解。（斯蒂芬·P. 罗宾斯《管理学》）

沟通是什么人说什么，由什么路线传至什么人，达到什么结果。（哈罗德·拉斯韦尔《宣传、传播和舆论》）

我们认为，沟通就是信息发送者凭借一定渠道（也称媒介或通道），将信息发送给既定对象（信息接收者），并寻求反馈以达到相互理解的过程。

知识链接 1-2　　　　心理学家温德尔·约翰逊描绘的沟通过程

1. 一件事情发生了……

2. 这一事件刺激 A 先生的眼、耳朵和其他感觉器官，造成……

3. 神经搏动到达 A 先生的大脑，又到达他的肌肉和腺线，这样就产生了紧张，产生语言之前的"感觉"等等，然后……

4. A 先生开始按照他惯用的语言表达方式把这些"感觉"变成字句，而且从"他考虑到的"所有字句中……

5. 他"选择"，或者抽象出某些字句，他以某种方式安排这些字句，然后……

6. 通过声波和光波，A 先生对 B 先生讲话……

7. B 先生的眼和耳分别受到声波和光波的刺激，结果……

8. 神经搏动到达 B 先生的大脑，又从大脑到他的肌肉和腺线，产生紧张（张力），产生讲话之前的"感觉"……

9. 接着 B 先生开始按照他惯用的语言表达方式把这些"感觉"变成字句，并且从"他考虑到的"所有字句中……

10. 他选择或抽象出某些词，以某种方式安排这些字句，然后 B 先生相应地讲话，或做出行为，从而刺激了 A 先生，或其他人……

这样，沟通过程就继续进行下去。

1.2.2　沟通的过程

沟通过程可以用图 1-1 表示。

1. 编码及解码

编码是将想法转化为有意义的符号的过程。解码又称译码，即信息接收者对于发送者传递的符号的解释。

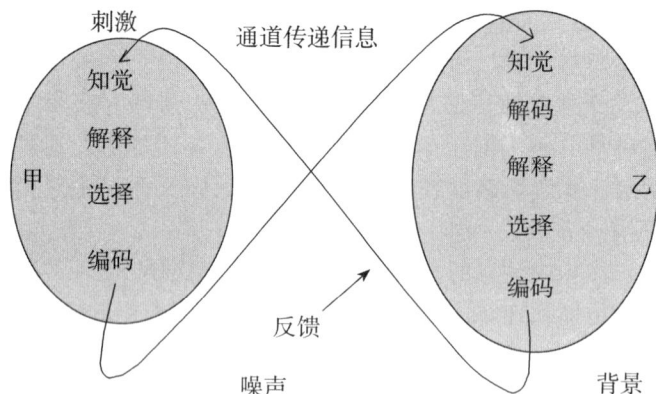

图 1-1　沟通过程

2. 管道

管道是信息传递的渠道，又称通道或媒介。信息传递的媒介很多，有面谈、电话、信函、电子邮件、体语等人际沟通媒介，也包括企业的传播媒介，如广告、新闻稿、记者招待会等。运用信息传递渠道时一要避免"管道超载"，即管道不能处理所传递的信息。比如用电话传达一个长篇的讲话稿，就会造成管道超载。二要避免"信息超载"，在互联网时代，对于企业而言，信息已远远过载。研究显示，《财富》1 000强企业的员工，每天平均要接发178条信息和文件，71%的雇员认为信息多得难以承受。如果一次传递的信息过多，超出了人们能接收的范围，接收效果更差。尤其传递负面信息时要控制数量，比如批评员工时要就事论事，不能将其缺点一股脑儿倒出，历数其不足，否则会引起员工的反感乃至冲突。

3. 反馈

反馈是表明接收到信息并将个人对于原始信息的感受告知信息发送者的过程。反馈的作用是使沟通成为一个交互过程。在沟通过程中，沟通的每一方都在不断地将信息回馈给另一方。反馈可以告诉信息发送者，信息接收者接收和理解每一信息的状态。如果反馈显示，信息接收者接收并理解了信息，这种反馈称为正反馈。如果反馈显示，信息源的信息没有被接收和理解，则称为负反馈。若显示信息接收者对于信息源的信息反应为不确定状态的信息，则叫作模糊反馈。模糊反馈往往意味着来自信息源的信息尚不够充分。成功的沟通者对于反馈都十分敏感，并会根据反馈不断调整自己的信息发送。反馈不一定来自对方，人们也可以从自己发送信息的过程或已发出的信息获得反馈。当人们发现所说的话不够明确，或写出的句子难以理解时，自己就可以作出调整。与外来反馈相对应，这种反馈称为自我反馈。

反馈信息是一个领悟加工信息的过程，掌握不好会造成沟通的障碍。

4. 噪声

噪声是在沟通过程中干扰信息发送者和信息沟通者之间交流的所有因素，又称沟通障碍。噪声可能导致信息传递失真。沟通过程的噪声可以分为以下几种：

（1）影响信息发送的噪声。如果信息发送者表达不佳，词不达意，信息接收者就无法理解其信息。例如：英军有一个团买了一头驴子作为吉祥物，不幸的是，没有几天驴子就死了。由于团长出差在外，于是副团长便打了个电报给团长："驴子不幸逝世。再买一头，还是等你回来？"

如果信息发送者形象不佳，会影响信息发送。比如，生活在高楼大厦的人们，对安全的警惕性越来越高。很多公司注意到了这个问题，因而训练其上门服务人员，使他们保持良好的形象，规范他们的服务语言及行为。

如果信息发送者信誉度低，也会影响信息被接收。"当你不相信那个人时，你就不会相信他带给你的信息。"周幽王为博褒姒一笑，烽火戏诸侯，最终失信于诸侯，死于犬戎刀下。"狼来了"，那个说谎的孩子差点儿将自己送进狼的腹中。企业管理中也存在类似的情况，管理者随意许诺，想激发员工，但一次两次失信之后，员工便不再相信。

（2）影响信息传递的噪声。比如物理噪声，传播信息的场所有噪声干扰。如果传播媒介选择不对，也会影响信息传递。比如重要的、复杂的信息用口头传播，可能会导致信息遗漏。另一个影响信息传递的噪声是信息的自然遗失，如果信息传递的层次太多、链条太长，信息可能层层遗失，到最后一个层次时，信息遗失80%左右。日本管理学家研究，信息每经过一个层次，其失真率为10% ~15%；上级向他的直接下属所传递的信息平均只有20% ~25%被正确理解，而下属向他的直接上级所反映的信息被正确理解的则不超过10%。克莱斯勒前总裁李·艾科卡也指出："若只有一个经过过滤、再过滤、净化、消毒的信息渠道，不利于总裁作出正确的决策。为了避免这种危险，我设法在自己身边保留了一些不同意见者。"如果只有口头传递方式，信息遗失更多。所以，管理者应尽最大努力获取第一手材料，即原始信息。

（3）影响信息接收的噪声。

①选择性知觉。选择性知觉是一个心理规律，是指人们在某一具体时刻只以对象的部分特征作为知觉的内容，以自身的兴趣、背景、经验及态度选择解释他人或事物。例如，招聘员工时，如果应聘者与自己有相同背景，可能据此判断应聘者将和自己一样在工作上表现良好。选择性知觉表现在沟通上，人们会对能印证自己知识、经验、态度、情感的信息表现出高度兴趣；对其他信息很漠然；对反证自己知识、经验、态度、情感的信息表现出反对甚至抵制。

②目标差异。信息发送者与信息接收者的目标不同，受利益驱动，信息接收者可能对有利益的信息就接收，没利益的信息可能就打折扣地接收，即根据利益筛选信息。

③知识经验的局限。信息接收者如果知识经验有限，就会影响信息接收和理解。人们的知识经验不同，运用的信息符号系统就不同，语言就不同，正所谓"对什么人讲什么话"。

小案例 1-3   **"白领腔"的陈小姐**

在商业咨询公司工作的陈小姐形成了职业性的说话习惯，其丈夫称之为"白领腔"。在陈小姐家承担装修工程的黄师傅说，陈小姐经常这样与他谈装修问题："我觉得有必要提醒您的是……这块墙面的粉刷应从成本最低化的角度考虑……步骤可以再进行细分……"黄师傅几次没听明白陈小姐的什么原理，导致重新翻修。他最终无法忍受陈小姐这种生涩、艰难的沟通，而提出了"辞呈"。黄师傅说："按雇主的要求做事没错，但如果我连要求都听不太明白，要我怎么办？"

小案例 1-4   **难懂的产品说明书**

上海市质协用户评价中心完成的一项《家电产品使用说明书调查报告》显示：有37.1%的消费者表示，买回新产品后不愿看使用说明书，而是凭经验直接操作。1 053位消费者给家电产品使用说明书打出的总体满意度仅为70.93分。在不看说明书的消费者中，55.9%的人认为说明书的内容过于烦琐、阅读不便，另有19.1%的消费者则坦言，看不懂产品说明书。本次调查中，近一半的调查对象拥有大专以上的文化程度。显然，"不愿看"、"看不懂"不仅仅是因为消费者的自身能力。

调查发现，说明重点不突出、操作性弱是部分说明书的"通病"。比如说，在一份空调器的使用说明书中，罗列了产品性能介绍、主要技术参数、外形尺寸、面板按键操作、遥控器各部分名称和功能、冷却运转、除湿运转、循环运转、风扇运转、定时设定等数十个项目。通读一遍至少需要1小时；若对照实物一一操作，花费的时间则更长。对使用心切的消费者来说，如此编排说明书显然不能满足他们的要求，放弃说明书，凭经验摸索则成了他们的首选。

此外，还有一些说明书在进行产品特性说明时，充斥着宣传色彩浓郁的表述。例如，有份空调器说明书称，该产品采用了某种设计，能有效杀灭乙肝病毒、大肠杆菌、葡萄球菌，但关于如何测定衡量这些功能的方式只字不提。如此说明显然不能让消费者明白消费，增加了他们的排斥心理。

针对以上情况，43.4%的消费者建议，说明书不求大而全，而是要简单明了、通俗易懂。在表述时，厂商不仅应淡化广告色彩，还应尽可能地减少专业词汇，代之以具体的事例或图片指示，让说明书看起来更加亲切。

资料来源 佚名 . 难懂的产品说明书［EB/OL］. ［2016 - 11 - 27］. http：//www.cqn.com.cn/news/zgzlb/disi/61466.html.

5. 背景

背景即沟通发生的场景和环境因素。任何沟通都受所发生的环境因素影响，这些因素包括物理的、心理的、社会的因素等。

（1）物理背景，是指沟通所发生的场所。物理背景形成沟通的氛围，沟通氛围起着"造势"的作用。

（2）心理背景，即沟通双方的情绪和态度。首先，商务沟通是理性的，只有双方都处于理性的情绪中，沟通才能顺利进行。当然，人不是机器，即使在工作中有时也会处于或兴奋激动或恼怒烦躁的情绪中，带着情绪去沟通多少会将自己的情绪传递给沟通对方。所以，当有重要沟通时，需要平定情绪，理性应对。其次，沟通效果还取决于沟通者对对方的态度。沟通是平等的，要把对方看作平等的沟通主体，无论面对的是大人物还是弱势人物。孟子曰："说大人则藐视之，勿视其巍巍然。"而在弱于自己的人面前，越要表现出对他的尊重。沟通者对对方的态度反映在言谈举止中，心理学家弗洛伊德曾经说过："除非圣灵能够秘而不宣，常人的双唇即使缄默不语，他抖动的手指也在喋喋不休，他的每一个毛孔也都在叙说着心中的秘密。"

情景思考 1-1　　　　　　　　**你将怎样选择**

——某项工作失误，上司盛怒，误将工作失误的责任怪罪于你，你怎样对待大发雷霆的上司？

——某员工对处罚感到委屈，向作为上司的你哭诉，你怎样对待员工？

——作为值班经理，你正在巡视，突然看到一顾客对前台人员拍桌子打板凳，你怎么处理？

——你正与顾客沟通说明理由不能退货，顾客不悦，作心脏病发作状，你怎么处理？

（3）社会背景。一方面，它是指沟通双方的社会角色。沟通双方只有准确把握自己的角色，不发生角色串位，才能顺利沟通下去。另一方面，它是指不直接参与沟通但在场的其他人，他们构成沟通场景，影响沟通。如妻子在场时，丈夫对其他异性会保持较谨慎态度。根据领导在场时同事们之间的沟通氛围可以判断出该领导的风格和组织的气氛。

组织内的每一个人都扮演不同的角色。由于角色不同，态度和观点就不同。某企业进行中层经理培训，发给经理们同一个案例。结果 23 位中层经理中，销售经理认为，案例企业的问题全是销售问题；生产经理认为，主要是生产运营问题；人力资源经理认为，主要是组织和员工激励问题。可见，虽然经理们接收的是同一信息，但反馈的结果各不相同。

1.3　成功沟通的原则

企业每天都在进行沟通，人们每天都离不开沟通。如何进行有效沟通，达到沟通目的，获得双赢？成功沟通是否有共同的规律可遵循？本节对此作一回答。

1.3.1　成功沟通的基本原则——诚恳

沟通双方本着诚恳态度进行沟通，是有效沟通的基本原则。沟通确实有很多方法和技巧，但沟通各方诚恳相对，是沟通的出发点和基本原则。如果只讲究方法和技巧，而忽略这一基本原则，就是本末倒置，再高超的沟通技巧都可能导致沟通失败，或者即使赢得一时的效果，最终也会被信息接收者抛弃。如失真的媒体发布会、遮遮掩掩的危机处理、欺上瞒下的组织内沟通，不管沟通者的技巧多么高超，最终都会导致沟通走向绝路。

在当今快节奏的社会中，管理容易走向技术主义，价值观被忽略，因此强调诚恳作为沟通的基本原则更具有现实意义。

诚恳沟通要求做到：①双方均具有沟通的意愿；②双方均有维持良好关系的愿望。

诚恳还是沟通的出发点。有些沟通，一开始就违背诚恳原则，沟通结果就会背离目标。比如有些基本内定投标对象的公开招标活动，公开招标只是幌子，让投标的其他组织作陪衬，这些投标组织无论怎样努力收集信息、优化方案都不可能投标成功。再如，如果社会监控不严，流动人口多的地方——车站周围的商家欺诈行为就多，因为一锤子买卖容易催生不诚信行为。

知识链接 1-3　　　　　**松下幸之助的管理思想**

松下幸之助被称为日本的"经营之神"，在他的管理思想里，倾听和沟通占有重要的地位。

松下幸之助经常问他的下属："说说看，你对这件事是怎么考虑的。""要是你干的话，你会怎么办？"

他一有时间就要到工厂里转转，一方面便于发现问题，另一方面有利于听取工人的意见和建议。

在松下幸之助的脑子里，从没有"人微言轻"的观念，他认真地倾听哪怕是最底层员工的正确意见，非常痛恨别人对他的阿谀奉承，松下公司也因董事长的善于交流受益匪浅。

1.3.2　成功沟通的核心原则——换位思考

换位思考是人对人的一种心理体验过程。将心比心、设身处地，是达成理解不可缺少的心理机制。它客观上要求我们将自己的内心世界，如情感体验、思维方式等与对方联系起来，站在对方的立场上体验和思考问题，从而与对方在情感上得到沟通，为增进理解奠定基础。换位思考的沟通要求沟通者在沟通开始时思考这样几个问题：

第一，对方需要什么？

第二，我能给对方什么？

第三，怎样将"对方需要的"和"我能给予的"有机结合起来？

小案例1-5　　　　　　　　换位思考使审计工作底稿签字

W从事的是银行内部审计工作，一次在对某支行的信贷业务进行审计时，发现该行保证金管理存在问题。按照审计程序，W出具了审计工作底稿，对问题进行了客观的描述。在要求该支行负责人签字认可时，该支行负责人因担心会被追究责任而与W讨价还价，不愿在工作底稿上签字，由此使审计工作暂时不能顺利进行。与此同时，W所在的审计小组组长已知晓此事，要求W一定按原则办事，在规定的时间内督促该行负责人签字认可。

W所面临的矛盾：一是支行负责人不愿意签字认可；二是审计小组组长知晓事情原委，敦促W完成工作。

支行负责人不愿签字的原因是，认为审计工作底稿对其问题的定性过于严重，担心会因此受到上级的处罚；审计小组组长督促负责人签字的原因是，依照审计程序，审计工作底稿必须由相关人员签字认可才可作为审计证据。因此，W的任务是要与该支行负责人进行沟通，促使他顺利地在审计工作底稿上签字。如果该支行负责人拒不签字，W对审计内容没有充分把握，则要考虑上报，请更权威的人员来审计。

W和该行负责人进行了沟通，首先肯定他多年来为支行的发展，尤其是信贷业务的拓展作出了很大贡献，许多地方值得本人学习，这时不谈审计工作底稿之事。同时请他谈谈本行目前保证金管理方面的制度缺陷及对这块业务的建议。支行行长欣然接受，对W大倒苦水，说出了一些工作中的困难及基层行的一些具体情况，并对业务管理提出了自己的想法。对此，W表示很理解他们工作的难处。

接下来，W向支行行长介绍了一些银行内部审计的基本程序和规定，尤其强调了内部审计的作用是为企业实现增值、防范风险，在总体目标上是和该支行一致的。沟通过程中，W没有过多地使用审计专业术语，只是强调审计是促进支行发现问题、改善经营管理、实现价值最大化的有效手段，对此W还举例说明：某支行因为接受审计人员的提示，加强账户管理和账务核对而自查出违规事件，杜绝了更大的违规事件发生。支行行长认识到审计对于加强管理的重要性，消除了他对审计工作理解存在的误区，认识到彼此工作目标是一致的。求同存异拉近了双方的沟通距离。

支行负责人不愿意签字的原因是，保证金管理的漏洞并不是支行的错，而是系统内存在制度缺陷，本支行只是打了擦边球。W告诉他，审计就是查找问题的，既然查出了制度缺陷，就要报告；不查出问题审计小组是无法交差的。而且，审计小组组长已经知道了事情原委，如果此次审计工作底稿没签字，审计小组可能派更权威的人员来该支行审计。

经过反复沟通，该支行负责人终于同意签字。

接下来，W进一步帮他分析产生这类问题的原因，并建议他从几个方面加强保证金的管理，既发展业务，又防范风险。对于支行负责人的顾虑，W站在他的角度建议他以附件的形式，将该问题发生的背景、行里的一些制度缺陷进行描述，给他创造免责的机会。这果然引起分行重视，进一步完善了制度。该支行也成为先进支行。

支行负责人感谢W细致周到的工作，此后，与W经常往来，成为朋友。

思考：W的沟通是怎样成功的？

1.4   沟通定位

什么样的沟通是合适的？给沟通合理定位有助于理解、把握一些沟通的基本准则。

1.4.1   建设性沟通[①]

沟通的基本定位是建设性沟通。建设性沟通就是在巩固沟通各方关系的前提下进行的有效沟通。建设性沟通要达到三个目的：第一，准确传达信息；第二，解决实际问题；第三，通过沟通巩固双方关系。准确传达信息是沟通的第一步，也是沟通的本来任务；解决实际问题，即要求通过沟通解决现实问题，如果每一次沟通都能解决沟通者面临的现实问题，沟通的效率进而管理的效率就大大提高；通过有效沟通，沟通双方都可以受益，进而巩固人际关系。

小案例 1-6　　　　　　　　　　　**减少的退休金**

某公司人力资源部薪酬福利主管玛丽接到一封来自一位即将离职的员工麦克的邮件。

自：麦克·张

主题：我的退休福利

内容：

Dear 玛丽：

下周五将是我在公司上班的最后一天。请开具支票支付我的退休福利金，包括公司和我本人应扣除的部分和过去6年半未休假的加班工资等。

如果可能，很希望能在下周五前收到该支票。

[①]　建设性沟通的概念借鉴自：魏江，严进．管理沟通——成功管理的基石［M］．北京：机械工业出版社，2006．

谢谢!

麦克

玛丽要给麦克的答复是个坏消息,因为公司按政策给麦克的福利比麦克预料的要少。公司将员工月工资中扣除的退休福利金及公司为员工支付的等额退休金投资到公司的退休基金中。但根据公司规定,只有服务年限在 10 年以上的员工才能得到全部的退休金(公司支付的和个人支付的);低于 10 年的只能得到个人支付的部分。所以,麦克只能得到个人支付的部分,加上公司支付的 4.5% 的季度利息,总计 17 200 美元,再加上他没享用的假日加班补偿。但麦克领到这笔退休金还必须交纳所得税。而且,所有手续只能在他离职后才能办理,只能将支票邮寄给他。公司档案中保存了他的地址,如果地址有变,他必须通知公司。开支票和发出的手续需要两至三周的时间。

分析:

1. 你了解收信人吗?他为何离职?

2. 回信的目的是什么?

——告之所有信息;树立良好形象,让对方感觉你公平合理地处理了他的问题。

3. 对方的反应是什么?

——他只能得到他期望的一半的退休金;假定他不交纳个人退休基金,而是将这笔钱自己投资别的,回报大于 4.5%;如果正常退休,按年度领取公司退休年金,这笔收入的税就是逐年交纳的,税收额度比现在一揽子退休金交纳的所得税要低得多。

4. 对方可能期望的信息是什么?

——怎样合理避税?

回信一

Dear 麦克:

很遗憾地通知你:你不能在下周五得到退休金支票,而且你只能得到退休年金中的个人交付部分,公司等额交付的部分不能支付给你,因为你没有在公司服务满 10 年。

你支付的退休金总额及利息共 17 200 美元,另加上你未休的假日加班补偿。你还得支付这笔钱的收入所得税。

支票将邮寄到你的住址。如果你存在公司档案上的地址不对,请更正,以免支票被延期送达。

玛丽

回信二

Dear 麦克:

按照公司制度,只有在公司服务 10 年以上的员工才能得到全部的退休年金,包括个人支付和公司支付的部分；不满 10 年的员工只能得到个人支付的部分。

你的个人支付账户上有 17 200 美元，这包括公司支付的 4.5% 的季度利息；另加上你未休的假日加班补偿。你还得支付这笔钱的收入所得税，因为这笔钱被看作是你的收入。雇员财务服务部的杰克能给你提供一些申请免税和合理避税的咨询建议。

支票将在 5 月 16 日邮寄到你的住址。你存在公司档案上的地址是：古罗马大街 272 号。如果你的地址变更了，请告知，以便你能及时收到你的支票。

祝你好运！

玛丽

思考：第二封信与第一封信的区别是什么？沟通中如何体现建设性原则？

案例中薪酬福利主管玛丽给麦克的第二封回信，不但详细告诉了麦克关于他退休福利的信息，而且设身处地地考虑到为麦克提供合理避税的帮助。在写这封信之前，玛丽显然动了脑筋，站在对方的角度思考；而且，她查阅了麦克的公司档案，查出了他的地址，还可能理解了麦克离职的原因，还可能与雇员财务服务部的杰克联系了。她不只是简单地应对一封工作邮件，而是尽力地帮助对方。所以，第二封信做到了建设性沟通。首先，玛丽在信中准确传达了关于麦克退休金的信息，并解释了原因。其次，玛丽提出了解决办法——合理避税，还告之办理退休金的一些程序性问题。玛丽通过这封邮件，将麦克的事情处理好了。而第一封回信，对现实问题的解决是不彻底的。如果麦克接到的是第一封回信，他必定还要再打一个电话或再写封邮件问询他的退休金为何少了、他何时收到支票等事宜。如果麦克接到第二封回信，这些疑问都不存在了，这样，邮件发送者的工作效率也大大提高了。最后，麦克收到第二封回信后会对玛丽心存感激，认为她用心地处理了他的退休金问题；玛丽的做法代表公司的政策及公司的风格，进而使麦克认为公司合理地解决了他的问题。这样，本来可能存在的怨恨会消除，玛丽与麦克建立起良好关系；玛丽还帮助公司建立了公司与离职员工麦克的良好关系。

1.4.2 描述性沟通

有效沟通还要求使用描述性沟通，不用或慎用评价性沟通。描述性沟通即描述事实，提出解决方案。评价性沟通着重对事情及相关人做价值判断。

实施描述性沟通的步骤是：

第一步，描述需要改进的事情或行为，避免指控，列出数据或证据。比如："小李，上午有顾客反映你服务不够热情，怎么回事？"

第二步，描述对行为或结果的反应，要求描述你的反应和感受，描述已发生或将要发生的客观结果。比如："顾客有抱怨，就有可能流失。我很担心，如果我们不改进服务，顾客会越来越少。"

第三步，关注解决问题的方案，要求避免讨论谁对谁错，提出建议和方案。

小案例1-7　　　　　　　　　描述性沟通实例

主管李静正关注员工小王如何向顾客介绍产品，她说话语速很快，像背台词，李静决定与她沟通。

情景一：小王，你介绍产品时像在应付差事，一点都不敬业，职业素养太差。

小王会怎样反应？

情景二：小王，我正在关注你与顾客的交谈。我注意到你讲话的速度相当快，我担心有些顾客可能很难理解你所说的，毕竟你比顾客更了解我们的产品。向顾客介绍产品时尽量慢一些，并时常与他们交流感受，他们可能会更了解我们的产品。

小王如何反应？

在情景一中，李静使用评价性沟通，而且进而判断小王不敬业和职业素养低，小王可能会很委屈：只是说话方式问题，怎么说成是态度问题？小王心理的反感是：你以为你职业素养高啊？在情景二中，李静使用描述性沟通，描述小王需要改进的事情：讲话速度太快。描述可能的结果：顾客会听不明白。李静没有指责小王，而是告诉她怎么改进。这样，小王就能接受主管的意见，改进工作。

使用描述性沟通要求就事论事，即使用事实导向的沟通。如果沟通中忽视问题本身而着眼于对方的动机或人格，由沟通的问题推导至性格缺陷，就可能变成人身攻击，导致对方反感，进而恶化沟通双方关系。这样就变成人身导向的沟通。人身导向的沟通表达有："你怎么这么蠢？""你真幼稚！""你有脑子没有？"那么，正向的人身评判是否就可以产生积极效果呢？一般来说，人们对自身是比较认可的，正向的人身评判会给人好感，如"你很聪明！""你很优秀！"但是，如果这个正向的评判没有与一定的行为和事实结合起来，就可能变成虚假的表扬，甚至被怀疑为讽刺。当然，在人际沟通中，不涉及问题的一般交往，要尽量使用正向沟通语言。在欧美人的人际交往语言中，人们总是在不断地赞美人。这与组织中的沟通不同。

我们将人身导向的沟通与事实导向的沟通进行对比，见表1-3。

表1-3　　　　　　　　人身导向的沟通与事实导向的沟通对比

人身导向沟通	事实导向沟通
以个人喜好为标准	以客观标准为标准
没有具体指向的人身评判	具体指向问题的发生、发展
没有措施	有解决措施
对方产生防御心理	对方接受
恶化人际关系	巩固人际关系

前者判断问题从个人喜好出发，个人喜好是没有标准的，让别人琢磨不透；

后者以客观标准作为判断标准，这些客观标准可能是组织制度、法律规范，也可能是公共道德和共同的习俗礼仪等。前者沟通时语言没有具体指向问题和事实，而是简单的人身评判；后者具体指向问题，描述问题的发生、发展。前者沟通中忽略问题怎么解决；后者关注问题的解决，并尽可能提供解决措施。前者让对方认为不是为了解决问题而是为了发泄，从而产生防御心理，抵制对方信息，进一步恶化人际关系；后者让对方感受到诚意，接受信息并积极解决问题，进一步巩固人际关系。

小案例 1-8   事实导向的沟通

某贸易公司员工小李，工作做得不错，但化妆总是很出格，这周涂个大红指甲，下周又换成黑指甲。主管忍了很多次，觉得要与她进行沟通。

情景一："小李，你的化妆很出格，个性太张扬，我不喜欢！"

小李会如何反应？

情景二："小李，你工作干得不错，大家有目共睹。如果能化妆淡一些，会让我们的客户感觉更好。毕竟，工作的时候我们的着装和仪表还是庄重一些为好。你说呢？"

小李会如何反应？

在情景一中，主管使用的是人身导向的沟通，小李不知道自己错在哪里。在情景二中，主管用提出期望的方式委婉指出小李的错误，告诉小李怎样改正错误并描述改正的好处，这些描述都建立在职场着装基本原则上，因而小李容易接受意见。在情景二中，主管还使用了其他沟通策略：批评前先表扬；用征询对方看法的方式结尾，表示商议而不是指令。

1.4.3 认同性沟通

沟通的目的是达到认同和共识，而不是产生排斥和抵抗。所以，要使用认同性沟通而不是排斥性沟通。认同性沟通要求：第一，尊重对方，将对方看成是有价值的；第二，本着开放合作的态度；第三，尽可能双方沟通。

排斥性沟通有几种：第一，高高在上，发号施令。如"我说了算，你懂什么！照办！"第二，显示优越感。如"我过的桥比你走的路还要多，你不要与我争论！"第三，奚落。如"你个小毛孩，知道什么！""你还留过洋呢，我看你只留过级！"第四，自夸。如"你怎么这么幼稚啊，我在你这么大的时候，早……"第五，事后诸葛亮。如"你不听老人言吧，叫你当时……你不听，活该！"第六，语言绝对化。如"从来不""总是""糟透了"等绝对化的语言使沟通没有进行下去的可能。

我们将排斥性沟通与认同性沟通进行对比，见表 1-4。

表 1-4   排斥性沟通与认同性沟通对比

排斥性沟通	认同性沟通
评价	描述
控制	解决问题
策略（心计）	自发性
中立（冷漠）	感情移入
优越	平等
确信（独断）	开放

排斥性沟通对话：

老板：你迟到了一个小时，如果要在这里工作，就必须准时。（优越、控制）

雇员：我的汽车发动不起来。

老板：这不是迟到的理由。（确信、评价）你应该打电话（评价）。

雇员：我是想打，但……

老板：工作从早上 8 点开始，你必须在早上 8 点之前到这里（优越、控制）。如果你做不到，你应该另找一份工作（优越、控制、确信）。如果你再迟到，就麻烦你不要来上班了（优越、控制、策略）。

认同性沟通对话

老板：你迟到了一小时，发生什么事了？（描述、平等）

雇员：我的车发动不起来了。

老板：你的附近没有电话吗？（仍然没有评价）

雇员：我每次打电话时总是占线。最后决定走到这里可能比等着打电话更快些。

老板：当人们不能按时到这里时，我总是担心我们不能按时完成工作。（自发性）没有任何办法让我知道发生了什么吗？（解决问题）

雇员：噢，我猜自己太惊慌了。我应该让我妹妹不停地打电话以便让你知道发生了什么。如果再发生这种事，那就这样做。

老板：好，现在开始工作吧，眼下有许多事要做……

双向沟通可以使沟通双方产生更多的认同。在双向沟通中，信息发送者和接收者两者之间的位置不断交换，且发送者是以协商和讨论的姿态面对接收者，信息发出以后还需及时听取反馈意见，必要时双方可进行多次重复商谈，直到双方共同明确和满意为止。对于大家熟悉的例行公事，低层次的命令传达，可用单向沟通；如果要求工作的正确性高、重视成员的人际关系，则宜采用双向沟通；处理陌生的新问题、决策会议，双向沟通的效果较佳。

根据以上沟通理念进行沟通，最关键的是沟通者能否控制情绪，对沟通进行理性把握。"要沟通别人，先沟通自己"，沟通的最高境界就是自我的修身养性。

如果你撞上了墙

如果你撞上了墙，不要转身放弃，要想办法怎么爬上去，翻过它，或者绕过去。生气的时候，先数到 10 再开口说话；如果很生气，就先数到 100。

快乐来自能深切地感触，简单地享受，自由地思考，勇于挑战生活和被他人需要。

资料来源 沙河.快乐来自被需要 [N].环球时报，2007-03-15（14）.

复习思考题

1. 请联系实际谈谈沟通在管理中有哪些作用。
2. 如何理解沟通过程及沟通的基本要素？
3. 成功沟通的原则有哪些？请结合实际谈谈体会。
4. 如何进行沟通定位？

案例分析　　　　　系主任和小张及辅导员的矛盾是如何激化的

某职业技术学院创办于 1998 年，是一所全日制民办职业院校。学校开设了 18 个国家计划内招生专业，24 个专业方向。现有教职员工 637 人，其中专任教师 489 人。学校实行董事会下的校长负责制，董事长兼校长。

管理系是该校的一个较大的系，由于专业热门，学生就业较好，发展很快。系部在组织结构上分教学和学生工作两大块。教学部分，在系主任以下设置了两个专业教研室、一个公共教研室和一个实验室；学生工作部分，所有的辅导员老师归口主管学生工作的系总支副书记领导，同时还设一个学工办公室，设一名办公室主任（见图 1-2）。除了办公室主任以外，其他老师几乎都是 20 多岁的年轻教师。

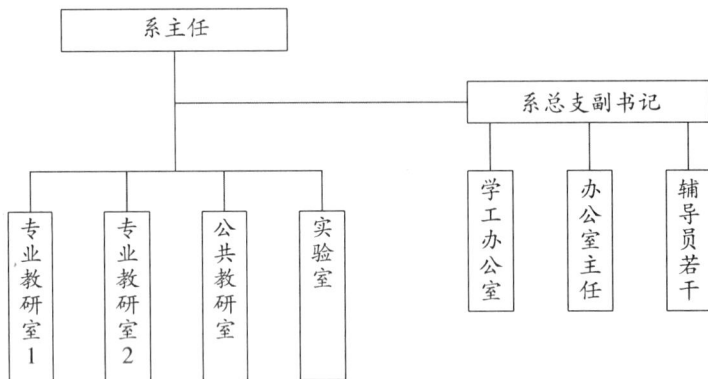

图 1-2　管理系组织结构图

本学期，该系的原系主任 A 因为个人的原因辞去了系主任的职务，只保留了一个"专家顾问"的头衔。接替他的是一位来自企业的技术专家 B。系的党总支书记本学期休产假，一直没来上班，学生工作由总支副书记 C 代管。C 书记也是年轻女性，但工作有能力，人也精明。

原来的 A 主任年近花甲，性格很随和，平易近人，对待下属和蔼可亲。论年龄，A 主任算得上是其他老师的长辈，所以在对待系里的年轻老师的时候，更像长辈对待晚辈那样关心爱护。A 主任现在虽然不担任主任一职了，但是每隔一段时间总是会回学校来看看大家。由于 A 主任在任的时候和大家的关系就非常好，每次他回到学校，大家还是非常热情地欢迎他，言语之间也流露出对 A 主任的敬爱之情。

现任的 B 主任年纪和 A 主任相仿。这学期自从 B 主任到任以来，系部建设确实上了一个台阶，专职教师队伍不断壮大，新实训基地也建成了。这些都是 B 主任来了之后大家有目共睹的变化。但是 B 主任是技术出身，在以前的单位是总工程师，相对 A 主任而言，行事风格更正统一些，原则性更强一点，而灵活性少一点；抓专业工作多一些，人文关怀少一些。由于工作原因，B 主任平时和专业教师接触较多，而对于学生工作方面的辅导员接触较少，对学生工作的情况也了解不多，认为这是管学生工作的书记的职责范围。

高职学校的辅导员在学校的地位一般低于专职教师。本系辅导员基本上是招聘来的刚大学毕业的本科生和研究生，流动性很大，流失率高。B 主任忽视与辅导员的交流，增加了辅导员群体的不满。接连发生的几件事更加剧了这种不满。

系里准备发展新党员，发展对象里有教师也有辅导员。其中女辅导员小张，平时工作认真负责，所带的班级是优秀班集体，自己也被评为优秀个人，在辅导员群体中是很优秀的一员。大家都认为小张是最合适的候选人。但在不久前，小张母亲生病住院了，小张等到周末回家探望。但老家离省城很远，小张就请一天假（星期五），周日晚上赶回学校，周一照常上班。按照制度规定，员工请假需提前一天申请，请一天假要人事处备案。小张于是在周四向总支副书记 C 请假，得到批准。随后小张又找到 B 主任请假，B 主任也同意了。这样，小张周五上午离校赶往老家看望生病的母亲。没料到学校在周五上午一上班就向全校发紧急通知：周五下午召开全体教职工会议，董事长兼校长有重要讲话。因为会议重要，要求人事处清点各部门人数。对于缺席的员工，会上点名批评。董事长还批评各系领导，说任何人都不得以任何理由开会时请假，除了他本人外，任何人也没有批假的权力（这是以前制度没有明确的）。B 主任和 C 书记因为小张的工作疏忽（没到人事处备案）而挨了大会批评，很不是滋味。C 书记甚至事后向人事处解释：她没有批准小张的请假。小张也被作为旷工一天处理，月末的时候扣了工资。

在支部讨论入党资格的时候，总支副书记 C 觉得小张发生过旷工事故，而且全校职工都知道，所以不能考虑小张入党。小张知道后找到原系主任、现在的专家顾问 A，诉说她的委屈。A 主任就去做 C 副书记工作，说："平心而论，咱们系里的老师个个都不错。当领导的应该多替我们的老师着想，要给他们机会，向学校争取他们的利益。小张工作不错，因请假上的手续疏忽被处分，我们要吸取教训，教育员工遵循学校制度。但不能因为这次失误就否定小张的工作。如果我们都不认可自己的老师、帮助他们争取机会，会让他们感到寒心的。"副书记听 A 主任这么一说，连声称是，将小张作为五位候选人之一上报学校。学校派人到系里调查五位候选人表现时，B 主任对两位教师候选人连声夸赞，讲事实、摆数据说明他们的表现优秀；而对三位辅导员候选人，B 主任讲不出什么（因为他本来对他们了解不够），让调查者觉得候选人中辅导员没有教师优秀。果然，两名教师和一名辅导员被批准入党，小张当然落选。辅导员们知道事情的原委后，都觉得 B 主任厚此薄彼，认为辅导员在系里被冷落，遭遇了不公平对待，由此公开地、私下地对 B 主任表示不满。

这件事情以后，在 B 主任和小张之间又发生了另外一件事情，使两个人之间的矛盾进一步加深了。

学校根据上年度学生成绩及表现发放了各种形式的奖学金给学生。有的学生拿到了奖学金后很高兴，认为要感谢班主任（辅导员），于是请班主任吃饭甚至送礼。学校知道后，要求各系严查此事，杜绝学生请客送礼风。

B 主任接到任务后，与 C 书记一起挨个找辅导员谈话。当 B 主任找到小张谈话时，又起了冲突。

"小张，学校正在查学生给班主任请客送礼的事。你的班上有没有？"

小张认为自己一向正派，深受学生喜欢。系里老师包括 A 主任都知道这一点，而 B 主任竟然怀疑起她来，于是情绪激动地说："B 主任，你这么问是对我的侮辱。你根本不了解我，不了解我们辅导员，你只关心专职老师。"小张越说越气，说起了原来 A 主任多么公平，多么关心下属。B 主任终于沉不住气了，一拍桌子说："你这是在报复发泄！"

从此，小张对 B 主任敬而远之，不久后调离该校。辅导员们对 B 主任的不满更深了，之后又有几个辅导员调走。

资料来源　根据湖南大学 MBA 学员张令的作业改编。

讨论题：

B 主任与小张及辅导员们的矛盾为何升级？请分析其中的沟通原因。

第2章

沟通的一般策略

第2章

学习目标

学习本章后，您应该可以：
- 掌握沟通的一般策略，包括信息发送者策略、听众策略、信息策略、渠道策略、反馈策略
- 在组织沟通中运用这些策略，提高沟通技能

引　例　　　　　　　　　**西奈半岛之争**

1987 年，世界最紧张的焦点是位于埃及与以色列之间的西奈半岛。这一地区是以色列军队从埃及手上夺下来的。双方终于能够面对面坐下来开始谈判。但是埃及坚持要以色列归还整个半岛地区，以色列说办不到。

有人问双方为什么坚持他们的立场。

埃及说："这块土地在法老王时代就属于我们。它是我们的文化，我们的自尊！"

以色列说："放弃西奈就如同放弃我们的盔甲。如果埃及拥有西奈，他们的坦克车随时都可以打过来。"

眼看事情要僵，甚至可能又引发战火，门突然打开，双方和平地走出来了！

最后这个难题是如何解决的呢？

埃及总统萨达特回去对他的人民说："整个半岛都还给我们了。"

以色列总理比金则对他的民众说："不错，但埃及同意把西奈的大部分划为'非军事区'。所以沙子上虽然插着他们的国旗，却不会有他们的坦克！"

埃及和以色列的沟通为何成功？

根据沟通过程，我们知道沟通有几个重要的因素：沟通者即信息发送者、听众即信息接收者、沟通渠道、信息、反馈、背景文化。因此，我们将沟通的一般策略概括为沟通者策略、听众策略、信息策略、渠道策略、反馈策略、文化策略。表2-1列举了一个沟通分析实例。

表 2-1 沟通分析实例

你想到××大学读 MBA，希望上司及单位在时间和学费上支持你	
沟通者	你是一位卓越的/优秀的/一般的/平庸的下属 你是高级/中级/低级职员
听众	主要听众——你的上司，他与你关系远或近，友好或不友好，随意或严格 次要听众——你上司的上司；你的同事、下属或客户；其他可能受此结果影响的人
沟通目标	获得上司及组织支持、时间支持及报销学费
背景	工作繁忙 你是部门的次要/关键人物 你以前曾经/没有要求过特殊的待遇 有/没有先例 其他人提出/没提出同样的要求
消息	读 MBA 对你十分重要 会将工作在周一至周五处理好，以便周末加班时请假 其他人被给予过同样的待遇 我会报答这个恩惠 学习对我有益，对公司也有益
渠道	个别谈话 电话 备忘录 会议 电子沟通 上述中的几种
反馈信息	听众可能是支持性的/表示接受的/无所谓的/含敌意的 他们可能会提出你意想不到的问题

这是一个简单的沟通实例。即使如此，我们也发现需要在沟通之前对涉及的各项因素给予充分考虑，绝不能不甚了了。信息资源、背景以及听众的多样化左右着我们对信息内容及渠道形式的取舍。我们要根据实际情况，向不同的受众传递不同的信息。在反复权衡利弊之后，也许会放弃该项要求。

2.1 沟通者策略

沟通者即信息发送者是沟通主体，是决定沟通成功的关键因素。要使沟通顺利进行，沟通者需要明确几个问题：沟通是必要的吗？沟通目标是什么？用什么方式沟通能达到目标？我是合适的沟通发起者吗？

2.1.1 沟通目标

沟通者在发起沟通前应认真思考沟通目标，这样，沟通才能达到高效。组织的沟通目标有时可能是不明晰的，有时可能很大，因此，沟通者要分析沟通目标。如何分析沟通目标呢？

首先，沟通者明确沟通目标之后，可以对沟通目标细分，使其从一般到具体，即明确总体目标、分目标、子目标分别是什么，然后从具体目标开始谋划沟通。

总体目标是综合目的，是沟通者所希望实现的概括性陈述。

分目标是指导你走向总体目标的具体的、可度量的并有时限的步骤。

子目标更具体，它以你的行动目标为基础，明确决定你希望你的沟通对象如何对你的沟通作出反应。如通过具体的一个报告、一封信或邮件、一次交谈、一个电话等，你想让你的沟通对象了解什么信息，进而怎么行动。

表 2-2 列举了一个沟通目标分层实例。

表 2-2　　　　　　　　　　　沟通目标分层实例

总体目标	分目标	子目标
加强各部门工作情况沟通	每季度召开两次部门沟通会议	本次沟通会我将让上司及其他部门了解本部门研发的进展及需要的支持
扩大顾客群	每星期发展 20 位新顾客	读完此封信后客户将签订合同
建立良好的财务基础	保持不超过××的年度资产负债率	读完这封电子邮件后会计将为我的报告提供季度支持信息 这份报告的结果是董事会将同意我的建议
增加女设计员人数	在年底前雇用 30 名女设计员	通过这次会议我们将构思一项策略以达到这一目标 通过这次校园宣讲，将吸引至少 20 位优秀女大学生加入公司人才储备库
保持市场份额	在某日之前达到×数量	通过这一备忘录，我的上司将同意我的市场计划 通过这次演讲，销售代表们将了解我们产品的发展

资料来源　MUNTE M. 管理沟通指南［M］. 钱小军、张洁，译. 6 版. 北京：清华大学出版社，2003：7.

其次，沟通者明确沟通目标之后，要对沟通目标进行环境检测，看组织环境是否支持沟通目标实现。这个环境包括：你在组织中的地位、可获取的资源、组织的传统及价值、个人人际关系、上司的态度倾向、沟通渠道、组织的经营状况与竞争者经营状况的对比、总体的文化氛围等。

检测沟通目标时可以问这样一些关键问题：

（1）我的目标是否符合伦理？

（2）对这个建议，我是不是一个合适的传达者？

（3）是否有足够的资源可供我达到我的沟通意图？

（4）我的目标能否争取到需要其配合的人的支持？

（5）它们是否与其他同等重要的目标相冲突？

（6）在内部与外部都存在竞争的环境中，它们是否能占有合理的机会？

（7）成功的结果是什么？我和我的组织在达到这些目标之后境遇是否会好些？

如果对上述问题的回答都是肯定的，那么沟通目标就有了可靠的环境支持。

小案例 2-1　　　　　　　　古井贡酒集团致消费者的公开信

1998年1月27日，除夕夜，正当三晋大地的大同市、朔州市千家万户百姓欢聚在电视机前，收看中央台春节晚会时，荧屏下方突然出现一行小字——"紧急通知：我市近日流入清徐、文水、孝义生产的散装白酒，已造成严重后果，望广大市民不要饮用此酒"。1月31日，一份紧急材料送进了中南海，送到了江泽民总书记面前：春节前后，山西省朔州市发现有数百群众因饮用含有过量甲醇的散装白酒而中毒，其中已死亡20余人。

文水县农民王青华用34吨甲醇加水后勾兑成散装白酒57.5吨，出售给个体户批发商王晓东、杨万才、刘世春等人。这些人明知道这些散装白酒甲醇含量严重超标（后来经测定，每升含甲醇361克，超过国家标准902倍），但为了牟取暴利，铤而走险，置广大乡亲生命于不顾，造成27人丧生。山西文水县造假酒早在20世纪80年代已经"闻名"全国，曾有人形容"文水除了刘胡兰是真的，其他都是假的"。

中央对此恶性案件高度重视，加大惩处。1998年3月9日，王青华等6名犯罪分子被判处死刑。

假酒案给白酒销售带来了严重危机。一场在全国范围内查封"山西酒"的运动迅速展开。山西杏花村汾酒集团在这次假酒案中深受其害，全国各地查封了不少汾酒集团的名优酒，在春节旺季期间的两个月里，仅卖出了1 200吨白酒，直接经济损失达800万元。面对危机，汾酒集团立即召集全国各地媒体把汾酒不是朔州假酒的信息传播出去，紧接着邀请省技术监督局召开"汾酒系列产品质量检查信息发布会"，向社会宣告汾酒集团无假酒，质量过硬。

安徽古井集团远在千里之外，借势振臂一挥，展开宣传攻势，在《经济日报》头版报眼显著位置刊登《古井贡酒集团致消费者的公开信》，呼吁白酒业应当立法，倡议设立"中国打击假酒专项基金会"，并伸出仁义之手，向朔州假酒案中的死难者家属无偿捐助27万元的抚恤金。

古井贡酒集团致消费者的公开信

尊敬的消费者：

1997 年除夕之夜，悲剧在山西朔州悄然发生。27 条无辜生命，因饮用不法之徒兑制的工业酒精酒而中毒，相继含冤离开人世。这是继 1996 年云南假酒大案以来，第二例全国罕见的特大的假酒毒死人命案。

山西假酒大案，举国闻之再次震惊。江总书记心情激愤，亲自过问此事，要求有关部门依法严办不法之徒。人命关天，造假者却利欲熏心、草菅人命，天理难容，国法难容。其罪当剐！

痛定思痛，我们古井贡作为中国白酒的排头兵之一，作为中国老八大名酒厂家，本着对广大消费者高度负责的态度，有责任、有义务振臂高呼：白酒当立法，国家有关职能部门才能更好地依法整顿白酒生产及销售市场，杜绝假酒源头，彻底防止类似云南、山西的悲剧重演。同时，为了更好地配合国家有关职能部门依法监督管理白酒市场，使消费者有一个更加安全可信的饮酒环境，我们古井贡还大力倡议：以中国老八大名酒厂家的名义成立"中国打击假酒专项基金会"，以此捍卫中国白酒的尊严！

酒无罪，饮者亦无罪，罪在造假、售假者。故此，我们强烈呼吁，此法不立，民无宁日，市场不平，行业不兴。

这次山西朔州 27 人命丧劣质假酒，我们古井人仰天悲愤，深恶痛绝贪财枉法不义之徒。然死者已矣，生者悲矣。为了抚恤死难家属，我们古井贡酒股份有限公司董事会决定无偿捐助抚恤金 27 万元，以尽我们绵薄之力，给生者以新的希望。

血的代价足以警醒人心，长痛之余，我们古井贡再次郑重敬告广大消费者：购买饮用白酒时，千万要认明白酒品牌、质量和厂家，切忌盲目购买。

我们古井贡是安徽唯一中国名酒，自 1963 年古井贡酒被评为中国名酒以来，连续四次蝉联"中国名酒"称号，被国家评委誉为"酒中牡丹"。所有荣誉的取得，都是广大消费者百倍呵护与关爱之结果。无论市场风云几经变化，我们古井贡过去是、现在是、将来仍是视"消费者为衣食父母""宁愿消费者负我，我不负消费者"。

我们古井贡再次郑重承诺："提高广大人民的生活质量""摘取消费者心目中的金牌"，始终是我们古井贡最高的经营理念和永远的追求。我们必将一贯坚持"质量是生命"的酿酒方针，精益求精、锲而不舍地酿造每一滴好酒奉献给我们的"衣食父母"。

此致

敬礼！

董事长：王效金

安徽省古井贡酒股份有限公司

1998 年 2 月 8 日

思考题：

（1）该信要表达的沟通目的有哪些？

（2）你认为有需要修改的地方吗？怎样改？

背景信息

1959 年 10 月，安徽省人民政府拨款 10 万元兴建国营亳县古井酒厂，以老厂长聂广荣为代表的第一代古井人，在仅有十多间民房、一匹马、一个车间、一口锅甑、七条发酵池的简陋条件下，通过发掘利用百年古窖池，搜寻整理并科学实施九酝春酒酿造古法，用顽强拼搏精神熬过了三年困难时期，酿造了优质的古井贡酒，走上了第一次创业的艰苦征程。

1963 年，在全国第二届评酒会上，古井贡酒就以"色清如水晶、香醇似幽兰、入口甘美醇和、回味经久不息"的独特风格，名列中国八大名酒第二名。随后，在 1979 年、1984 年、1989 年全国评酒会上古井贡酒蝉联中国名酒金榜，成为响当当的"四连冠"中国名酒，被世人誉为"酒中牡丹"，并在酒类商品中，首批获得人民大会堂专供品荣誉，走进了国宴。

1989 年，古井首次跻身于全国 500 家最大工业企业行列。

1990 年，公司正式确立"科技立厂，多角开发，复合经营，综合发展"的方针，拉开了对外投资开发的序幕。

1994 年，古井通过中国方圆产品质量认证，并于五年后通过 ISO 9002 质量体系认证。

1995 年年初，古井集团正式挂牌运营，并导入 CIS 系统。

1996 年，安徽省第一只 B 股、白酒业第一只 A 股——古井贡 B 股、A 股在深圳证交所先后上市，古井贡酒成为中国白酒业第一家公开上市的公司。古井酒厂也相应改制为"安徽古井贡酒股份有限公司"。

1999 年，"古井贡"品牌被国家工商局认定为"中国驰名商标"。

目前公司拥有员工 7 300 多名，集酒业、商旅业、房地产业、类金融业等产业为一体，是国家大型一档企业。在 2007 年度中国企业集团纳税五百强排行榜中，古井集团位居第 365 位，在整个安徽企业集团中排名第 8 位。在 2009 年中国 500 最具品牌价值排行榜中，古井贡以 46.60 亿元位居第 175 位，并获选"影响世界的民族品牌"。

王效金简介

男，汉族，1949 年 3 月出生，安徽亳州人，安徽省委党校研究生学历，中共党员，1968 年 10 月参加工作，知识分子代表。历任安徽省亳县机械厂、县工业公司工作人员，县经贸委秘书、科长，亳县古井酒厂副厂长、厂长，亳州市副市长，古井酒厂厂长，阜阳行署专员助理，古井酒厂厂长，阜阳市政协副主席、古井集团董事长，亳州市委副书记、亳州市委常委，安徽古井集团有限责任公司董事长。全国人大常委会 2007 年 10 月 28 日经表决，终止了安徽省亳州市政协副主席、安徽古井集团有限责任公司董事长王效金的全国人大代表资格。2008 年 10 月 16 日上午，古井集团原董事长王效金受贿案在宿州市中级人民法院一审宣判。王效金受贿人民币 507 万元、美元 67 万余元、港币 5 万元，被法院以受贿罪判处无期徒刑。

2.1.2　沟通者的可信度

沟通开始前，沟通者还要考虑自己的可信度，即信息接收者对你的信任、信赖和接受程度。沟通者可信度越高，越有利于信息被接收。

按费伦奇（French）、雷文（Raven）以及科特（Kotter）的理论，有五大因素影响可信度，即身份地位、良好愿望、专业知识、外表形象、共同价值，具体内容见表 2-3。

表 2-3　　　　　　　　　　　　　影响可信度的因素和使用技巧

因素	建立于	对初始可信度的强调	对后天可信度的加强
身份地位	等级权力	强调你的头衔或地位	将你与地位高的某人联系起来或引用高地位人物的话（如共同署名或请他写推荐信）
良好愿望	个人关系、"长期记录"	涉及关系或"长期记录"	通过强调听众利益来建立良好意愿
	值得信赖	承认利益上的冲突，作出合理的评估	
专业知识	知识、能力	包括经历或简历 分享你的专业知识 介绍你获得专业知识的方法和途径	将你自己与听众认为是专家的人联系起来或引用他的话语
外表形象	吸引力，听众喜欢你	强调听众认为有吸引力的特质	通过认同你的听众利益来建立你的形象，运用听众认为活泼的语言及非语言表达方式
共同价值	共同价值观、共同问题和需要	在开始就建立共同点和相似点，将信息与共同价值结合起来	

资料来源　MUNTE M. 管理沟通指南［M］. 钱小军、张洁，译. 6 版. 北京：清华大学出版社，2003：9-10.

可信度还可以分为初始可信度和后天可信度。

初始可信度指开始沟通前，即在听众或读者倾听或阅读你要表达的内容之前对你的看法。比如，一个顾客从未进过肯德基店，也从未吃过肯德基快餐，但他从肯德基的广告、媒体报道、肯德基店的外观、人们关于肯德基的言论等方面获得了肯德基的信息，这些构成该顾客对肯德基的初始可信度。

后天可信度指听众或读者在倾听或阅读了你要表达的内容之后，对你所形成的看法。比如上述的那位顾客，在肯德基消费一次，或者没消费但直接与肯德基有过一次接触之后，这次体验会给他一个关于肯德基的信息，这些构成他对肯德基的后天可信度。

初始可信度与后天可信度紧密相关，初始可信度好比沟通者对信息接收者发的一张信用卡，只要开户就有了一定的信用额度。后天可信度是沟通者对信用卡的使用，如果使用效果很好，就往信用卡中注入资金，信用增加；如果使用不好，就如同信用卡透支，透支太多就导致信用丧失。

费伦奇和雷文的权力基础理论也有启发意义。根据费伦奇和雷文将权力基础定义为一方对另外一方施加权力的源泉或根源，他们列举了五种权力基础：奖励权、强制权、合法权、指导权和参考权。

（1）奖励权，就是管理中的激励，或者是正激励，如提供奖金、提薪、升职、赞扬、理想的工作安排和其他任何令人愉悦的东西的权力。奖励权引导下属成员往管理者期待的方向发展。在企业文化或者管理规章中或明或暗表示出管理者的意愿。在奖励权和下属的个人目标相重叠的时候，就可以产生"拉"的动力，施展我们影响下属成员的能力。但是，如果我们的奖励权低于下属的预期或者下属怀疑奖励是否实施或落实，抑或奖励不是下属感兴趣的，那么我们的影响极有可能失败。

（2）强制权。为了保证管理者的影响最低限度地执行，在权力中，需要强制权保证下属必须遵循管理者的影响。这是一个"推"的力量，和奖励权正相反，具体表现为：给予扣发工资奖金、降职、批评、分配较差的工作，甚至开除等惩罚性措施的权力。强制权的运用，依靠组织的等级制度。如果没有触犯外部法律等制约因素，管理等级强的管理者，至少可以在短期内支配下属成员。需要指出的是，在特定的组织中，有时候处于优势的团队，可能会抵抗这样的强制权，以维护小团队的利益，比如技术团队、运营团队等。

（3）合法权。这种权力来源于企业内部的条例，规定管理者有权力去影响哪些成员，这些成员有义务接受这种影响。合法权也指组织内各领导职位所固有的合法的、正式的权力。在跨组织的系统中，特别是大型企业中，合法权非常重要，可保证矩阵式管理的执行。并且，在大型企业中，合法权非常普遍，而且能够按常规被接受。事实上，没有这个权力，组织运营将非常困难。在指令的每一个环节，只有执行的组织承认上一层次拥有合法权，自己也有义务接受这种影响，指令才能够被执行。只有在合法权覆盖范围内，我们才可以行使权力，施加影响。如果在权力覆盖范围外，我们就需要采用权力外的其他管理方式，施加我们的影响。我们如果需要对一些组织或成员施加影响，就需要通过修改企业内部条例、授权、变更组织结构等方式，将合法权涵盖这些组织或成员。

（4）指导权。指导权有时也称专家权，这个权力来源于某些特定领域。指导权是由于领导者或者某个成员具有某种专业知识和特殊技能而产生的权力，并因此而赢得同事和下级的尊敬和服从。指导权在企业运作中普遍存在。有时候这种知识或技能转换成业务流程，次关节点的人员要接受主控点的人的影响，主控点的人要持续去指导、控制次关节点的人员。指导权对于流程的运作特别重要，被影响人员愿意得到知识和技能的指导。指导权也类似于现代管理中的教练式领导，对帮助下属成长、影响下属有序完成企业目标有积极的作用。

（5）参考权，也称感召权，是一个领导者的品质、魅力、经历、背景或工作风格等，使其他成员产生共鸣、认同和敬佩而产生的一种影响力。追随人员因为感召或参考的存在，而自觉接受领导者的影响，这样就形成了权力的基础。在企业内部，感召权和其他权力混合存在，有时候不能明确区分，但在企业外部，宗教和政治的参考权表现得更为淋漓。

以上五权，合法权是出自组织的，指导权和参考权是出自个人的，奖励权和强制权是出自组织和个人的。领导者要提高在组织中的可信度，就要合理运用这五权。

亚里士多德的《修辞学》被认为是最早的沟通著作，该书提出了沟通的三个基本特征：理性、感情、道德品质。后来美国的沟通研究者将其引申为沟通成功的基本因素：来源的可信度（source credibility），即沟通者的身份、信誉、品格、形象；情感诉求（emotional appeal），即沟通者与听众进入某种情感；逻辑论证（logical argument），即沟通者信息准确、逻辑清晰、表达简洁。

2.1.3 沟通形式

沟通者确定沟通目标后，就要选择合适的沟通形式传达信息，以实现沟通目标。根据沟通者对信息的控制程度和听众的参与程度，可以将沟通形式分为叙说、说服、征询、参与，如图 2-1 所示。

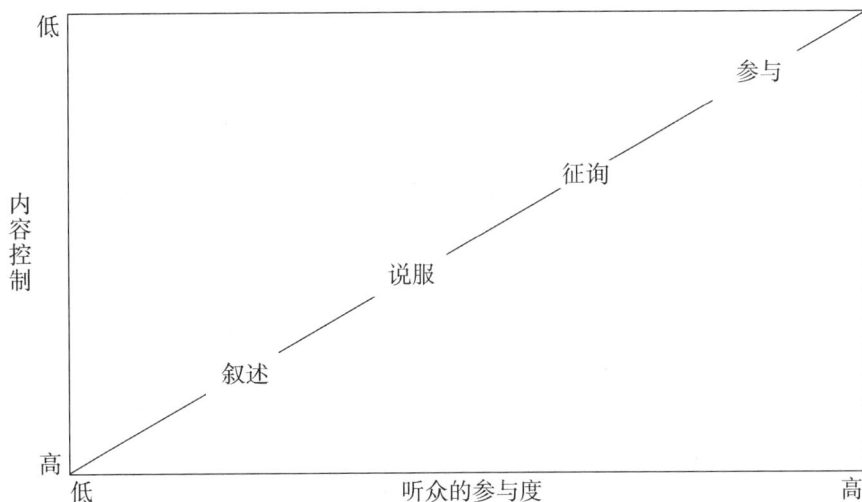

图 2-1　沟通形式

叙说是指在沟通时，沟通者掌控信息，需要听众了解已掌控的信息。这时沟通者主要向听众叙说和解释信息及要求，目的是让听众接受信息并按照信息要求行动。比如宣布一项常规程序，要求下属执行。

说服是指在沟通时，需要听众采纳你的建议或改变看法。这时沟通者在掌握信息方面处于主导地位，但决定权在听众。因此，沟通者要向听众进行说服，提出建议，供听众选择。说服的最典型方式是推销产品。

征询是指沟通者就某项建议、方案与听众达成共识，以获得听众的支持或共同商议后达到某个目的。这时，沟通者掌握部分信息，但更需要听众的信息。如你提出部门考勤改革方案草案，全体同事讨论怎样修改草案，并上交公司。

参与是指沟通者不掌握信息，需要听众集思广益，提供广泛的信息。参与是最大限度的合作，沟通者可以获得全面信息。如头脑风暴会议，主持人提出主题之后，与会者畅所欲言。

表2-4列举了一些沟通目标与沟通形式实例。

表2-4 沟通目标与沟通形式实例

沟通目标	沟通形式
通过阅读这一备忘录，员工们将了解公司现有的福利项目 这次演讲后我的老板将了解我这个部门本月的成绩	叙说：在这些情况下，你是在教授或解释。你需要你的听众（读者）学习和了解新的内容。你不需要他们的意见
读完这封信，我的客户将签署附在信中的合同 通过这次演讲，委员会将同意我的预算建议	说服：在这些情况下，你是在说服。你要使你的听众（读者）改变他们的做法。为了让他们这么做，你需要听众一定的参与
读完这份调查，员工们将通过回答调查表来作出反应 这个答疑会的结果是让我的员工讲出他们对新政策的疑惑，并得到对这些疑惑的解释	征询：在这些情况下，你是在商议。你需要有付出和收获。你既需要向听众学习，又要对互动有一定的控制
通过阅读这一电子邮件提要，小组成员将来参加会议并准备就这一问题提出他们的想法 通过这一头脑风暴会议，小组成员将找到这一问题的解决办法	参与：在这些情况下，你是在协作。你和你的听众共同努力挖掘内容

资料来源 哈特斯利，麦克詹妮特.管理沟通［M］.李布，赵宇平，等，译.北京：机械工业出版社，2000：11.

情景思考2-1 你会怎么做

情景一："十一"后，按照公司惯例，作息时间由夏季作息时间调整为冬季作息时间，请问如何将这条信息传达出去？

情景二：要向公司的老客户介绍一种新产品，你将选用何种方式？

情景三：临近年终，销售任务还远没完成，作为部门经理，你想召集全体下属探讨如何冲刺，将使用哪种沟通方式？

情景四：部门团队合作不好，你想广泛听取意见，用哪种沟通方式较好？

在叙说、说服中，沟通者需要听众较多地向你学习，此时，你有足够的信息，较少需要听他人的意见，想要自己控制信息内容。在征询、参与中，沟通者需要向听众学习，这时你可能没有足够的信息，需要听他人的意见，想要听众全心投入。通常将前二者叫指导性策略，后二者叫咨询性策略。

<table><tr><td>小案例 2-2</td><td>该怎样选择沟通策略①</td></tr></table>

王刚是某汽车零部件生产企业的总经理。你的销售公司经理张明工作很勤奋，但他所领导的公司销售水平总上不去，每月的报告也总是晚交。你早就想找他谈一次话。这天一早，你打电话约好了他，你如期来到他的办公室，但他不在。因为有人向他报告，销售二部几个业务员无故迟到，二部经理批评不听，正在吵架，他赶去处理。你在他办公室等了他 15 分钟他才回来。

李玫刚从某名牌大学获得 MBA 学位来到你公司，在财务部负责财务计划小组工作。工作一段时间后，有人反映小李傲慢，经常指责同事，而且她对权力和声誉的追求很强烈，同事关系弄得较糟糕。你决定和她谈一谈。

请问，王刚该怎样选择与张明、李玫的沟通策略？

分析案例前，我们先了解一个原理：情景领导模型（Situational Leadership Model）。情景领导模型又称为情景管理模型，是由美国管理学者保罗·赫塞（Paul Heresy）和肯尼斯·布兰查德（Kenneth Blanchard）于 1969 年合著的《组织行为学》中提出的。该模型的基本理念是有效的领导方式要根据下属的成熟度水平来选择。成熟度指的是下属完成工作所表现出来的能力和意愿水平，它包括工作成熟度和心理成熟度。工作成熟度是下属完成工作时具有的相关技能和知识水平，心理成熟度是下属完成工作时的意愿和积极性。心理成熟度高的下属不需要太多的外部鼓励，他们主要靠自身内在的动机激励。情景领导模型根据员工能力与意愿的高低程度的不同组合，把下属的成熟度划分为四种高低不同的水平（见图 2-2）。

成熟度一：无能力且无意愿。这些人对于承担某种工作任务既无能力又不情愿。

成熟度二：无能力但有意愿。这些人目前缺乏能力，但却愿意承担必要的工作任务。

成熟度三：有能力但无意愿。这些人有能力却不愿意干领导者希望他们做的工作。

成熟度四：有能力且有意愿。这些人既有能力又愿意干领导者希望他们做的工作。

情境领导模型使用的两个领导维度是工作行为和关系行为，通过工作行为与关系行为的高低组合，可将领导方式划分为四种类型，分别适用于不同成熟度的下属。

类型一：指示式领导方式（高工作-低关系），适用于下属为成熟度一的情况。

① 本案例改编自：魏江，严进. 管理沟通——成功管理的基石［M］. 北京：机械工业出版社，2006：93.

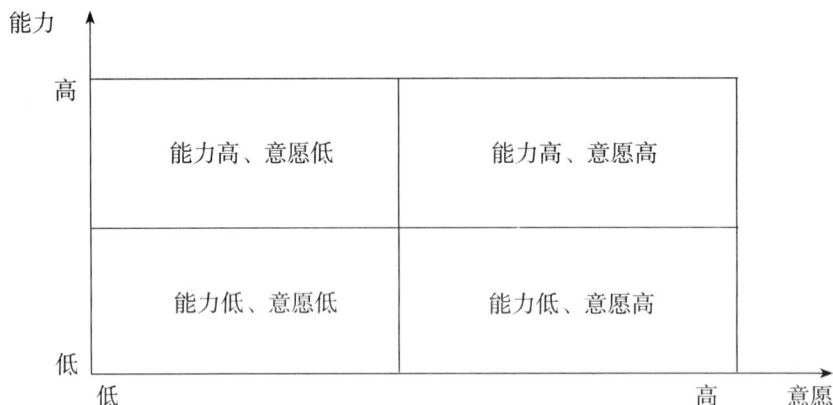

图 2-2　员工成熟度

对这种成熟度低的下属，领导者应该采取单向沟通形式，指示下属执行工作任务，告诉他们干什么、怎么干以及何时何地去干。

类型二：教练式领导方式（高工作-高关系），适用于下属为成熟度二的情况。对这种成熟度较低的下属，领导者除了依旧要给予下属明确的工作指示以外，还要给予下属较多的指导，促使他成长；同时还需要聆听下属的心声，鼓励他们提出自己的想法和建议，从心理上增强他们的工作意愿和热情。

类型三：参与式领导方式（低工作-高关系），适用于下属为成熟度三的情况。对这种成熟度较高的下属，领导者应该通过双向沟通和悉心倾听的方式与下属进行充分的信息交流，让下属参与到决策中来，帮助他们制定决策，支持他们按自己的想法发挥工作能力，尽量不给予过多的指示和约束。

类型四：授权式领导方式（低工作-低关系），适用于下属为成熟度四的情况。对这种成熟度高的下属，领导者应赋予下属自主决策、行动的权力和更多的责任，领导者只起监督的作用。

在上述案例中，张明属于成熟度二的员工，王刚应该给予他指导，在管理方法和团队建设方面多培训他，与他分享自己的管理经验，向他提出改进工作的建议。因此，对张明应该使用指导性策略，即以叙说和说服的方式为主。

李玫看上去是成熟度四的员工，但她有明显的性格缺点，这些问题源于个性及心理。对待这种个性及心理一般使用咨询性策略，即给对方提供咨询意见，通过共同讨论，使对方认识到问题。

2.2　听众策略

一秀才上街买柴，曰："荷薪者过来。"卖柴者因"过来"二字明白，即把柴担挑到他面前。秀才问："其价如何？"因"价"字明白，对方说了价钱。秀才又曰："外实而内虚，烟多而焰少，请损之。"卖柴者不知所云，便挑担而去……

沟通是要说给对象听、写给对象读，根据对象的需求来做沟通，是沟通能否顺利进行的关键。在沟通之前，我们通常要作听众分析。所以，听众策略是沟通策略中最重要的策略。听众策略是指根据沟通对象的需求和喜好调整沟通方式的所有艺术和技巧。

听众策略要分析的问题是：他们的态度如何？他们如何分类？如何说服他们？

2.2.1 听众态度分析

首先，从听众对你信息的支持与否来分，听众可以分为积极的听众、中立的听众、敌意的听众。

积极的听众是支持你的听众。比如一项改革方案，能从改革中受益的群体就是改革方案的积极听众。对积极的听众，沟通时需要激发他们的积极性并告知他们行动计划，让他们知道他们的重要性及他们能帮你做什么，尽你所能地使他们的工作变得容易并有回报。

作这种分析时，你必须特别注意个人和群体的动机。一些人之所以支持你，只因他们是你的朋友，并不与你想法的是非曲直有关。绝不要让这种支持诱使你对其他听众的态度产生错误的安全感。其他人支持你的动机可能会与你自己的动机毫不相干。因此，你要确信你知道这些动机是什么，这样你才能在你的计划中考虑他们。

中立的听众，沟通前可能对你的信息没有态度倾向，而且这些听众易受理性说服方法的影响。因此，沟通时使他们参与到事件和你认为是一种好方法的分析中来，有利于说服他们。

敌意的听众是指沟通前就可能对你有某种偏见，甚至可能永远不会积极支持你的听众。沟通时通过表明你理解他们的观点，并解释为什么你仍相信你的计划，有可能会使敌意听众变为中立听众。具体的技巧有：①令这些听众同意问题确实存在，然后解决问题。②列出听众可能同意的几个观点，他们赞成的观点越多，同意整体方案的可能性就越大；若赞成其中几个核心观点，接受整体方案就相对容易。③将要求限制到尽可能小的范围和程度，比如先试点方案的某一个部分，或先在一个部门试点。④对预期的反对意见作出评论，即预先驳斥反对意见。

还有一种特殊的反对者（或敌意听众），即有时你的同事反对你仅仅是因为你的成功会使他们付出一定代价；上司也许不想让你更加光芒四射；同事也许害怕你的工作表现会树立起一个迫使他们更加努力的工作标准；下属和你也许存在意识形态上的分歧，也许仅仅是不喜欢你。这是最难克服的一种反对，因为这些听众不太可能承认他们反对的真正原因。这可能促使他们提出一些非常具有创造性的理由来反对你的计划。在此种情况下，要考虑以下两种战略：首先，给你的反对者一条退路，如体现他们的建议、分享荣誉，或在一个必须成功的事件中支持他们；其次，争取那些拥有更高权威的人的支持。

有时候听众中的关键成员会根据你建议的是非曲直提出反对意见；他们有合理的理由相信这个建议不能奏效或不是最好的方式。不管在哪种情形下，你最好坦白地说出自己的想法，虽然你也认可反对者的担忧及他们意见的优点。

其次，从听众对你信息的感兴趣程度来分，听众可以分为兴趣高的听众和兴趣低的听众；根据听众对信息的了解程度，听众还可以分为有背景信息的听众和不掌握背景信息的听众。

对于兴趣高的听众，沟通时可以直奔主题，不必花太多时间以唤起听众兴趣。对于兴趣低的听众，则要使用征询和参与的方法，让听众参与讨论、分享控制权，以激发他们的兴趣。此外，使信息简单明了，易于接收。

对于掌握背景信息的听众，沟通时可以快速进入核心信息交流；对于不掌握背景信息的听众，则要花较多的时间先做背景介绍，间接切入主题。

最后，要分析听众的偏好，即听众在沟通风格、渠道、方式上更偏向于哪一种。

情景思考 2-2　　　　　　　　**你将怎样选择**

1. 假如有一种突发的疾病，预期会使 600 人死亡。

使用 A 方法治疗，可以保证救 200 人的命。

使用 B 方法治疗，有 1/3 的可能会救 600 人的命；有 2/3 的可能会没人获救。

你认为哪种治疗方法好？

2. 假如有一种突发的疾病，预期会使 600 人死亡。

使用 C 方法治疗，有 400 人肯定会死亡。

使用 D 方法治疗，有 1/3 的可能没人会死；有 2/3 的可能 600 人会死。

你认为哪种治疗方法好？

A 和 C 是保险策略；B 和 D 是冒险策略。

第一个情境使用"正面"的框架，讲的是收益；第二个情境使用"负面"的框架，讲的是损失。

1984 年，心理学家对医生进行测试，结果发现，当强调收益时，有 7 成的医生会选择保险策略；当强调损失时，有 7 成的医生会选择冒险策略。因为人们易陷入情绪化"理财"的误区，损失总是比收益带来更大的情绪反应。

（1）厌恶损失。像买了贬值股票而不肯出手的股民——不愿面对承认自己错误带来的后悔。

（2）赠品效应。如果给被实验的一半人 1 元钱，给另一半人 1 元钱的彩票，告诉参与者可以交换，结果大家都不愿意交换。因为人们总觉得自己手里的东西更值钱。

（3）代价陷阱。在一件事上投入得越多，就越会继续投入。如买了贬值股票的股民，不仅不脱手，反而会在该股票跌得更低时大量买进，赌徒输了钱后会下更大的赌注，都是为了"咸鱼翻身"。

（4）现状偏向。人们偏向于保持现状，不作重新选择。

人们因为"现状偏向"而害怕改变；因为"代价陷阱"而在无效的事情上耗费生命；因为"厌恶损失"而不能承认和改正错误；因为"赠品效应"而死死抓住已有的东西。

其实，不同的企业有不同的沟通偏好，比如外资企业的 E-mail 文化、报表文化，国有企业的会议文化等。

2.2.2 听众群体分类

当传递的信息面对的是一个群体时，就要对这个群体进行分析，比如分析他们的年龄、职业、教育程度、社会地位、文化风格、信仰价值观等，尽可能地了解他们的特征，信息传递方式要根据这些特征而调整。

在一个群体中，还有不同的听众，有的是关键听众，即决策者；有的是一般听众，不参与决策，但决策者也要考虑他们的意见；有的是意见领袖，不参与决策，但影响决策。对不同角色的听众分析越清楚，越有利于沟通目标的实现。

小案例 2-3　　　　　维西尔公司沟通中抓住主要听众反败为胜

普发集团是一个大型国企，需要购买企业管理软件。美国 ICE 和科曼公司都与普发集团有了半年的接触，奠定了很好的基础。尤其是 ICE 公司，已与普发集团的柳副总（主管公司的人事和财务）建立了很好的关系。维西尔公司由于北方市场一直力量薄弱，对普发项目的跟进由年轻的业务经理菲比负责，菲比接触几个月，都只限于普发的中层管理者，如办公室孙主任。洪钧上任维西尔公司北方销售片区经理后，立刻重视普发项目的开发，用谈共同爱好——明史研究——的方法迅速取得研发中心主任姚工的好感，接着又拜见周副总（主管市场）。洪钧认为，要想击败强大的竞争对手 ICE 公司，维西尔公司只有想办法接触普发的更高层——董事长金总，但一直没有机会。

这一天，普发总部的那间最大的会议室里，维西尔公司的软件方案介绍会就快开始了。这是参与竞标的软件厂商在投标截止之前的最后一轮介绍会，之后就再也没有机会了，连着三天，三家软件公司 ICE、科曼、维西尔每家用一个上午的时间，像走马灯似地做介绍，安排得既紧凑又公平。洪钧本来希望维西尔能被安排在头一个讲，为此还分别给孙主任和姚工都打了招呼，结果还是被安排了最后。他和菲比站在会议室门口，和每位进来的人都打招呼，李龙伟（维西尔公司普发项目的投标经理）在讲台上调试投影仪，肖彬（业务员）在台下的座位中间分发资料。快到 9 点了，会议室里稀稀拉拉地坐了不到一半的人，还不时有人不慌不忙地踱着步子向会议室走来。孙主任从会议室里走出来，笑着对洪钧说："洪总，时间差不多了，怎么样？要不你们也进去吧？然后咱们就开始。"

洪钧也笑着随口问了一句："你们金总不来呀？"又开着玩笑："我一直想拜见你们的董事长呢，这次又没机会了，看来只能等签合同的时候再见了。"

孙主任似笑非笑地应付着："有机会，有机会。金总太忙了，这个会就没去请他参加，前两家来讲的时候，金总也都没听，很公平的。"

洪钧面带微笑，但并没有挪动脚步，他不急于进会议室。洪钧故意向走廊的另一头张望着，像是自言自语地说："也不知道金总今天在不在家。"

正好，姚工也从会议室里走了出来，一听洪钧的这句话，就立刻说："在呢，在呢，我看见金总的车停在楼下呢，他又没出差，肯定在家。"

话音刚落，洪钧就看见远处一间办公室的门开了，从里面走出来两个人，他们正往与会议室遥遥相对的金总的办公室走去。姚工也看见了，立刻说："那不就是金总吗？是刚从柳副总的房间出来吧？哎，柳副总应该来听这个会的呀。"

洪钧迅速地对孙主任和姚工说了一句："我去打个招呼。"不等他们反应过来，就把他们俩和菲比都甩在一旁，大步朝走廊的另一端走去。

远处那两个人在走到金总的办公室大门前面时，停了下来，面对面站着说着什么。洪钧一边走一边想，天助我也，他就怕自己还没走到的时候他们就进了办公室又关上了门，洪钧就只得硬着头皮敲门，那可就远不如这种路上"偶遇"来得自然了。洪钧拼命迈开大步，并把频率加到最大，但他绝不能跑起来，哪怕是小跑也不行，不然就成了送快递的了。

那两个人说着话，肯定听见一阵脚步声由远而近，两人眼角的余光也都能看到一个身影正大步朝这边走来。他们不约而同地转过头，看见一个中等身材、西装革履的人走了过来，便下意识地不再说话，而是注视着洪钧。

洪钧看到他们发现了自己，心里轻松了许多，他放心了，因为他们不会甩下他走进办公室。洪钧脸上立刻浮现出笑容，一边继续大步走着，一边迅速打量着这两个人，一高一矮，一胖一瘦，一老一少，他猜测那个老一点、胖一点、矮一点的应该是金总，又回忆了一下在一楼前厅墙上张贴着的金总的相片，他确定了目标。

洪钧在距离两个人还有三四米的地方就向金总伸出了右手，走到金总面前站定，对金总说："金总您好，我是维西尔软件公司的，我姓洪，我们今天来给普发介绍一下为普发做的软件方案，见到您很荣幸。"

金总虽然觉得有些意外，但出于礼貌还是把手也伸出来和洪钧的手握了一下。洪钧看了一眼金总旁边的人，年纪似乎比自己稍微年轻一些，就也伸出手，对他说："您好，我是洪钧，维西尔公司的，请问您是？"

那个人边和洪钧握手边回答："我姓韩，韩湘，是金总的助理。"

洪钧又转向金总，双手递上自己的名片，韩湘在金总接过洪钧的名片正翻看着的时候说："他们几家都是软件厂商，都想参与咱们的软件项目，今天应该是维西尔公司来讲他们的方案。"

洪钧在旁边笑着说："是，我就是专门过来，想请金总也去听听，就听一部分也好。"说完，又向韩湘递上自己的名片，韩湘也从兜里掏出名片，和洪钧交换了。

金总面带微笑，看着洪钧说："好，欢迎啊，欢迎你们把国际先进的管理思想带给我们，也谢谢你们支持我们的工作。"然后，稍微沉吟了一下，面露难色地说："嗯，我下面正好还有个会，就不过去听你们介绍了。"

洪钧不等韩湘和金总挪动脚步就紧接着说："金总，我直接过来和您打招呼就已经够冒昧的了，那我就干脆斗胆再冒昧一下，我想请问，普发集团这次的软件项目，是要解决面子问题呢还是解决肚子问题呢？"

金总愣了，韩湘也愣了，洪钧不慌不忙地笑着解释："我这是打了一个不太恰当的比喻。面子问题，就是花钱买套软件，装装门面，也无所谓真正用得怎么样；肚子问题，就是真要用软件提高普发的管理水平，创造效益，让普发在以后更激烈的市场竞争中能够一直吃饱吃好，能够生存和发展。"

金总耐心地听洪钧说完，微微一笑，韩湘也随着笑了一下，金总看着洪钧的眼睛说："那你是怎么看的？"

洪钧迎着金总的目光，平静地说："我希望普发能选对软件，更要用好软件，我相信普发上软件项目是下决心要获得回报、取得成功的，因此您的参与就非常关键，所以我来请您。如果只是为了解决面子问题，那项目就太容易做了，您也没有必要在这个项目上花太多时间了。"

金总也很平静，两只眼睛一动不动地盯着洪钧。韩湘看一眼洪钧，又看一眼金总，刚想对洪钧说句什么，金总忽然开口说话了："小韩，你去把我桌上的本子拿上，我先去听听。"

韩湘立刻笑着答应了一声，又注视了洪钧一眼，转身走进了金总的大办公室。金总冲洪钧抬了下手，示意和他一起去会议室。

洪钧早已喜出望外，这下更是差一点兴奋得跳了起来。他刚才看见金总的身影就过来请金总去听维西尔的介绍会，完全是抓住时机博一把，没想到金总这么痛快地答应了，而且主动和洪钧一起并肩走到会议室，这种举动向大家传递的信息太丰富了。

金总的突然驾到更让他们觉得紧张。孙主任忙把金总领进会议室，会议室里立刻产生了一阵骚动，坐在第一排的几个副总级别的人都站了起来，挪着桌上的东西给金总腾出最中间的位置，后面有些人忙拿起手机拨着号码，还有的干脆跑出了会议室，洪钧偷着乐了，他知道这些人都正忙着招呼人来呢，金总都到了，下面的头头脑脑还不赶紧来？

孙主任走到讲台前面，扫视了一下转眼之间已经坐得满满的会议室。

洪钧已经在刚才短短的几分钟里临时改变了介绍的顺序和内容。原先的安排是由菲比首先介绍一下维西尔公司，然后李龙伟介绍维西尔为普发做的软件方案和项目计划，最后由洪钧做收尾，讲讲维西尔对普发项目的重视和承诺，肖彬没有任务，他就是来打杂和充数的。由于金总的到来，洪钧先讲。洪钧开场不谈自己的软件，而根据自己十多年做软件的经验，谈企业如何使用软件，深深地吸引了金总。

洪钧的胆识、机敏、谈吐、对软件的深刻认识及设身处地为购买软件企业着想的思维方式打动了金总。以后，金总支持维西尔的投标方案，任命韩湘作为普发软件项目负责人，购买了维西尔公司的软件，维西尔公司在北方市场打了个翻身仗。

资料来源　王强. 圈子圈套 1 [M]. 北京：清华大学出版社，2006.

沟通者要注意：沟通不是为了传达内容，而是为了传达利益。有力的沟通远远不只是意味着宣布一个清晰锐利的分析结果，它还意味着要解释你的建议与听众的担心、利益和观点的关系。顾客可能对你充分了解的一种新的管理信息系统的技术毫无兴趣，但他们会对这种系统能使他们省钱、省时非常感兴趣。因此，设计信息的首要原则是：不要问为什么你认为你的想法很伟大，而要问，要使听众支持你，他们需要知道或相信什么。洪钧正好抓住了这一点：金总担心所有软件都是花架子，他关心的不是你的软件如何好，而是你的软件怎样对我的企业有利。洪钧根据自己从业十多年的经验，先讲述企业怎样使用软件提高效率而不弄成花架子，然后介绍自己的软件。洪钧还抓住了普发的决策听众——金总。洪钧的听众分析和沟通策略使维西尔公司赢得了北方最大的客户，使公司和自己的地位由弱势转变成强势。

2.3　信息策略

信息策略包含很多内容，这里主要强调几个问题：如何组织信息？何时强调信息？如何传达负面信息？

2.3.1　组织信息策略

信息接收是个艰难的过程，大多数信息不可能被接收者完全理解并接收。所以，信息发送者要组织好信息。在发送信息前，要整理好自己的思路；应该在思维理清之后去沟通，不能在思维过程中去沟通，如图 2-3 所示。

彼得·德鲁克提出了沟通的四个"简单"问题：
◆一个人必须知道说什么。
◆一个人必须知道什么时候说。
◆一个人必须知道对谁说。
◆一个人必须知道怎么说。

这四个问题是沟通的必要信息。沟通的必要信息还可以概括为 5W1H，即谁（who）、什么时候（when）、什么地方（where）、做什么（what）、为什么（why）及如何做（how）。

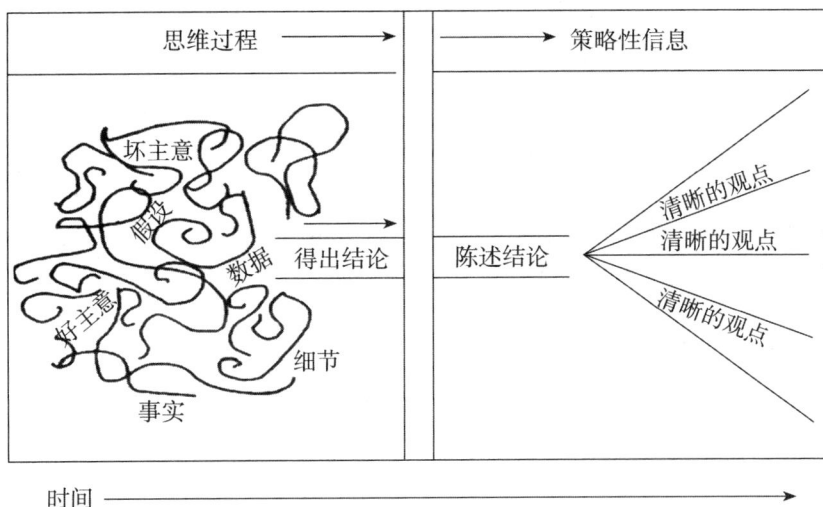

图 2-3　策略性信息

小案例 2-4　　　　　　　　　　可以不打扰我吗?

某日,王女士接到某保险公司业务员的电话。

"王女士,您好! 我是您的保险业务联系人。您购买的'富贵人生'今年缴款成功,我将送发票给您。请问送到哪里?"

王女士觉得纳闷,发票不是邮寄的吗? 为何一定要送上门? 王女士回答说:"请邮寄给我好啦。"

"不行,我们公司现在要求将发票当面送给客户。再说,我是新接手的您的业务员,您是我的客户,我都没见过您,怎么也说不过去。"

王女士还是不明白,为何一定要见面。她的工作不用坐班,又不愿意保险业务员到家里来,这意味着为了拿这张发票要专程去一趟办公室,于是不情愿地回答:"请周二送到办公室来吧。"

可接下来的周二,保险业务员没来也没给电话。第二个周二,王女士正开会时,保险业务员来电话说要送发票。王女士很生气,说:"请交给传达室。"业务员不同意,说必须面见。王女士火了:"你们这种服务很打扰客户。我买你的东西,拿这张发票还这么复杂?!"

没想到保险业务员脾气不小,说:"送发票也不是,不送发票也不是。有些客户邮寄地址变更,不告诉我们,收不到发票又来投诉。现在送上门又要听你们吼!"(注意,业务员传达的信息似乎是:公司之所以要送发票上门,是因为有客户邮寄地址变更)

王女士更火了:"你没有资格对我发脾气! 我的地址没有变更。至于有客户变更,你们公司应该想办法解决。你们从未通知过我发票送达方式变更。"

最后,王女士不得不从会议中抽身,来领保险发票。这时,业务员才告诉王女士，原来公司今年改革，要求业务员送发票给客户，并要求客户签收，取消邮寄方式（该公司是否想以此举增加业务员拜访机会，以便推介新产品，不得而知）。保险业务员事先没有说清楚面见的原因是要签收，客户得到的信息不全面，因而导致沟通不悦。保险业务员沟通前没有很好地思考并有效地组织信息。

要说服对方时，更要组织详细信息，列出事实和数据；与上司沟通时，要列出可选择的方案，列出可能的结果，即让上司做"选择题"而不是做"填空题"。

2.3.2 听众记忆曲线

研究表明，人们在接收信息时，不同的时段有不同的兴奋度。刚开始沟通时，人们接收信息处于最佳状态，快要结束时又处于接收信息的最佳状态，如图2-4所示。

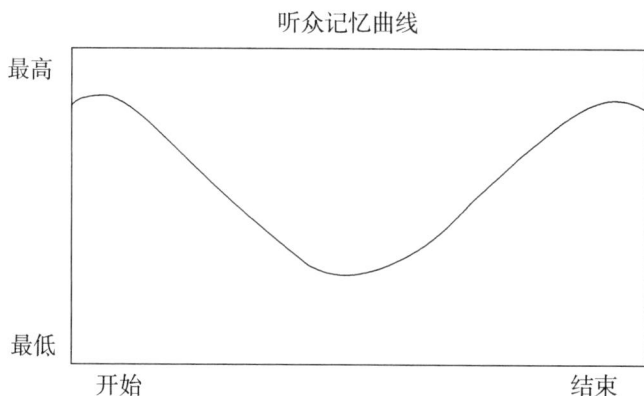

图2-4 听众记忆曲线

根据这一心理规律，沟通时要注意：

（1）要将重要信息放在开头和结尾，比如会议运用好开场白，陈述会议的主题和主要内容；结束时强调行动方案。

有的信息适合直接切入，所以重要内容放在开头，比如："公司准备提高员工福利，拟采取以下政策：第一……第二……第三……原因在于：第一……第二……第三……"这样的沟通方式有利于节省时间，也有利于听众准确快速地接收主要信息。当传递正面信息或中性信息时，或听众更关注结论时，或沟通者具有很高的可信度时，使用直接切入法有较好的效果。

有的信息适合间接切入，所以将重要内容、主要结论放在最后，比如："受金融危机的影响，公司利润锐减……但成本上升……所以，公司决定降低员工福利，措施有：第一……第二……第三……"这种传递方式的好处是说服力强；循序渐进让听众接收，可以缓解信息引起的抵制和不满；为推出自己的观点找到理由和依据。间接法一般适用于以下情况：传递的是负面信息；听众带有偏见；沟通者可信度低；听众好分析；文化传统偏好间接切入信息。

直接切入和间接切入方法的比较见表 2-5。

表 2-5 安排策略性信息实例

沟通目标	如何强调		如何组织
雇员将遵循程序	常规程序 →	直接 →	列出该程序中的步骤
	新程序 具有敌意的听众 →	间接 →	列出该程序的益处 随后列出程序中的步骤
老板将会批准	听众很忙 你的可信度较高 →	直接 →	建议后面跟随理由
	听众好分析 你的可信度较低 →	间接 →	由理由导出建议
顾客将使用我们的服务	听众注重结果 不在乎偏见 →	直接 →	介绍你们的服务随后提出这一服务给听众带来的益处
	听众带有否定性的偏见 →	间接 →	列出你们服务的益处和你们的竞争者在服务中所存在的问题,随后推荐你们的服务

（2）当听众处于"中间地带"时,接收信息处于低谷,此时要充分运用沟通策略和艺术,将听众的兴奋度刺激起来。当听众处于"中间地带"时,适合讲述事实、对比论证、列举案例,使信息充实丰满而不枯燥;同时,运用演说技巧刺激听众神经兴奋度,使下滑的曲线变成波浪形。

2.3.3 传递负面信息策略

由于选择性知觉心理规律的存在,人们在接收负面信息时会有更大的障碍,更需要沟通者注意信息策略。

传递负面信息时,要注意:

- 及时,先于传闻出来之前公布信息;对批评性信息不要秋后算账。
- 一致性,尽可能确保所有的听众获得一样的信息;上下口径一致。
- 私下而非公开,"扬善于公庭,揭陋于私室"。
- 选择个人化的沟通媒介,沟通媒介越个人化,信息越能被听众接收。
- 反馈,确保有合适的机制让听众反馈,提出他的问题和焦虑。
- 尽快实施贯彻。

传递拒绝信息时,要注意:

- 以委婉或中性方式切入。
- 描述问题本身。
- 说出拒绝的理由——公司政策,而且拒绝的理由应该是无懈可击的。

- 否定的信息只清楚地表述一次。
- 介绍一些解决问题或妥协的办法。
- 使用积极和富前瞻性的结语。

小案例 2-5　　　　　　　　　　　**拒绝信贷**

　　佳家公司是经营家具的大型商场，李××是管理信贷的主任。张先生是该公司的顾客，收入中上等，上两个月都没有及时偿付贷款。他有三张不同银行的信用卡，全都享用较高的信贷额度，但过去三个月他只部分偿还了信贷。所以，李××要写信拒绝他的信贷申请。请比较以下三封信的区别。

一

　　亲爱的张先生：

　　您申请获得佳家公司的购买信用卡说明您很有眼光，因为我们公司的确是一家十分出色的商场。

　　虽然您的收入水平还可以，但您的财务记录显示，您的 3 家银行的信用卡都欠有最大限度的信贷待偿还。另外，最近两个月您都没有及时偿还贷款。假如您在我们商场开具信用账户，同时大量消费，在偿还能力上您会有困难，特别是有意外花费或您的收入下降时，情况会更尴尬。我们不希望看到您陷入如此境地，您自己也不应该将自己置于这样的境遇中。

　　6 个月后欢迎再申请。

佳家公司信贷部 李××

二

　　亲爱的张先生：

　　您不能得到佳家公司的信用户口，至少现在不行。请先将您的财务状况理清再申请。

　　所幸的是，您还有另外一个选择。您可以利用预约购买的方式在我们商店买东西。您想要的家具我们为您留着，每周或每个月您只需要付一定的款项就可以了。

　　祝您在佳家买到称心的家具！

佳家公司信贷部 李××

三

　　亲爱的张先生：

　　根据公司的规定，信贷授予者只能是及时偿付借款的人。但您最近两个月都没有按时偿还贷款，所以我们现在不能授予您我们商店的信贷购物服务。6 个月后，如果您能证明您一直在准时偿还所有的债务，我们再为您办理。

　　您可以利用预约购买的方式在我们商店买东西。每次预付 50 元，您想要的家具我们将为您留着，总共 6 个月付清，没有利息。

　　可能您对我们公司每月第一个周六的讲座会感兴趣。每月第一个周六上午 11

点，我们的销售助理会就某一主题作专题讲座，如家具购买常识或内装修知识。现在的主题是：

房间的壁纸选择：2 月 5 日。

装饰布选择：3 月 6 日。

波斯地毯保养和清洗：4 月 2 日。

祝您愉快！

佳家公司信贷部　李××

2.4　渠道策略

渠道即信息传播的媒介。媒介的分类，可以用"语言—非语言"和"有声—无声"两个维度进行划分（见图 2-5）。

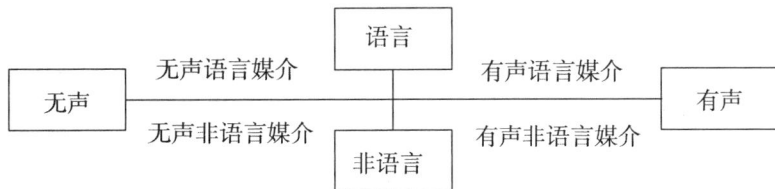

图 2-5　媒介分类

2.4.1　沟通渠道分类

有声语言就是自然语言、口头语言。它是沟通中运用频率最高的媒介，其特点是传播速度快、容易引起人际互动、传播费用低、形式和场合灵活多样，但经常会出现语言不通的情况。

无声语言是有声语言的文字符号形式。文字媒介的主要特点是便于斟酌，并要进一步借助实物载体才能传播，因而易于保存和跨越时空，但信息传播与反馈速度不如口头语言，还可能存在口头语言与文字语言的差异。实物载体主要是印刷品，但包装、建筑物、汽车等都可以负载文字，不仅仅是书本、杂志和报纸。谈判决议、会议纪要、社交书信、调查报告、电文、海报、简讯、宣传小册子等都要使用无声语言媒介。

有声非语言，也就是"类语言"，是沟通过程中一种有声而不分音节的语言，常见的方式有：说话时的重读、语调、笑声和掌声。有声非语言媒介的特点：第一，无具体的音节可分，其信息是在一定的语言环境中得以传播；第二，同一形式其语义并不是固定不变的，比如同是以笑声为媒介，可能是负载着正信息，也可能负载着负信息，又如掌声这种媒介，可以传递欢迎、赞成、高兴等信息，也可能是传递一种礼貌的否定等。

无声非语言,指的是各种人体语言。它是以人的动作、表情和界域等传递信息的一种无声伴随语言。在公共关系传播中,无声非语言是一种广泛运用的重要沟通方式,表现在视觉方面,又可分为动态的和静态的两类。

传统的企业沟通渠道主要是书面语言和口头语言,现代企业增加了电子语言等新的沟通渠道,如电子邮件、电视电话会议、互联网等。

2.4.2 沟通渠道选择策略

沟通渠道的选择要考虑这样几个问题:(1)是否需要永久记录?(2)采用正式还是非正式渠道?(3)即时反应还是控制信息的接收?(4)传递信息是私下还是公开的?(5)听众是个体还是群体?听众分散还是集中?需要听众参与度高还是低?

传统书面语言的渠道可以永久记录,比口头语言正式,可以由信息发送者控制信息,可以控制传递范围。但书面语言的渠道听众参与度低,不能及时收集和回应听众的反馈,而且书面语言需要时间准备和写作,要求写作信息准确、讲究规范。

口头语言方便快捷,可以及时得到听众的反馈,可以建立与听众的感情。正因为如此,现代沟通渠道越来越多,但面对面的交流还是最好的渠道,尤其是解决艰难问题时的沟通。口头传递的缺点是不够正式,还可能由于准备不充分而使表达不到位,具有随意性。

电话沟通渠道便捷,可以跨地域,也可以获得听众反馈信息,但没有面对面沟通那样的非语言信息。有的企业规定,面对复杂问题的沟通时,凡是步行能到的地方就要用面对面的沟通,而不用电话。

电子邮件也是一种文字传递渠道,但它比传统书面渠道更自由、更具创造性,传递更快捷,而且可以送达很多人,可以永久留存,可以避免正面冲突,但是可能有发泄情绪和不负责任的邮件而破坏团队。有时邮件发送者在情绪失控下发送邮件,而一旦发送出去就不能收回。由于操作简单便捷,垃圾邮件泛滥,使员工疲于应付。

电子公告牌(BBS)的优点是信息内容丰富、发布接收信息方便、信息公开透明,缺点是保密性差、谣言或不真实信息会迅速传播。电子公告牌在需要向员工或其他相关人员公告信息和需要讨论、征集意见时使用。

互联网网页的优点是信息量大、传播范围广,但保密性差、无确定主体、不确定性反馈。互联网网页需要公开地、大范围地传播信息时使用。

博客可以传播沟通者的思想,便于听众阅读,但它是最不具有私人化和隐秘性的文字渠道。

电视电话会议沟通即时、反馈无须等待、内容清晰、话题丰富、保密性好,可以节省差旅费,但没有非语言的辅助,可能比较沉闷。电视电话会议适合紧急性、需要当即回复、内容简短、容易表达清楚的信息沟通。

小案例 2-6　　　　　　　　　　**"邮件门"事件中的沟通**

2006 年网络上盛传的"邮件门"事件，曾一度引起轩然大波，被称为 2006 年人力资源界的三大丑闻事件之一。细看事件根源，都是"沟通不当惹的祸"。

事件回顾：2006 年 4 月 7 日晚，EMC 大中华区总裁陆纯初（Loke, Soon Choo）回办公室取东西，到门口才发现自己没带钥匙。此时，他的私人秘书瑞贝卡已经下班。陆纯初没有联系到瑞贝卡。数小时后，陆纯初还是难抑怒火，于是在 4 月 8 日凌晨 1 点通过内部电子邮件系统用英文给瑞贝卡发了一封措辞严厉且语气生硬的谴责信。

I just told you not to assume or take things for granted on Tuesday and you locked me out of my office this evening when all my things are all still in the office because you assume I have my office key on my person.

With immediate effect, you do not leave the office until you have checked with all the managers you support this is for the lunch hour as well as at end of day, OK?

这封信翻译成中文如下：

瑞贝卡：

我星期二曾告诉过你，想东西、做事情不要想当然！结果今天晚上你就把我锁在门外，我要取的东西都还在办公室里。问题在于你自以为是地认为我随身带了钥匙。

从现在起，无论是午餐时段还是晚上下班后，你要跟你服务的每一名经理都确认无事后才能离开办公室，明白了吗？

英文原信的口气比上述译文要严厉得多。当发送这封邮件时，陆纯初同时传给了公司几位高管。

面对大中华区总裁的责备，两天后，秘书回了更加咄咄逼人的邮件。她在邮件中用"中文"回复。原文如下：

第一，我做这件事是完全正确的，我锁门是从安全角度考虑的，一旦丢了东西，我无法承担这个责任。

第二，你有钥匙，你自己忘了带，还要说别人不对。造成这件事的主要原因都是你自己，不要把自己的错误转移到别人的身上。

第三，你无权干涉和控制我的私人时间，我一天就 8 个小时工作时间，请你记住中午和晚上下班的时间都是我的私人时间。

第四，从到 EMC 的第一天到现在为止，我工作尽职尽责，也加过很多次班，我也没有任何怨言，但是如果你要求我加班是为了工作以外的事情，我无法做到。

第五，虽然咱们是上下级的关系，也请你注重一下你说话的语气，这是做人最基本的礼貌问题。

第六，我要在这强调一下，我并没有猜想或者假定什么，因为我没有这个时间也没有这个必要。

　　本来，这封咄咄逼人的回信已经够令人吃惊了，但是瑞贝卡选择了更加过火的做法。她回信的对象选择了"EMC（北京）、EMC（成都）、EMC（广州）、EMC（上海）"。这样一来，EMC 中国公司的所有人都收到了这封邮件。

　　在瑞贝卡回邮件后不久，这封"女秘书 PK 老板"的火爆邮件被数千外企白领接收和转发，几乎每个人都不止一次收到过邮件，很多人还在邮件上留下诸如"真牛""解气""骂得好"之类的点评。其中，流传最广的版本居然署名达 1 000 多个，而这只是无数转发邮件中的一个而已。

　　作为"邮件门"事件的直接后果，瑞贝卡很快辞职，然而在事件的后续跟踪中，陆纯初也由于此事件很快就被 EMC 调离原任。

　　备注：陆纯初的任职资料：EMC 大中华区总裁，拥有新加坡大学工商管理学位，统管 EMC 设在中国的运营业务。陆纯初在 IT 领域拥有 20 年以上的经验，曾任职于 IBM、西门子、甲骨文公司，具有丰富的高层管理经验。

　　在"邮件门"事件中，首先陆纯初由于情绪失控发送了措辞严厉的责备下属的邮件。他被锁在门外，心情很差，气愤情绪高涨，他想到的是发脾气。因此，他在半夜三更想到要先发邮件去指责下属瑞贝卡，而且气头上想着要教训瑞贝卡，将邮件抄送给了公司其他高管。下属瑞贝卡接到邮件十分冒火，情绪失控中回复更严厉的邮件，抄送范围更广。结果变成一个事件，都是邮件惹的祸。当然，不排除陆纯初早有开除瑞贝卡的想法，瑞贝卡也早有辞职的想法。冰冻三尺，非一日之寒，从瑞贝卡的回信中可以看出，这绝对不仅仅是针对一件小事的过激反应，陆纯初与瑞贝卡之间的冲突已经是长期累积出来的恩怨了。陆纯初发出的邮件，成为引爆秘书长期不满的导火索。即便如此，两人仍旧可以好好沟通、好说好散，不必这样两败俱伤。

　　此事件的教训是深刻的。首先，作为职业经理人，要控制情绪，不能让情绪支配自己。由于情绪问题而"因小失大"，"一言足以兴邦，一言也足以失天下"。其次，沟通者要明确自己的沟通目标。目标决定行为，行为产生后果。作为经理人在组织中进行沟通，要冷静地分析自己沟通的目标，然后再去思考要用什么方法进行沟通。陆纯初发的邮件，传达的不是要下属改进工作，解决问题，提高下属的绩效，而是因为下属的错，使自己受了什么伤害，因此要惩罚对方。再次，面对矛盾要化解而不使冲突升级。陆纯初把邮件转发给人力资源总监和财务总监，暴露自己与秘书瑞贝卡两个人之间的矛盾，目的是要出瑞贝卡的丑。其实，即使陆纯初不满意瑞贝卡，他完全有权力辞掉她，而出瑞贝卡丑的同时也出了自己的丑。正是瑞贝卡看到陆纯初有扩大事态的起因，才会导致她"以牙还牙"，扩大事态，进行报复性回复。最后，选择沟通方式要慎重。假定陆纯初选择打电话对瑞贝卡进行这番发泄，也许不会有这个事件。邮件传播速度快，传播范围广，以致变成了一个职场案例，瑞贝卡由此出名，而且辞职后找不到工作，陆纯初也离开 EMC，职业生涯上留下一笔不好的记录。这是两个人都没有想到也不想要的结果。

2.5　　反馈策略

沟通中反馈影响沟通过程和结果，决定沟通能否实现既定目标。因此，沟通双方都要讲究反馈策略。

反馈策略要求：第一，反馈及时；第二，需要对反馈信息进行加工整理；第三，反馈渠道畅通；第四，对由下而上的反馈一定要给予答复。

小案例 2-7　　　　　**某公司物资设备质量的反馈制度**

物资设备的质量直接关系到企业经营生产的好坏，因而，物资设备采购是每个企业都非常关注和重视的工作。铁通系统大多数物资设备由省分公司集中采购，由供货商直接运送到地市分公司，由地市分公司负责验收、管理和使用。省分公司物资部门在采购时，均对所采购的物资设备提出了质量要求，并对出现质量问题的物资设备，根据要求由供应商无条件更换或维修。

某省分公司物资部门每年都会收到几次反映物资设备存在质量问题的反馈。有的是通过地市分公司物资部门反馈，有的是通过建设等部门反映，还有少数单位领导反馈。这些反馈的信息有的来自现场，有的是道听途说，有的是同一事件多人反馈。反馈的渠道分别是省分公司总经理会议、电视电话会议、相关部门，也有向省分公司物资部门反馈的，还有少数直接向省分公司领导反馈的，所有反馈的质量问题最终集中到物资部门，由于物资设备存在质量问题的信息反馈渠道杂、面广且来源不一，对物资部门的影响较大，物资部门也因此受到了相应的批评和指责。

对反映物资设备质量问题的信息，物资部门或是深入现场进行调查，或是进行电话了解，综合归纳原因有：一是运用部门使用不当；二是供货商误发产品；三是产品质量存在缺陷或服务不到位；四是运用部门习惯了某产品，对新产品出现抵触情绪，因而，以产品有质量问题为由不予使用。

调查发现，大多数有质量反映的物资设备都没见到具体的物资。有的单位从发现质量问题到最终反馈到省分公司物资部门，存在一定的时间差，在省分公司与供货商交涉时，也因时间长和无实物而无法要求供货商进行处理，也影响了企业经营生产。还有省分公司物资部门接到质量反馈后，处理不及时，或者对供货商提出了要求，但督促落实不够，导致地市分公司意见较大，最后由领导出面反馈。

为何地市分公司多渠道反馈物资质量问题？一是没有明确质量归口反馈部门；二是没有明确质量反馈渠道；三是没有建立完善的质量反馈制度；四是省分公司物资部门对质量问题的反馈有时重视不够；五是少数地市分公司对集团公司、省分公司物资设备管理制度和流程了解不够。

为了及时为地市分公司经营生产提供良好物资支撑，同时，又能及时处理发现的质量问题。省分公司物资部门针对以上情况进行了分析，并有针对性地开展工作。

积极向地市分公司宣传、介绍集团公司和省分公司关于物资集中采购和管理的规定、流程以及文件要求，同时，要求各地市分公司物资部门组织相关部门学习，让大家了解公司的相关规定和流程，希望大家共同遵守。

与地市分公司领导和物资部门进行沟通，希望大家理解和支持省分公司物资部门按规定开展工作。同时，对地市分公司提出的不符合规定的要求，请它们换位思考，并分析因违规可能出现的问题。

通过办公网和相关物资会议，听取地市分公司对物资工作的意见和建议，在相互理解和认同的基础上，完善省分公司相关规章和制度，并明确要求大家遵守。

通过物资办公系统设立"问题反馈"信息栏，专供地市分公司反馈意见或建议，省分公司物资部门指定专人每天查阅，对反馈的意见或建议，建立督办制度。

制定"物资设备质量反馈制度"。要求地市分公司物资部门参与相关会议，定期与使用部门沟通，由物资部门归口收集会议和使用部门对物资设备的质量意见，并于收到意见之日起，规定时间内到达现场封存、收回有质量反映的物资设备，并在规定的时间内，书面报省分公司物资部门。对地市分公司物资部门质量信息反馈不及时，或绕开物资部门上报的单位进行批评或通过一定方式进行考核。

每年年初下发"物资设备质量调查表"，征求地市分公司相关部门对集中采购物资设备质量的意见或建议。

对存在质量问题的反映，经调查属实的，省分公司物资部门表示歉意，同时限时与供货商进行沟通，并按规定的流程对供应商及所供物资设备进行处理，消除因此带来的影响，同时限时向地市分公司反馈处理的情况。对省分公司物资部门处理延时或处理不当的，对责任人进行考核，同时，也支持地市分公司向省分公司领导反映。

省分公司物资部门工作人员分片包保，包保人每月至少与地市分公司电话沟通一次，了解物资设备质量等问题，对了解掌握的质量问题，立即进行调查，对属实的立即采取措施进行处理和沟通，对误传的进行分析，表示理解。对不主动了解，被动接收质量反馈信息的，对包保人进行考核。

通过一定途径向省分公司领导汇报地市分公司反映的质量问题、处理过程及原因分析，同时也积极与省分公司相关部门沟通，让它们了解所反映质量问题的真正原因。有时为了说明现象，列举个案进行说明。

通过以上方式与地市分公司沟通后，地市分公司反映物资设备质量问题的反馈逐步减少，尤其是在省分公司各类会议上，反映物资部门问题的意见明显减少。对确有质量问题的反馈，省分公司物资部门处理速度也得到了提高，少数单位对省分公司采购的物资设备也能平静接受，各地市分公司对省分公司物资部门的评价，由过去的经常抱怨，变化为现在的相对满意。

资料来源　根据湖南大学 MBA 学员童斌的案例作业改编。

2.6 文化背景策略

任何沟通都是在一定文化背景下进行的，文化背景影响沟通，影响沟通中的各个因素。沟通（communication）一词，与共同（common）、共有（community）、共享（communion）等词很相近，共同、共有、共享意味着目标、价值、态度、兴趣的共识。可见，文化影响沟通的各个方面。

1. 文化影响沟通者策略

不同文化背景对沟通形式的喜好和接受度不同。团体观念强的文化中，沟通者喜欢采用征询和参与的沟通方式；个人观念强的文化背景中，沟通者喜欢采用叙说和说服方式。独裁文化背景下，沟通者偏好单向沟通；民主文化强的背景中，沟通者倾向于双向沟通。

文化背景还影响可信度。重人际关系的文化中，良好意愿、可信度备受重视；重事实的文化中，专家可信度地位更高。人治文化中，传统权威更有可信度；法治文化背景下，技术权威和法定权威有更高的可信度。

2. 文化影响听众策略

在权威文化背景中，地位决定谁为主要听众；民主文化背景中，主要听众更广。不同的文化背景还影响激励听众的方式。在重物质的文化背景中，强调财富更能激励听众；在重精神的文化背景中，强调团队、关系更能使听众接收信息。

3. 文化影响信息策略

在慢节奏的文化背景中，采用间接切入主题方式更合适；在快节奏的文化背景中，沟通更多采用直接切入主题方式。在权威文化背景下，更多的是自上而下的沟通；在开放文化中，自下而上的沟通更多。

4. 文化影响渠道策略

在重个人信义的文化中，口头沟通有效；在重事实与效率的文化中，偏好书面沟通。

5. 文化对沟通其他方面的影响

文化还对沟通风格、语言、非文字信息如形体与声音、空间与实物、问候与好客程度等都有影响。

> **复习思考题**

1. 沟通者的目标策略包括哪些内容？
2. 怎样提高沟通者的可信度？
3. 在日常工作中怎样合理运用沟通形式？
4. 传递负面信息时有哪些策略？

沟通游戏

游戏目的：说明在沟通中会出现许多失误，从沟通过程的七个因素中分析失误原因。

形式：将全体学员分成4~5人一组。

时间：10~12分钟。

材料：积木。

场地：教室及可利用的教室外的场地，比如走廊。

操作程序：

1. 每个小组出三名成员。一名成员扮演工程师，一名成员扮演工人，一名成员扮演观察者。小组的其他成员为监督员。一组的监督员监督二组三名队员的反应，二组的监督员监督三组三名成员的反应……依次类推。

2. "工程师"与"工人"背对背。将积木分成相同的两个部分，发给"工程师"与"工人"。由"工程师"负责叙述自己的设计思路（一边叙述一边搭建），"工人"按照"工程师"的指令搭建。要求"工程师"与"工人"不能看对方搭建的积木，但可以通过语言交流。

3. 观察者负责观察，不能作出任何暗示；监督员负责监督这三名成员的行为，也不能作出任何暗示。

4. 规定时间为10分钟。规定时间用完后，检查"工程师"与"工人"建造成果的异同。

5. 请四种角色的学员谈自己的游戏感受。教师给予总结和提升，可以围绕沟通的几个环节展开。

注：开始指令发出后，所有的小组同时进行。若违反以上规则，可以给予一定惩罚。

案例分析 **R汽车配件公司人事制度改革**

R汽车配件公司是一家国有控股企业，为了深化企业改革，决定对公司的人事制度进行重大改革：一是对富余人员实行下岗分流；二是提高公司员工的工资和福利水平。但公司决定向全体员工传达这两个信息时，却面临一种尴尬的境地，因为这个决定对大部分员工来说，是一个好消息，但对小部分员工来说，却是一个坏消息，这很可能会导致公司人心很大的波动。当董事长和助手们在讨论这件事时，他们意识到向全体成员传达信息将面临一个熟悉但艰难的问题，并且，看起来需要对员工传达信息方面的某些传统做法进行重新评价。

1. 好消息和坏消息

好消息是公司近期将全面提高员工的薪水和福利水平，其中退休补贴、假期、医疗保险、人寿保险和内部职工股的权益都将有不同程度的提高。这些变化主要源于法律规定和公司人力资源制度。通常情况下，这些变化是通过公司文件、公告和内部定期出版的刊物向全体员工传达的。在内部出版刊物中，"R汽配新闻"面向正式员工，"家庭"面向临时工。

坏消息是公司近期将有相当一部分员工要下岗，包括正式员工和临时工。作为一个成熟的行业，汽车配件工业的萧条使公司不能灵活地应付来自国内外公司的竞争，预计在未来的18个月内，R汽配的业务将下降25%。与此同时，公司需要大量的资金。为了在与国内的汽配公司以及欧洲和日本的企业的竞争中具有较强的竞争力，该汽车配件公司需引进和装备新的生产流水线。另外，公司还需要更好地应对国家日益严格的污染防治法规。因此，在接下来的5年中，公司的资金需求将达到每年20亿元。为此，公司急需在各方面提高效率、节约开支以降低成本。

近几年来，该汽车配件公司已经想方设法采取措施，以不断降低生产成本和管理成本，如公司撤销了几个规模小、效率低的设备和生产线；搁置了一些不适合环境要求的项目；限制加班和临时工的使用；采取招投标等方式降低原材料采购成本；压缩产品销售成本，如控制出差及其相关费用；只要可能，会议都将在公司内举行。尽管采取了这些措施，但还不能达到预期的效果。现在，他们不得不考虑裁员的问题。公司并没有规定裁员的具体数量，但公司希望裁员的数量保持在尽可能低的水平，但大约2 000名员工将受到影响。通过提早退休和职位调动，能削减其中半数的人员。尽管如此，还将有约1 000名员工将不得不下岗。

2. 正式员工和临时工

汽车配件公司正式职员从一般职员到高级经理分为18级不同的岗位。1~10级包括服务人员、维修工人、办公室文书人员、生产组长、普通工头、生产主管、普通工程师。从11级开始包括高级工程师和管理者。裁员将覆盖基层与高层领导者，而且比例相当，没有哪个级别的员工因为比其他级别的员工更为重要而减少裁员的幅度。每一个在公司工作了1年以上的正式职员在被解雇时，公司会支付他们一笔生活费；同时，他们将获得一笔依据工龄的补偿费（根据员工实际工龄计算费用）。在下岗后，保险的期限将持续半年；并且，如果他们愿意支付一笔较为合理的费用，保险的期限将会继续下去。但是，公司领导层考虑到，这次下岗的相当部分正式员工在再就业方面将会遇到较大的麻烦，因此，打算尽其所能去帮助下岗的正式职员找到一份新的工作。

对于临时工（他们中的1 000名在11月30日前由于合同到期而被解雇），公司将根据"临时工权益保障制度"给予补偿。

3. 如何传达这些信息

按照惯例，公司一般不向公众公开宣布减员的计划和原因。有关主管只是将个别员工叫到办公室，通知他的职务被撤销了，或公司已不需要他的服务了，把他调离一个岗位，或直接通知其下岗。

张明渊是负责人事的副经理，他建议在这种特殊情形下，董事长应该重新考虑信息传达的方法。张明渊认为，若按传统的方法去操作会使局面进一步恶化，谣言将会四起。与其这样，他觉得公司还不如告诉员工全部事实。他强烈要求董事长向全体员工解释公司之所以作出这项决定的原因，尽量使风波平息下来。

9月中旬，当助手们讨论这件事时，张明渊的观点得到了广泛的接受。但当这个决定开始执行时又出现了几个问题：（1）提高工资福利水平和裁员这两则消息是放在同一个文件中向职员传达还是放在不同的文件中？（2）如何安排好常规渠道的传达（"R汽配新闻"、"家庭"）和特殊渠道的传达？（3）由谁签署命令——是执行副总裁、人事部经理还是董事长自己？（4）公司是否应召开一次会议作出书面说明或录像声明？（5）该用什么方法与外界进行最有效的沟通？

4. 助手们的讨论

这些问题引发了相当大的讨论。人事部经理李虹主张只需要一份文件，而张明渊觉得需要两份文件来说明。他认为，不管如何解释，这两个消息看起来是相互冲突的。被解雇的可能性带来的员工焦急和愤怒将抵消由福利带来的喜悦，而董事长则同意人事部经理的观点，认为一份文件就足够了。然而，他强调员工和大众传播媒体都应该作为关键要素来考虑。一位助手认为不应该向员工强调任何文件或备忘录。张明渊认为应该告诉员工来自汽车配件工业普遍衰退的冲击和公司将要采取的降低成本的方法，并且，他认为应该明确告诉员工谁将要下岗。

李虹试图小心地说明公司面临的局面，她觉得员工的这种情绪对信息传达是十分棘手的，对员工来说似乎是虚伪的，因为职工会认为公司欺骗了他们。

助手们同时讨论了特殊传达方式的对象和应由谁签署文件的问题。一些人极力主张发表由董事长签署的"全体性"公告，另外一些人觉得应由主管人事的李虹签署。但每个人都同意时间非常重要：在新闻披露以前，公司应该告诉员工公司的计划。他们同时达成共识，认为一旦计划实行，职工和新闻界将会提出各种各样的问题，公司急需成立一个机构来应付此类事件。

明天，董事长将启程前往日本，他觉得该是对助手们的讨论作出决定的时候了。张明渊同意起草一份行动计划，准备必需的材料。

资料来源 哈特斯利，麦克詹妮特·管理沟通［M］.李布，赵宇平，等，译.北京：机械工业出版社，2000.

讨论题：
（1）汽车配件公司传递好的和坏的消息时，哪些人是应该考虑的关键对象？
（2）请设计出好消息和坏消息的沟通过程，特别是裁员消息的传递过程。
（3）假定你是董事长的助手，请起草向员工传达好的和坏的消息的讲话稿。
（4）裁员面谈的步骤有哪些？

第3章 心理与沟通

学习目标

学习本章后，您应该可以：
- 了解个性、气质类型对于沟通的影响，掌握心理认知的基本方法
- 了解环境氛围对沟通的影响，掌握人际沟通的空间、背景布局方法
- 理解人际沟通的本质、原则
- 掌握人际沟通的心理障碍的解决办法及人际沟通技巧

引 例　　　　　　　　**对员工上班玩电子游戏问题的处理**

近 5 年来，某国有企业分厂技术部门新参加工作的技术员中，80 后的大学生约占该部门总人数的 60%。由于是国有企业，对员工的业绩考核力度不大，且技术人员整体工资收入与同行业的同类人员相比处于较低水平。部门年轻员工工作表现不尽如人意：工作积极性不高，执行力较差，工作 3～5 年的技术人员流失日益严重（如 2008 年流失率达 15%）；更严重的是，上班时间有部分年轻技术人员沉迷于玩电子游戏。由于部门领导业务繁忙，上班时间各种会议占用时间较多，一直没有把上班玩电子游戏的事当作大事来抓，以至于上班玩电游的人员日益增加，已到了影响工作的程度。为此，部门领导班子决定着手研究解决这一问题。

首先，部门领导班子利用业余时间走访年轻技术人员所住的集体宿舍，了解他们业余文化生活的情况。走访发现，员工对宿舍硬件虽然满意，但宿舍内员工交流较少。几乎每个技术人员都自己买了一台电脑，并自费连接了互联网，8 小时之外的业余生活大部分花在上网玩电子游戏、上网找工作、上网听歌等方面。

接着，部门领导班子组织团支部发起了一次玩电子游戏原因的无记名问卷调查。发出问卷 50 份，收回问卷 42 份。统计分析的结果表明，玩电子游戏的原因有：①上大学时玩惯了，有瘾；②业余生活单调，没有啥好玩的活动；③集体活动很难组织，不如上网玩电子游戏容易实现；④工资收入低，除掉必要的生活开支外所剩无几，上网玩游戏是最便宜的选择；⑤上班没有成就感，而玩电子游戏有挑战性和成就感，还可以相互间切磋技艺，大家交流起来都津津乐道，很有意思；⑥工作上吃大锅饭，干多干少、干好干坏在月收入上没有明显区别，反正得过且过，别

人玩自己不玩感觉另类；⑦上班工作累了，玩游戏放松放松；⑧上班没事干，玩游戏打发时间等等。针对问卷调查结果，团支部随后又组织了一次座谈会，参加人员有部分年轻技术人员、部门主要领导。与会人员针对调查结果，结合自身的理解，运用头脑风暴法针对玩电子游戏的主要原因展开了热烈的讨论，最后归纳出主要原因是⑥、⑤、④3条。

完成以上调查后，部门领导班子经研究，采取了以下措施：

第一，每月评选出3名工作业绩好的员工，在每月的部门工作总结会上进行表彰（包括奖励证书及现金若干），提高技术人员工作的成就感；

第二，每月评选出1个最佳专业班组，在每月的部门工作总结会上进行表彰（包括奖励证书及现金若干），提高技术人员的团队协作精神及集体荣誉感；

第三，由部门工会出面，组织各种文体活动，丰富职工的业余文化生活，如单位出钱联系好固定活动场地，每周定一个晚上组织住集体宿舍的年轻技术员打排球或羽毛球；

第四，给部门团支部下拨一定活动经费，由团支部自行开展业余文化活动，如郊游、会餐、卡拉OK等；

第五，针对年轻技术人员大多是80后的大学毕业生，具有工作时间短、多为独生子女、自尊心强、独立生活自理能力较差、相互间不愿沟通等特点，部门拨款购置了一些做人做事、团队协作、班组管理、心理健康等方面的书籍，供员工自愿借阅，以取到潜移默化的效果；

第六，部门领导与年轻技术员谈心，了解他们的意见和困难，改进领导班子的工作方法及作风；

第七，部门领导向公司领导汇报年轻技术员的一些想法及收入偏低、队伍不稳定的情况，获得上级领导的理解和支持，设法改善和提高技术人员的待遇，如争取项目开发奖励等；

第八，再次在部门大会上明确上班时间不允许玩电子游戏，技术人员使用的微机里不允许保存电子游戏软件，如有违反，一律罚款500元/例，从当月工资中直接扣除，并通报批评；

第九，各科室合理安排工作，最大限度地减少忙闲不均。

采取以上措施后，上班玩电子游戏的现象大幅度减少。但据反映，仍有少部分技术人员的电脑里装有电子游戏软件，且采取较隐蔽的方式继续在玩。为此，部门领导班子再次研究分析原因，发现有另外两个原因不容忽视：一是虽然反复强调上班不许玩电子游戏，但从未真正处罚过任何一个玩游戏的人，职工认为反正无所谓；二是收入问题，除了收入水平整体偏低外，该部门同等条件的技术员的月收入比车间工艺员要低50%～100%，因为车间为了留住这些技术员采取了额外的补贴措施，从而该部门的技术员感到同工不同酬，非常不公平，因此情绪消极，得过且过。

基于这种情况，部门领导决定采取主动进攻措施，以最后通牒的形式限期本部门全体职工在当月 15 日前自行删除本人工作电脑中的所有游戏软件, 15 日后将请专业计算机保密技术员进行检查, 如检查发现还有游戏软件存在, 不管是否玩过, 一律罚款 500 元/例, 直接从当月工资中扣除, 且从今往后电脑不允许存在 15 日后电子游戏软件的系统安装记录, 发现一例, 同等处罚。当月 18 日, 部门领导组织保密办专业计算机保密技术员及部分职工代表, 采取随机抓阄的形式对职工电脑进行突击检查, 结果发现职工 X 的电脑里有电子游戏软件, 且最近一段时间有玩游戏的记录。进一步调查发现, 这些记录基本上都是在该职工出差期间发生的, 这意味着其他人在 X 的电脑上玩过游戏。为此 X 也来找部门领导求情, 要求免于处罚, 为了保持规章制度的严肃性, 部门领导班子对该职工进行说服教育后仍决定对该职工罚款 500 元, 从当月工资中扣除, 并在部门大会上点名批评。职工震动很大。随后不久, 由于技术人员流失严重, 公司对技术人员薪酬体制进行改革, 该部门技术人员的月收入大幅提高, 与车间技术员的收入差距明显缩小, 大家的工作积极性明显提高, 玩电子游戏的现象得到有效遏制。

资料来源　本案例根据湖南大学 MBA 学员王太明提供的素材改编。

管理既是管事, 更是管人。了解人的需求及心理特征, 才能更好地进行管理沟通。

从沟通的简要模型 "传递者→沟通信息→接收者←情境 (背景)" 中可以看出, 所有沟通过程中信息的发出、接收及情景的选择, 都是通过沟通的主体来完成的。要使沟通更为有效, 首先应该了解沟通的主体。沟通者本身的特点影响了沟通的整个过程。

3.1　　个性特征与沟通

个性是指在一定的社会历史条件下的具体人所具有的意识倾向性, 以及经常出现的、较稳定的心理特征的总和。个性主要包括 "个性倾向" 和 "个性心理特征"。前者指人进行活动的基本动力, 比如需要、动机、兴趣、理想、价值观和世界观等; 后者指一个人身上经常稳定地表现的特征, 包括能力 (如智力、创造力、想象力等) 和气质、性格等。本节主要从个性心理特征来分析其与沟通的关系。研究发现, 个性特征决定沟通方式, 组织中具有不同个性特征的人会有不同的沟通风格。

马斯洛、麦特曼等人认为, 正常心理应有以下十项内容: 充分的适应力; 充分了解自己并对自己的能力作适当的评价; 生活的目标能切合实际; 与现实环境保持接触; 能保持个性的完整和和谐; 具有从经验中学习的能力; 有良好的人际关系; 适当的情绪发泄与控制; 能作有限度的个性发挥; 在不违背社会规范的情况下, 对个人基本要求作恰当的满足。

马斯洛研究众多历史名人后，得出他们共同的个性特征：第一，比较有效地观察现实，更易于跟现实建立愉快的关系。第二，高水平地承认自己、他人。第三，自发、纯朴、天真，自然流露出他们的感情、情绪；好交际。第四，对问题集中注意。第五，喜欢独处。第六，高度的自主性。当被抛弃或不受欢迎时能坚定自己的信念。第七，不断地欣赏新鲜事物。第八，社会性情感，即对全体人类的亲密感。第九，有非常密切的知己圈。第十，具有民主风度。第十一，强烈的伦理观念。第十二，幽默感、创造性、反抗性。

3.1.1 能力与沟通

能力的测试有很多种，著名的有卡特尔16因素调查表（见表3-1）、加州心理测试（见表3-2）。

表 3-1   16 种因素对应的测试的能力

因　素	能　力
乐群性	人际关系能力、沟通能力、团队合作能力
聪慧性	分析判断能力、应变能力
稳定性	承受压力能力
恃强性	执行力、领导力、决断力
兴奋性	分析判断能力、决断力、自控能力
有恒性	敬业及责任
敢为性	创新能力、计划组织能力、管理控制能力
敏感性	承受压力能力、应变力、自控能力
怀疑性	沟通能力、团队合作能力、人际关系能力
幻想性	创新能力、执行力
世故性	人际关系能力
忧虑性	承受压力能力、自控能力
实验性	创新能力、执行力
独立性	自控能力、决断力、执行力
自律性	自控能力
紧张性	自控能力、人际关系能力、承受压力能力

表 3-2 　　　　　　　　　　加州心理测试所测量的能力

量表	能　　　力
支配性	领导能力、计划组织能力、管理控制能力
进取性	管理控制能力、计划组织能力
社交性	人际关系能力、沟通能力、团队合作能力
自在性	应变能力
自承性	分析判断能力、决断力
幸福感	烦恼与抱怨的程度、自我怀疑和幻想破灭倾向
责任感	敬业及责任心
社会化	人际关系能力、团队合作能力
自制力	自控能力、承受压力能力
宽容性	团队合作能力、人际关系能力
好印象	人际关系能力、沟通能力
同众性	符合本测验所建立的常模组织的程度
遵循成就	创新能力
独立成就	管理控制能力、决断力
精干性	决断力、计划组织能力
心理性	应变能力
灵活性	应变能力
女性化	兴趣的男性化或女性化程度

可见，能力本身就包含沟通能力。沟通能力指一个人与他人有效地进行信息沟通的能力，包括外在技巧和内在动因。其中，恰如其分和沟通效益是人们判断沟通能力的基本尺度。恰如其分，指沟通行为符合沟通情境和彼此相互关系的标准或期望；沟通效益，则指沟通活动在功能上达到了预期的目标，或者满足了沟通者的需要。

自我测试 3-1　　　　　　　　　　沟通能力测试

请根据您自身的实际情况在表 3-3 中各个问题的合适选项上打钩，其中 1 到 5 分别代表非常不符合、不符合、一般、符合和非常符合。

表 3-3 沟通能力测试表

1	在和人沟通时我会考虑我的身份和我所处的环境	1	2	3	4	5
2	与人沟通之前，我通常会先思考该说什么、如何说、何时说、在哪说	1	2	3	4	5
3	我和对方沟通时，对方提出的大部分观点或理由都是我事先想到了的	1	2	3	4	5
4	我能以平等的方式与对方进行沟通，避免让对方在交谈中感到被动	1	2	3	4	5
5	当我与别人意见相左时，我在表达我的不赞成意见时会留有余地	1	2	3	4	5
6	我认为我的沟通技巧与我将从事的工作所需要的沟通能力是相称的	1	2	3	4	5
7	我在每次与人沟通后对自己的表现很满意	1	2	3	4	5
8	听演讲或报告时或参加重要会议时，我会有意识观察别人的沟通方式	1	2	3	4	5
9	在讨论问题时，我通常更关注自己对问题的理解而不是直接提建议	1	2	3	4	5
10	在与自己有不同观点的人讨论时，我会努力找出双方的某些共同点	1	2	3	4	5

3.1.2 性格与沟通

性格是个性的外显表现，是显露的气质的外形，有广义和狭义之分。广义的性格是指人与其他人不同的心理特征；狭义的性格是指人们在社会实践中对外界现实的稳定的基本态度和习惯的行为方式。那种偶然的情境性的心理特征，不能称为一个人的心理特征。科学心理学中的"性格"是取其狭窄的、特定的含义。

1. 外向与内向

这类划分方式主要是依据个体对世界的看法。其中外向型的人更倾向于外部世界的人和事，乐意与人交往，积极行动，善于与人交流，在讨论交流的过程中提出建议，兴趣广泛。内向型的人则倾向于思想、记忆和情感；倾向于自省，喜欢以书写的形式与人交流；善于独自学习，喜欢在安静的环境中工作；可以长期从事一项工作；被认为是沉思的、安静的、神秘的、难懂的。

自我测试 3-2 内向和外向倾向测试

请在心态平和及时间充足的情况下答题。

每道题目均有两个答案：A 和 B。请仔细阅读题目，按照与你性格相符的程度分别给 A 和 B 赋予一个分数，并使一组中的两个分数之和为 5。最后，请在问卷后的答题纸上相应的方格内填上相应的分数。

请注意，题目的答案无对错之分，你不需要考虑哪个答案"应该"更好，而且不要在任何问题上思考太久，而是应该凭你心里的第一反应作出选择。

如果你觉得在不同的情境里，两个答案或许都能反映你的倾向，请选择一个对于你的行为方式来说最自然、最顺畅和最从容的答案。

例如，你参与社交聚会时：

A. 总是能认识新朋友　　　（ 4 ）B. 只跟几个亲密挚友待在一起　　　（ 1 ）

很明显，你参与社交聚会时有时能认识新朋友，有时只跟几个亲密挚友待在一起，在以上的例子中，我们给总是能认识新朋友打了 4 分，而给只跟几个亲密挚友待在一起打了 1 分。当然，在你看来，也可能是 3+2 或者 5+0，也可以是其他的组合。

请在以下范围内一一对应地选择你对表 3-4 中项目的赋值：

最小——————————————————————最大
0　　　1　　　2　　　3　　　4　　　5

表 3-4　　　　　　　　　　内向和外向倾向测试表

	题目	A	B
1	遇到新朋友时，你	说话的时间与聆听的时间相等（ ）	聆听的时间会比说话的时间多（ ）
2	你参与社交聚会时	总是能认识新朋友（ ）	只跟几个亲密挚友在一起（ ）
3	这些情况当中哪一种说法较适合你	与友人尽兴后，我会感到精力充沛，并会继续追求这种欢娱（ ）	当我与友人尽兴后，我会感到疲惫，觉得需要一些空间（ ）
4		我经常边说话，边思考（ ）	在说话前，我会思考要说的话（ ）
5		认识我的人，一般都知道什么对我来说是重要的（ ）	除了我感觉亲近的人，我不会对人说出什么对我来说是重要的（ ）
6		我独处太久，便会感到不安（ ）	若没有足够的自处时间，我便会感到烦躁不安（ ）
7	当放假时，你多数会	花多些时间与别人共度（ ）	花多些时间自己阅读、散步或者做白日梦（ ）
8		参观著名景点（ ）	花时间逛博物馆和一些较为幽静的地方（ ）
9	这些说法当中哪个说法最能贴切形容你对自己的看法	坦率（ ）	深沉（ ）
10		爽朗（ ）	沉稳（ ）
11		率直（ ）	内敛（ ）
12	你会倾向	自己的工作被欣赏，即使你自己并不满意（ ）	创造一些有长远价值的东西，但不一定需要别人知道是你做的（ ）
总分		E（外向）	I（内向）

自我评价：

把各题项的得分相加，得出各栏的总分，比较 A、B 组合中的偏好的得分孰高孰低，高的那个就是你的优势类型。比如说，E 得到 22 分，I 得到 13 分，E 就是优势类型。

一个外向的人寻求变化和刺激。他们喜欢社交，在建立关系和结交新朋友时往往采取主动的方式，并不觉得受到太多的约束。他们常常说话较多，在谈话中愿意发起话题，在各种会议上，愿意主动上台做自我介绍，而不是被介绍。他们能自如地与别人交流自己的观点。外向的人更容易冲动地做他们想做的事情，而不是按计划行事。一般组织中管理者都应该具有一定程度的外向性，这是与他人交往的基础，但也不是外向性越高越好。

内向的人喜欢在沟通之前把事情想清楚。内向者对信息也是很开放的，他们对事情很敏感，常常能够收集非常微妙的信息，包括事实和感情，并且能从很少的信息中把握思想。在一般人面前，内向的人看起来并不善于与别人交流他们的想法，但在信任的人面前或情境需要时，他们可以交流得很好，比如许多内向的人常常能在会议上做一个优美的演讲或介绍。内向者的另一个特点是，他们愿意在很长时间里全神贯注地解决一个问题，因此，他们在提出某个选择和建议时，往往是有相当坚实的基础的。当他们的建议受到拒绝和怀疑时，他们更容易感到心烦意乱，因为这些观点都是他们曾经仔细思考过的。

因此，与外向性格的人沟通时，要多给予其说话的机会，辅助于适当的迎合，使其更加主动地表露自己，这样就能取得更好的效果。另外，在沟通方式方面要直接、挑重点，不要婆婆妈妈的，也不能太关注细节。相反，与内向的人沟通时，要注意营造亲密的气氛，并通过提问或针对性的反问来估计其看法。如果你想真正了解他们的想法，不应过于急切、压迫，否则会给他们压力。另外，倾听，并愿意支持他们，和他们站在一起，才是取得他们信任最好的方法。

2. 感觉和直觉

感觉和直觉的区分是对信息选择的倾向。感觉型的人倾向于当前发生的事。他们喜欢真实、具体和切实的信息，关注细节、详细说明的事实，喜欢工作有序、格式化、工作按部就班，有毅力；被认为是实际、稳定和有序的人。直觉型的人倾向于未来可能的和潜在的事。他们留意图片联系和样式；记得某一样式的特别之处；富有想象力和创造力；讨厌常规的和连续的工作；善于解决问题和发展新技能；具有爆发力而没有毅力。

自我测试 3-3　　　　　　　　**感觉和直觉倾向测试**

请选择你对表 3-5 中项目的赋值，具体评分方法同表 3-4。

表 3-5 感觉和直觉倾向测试表

题目		A	B
1	下列哪一种是你的一般生活取向	只管做（　）	找出多种不同选择（　）
2	当你尝试了解某些事情时，一般你会	先要了解细节（　）	先了解整体情况，细节以后再谈（　）
3	这些情况当中哪一种说法较适合你	我较有兴趣知道别人的经历，例如他们做过什么，认识什么人（　）	我较有兴趣知道别人的计划和梦想，例如他们会往哪里去，憧憬什么（　）
4		四周的实际环境对我很重要，而且会影响我的感受（　）	如果我喜欢所做的事情，气氛对我而言并不是那么重要（　）
5		如果我喜欢某种活动，我会经常进行这种活动（　）	我一旦熟悉某种活动后，便希望转而尝试其他新的活动（　）
6		我对一些没有实际用途的意念不感兴趣（　）	我喜欢意念本身，并享受想象意念的过程（　）
7	当放假时，你多数会	返回你喜欢的地方度假（　）	选择前往一些从未到达的地方（　）
8	这些说法当中哪个说法最能贴切形容你对自己的看法	在喜欢的餐厅用餐（　）	尝试新的菜式（　）
9		留意事实（　）	注重事实（　）
10		实事求是（　）	富有想象力（　）
11		实事求是（　）	具有远大目光（　）
12	你会倾向	在自己有兴趣的范畴，积累丰富的经验（　）	有各式各样不同的经验（　）
总分		S（感觉）	N（直觉）

自我评价：

把各题项的得分相加，得出各栏的总分，比较 A、B 组合中的偏好的得分孰高孰低，高的那个就是你的优势类型。

在获得信息时使用感觉的人更加重视事实，他们一般要真正接触到这些信息并对其加以衡量、评价和验证后才相信它们。他们偏爱制度和方法，对常规的细节很耐心；他们喜欢内容具体、清晰的任务，并对工作作出时间安排；他们对能发展和使用他们的技能，或体现他们影响力的事情感兴趣，喜欢运用他们的能力去解决实际的问题。

在获得信息时使用直觉的人更像小说家，他们有着丰富的想象力。小说家按照自己的洞察力去发展某个道听途说的故事，并把它改成小说。同样，直觉型的人经常在不知道发生了什么事情以及事情发生原因的情况下，他们能够提出理念和可能性——尽管这些理念不一定正确。直觉型的人往往把注意力集中在整体概念而不是具体问题上。他们具有创造性的眼光和洞察力，遵循自己的灵感，喜欢复杂的事物。他们热衷于学习新技能，在学习一种新技能后，他们可能并不想使用它，而是迅速地开始下一项有趣的任务。

因此，一方面，与感觉型的人沟通时要知道感觉对他们而言是最重要的，与他们沟通一定要重视他们的感觉；另一方面，也要让他们知道你的感觉、想法。另外，沟通时给予他们一定的"缓冲"时间，不能过于急躁地想得到反馈，因为他们需要有理有据的理由，说服他们最好方法是，告诉他们这样做可能会有助于他们获得更好的结果。同直觉型的人沟通时则要强调趣味性和新意，倾听他们伟大的梦想和计划，不必马上点出其中不切实际的地方，把它当成是一种分享想法、分享喜悦的方式。同时，沟通时要站在一定高度，尽量从宏观上进行把握，另外，思维跨度也可以适当增大，因为他们喜欢天马行空地遨游。

3. 思考和情感

思考和情感的划分依据是决策时的倾向。思考型的人检验决定的逻辑结果，客观地评价过程和结果，根据逻辑分析作决定，在问题解决和批判中激发潜能；喜欢运用一致的标准原则处事，寻找数据之间的原因和结果，给予事实判断。情感型的人以自己的主观价值观作判断，喜欢欣赏支持他人，与他人合作，积极地赞美他人；重视创造和谐的周围环境；尊重每个人的独立个性；重视决策对他人的影响；奖励合作，激发工作热情。

在决策中，有人使用理性思维的方法，有人使用情感思维的方法。使用理性思维的人喜欢在决策前收集信息并进行细致的分析，他们观察、追踪并客观地评价事实，而不是服从于自己的情感。比如在商业中，他们喜欢使用决策分析、线性方程、成本收益分析、外推预测以及其他减少风险的方法。偏爱理性思维的人可能会在不知不觉中损害他人的感情，因为他们关心的是要求做的事，从而忽视了其他人的利益和情绪。如果你有一位非常重视理性思维的老板，那么在说明自己的观点时最好给他提供充分的证据，用资料来说服他；同样，如果你有这样的下属或上司，那么要让他们看到你决策的事实性基础。

具有强烈情感倾向的人通常非常友善，愿意看到人们在世界观上的许多共同之处，喜欢基于共同价值的工作。但是，如果人们不按他们的观点看待世界，他们便可能成为一个可怕的对手，他们会使争论两极化，不是支持就是反对。用情感方法决策的人，通常用个人的主观标准和信念衡量决策的正确与否，他们可能常常被认为过分坚持一个观点或坚持老方法。

与思考型的人沟通时要注意强调实际问题的解决，最好能辅助于数据或图标等工具。另外，当与他们拥有不同的见解、方案时，不能太急于达成一致看法，因为他们是善于思考的，给他们重新思考的时间，他们自然会判断是否接纳你的想法，或是找时间跟你进一步讨论。与情感型的人沟通时要注意了解他们决策的原则和个人的情感取向。

自我测试 3-4 　　　　　　　　思考和情感倾向测试

选择你对表 3-6 中项目的赋值，具体评分要求同表 3-4。

表 3-6　　　　　　　　　　　思考和情感倾向测试表

	题目	A	B
1	你喜欢自己哪种性格	冷静而理性（ ）	热情而体谅（ ）
2	你对哪方面较感兴趣	知道别人的想法（ ）	知道别人的感受（ ）
3	这些情况当中哪一种说法较适合你	我擅长订出一些可行的计划（ ）	我擅长促成别人同意一些计划，并衷心合作（ ）
4		喜欢分析，心思缜密（ ）	对人感兴趣，关心他们所发生的事（ ）
5		作决定的时候，我更多地考虑正反两面的观点，并且会推理与质证（ ）	当我作决定的时候，我会更多地了解其他人的想法，并希望能够达成共识（ ）
6		当进行谈判时，我依靠自己的知识和技巧（ ）	当进行谈判时，我会拉拢其他人至同一阵线（ ）
7	当放假时，你多数会	带着一些与工作或学校有关的事情（ ）	处理一些对你重要的人际关系（ ）
8	这些说法当中哪个说法最能贴切形容你对自己的看法	别人认为我会公正处事，并且尊重他人（ ）	别人相信在他们有需要时，我会在他们身边（ ）
9		知识广博（ ）	善解人意（ ）
10		喜欢询问实情（ ）	喜欢探索感受（ ）
11		公正（ ）	宽容（ ）
12	你会倾向	感情用事的人较容易犯错（ ）	逻辑思维会令人自以为是，因而容易犯错（ ）
	总分	T（思考）	F（情感）

自我评价：

把各题项的得分相加，得出各栏的总分，比较 A、B 组合中的偏好的得分孰高孰低，高的那个就是你的优势类型。

4. 判断与知觉

判断与知觉的区别是搜集信息或作决定时的偏爱。判断型的人喜欢根据信息来判断；决策迅速；喜欢事情有个结果或有个了结；善于计划和安排他们的世界，自己的角色和期望清晰；优先计划避免最后一刻的压力。知觉型的人喜欢以自己的理解和信息作决策；保留事情有可能的余地；寻求不固定体验和生活方式；易于作新的选择和最后一刻的改变；喜欢开始某一项目但往往不能善始善终；容易适应，较灵活；对最后一刻的压力有活力（喜欢将事情留到最后做）。

自我测试 3-5　　　　　　　　判断和知觉倾向测试

选择你对表 3-7 中项目的赋值，具体评分要求同表 3-4。

表 3-7　　　　　　　　　　　判断和知觉倾向测试表

	题目	A	B
1	你擅长	在有需要时同时协调进行多项工作（　）	专注在某一项工作上，直至把它完成为止（　）
2	你较喜欢下列哪个工作	能让你迅速和即时作出反应（　）	能让你定出目标，然后逐步达成目标的工作（　）
3		我会突然尝试做某些事，看看会有什么事情发生（　）	我尝试做任何事前，都想事先知道可能有什么事情发生（　）
4	这些情况当中哪一种说法较适合你	即使已有计划，我也喜欢探讨其他新的方案（　）	一旦制订出计划，我便希望能依计划行事（　）
5		当我专注做某件事情时，需要不时停下来休息（　）	当我专注做某件事情时，不希望受到任何干扰（　）
6		随遇而安，做当时想做的事（　）	为想做的事情制定出时间表（　）
7	当放假时，你多数会	忘记平时发生之事，专心享乐（　）	想着假期过后要准备的事情（　）
8		随机应变（　）	按照计划行事（　）
9	这些表达中哪个说法最能贴切形容你对自己的看法	容易适应转变（　）	处事井井有条（　）
10		不断接受新意见（　）	着眼达成目标（　）
11		暂时放下不愉快的事情，直至有心情时才处理（　）	及时处理不愉快的事情，务求把它们抛诸脑后（　）
12	你会倾向	犹豫不决必失败（　）	三思而后行（　）
	总分	J（判断）	P（知觉）

自我评价：

把各题项的得分相加，得出各栏的总分，比较 A、B 组合中的偏好的得分孰高孰低，高的那个就是你的优势类型。

人们行为的重点有所不同，把重点放在解决问题上称为判断偏爱，把重点放在获取尽可能多的资料上则是知觉偏爱。判断偏爱的人不喜欢模糊和松散，他们非常有条理，喜欢把问题清晰化，并解决它。他们确实很尊重解决问题的逻辑，但是并不喜欢在采取行动前花费太多的时间，得到一个清晰的判断结果对于他们来说更重要。

知觉偏爱的人更强调应该尽可能多地收集信息，因此他们也会更注意获取信息的方式，即感觉的或直觉的因素。知觉偏爱型的人心灵开放，充满好奇，喜欢研究和发现，他们强调诊断重于得出结论和解决问题。他们往往把注意力过多地集中于调查上，努力发觉与问题相关联的事实，他们喜欢去收集传闻、证据和其他一些被人们认为不必要的信息。

与判断偏爱的人沟通时，目的性要强，说服他们之前最好能够提供清晰的解决方法或备选方案。与知觉型的人沟通则要给予他们充足的信息，以便及时有效地影响他们。

总之，每个人性格不同，使他们选择不同的沟通风格，把握人们个性的差异是使沟通顺畅的重要条件。

3.1.3　气质与沟通

气质是一系列典型而稳定的心理活动的动力特性，主要表现为心理过程的强度、速度以及心理活动的指向性。气质具有两方面的特点：一方面，气质在很大程度上受先天和遗传因素的影响，具有相对稳定性；另一方面，气质受环境的影响可发生某些改变，气质的可变性可以从教育和社会中找到原因。

根据以下特征，气质类型可以分为几种：个人对外界刺激感觉能力的感受性；个人受外界刺激作用时表现在时间和强度上忍受程度的耐受性；心理反应和心理过程进行速度的敏捷性；个人依据外界事物变化情况而改变自己适应性行为的可塑程度的可塑性；情绪性兴奋强弱和情绪外现强弱程度两方面的兴奋性；指向个人动作、言语、情绪等是否表露于外的外向性和内倾性。

（1）多血质。该类型的人活泼好动，善于交际，思维敏捷，容易接受新鲜事物，情绪情感容易产生也容易变化和消失，容易外露，体验不深刻。多血质又称活泼型，敏捷好动，善于交际，在新的环境里不感到拘束。在工作学习上富有精力而效率高，表现出机敏的工作能力，善于适应环境变化。在集体中精神愉快，朝气蓬勃，愿意从事合乎实际的事业，能对事业心向神往，能迅速地把握新事物，在有充分自制能力和纪律性的情况下，会表现出巨大的积极性。多血质的人兴趣广泛，但情感易变，如果事业上不顺利，热情可能消失，其速度与投身事业一样迅速，从事多样化的工作往往成绩卓越。

（2）胆汁质。胆汁质的心理特点为：坦率热情；精力旺盛，容易冲动；脾气暴躁；思维敏捷，但准确性差；情感外露，但持续时间不长。胆汁质又称不可遏止型或战斗型。胆汁质的人具有强烈的兴奋过程和比较弱的抑郁过程，情绪易激动，反应迅速，行动敏捷，暴躁而有力；在语言上、表情上、姿态上都有一种强烈而迅速的情感表现；在克服困难上有不可遏止和坚忍不拔的劲头，而不善于考虑是否能做到；性急，易爆发而不能自制。这种人的工作特点带有明显的周期性，埋头于事业，也准备去克服通向目标的重重困难和障碍。但是当精力耗尽时，易失去信心。

（3）黏液质。该类型的心理特点为：稳重，考虑问题全面；安静，沉默，善于克制自己；善于忍耐，情绪不易外露；注意力稳定而不容易转移，外部动作少而缓慢。这种类型又称为安静型，在生活中是一个坚持而稳健的辛勤工作者，行动缓慢而沉着，严格恪守既定的生活秩序和工作制度，不为无所谓的动因而分心。黏液质的人态度持重，交际适度，不作空泛的清谈，情感上不易激动，不易发脾气，也不易流露情感，能自治，也不常常显露自己的才能。这种人长时间坚持不懈，有条不紊地从事自己的工作。但有些事情不够灵活，不善于转移自己的注意力。惰性使他因循守旧，表现出固定性有余，而灵活性不足。这种人具有从容不迫和严肃认真的品德，以及性格的一贯性和确定性。

（4）抑郁质。该类型的心理特点为：沉静，对问题感受和体验深刻；持久，情绪不容易表露；反应迟缓但是深刻；准确性高。抑郁质的人有较强的感受能力，易动感情，情绪体验的方式较少，但是体验持久而有力，能观察到别人不容易察觉到的细节，对外部环境变化敏感，内心体验深刻，外表行为非常迟缓、忸怩、怯弱、怀疑、孤僻、优柔寡断、容易恐惧。

自我测试 3-6　　　　　　　　　　**气质类型测试**

针对表 3-8 中的问题，请根据自己的情况在 2 分钟内打分，分数打在各题目后的括号里，具体评分标准为：在"很符合、比较符合、介于符合与不符合之间、比较不符、完全不符合"五个答案中选择一个适合自己的。很符合 2 分，比较符合 1 分，介于符合与不符合之间 0 分，比较不符合 –1 分，完全不符合 –2 分。

表 3-8　　　　　　　　　　　　　　气质类型测试题

1	做事力求稳妥	（　）	31	宁愿侃侃而谈，不愿寥寥数语　（　）
2	遇事不顺，怒不可遏，说出为快	（　）	32	别人说我总是闷闷不乐　（　）
3	宁肯一个人干事，不愿多人合作	（　）	33	理解问题比别人慢一些　（　）
4	到新环境，很快适应	（　）	34	疲倦时，只要短暂休息就能精神抖擞，重新工作
5	厌恶强烈的刺激，如尖叫、噪音、危险	（　）	35	心里有话，宁愿不说　（　）
6	和别人争吵时，先发制人，喜欢挑衅	（　）	36	希望目标尽快实现，达不到誓不罢休（　）
7	喜欢安静的环境	（　）	37	工作同样时间，常比别人更易疲倦　（　）
8	善于与人交往	（　）	38	做事有些鲁莽，不计后果　（　）
9	羡慕那种善于克制感情的人	（　）	39	对不理解的新知识，理解后会记很久（　）

10	生活有规律,很少违反作息时间	( )	40	能很快忘记不愉快之事	( )
11	在多数情况下,情绪是乐观的	( )	41	做作业或做事比别人花时间多	( )
12	遇到令人气愤的事,很快自我克制	( )	42	喜欢运动量大或各类文体活动	( )
13	遇到高兴的事,一下喜形于色	( )	43	不能很快将精力从一事转到另一事	( )
14	做事总有旺盛的精力	( )	44	接受任务后就希望迅速解决	( )
15	遇问题常举棋不定,优柔寡断	( )	45	认为墨守成规比冒风险要强一些	( )
16	在人群中,常感到过分的拘束	( )	46	能同时注意几件事物	( )
17	情绪高昂的时候,觉得什么都有趣;情绪低落的时候,觉得什么都没意思	( )	47	当我很烦时,别人很难使我高兴	( )
18	当注意力集中时,别的很难分心	( )	48	爱看情节起伏跌宕、激动人心的小说	( )
19	理解问题,总比别人快	( )	49	对工作始终保持认真严谨的态度	( )
20	遇到危险,常常有极度的恐惧感	( )	50	和周围人的关系总是相处不好	( )
21	对学习、工作、事业怀有很高的热情	( )	51	喜欢复习已学知识,重复已掌握工作	( )
22	能长时间做枯燥、单调的工作	( )	52	喜欢做变化大、花样多的工作	( )
23	有兴趣的事就干劲十足,否则不想干	( )	53	小时候会背的诗歌,比别人记得清楚	( )
24	一点小事就能引起情绪波动	( )	54	别人说我出语伤人,可我不感觉如此	( )
25	讨厌做那种耐心、细致才能完成的工作	( )	55	在体育活动中,常因反应慢而落后	( )
26	与人交往不卑不亢	( )	56	反应敏捷,头脑灵活	( )
27	喜欢参加热烈的活动	( )	57	喜欢做有条理的、不是很麻烦的工作	( )
28	喜欢感情细腻、有人物内心描述的作品	( )	58	兴奋的事情使我失眠	( )
29	工作时间长了,就感到厌倦	( )	59	老师讲新概念常听不懂,懂后很难忘	( )
30	不喜欢长时间讨论问题,宁可动手干	( )	60	如果工作枯燥无味,马上会情绪低落	( )

掌握气质类型的基本识别工具,便于我们与不同气质的人有效沟通。

胆汁质的人与别人沟通时往往使对方觉得过于直接,很"冲",甚至会出现让人"下不来台"的情况。基于胆汁质的人易于冲动、认死理、易兴奋、精力充沛的特点,和胆汁质的人沟通时,陈述应尽量明确、简洁、干练,而又不能太绝对。由于这种人做事比较果断,希望对方也能和他一样迅速,雷厉风行。如果你进行复杂的论证和推理或者说得"太死",即便你的观点非常正确,对方也会变得不耐烦或者跟你"抬起杠"来。

多血质类型的人说话很讲究"艺术",既不主动出击,也不唯唯诺诺,一般采取先听后讲的方法，对接收到的各种信息非常敏感。基于多血质的人活泼、好动、反应灵敏、心思敏感的这些特点，和这类人沟通的最好方法是"引蛇出洞"。这类人不喜欢太过主动、直接的表达，但如果有人能够提个头的话，他们反而很乐意跟随，既不张扬，也不落后。所以，要创造一个轻松愉快的气氛，采取"引蛇出洞"的方法与之沟通。因此，在与这种类型的人沟通时，最好选择私下场合，以私人的口吻进行交谈，这样才会取得良好的效果。另外，由于他们大多敏感，心地比较软，所以，适当的"动之以情"是达到沟通目的的一种好方法。

黏液质的人喜欢用事实说话，讲究逻辑，做事有分寸，所以，和他们沟通只要能够在一开始做到"以理服人"，就能彻底"捕获他们的心"。和这类人沟通不需要很花哨的沟通技巧，但需要很详细、具体的沟通内容，他们不喜欢繁复的程式，但要求符合严密的逻辑，要有耐心，同时沟通中要尽量让对方产生反应，可以用反问或者设问等语句，让他们主动地参与到同你的对话中来。

抑郁质类型的人特别敏感且易害羞，特别是在面对"挑衅或攻击"时，更会令他们感到非常的不安。因此，和这类人沟通需要格外小心，因为他们敏感的心思往往令人意想不到。和他们沟通之前，应做好完全的准备，不仅要对沟通内容的精确性进行准备，还要对沟通对象的特征及喜好加以了解，以便做到在沟通的时候有的放矢地说话，而不要在得罪了对方后再去补救。另外，抑郁质类型的人一般比较多疑，不太容易相信别人，所以，取得他们的信任是与他们沟通的先决条件。

3.2　环境氛围与沟通

知识链接 3-1　　　　　　　　　黑暗效应

有一位男子钟情于一位女子，但每次约会，他总觉得双方谈话不投机。有一天晚上，他约那位女子到一家光线比较暗的酒吧，结果这次谈话融洽投机。从此以后，这位男子将约会的地点都选择在光线比较暗的酒吧。几次约会之后，他俩终于决定结下百年之好。心理学家将这种现象称为"黑暗效应"。社会心理学家研究后的结论是，在正常情况下，一般的人都能根据对方和外界环境及氛围来决定自己应该掏出多少心里话，特别是对还不十分了解但又愿意继续交往的人，既有一种戒备感，又会自然而然地把自己好的方面尽量展示出来，把自己的弱点和缺点尽量隐藏起来，慢慢才会打开心扉。

从这个著名心理学效应中，我们可以发现"月上柳梢头，人约黄昏后"，选择在"月朦胧鸟朦胧"的晚上、在灯火幽暗的小馆子或烛光摇曳的咖啡馆等环境中约会都是有其科学道理的。此效应也正表明沟通的环境氛围对沟通效果的重要影响。

3.2.1　沟通场所的选择

从大的方面来说，沟通总是在一定的心理背景、物理背景、社会背景和文化背景等背景下发生，从小的方面来讲，沟通总是在一定的目的及情景下进行的，会受到各种环境因素的影响。因此，我们首要解决的问题就是根据沟通的目的及沟通双方即沟通主体的情绪和态度、社会角色关系、价值取向和思维模式选择合适的沟通时机及沟通场所。

根据沟通的目的、对象的不同，沟通场所一般分三种：第一种是自由场所，即不论场地，以自由、随性的沟通为目的；第二种是非正式场所，即没有严格的场地限制，可以是办公场所，也可以是生活场所；第三种是正式场所，一般为室内，没有他人打扰，封闭式进行。

当沟通主体处于激动状态和处于悲伤、焦虑状态或者双方存在敌意时，沟通就要选择相对较为安静的场所，以使其恢复平静，具体可以是非正式场所；当沟通主体之间关系亲密时，则可以选择自由场所或者非正式的场所；正式场所的沟通一般为目的明确、针对性强的沟通，或者是相对生疏的沟通主体之间的沟通，如对周期性绩效评估或具体工作事件的沟通，更适合在比较正式的场合进行。另外，还要根据沟通主体的文化特征来选择合适的场所。当然，场所的选择也需要沟通主体的因地制宜，比如，对新入职第一天的员工，领导可以在下班的路上聊一聊，或在餐厅等自由场所里边吃饭边沟通。当发现下属最近似乎情绪很不好，需要主动与下属进行沟通，领导可以从关心的角度直接到下属的宿舍等非正式场所里去沟通。当领导需要与员工交流相对较为严肃的问题时，比如绩效表现或所犯错误等问题，可以在办公室、会议室等正式场所沟通。总之，我们要根据客观实际，做到具体问题具体选择。

3.2.2　沟通场所的布置

事实上，在企业管理的实际中，我们不仅要选择具体的沟通场所，而且还要根据需要、目的等实际情况的不同而对沟通场所进行布置。具体布置过程中要把握好以下几个方面：

1. 空间和距离

有关周围空间的使用方式、与他人保持的距离的研究，也称为空间关系学，人们通过对空间、场所以及距离的利用，表达着自己的愿望。一般而言，空间场所首先代表了领地，而自己的领地边界往往代表着安全和隐私，也往往不能受不希望的外人的侵犯。其次，空间与距离是亲密程度的标志，我们可以通过观察人们在沟通交流时所保持的距离，来判断他们之间的亲密关系及沟通的正式与否。正是基于上述两点内涵，学者爱德华·霍尔（Edward Hall）根据双方的亲密程度给出了四个层级的空间距离。

（1）亲近的朋友或家人之间的亲密距离：小于0.46米（18英寸）。

（2）朋友或亲近的同事之间的人际距离：0.46~1.22米（18英寸~4英尺）。

（3）不很熟悉时人之间的社会距离：1.22~3.66米（4~12英尺）。

（4）陌生人之间的公共距离：大于3.66米（12英尺）。

最后，空间和距离也能代表身份，比如，领导办公室的大小、沟通时的"高度"就能体现职位高低、权威的大小和尊贵程度。法庭审判的座位布局、国王的宝座、获奖牌的人的站位都能说明这一点。

把握沟通中"空间和距离"的具体内涵，就要充分地加以应用。首先，在沟通场景布置中要根据沟通主体之间关系的个性特征、态度及亲密程度来安排合适的沟通距离，防止侵犯他人空间现象的发生。比如孩子、老人和外向的人比中年人和内向的人站或坐得更近。态度也可以影响私人空间。一般来说，我们和自己喜欢的人站或坐得更近。其次，要根据沟通的目的恰当安排沟通主体间的角度位置，如果想营造一种开放、合作的沟通氛围，以直角的形式站或坐，要比面对面的站或者坐更好，因为这意味着双方一种合作的信号，能够使沟通主体双方都有凝视的空间。若要较大程度地缓解紧张的沟通氛围，可以使沟通主体并排坐，使双方感觉到大家处于同一立场上，这样会取得好的效果。最后，要重视沟通"高度"的应用。比如，如果想创造一种沟通双方对抗的敌对状态，则可以是双方面对面，或者一个处于上方，另一个处于下方，如果沟通一方想要对方严肃地对待某件事情，则可以有力地表达这件事情，站起身来加以强调。

2. 办公室的设计

办公室的设计常见的有4种类型，如图3-1所示。

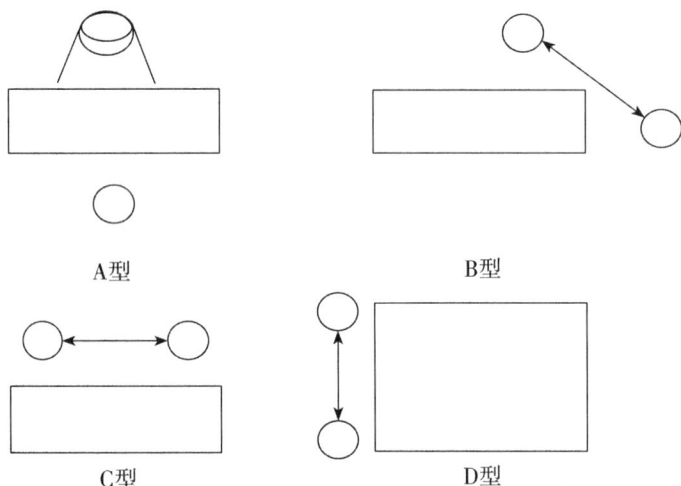

图3-1　办公室的设计

室内陈设在办公室设计当中占有较为重要的地位，比如办公桌的大小、外形以及摆放位置，都会影响办公室主人给来访者的印象，而且能决定这个办公室开放性沟通的程度如何。

结合上述"空间和距离"对沟通的影响，办公室的设计要根据沟通目的不同加以选择，比如要传达一个好的消息给员工时，使用 A 型这一标准陈设就不合适，相反，当需要警告或批评员工时，则可以加以选用；如果所来交谈者是陌生人，而主人又想迅速拉近两者之间的关系，那么就可以选择 B 型陈设；C 型则适用于同事间工作问题的探讨以及一般问题的交流；如果希望沟通双方共同设定目标，或者是主人要使对方接受已设定的目标，那么 D 型会是很好的选择。

另外，办公室所设计的颜色影响着管理者和员工的心理和感情。办公室颜色的设计要避免过度鲜艳的颜色，因为那样会刺激员工的神经而使其精神亢奋，这样则不利于沟通。一般来说，清凉的颜色会使人镇静平和，比如淡绿色及淡蓝色会使人们在心平气和的状态下沟通交流。再者，办公室内临时堆放的东西，如果与沟通无关，往往都会分散沟通者的注意力，当然一些合适的艺术品则可能缓和紧张沟通的气氛。

总之，在条件允许的情况下，最好能够把沟通场所安排在一个与沟通性质及目的相协调的环境中，要注意舒适、幽静的原则，因为沟通场所合适的温度、充足的光线、整洁的环境能给沟通主体双方清新舒适的感觉，保持良好的会谈气氛，有助于意见交换，从而取得好的沟通效果。

3.3　人际沟通

3.3.1　人际沟通含义及过程

人际沟通就是指人和人之间进行信息传递和情感交流的过程。我们生活在一个沟通的社会里，人们交流思想、情感以及人们的理想与期望；人们交流着各自的欢乐、变化、高兴和痛苦。人际沟通使人们的才能得以发挥，人际沟通使人们获得赞扬和尊敬，人际沟通还关系到是否得到提升，甚至是职业生涯。因此，从某种程度上来说，作为现代社会中人们生活的一部分，人际沟通的广度和深度不仅是人们生活质量的重要体现，而且是一切成功的团队沟通、组织沟通的基础。

人际沟通的目的是建立、维持和发展人际关系，人际沟通的过程就是人际关系的动态过程。有学者认为，人际沟通的过程可以分为三个层次和四个阶段。其中三个层次指信息层次、情感层次和行为层次，四个阶段包括定向阶段、探索情感交换阶段、情感交换阶段和稳定情感阶段，具体内容见表3-9。

表 3-9   人际沟通的过程

层次	阶段	沟通内容
信息层次	定向阶段	人们根据自己的价值观念、审美观念、需求和动机的心理定式选择沟通对象，双方有接触的愿望，积极搜寻有关对方的信息。沟通双方交流内容仅限于一些基本信息，而没有情感上的交流，甚至出现投其所好及自我掩饰现象，目的是让彼此产生一定的认识，形成一定的印象
情感层次	探索情感交换阶段 情感交换阶段	在定向阶段的基础上，沟通双方对所交流信息的译码和对沟通对象的动机、需求、兴趣、性格、世界观、价值观、定式的感知，都伴随着情感体验。双方主动地、由浅入深地暴露自己个性中的东西，并都能够较自由地相互赞许或批评对方的行为
行为层次	稳定感情阶段	在前两个阶段的基础上，沟通双方信息互动高度频繁，信息量剧增，沟通方式丰富多彩，"自我暴露"彻底，双方表现为相亲相爱、近距离交往等。为了保持好的关系，人们甚至也要根据沟通对象对自己的评价和期望调整自己的行为

3.3.2　人际沟通行为影响因素

1. 人际沟通中的自我状态

著名的社会学家勃纳首创并加以发展的处理分析理论指出，每个人在沟通行为中具有三种不同的自我状态，而且在不同的情景下会自觉不自觉地应用不同的自我状态来进行沟通。人在沟通中的这三种自我状态分别是父母自我状态、成人自我状态和儿童自我状态。

（1）父母自我状态。父母自我状态含有某种权力、某种权威、某种力量。这一部分性格关系和影响着个人在沟通中的关心或控制他人、领导他人，确定规则和程序等的沟通风格。人际沟通过程中，处在父母自我状态的人，其行为表现常常是统治人、训斥人，权威式、命令式、家长式的作风；其待人处事的态度为主观，独断专行，滥用权力；其说话的语气常常是"你应该……""你必须……""你不能……"等强制命令的口气。加拿大心理医生埃利克·巴恩进一步将其分为批判型的父亲之心（CP）和保护型的母亲之心（NP）。

（2）成人自我状态。成人自我状态的功能在于解决问题，作出估计并产生策略，而且充分考虑自身行为所引起的外界反应。处在成人自我状态的人，表现为沟通中目标明确，主动性强，具有理智性和逻辑性，能运用过去的经验和知识来预测要实施的行为的可能性，能理智地传播信息和接收信息，能客观冷静地分析问题和解决问题，能控制感情，遇事不会失态，也不会对人盲目服从或乱下命令。人际沟通过程中，这种状态下使用的语言符号带有推断、商议的色彩，自尊、自信、自主意识强烈，如"我个人的看法是""也许应该""你考虑考虑……"等商量讨论的口气，所使用的非语言符号显得矜持、有节制。巴恩将其归为客观型的大人之心（A）。

（3）儿童自我状态。父母自我状态是关于外部事件的记忆，而儿童自我状态则是关于情感、感觉和反应等内部事件的记忆。儿童自我状态指在人际沟通中处于儿童的自我状态之中，情感的流露与自我冲动性均缺乏理智控制，在自觉或不自觉中，表现得像一个爱冲动的孩子。儿童自我状态表现为寻求保护，寻求积极肯定，处在一种任人指挥和摆布的状态。处在儿童自我状态的人，沟通过程中有时表现为服从、毕恭毕敬，有时又表现为不服从、情绪化、喜怒无常。儿童自我状态的特征是行为非常不成熟，这种状态下所使用的语言符号常常是祈使与探寻性词语，非语言符号动作夸张、幼稚，与本身年龄有距离。另外，虽然随着年龄的增长，每个人都会失去童年时代，但儿童自我状态不会随着成长而丧失。巴恩将其归为自由型的孩子之心（FC）和顺从型的孩子之心（AC）。

我们每一个人都具有这三种自我状态，但对每个人来说，这些自我状态又具有独特的个性。首先，这三种自我状态都是个人经历的一种反应，对于每个人而言，每种自我状态所标志的经历是不同的。其次，我们每个人都具有不同的父母、成人和儿童之间的工作安排和相互关系。而正是我们每个人与个人自我状态之间的关系和性质，影响着我们的沟通行为和社会交互作用方式。

由上可知，当两个人进行沟通时，每个人都有三种自我状态可以选择，两人之间便可能发生九种不同处理状态。因此，就可能出现在同样的自我状态下的人际沟通及在相互交叉的自我状态下进行沟通。如父母-父母、成人-成人便是对等的自我状态，而父母-儿童、父母-成人、儿童-成人则是属于相互交叉的自我状态。

人际沟通过程中，沟通主体双方处在相同的人格状态是比较符合正常人际沟通的类型的，但在这几种状态中，真正能持久稳定地维持沟通关系的，是"成人-成人"的人格状态。这种沟通类型有利于信息传递的顺利进行，可以获取真实的、不带感情偏激的反馈信息。

相反，主体双方处在交叉性人格状态下进行人际沟通时，便属于一种不正常的人际沟通类型。由于人格状态的差异，信息传播过程可能中断，甚至可能产生争吵、打骂等恶劣后果。这种沟通主要表现为相处态度不正确，其中一方或者处于训斥式的父母状态，或者处于冲动式的儿童状态。

然而，在实际的人际沟通过程中，沟通主体之间并非仅仅处在单一的自我状态，而是双方都同时显示两种或多种人格状态，真正的信息不是明白地表现出来，而是隐含在另一种信息中，那是双方心照不宣的信息。这种状态也被称为隐含性自我状态下的人际沟通。所谓指桑骂槐、含沙射影等都是隐含性信息传播。这时的沟通就需要双方格外认真小心，尤其是在这个日益复杂的社会当中，沟通者需要更高的技巧才能加以应对。

自我测试 3-7　　　　　　　　　　心理自检坐标

请对表 3-10 的问题打分，计分方法：肯定 2 分，否定 0 分，不肯定也不否定 1 分。

表 3-10　　　　　　　　　　心理自检表

CP	1. 在某些时候，是否喜欢打断别人发言，陈述自己的想法	( )	合计分数
	2. 是否属于那种经常严厉批评别人的人	( )	
	3. 在和别人有约会的时候遵守时间吗	( )	
	4. 是否有理想并准备为实现这个理想而努力下去	( )	
	5. 重视社会上的规定、伦理和道德吗	( )	
	6. 是否强烈地要求别人都具有一定责任感	( )	
	7. 是否属于对小小的不良现象也绝不放过的那种人	( )	
	8. 对子女和部下的管教严厉吗	( )	
	9. 是否在强调自己的权利之前首先尽到了自己的义务	( )	
	10. 说话时是否经常使用"应当……""必须……"	( )	
NP	1. 是否属于非常体贴别人的人	( )	合计分数
	2. 是否讲义气、重人情	( )	
	3. 是否善于发现别人的长处	( )	
	4. 是否属于当别人有求于自己的时候难以拒绝的那种人	( )	
	5. 是否喜欢照顾自己的子女和他人	( )	
	6. 待人处事讲情面吗	( )	
	7. 对于子女和部下的过错是否能做到宽宏大量	( )	
	8. 是否善于倾听别人的发言并有所同感	( )	
	9. 喜欢做饭、洗衣和打扫卫生吗	( )	
	10. 喜欢参加社会公益活动吗	( )	
A	1. 采取行动时是否首先考虑个人的得失	( )	合计分数
	2. 和别人交谈时很少带有感情吗	( )	
	3. 处理事物时能否做到三思而后行	( )	
	4. 是否善于听取正反两方面的意见并且供自己参考	( )	
	5. 凡事能否做到以事实为准绳来作出自己的判断	( )	
	6. 能否做到待人处事富有理性，而不是动辄感情用事	( )	
	7. 对事物的判断是否做到毫不犹豫、十分迅速	( )	

续表

A	8. 能否高效、利索地处理工作	（　　）
	9. 采取行动时能否冷静地预测到将来的后果	（　　）
	10. 感觉身体不适时，能否克制自己不勉强从事	（　　）
PC	1. 自己任性吗	（　　）
	2. 是否属于好奇心强的那种人	（　　）
	3. 在娱乐、饮食方面的追求满足吗	（　　）
	4. 是否属于心直口快、毫无顾忌的那种人	（　　）
	5. 自己想获得的如果得不到的话，绝不善罢甘休吗	（　　）
	6. 是否经常使用"啊""太棒啦""哎"等感叹词	（　　）
	7. 是否属于依靠直觉作出判断的那种人	（　　）
	8. 是否有心血来潮、忘乎所以的时候	（　　）
	9. 是否经常发脾气	（　　）
	10. 是否属于感情脆弱、动辄落泪的那种人	（　　）
AC	1. 是否属于不愿轻易说出自己想法的人	（　　）
	2. 是否经常希望引起别人的注意	（　　）
	3. 待人处事是否属于腼腆、态度消极的那种	（　　）
	4. 是否经常向别人妥协而不是坚持自己的意见	（　　）
	5. 对别人的脸色和发言是否比较在意	（　　）
	6. 在处境艰难的时候是否能够忍耐	（　　）
	7. 是否为了不辜负别人的期待而努力	（　　）
	8. 是否属于能够克制自己感情的那种人	（　　）
	9. 是否属于那种自卑感较强的人	（　　）
	10. 有没有想过要从"模糊的自己"或"真正的自己"中摆脱出来	（　　）

（PC 行右侧：合计分数；AC 行右侧：合计分数）

2. 人际沟通中的自我披露程度

自我披露是指人在沟通过程中将自己的情况、思想乃至自己的个性特征，有意无意地告知别人的过程，也称为自我暴露或自我展示。自我披露不仅会给对方一些有用的信息，而且可以从对方的评判与反馈中获得有利于促进沟通的信息，从而促进双方的了解，便于有效的沟通。

卓哈里视窗（Joseph Luft & Harry Ingham，1955）根据自己对自己的了解和他人对自己的了解将信息披露程度分为四个区间，如图 3-2 所示。人际沟通是一个由区域一向区域二、区域三、区域四辐射并寻求反馈的过程。

	自己了解	自己不了解
他人了解	区域一 开放的自我	区域二 盲目的自我
他人不了解	区域三 隐蔽的自我	区域四 未知的自我

图 3-2　卓哈里视窗

沟通演练 3-1　　　　　　　　　　印象卡

要求：不能与他人讨论。

程序：

- 分小组；
- 每个人发一张印象卡；
- 每个人将自己的名字写在印象卡的中间；
- 每个人都依次将印象卡传递给右边的人；
- 拿到印象卡后，在纸面上写下对该人的印象；
- 将填完的印象卡交给右边的人；
- 所有的人都填写完毕后交给本人。

思考：你对自己的印象和别人对你的印象差别大吗？你认为是什么原因？你对结果诧异吗？

自我披露要循序渐进，过快过慢都会拉大人际心理距离。而且，人的自我开放区域与人的交往关系成正比，但也与"关系危险度"成正比。

披露程度可以用一个两维坐标表示，即风险维和表露维，如图 3-3 所示。

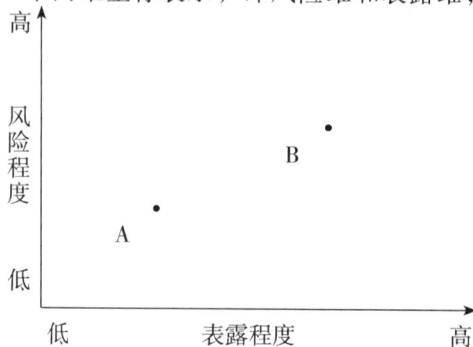

图 3-3　自我披露程度

3.3.3　人际沟通障碍及克服

人际沟通中，从信息的发出到信息的接收再到信息的反馈的过程，并非总是一路畅通并且准确无误的，因为，在这个过程中，沟通效果除了受到沟通情景的影响外，还会出现沟通主体对对方的信息不理解、不完全理解甚至误解等情况。因此，人际沟通除了存在一般的沟通障碍外，还存在一些特殊的沟通障碍。

1. 语言障碍

沟通者如果语义不明，会导致不同的人有不同的理解。语言障碍还包括语音差异障碍及语言表达障碍。

（1）语音差异障碍，这种障碍主要是由于语系、语族的不同造成的。不同国度、不同民族之间的交流往往因语系或语族的不同而存在沟通困难。

（2）语言表达障碍，这种障碍主要是由语言表达能力不同造成的。如果沟通者语言表达能力太差，则会词不达意，令人费解，甚至发生误解和冲突。另外，一些行话及内部语言的使用也会导致人际沟通障碍。

马克·吐温说过："一个差不多准确的词与一个非常准确的词的区别就像一只萤火虫发出的光与一道闪电之间的差异。"另外，成功的沟通不仅包括将自己的意思准确表达出来，而且包括进行倾听这一重要内容。管理学家彼得·德鲁克观察到：很多高层管理人员都自认为出色的口才使其与他人相处融洽，不过他们没有认识到与人相处融洽的同时要多听别人是怎么说的。

小案例 3-1　　　　　　　**收编还是处决**

辛亥革命后，黎元洪任湖北军政府都督，某日与众部下议事，常州人梁适武问及如何处理降将罗金成及其麾下清兵数十人，黎略一思索，即召文房四宝书以"何水无鱼？何山无石？何树无枝？何子无父？何女无夫？何城无市？"一谜作答。

部下有通佛典者看后心领神会，皆拱手："都督真菩萨心肠也！"

黎微笑不语。

至梁适武返办公署欲行收编降兵，其在场幕僚章公行阻之说："梁公误矣！"解谜后梁适武大悟，遂将降将罗金成及其麾下清兵数十人设计秘密处决。

有学者遍寻出处，《释迦凡尘语录》名曰：劝修经，南水无鱼？无山无石？阿人无父？弥女无夫？陀树无枝？佛城无市？语咒"南无阿弥陀佛"。意如通佛典者所解，放清兵降将一条生路。

然而幕僚章公行所解却是如此：

何水无鱼？隐喻"清"字。

何山无石？隐喻"冰"（兵）字。

何树无枝？隐喻"余"字，余有残余之意。

何子无父？隐喻"孽"字。

何女无夫？隐喻"处"字。

何城无市？隐喻"死"字。

按章公行所言：黎都督不愿于众部下前斩降兵蛊惑人心，但他应知降将罗金成为人善变无信，所以责令梁公秘密处决降兵。

2. 角色障碍

英国伟大的戏剧家莎士比亚在他的《皆大欢喜》中写下这样一段台词："全世界是一个舞台，所有的男男女女不过是一些演员；他们都有下场的时候，也有上场的时候，一个人的一生中扮演着好几个角色。"

角色理念被引进社会学之后是指每个人作为社会一分子，在社会大舞台上都扮演着角色，都得按照社会对这些角色的期待和要求，服从社会行为规范。如果缺乏明智性或陷入盲目性，人们由于扮演不同的社会角色，则往往会因为缺少共同语言而引起沟通困难。这是因为，社会地位和角色不同的人通常具有不同的意识、价值观念和道德标准，从而造成沟通的困难。不同阶级的成员，对同一信息会有不同的甚至截然相反的认识。不同的党派、宗教、职业、年龄等也都可能成为沟通障碍。政治理念、宗教信仰、"隔行如隔山""代沟"都能很好地反映这一点。在企业的实际日常管理过程中，如果管理者一味地扮演一个高高居上、遥不可及并到处教训员工的角色，导致沟通障碍就在所难免。

因此，人际沟通中，主体双方应该加强对对方的了解，只有把握住对方的角色特征之后才能够针对性选择适当的沟通策略及相应的沟通语言。

3. 心理障碍

（1）认知偏见障碍。

第一，首因效应。人与人第一次交往中给人留下的印象，在对方的头脑中形成并占据着主导地位，这种效应即为首因效应。我们常说第一印象，就是因为存在着首因效应的作用。我们认识、了解一个人，不是通过一两次交往所能完成的，而第一印象又容易限制我们对人的进一步了解。因为第一印象带有片面性，它往往又会导致我们人际认知的片面性。因此，第一印象一旦形成，它就会起到一个过滤器的作用，以致在后来的人际沟通过程中，凡是跟第一印象一致的信息，就印象深刻，而凡是跟第一印象不一致的信息，就视而不见、听而不闻，这便产生沟通障碍。

第二，近因效应。近因效应与首因效应相反，是指交往中最后一次见面给人留下的印象，这个印象在对方的脑海中也会存留很长时间。由于人们更倾向于根据最新的材料形成印象，因此，近因效应也是容易迷惑人的，我们分辨人仅仅凭借近因效应，难免就会为之左右，从而导致障碍的产生。

第三，晕轮效应。晕轮效应指当你对某个人有好感后，就很难感觉到他的缺点存在，就像有一种光环围绕着他。晕轮效应形成的心理机制是中心性质扩张化，是一种以偏概全的心理偏差，在人际沟通过程中，只要是权威人物说的话，就深信不疑，而一般人的话则人微言轻，这就是晕轮效应在起作用。人们常说的"一白遮百丑""情人眼里出西施""爱屋及乌"等就是这种认知偏见的典型表现。

第四,刻板效应。刻板效应是在人际交往中对某一类人进行简单的概括归类所形成的不正确的效应。刻板效应主要表现为有意无意根据一个人的年龄、性别、相貌、职业、地域、民族、背景、身份和社会地位等特征来判断一个人的品质、行为和性情。比如英国人保守,美国人不拘小节,犹太人会做生意等。刻板效应使人们在无形之中戴上了涂有偏见色彩的眼镜。人们总是不自觉地将人概括分类,比如说到南方人,人们心目中总有一个效应;说到北方人,又会出现另一个效应。虽然总体来讲,南方人与北方人在某些方面(风俗习惯、风土人情以及性格特点等)是存在一些差别,但是如果以这种概括化的效应对待具体的人则是完全错误的。我们的人际交往正好是具体的人与人之间的交往,因此容易导致刻板效应的产生。

第五,自我投射。自我投射是指人的内在心理的外在化,即"以自己之心度他人之腹",把自己的情感、愿望、意志、特征投射到他人身上,也即人们常说的"己所欲就施于人",认为他人也是如此。自我投射效应是人从自我出发去认知他人,自我与非我不分,主观与客观不分,认知主体与认知客体不分。而事实上,世上并没有完全相同的人,自己与他人之间的差异是客观存在的。因此,在人际沟通过程中,一味地从自身出发,而不从他人的实际特点和具体情况出发去认知他人、理解他人,同样也会导致沟通障碍产生。

(2)情绪障碍。情感是个体对客观事物是否满足自己的需要所产生的态度。情感可分为两种:一种是积极的情感,如满意、喜爱、快乐、自豪等;另一种是消极的情感,如愤怒、恐惧、厌恶、嫉妒、自卑等。这些积极的和消极的情感取决于个体的需要是否得到满足,如果需要得到满足,就会产生积极的情感,反之就会产生消极的情感。人总是带着某种情感状态参加沟通活动的。在某些情感状态下,人们容易吸收外界的信息;而在另一些情感状态下,信息就很难输送进去。如果不能有效地驾驭情感,就会有碍正常的沟通。例如,当我们心情烦躁时,会变得好发脾气,说话带刺,尽管平时可能热情随和,此时也难以对人心平气和,隔阂与误解也就会随之产生,从而妨碍与他人的正常沟通与交往。

(3)态度障碍。态度通常是指个体对事物的看法和采取行动的心理倾向。由于人们生活在各种不同的环境中,经历着各种不同的人和事,积累了不同的生活经验,从而形成了各种不同的需要、兴趣、动机,形成了不同的思考问题和处理问题的方式,对于同样的事物,会有各种不同的观点、理想信念和态度。态度对人的行为产生重要影响,如果沟通双方的态度不端正,或者存在偏见,或者歧视对方,或者各存疑心,或者消极悲观,则很难收到较好的沟通效果。

因此,若想克服人际沟通过程中的心理障碍,沟通主体首先要明白沟通过程并非十全十美,也就是要做好充分的思想准备,从而能够采取相应的预防措施。其次,在人际沟通过程中,不仅说话办事要实事求是,言论行为要符合社会规范,相处沟通要换位思考,而且要防止戴着有色眼镜及认知偏见去进行主观判断;相反,我们需要有判别力、洞察力和严密的逻辑思维以及分析推理的能力,待人接物要善于抓住事物的本质。再次,在人际沟通中要善于驾驭自己的感情,根据不同的人、事以及环境、气氛,恰当地、情真意切地表达自己的喜、怒、哀、乐,以打动对方。最后,在人际沟通中要尽可能地保持乐观、积极、向上的态度,避免消极、悲观的态度,在沟通中保持平和的心态,这样才能够达到沟通的预期效果。此外,还有个性障碍和文化差异障碍等影响人际沟通。

自我测试 3-8　　　　**戴尔·卡耐基人际沟通自我评估**

以下是戴尔·卡耐基可以帮助你培养的主要能力(自信、沟通、人际关系、克服忧虑与压力及领导力),请你在表 3-11 的项目中,选出适当的数字来评估自我表现的现状。

表 3-11　　　　　　　　　　　　　　人际沟通自我评估表

问　题	很差	较低	普通	很高	卓越
我很有自信,因为我:					
1. 能欣赏自己的优点	[1]	[2]	[3]	[4]	[5]
2. 做决定时,常有信心	[1]	[2]	[3]	[4]	[5]
3. 常有积极的态度,常怀"我能做到"的想法	[1]	[2]	[3]	[4]	[5]
4. 勇于表达自己的想法和意见	[1]	[2]	[3]	[4]	[5]
5. 常表现出有信心的形象	[1]	[2]	[3]	[4]	[5]
6. 必要时我愿意接受新挑战	[1]	[2]	[3]	[4]	[5]
我有融洽的人际关系,因为我:					
1. 即使意见不同,亦能有效地与他人合作	[1]	[2]	[3]	[4]	[5]
2. 能察觉自己的情绪与行为会影响他人	[1]	[2]	[3]	[4]	[5]
3. 能有效地解决争议	[1]	[2]	[3]	[4]	[5]
4. 常真心地对他人表达关怀	[1]	[2]	[3]	[4]	[5]
5. 有培养信任气氛的能力	[1]	[2]	[3]	[4]	[5]
6. 常帮助他人增强自信与自尊	[1]	[2]	[3]	[4]	[5]
我有良好的沟通能力,因为我:					
1. 是一位好的聆听者	[1]	[2]	[3]	[4]	[5]
2. 能明确而清楚地表达信息	[1]	[2]	[3]	[4]	[5]
3. 能表现恰当的肢体语言与声调	[1]	[2]	[3]	[4]	[5]
4. 沟通时常有说服力	[1]	[2]	[3]	[4]	[5]
5. 能镇定地即席思考与表达	[1]	[2]	[3]	[4]	[5]
6. 能做好简报与演讲	[1]	[2]	[3]	[4]	[5]
我有能力控制压力与忧虑,因为我:					
1. 能在混乱中保持冷静	[1]	[2]	[3]	[4]	[5]
2. 在压力下仍让人乐于亲近	[1]	[2]	[3]	[4]	[5]
3. 对生活充满乐趣,并拥有安全感	[1]	[2]	[3]	[4]	[5]
4. 能在冲突时控制愤怒	[1]	[2]	[3]	[4]	[5]
5. 适应能力强,并非固执强硬	[1]	[2]	[3]	[4]	[5]
6. 有平衡的生活	[1]	[2]	[3]	[4]	[5]
我有卓越的领导能力,因为我:					
1. 在扮演不同角色时,有很好的协调能力	[1]	[2]	[3]	[4]	[5]
2. 能影响他人追求共同的目标	[1]	[2]	[3]	[4]	[5]
3. 常会辅导他人使之有更好的表现	[1]	[2]	[3]	[4]	[5]
4. 能启发并激励他人,而并非驱使他人	[1]	[2]	[3]	[4]	[5]
5. 被认为是一个热忱、开放又容易亲近的人	[1]	[2]	[3]	[4]	[5]
6. 有效率地主持解决问题的会议	[1]	[2]	[3]	[4]	[5]

资料来源　卡耐基训练资料。

3.3.4　人际沟通风格

在人际沟通过程中，我们依据一个人在沟通过程中的表达方式是直接还是间接，是理性还是感性，以及沟通过程中做决策的速度是非常果断还是需要很长时间，把我们在工作和生活中遇到的人分为了随和型、表现型、分析型和支配型四种不同的类型。

感情流露多、做事不果断且慢的人被称为随和型的人。他总是微笑着看着你，但是他说话很慢，表达也很慢。另外一种，感情外露，做事非常果断、直接，热情而有幽默感，活跃、动作非常多，而且动作非常夸张，这样的人属于表现型。有的人在决策的过程中果断性非常弱，感情流露也非常少，说话非常啰嗦，问了许多细节仍然不做决定，这样的人属于分析型。最后一种，感情不外露，但是做事非常果断，总喜欢指挥、命令他人，这样的人属于支配型。

自我测试 3-9　　　　　　　　　　人际沟通风格测试

请回答表 3-12 中 A、B 两套题。如果左边的描述更接近你的实际情况，请给自己 5 分以下；如果接近右边的描述，请给自己 6 分以上。请如实回答，以保证对你自己有更加准确的认识。答完每套题后，将分数相加，得出该套题的总分。

表 3-12　　　　　　　　　　　人际沟通风格测试题

A 套（横轴）　　　　　　　　　　　　　　　　　　　　总分＿＿＿＿

1	面对风险、决定或变化反应迟缓谨慎	1	2	3	4	5	6	7	8	9	10	面对风险、决定或变化反应迅速从容
2	与大伙一起讨论时不常主动发言	1	2	3	4	5	6	7	8	9	10	与大伙一起讨论时经常主动发言
3	强调要点时不常使用手势及音调的变化	1	2	3	4	5	6	7	8	9	10	强调要点时经常使用手势及音调的变化
4	表达时经常使用较委婉的说法，如："根据我的记录……""你可能认为……"	1	2	3	4	5	6	7	8	9	10	表达时经常使用强调式的语言，如："就是如此……""你应该知道……"
5	通过阐述细节内容强调要点	1	2	3	4	5	6	7	8	9	10	通过自信的语调和坚定的体态强调要点
6	提问用来检验理解、寻求支持或更多信息	1	2	3	4	5	6	7	8	9	10	提问用来增强语言气势、强调要点或提出异议
7	不爱发表意见	1	2	3	4	5	6	7	8	9	10	愿意发表意见
8	耐心，愿意与人合作	1	2	3	4	5	6	7	8	9	10	性急，喜欢竞争
9	与人交往讲究礼节，相互配合	1	2	3	4	5	6	7	8	9	10	喜欢挑战，控制局面
10	产生意见分歧时，很可能附和他人的观点	1	2	3	4	5	6	7	8	9	10	产生意见分歧时，愿意坚持自己的观点并要辩论出究竟
11	含蓄，节制	1	2	3	4	5	6	7	8	9	10	坚定，咄咄逼人
12	与人初次见面时目光间断性注视对方	1	2	3	4	5	6	7	8	9	10	与人初次见面时目光长久注视对方
13	握手时较轻	1	2	3	4	5	6	7	8	9	10	紧紧握手

续表

B 套（纵轴）   总分_____

1	戒备	1	2	3	4	5	6	7	8	9	10	坦率
2	感情不外露，只在需要别人知道时表露	1	2	3	4	5	6	7	8	9	10	无拘无束地表露，分享感情
3	多数时依据事实、证据作出决定	1	2	3	4	5	6	7	8	9	10	多数时根据感觉作出决定
4	就事论事，不跑题	1	2	3	4	5	6	7	8	9	10	谈话时不爱专注于一个话题
5	讲究正规	1	2	3	4	5	6	7	8	9	10	轻松、热情
6	喜欢干事	1	2	3	4	5	6	7	8	9	10	喜欢交友
7	讲话或倾听时表情严肃	1	2	3	4	5	6	7	8	9	10	讲话或倾听时表情丰富
8	表达感受时不太给非语言的反馈	1	2	3	4	5	6	7	8	9	10	表达感受时愿意给非语言的反馈
9	喜欢听现实状况、亲身经历和事实	1	2	3	4	5	6	7	8	9	10	喜欢听梦想、远见和概括性信息
10	对人和事应对方法较单一	1	2	3	4	5	6	7	8	9	10	对别人占用自己的时间灵活应对
11	在工作、社交场合需要时间去适应	1	2	3	4	5	6	7	8	9	10	在工作或社交场合中适应快
12	按计划行事	1	2	3	4	5	6	7	8	9	10	做事随意
13	避免身体接触	1	2	3	4	5	6	7	8	9	10	主动作出身体接触

不同人际沟通风格的人具有不同特征，与他们的沟通方式也不同。

随和型的人具有合作、友好、赞同、耐心、轻松、亲切、稳定、不慌不忙、面部表情和蔼、频繁的目光接触、说话慢条斯理、声音轻柔、抑扬顿挫、使用鼓励性的语言、大局为重、和为贵等特征。

与该类型的人沟通的时候，首先要建立好关系，力求创造友善的环境氛围，减少他们的戒心。在同随和型的人沟通的过程中还要注意始终保持面带微笑，和蔼可亲，说话要比较慢，要注意抑扬顿挫，不要给他们压力，要鼓励他们多发表看法，去征求他们的意见。所以，与他们沟通时多提问："您有什么意见？您有什么看法？"再者，沟通过程中要时常注意同他们有频繁的目光接触，每次接触的时间不长，但是频率要高。另外，亲情、友情方面的话题对他们有吸引力。

表现型的人具有热情、冲动、愉快、幽默、外向、直率友好、不注重细节、令人信服、幽默、合群、活泼、快速的动作和手势、生动活泼、抑扬顿挫的语调、有说服力、善言辞、善于鼓动气氛等特征。

与表现型的人沟通的时候，首先，我们的声音一定要洪亮，并且要伴有相应的动作和手势；其次，在沟通的过程中，我们要对表现者给予关注及兴趣，对他们的积极表现要多加赞赏，他们讲话时要认真倾听，在打断前对他们的说法加以肯定；再次，在与表现型的人沟通的过程中说话要非常直接；最后，沟通时要多从宏观的角度去说："你看这件事总体上怎么样？最后怎么样？"

分析型的人具有精确、慎重、清高、严肃认真、有条不紊、语调单一、真实、沉默寡言、埋头苦干、面部表情少、动作慢、合乎逻辑、语言准确、注意细节、有计划有步骤、喜欢引经据典、喜欢有较大的个人空间等特征。

与分析型的人沟通时，首先，沟通前要给他们时间，让他们做准备，因为他们不喜欢仓促行事；其次，要注重细节，遵守时间，尽快切入主题，态度要认真，不要有太多的目光接触，更要避免有太多身体接触；最后，分析型的人一般喜欢书面沟通，与他们沟通时要用准确的语言，如专业术语是他们的爱好，沟通过程中能列举一些具体的数据并配以事实、图表、符号、附件说明等工具会取得更好的效果。

支配型的人具有锐利、勇敢、果断、咄咄逼人、果断、指挥人、计划性强、独立、有能力、热情、面部表情比较少、情感不外露、审慎、强调效率、有目光接触、说话快且有说服力、语言直接、注重事实、适应性强及目的性强等特征。

与该类型的人沟通时要开门见山，讲话时要直截了当，坚定果断，但要表示出对他们的尊重，其中战略、目标、行动计划、进程、解决办法之类的话题更容易引起他们的谈话兴趣。另外，与他们沟通时要有信心并要伴有一定的目光接触，最好身体稍向前倾。鉴于该类型的人计划性及目的性强等特点，沟通时要以解决问题为导向，要注重效率与结果。

3.3.5　人际沟通的技巧

1. 主动的心态

心理学家研究发现，一个人不敢主动与他人沟通交往的原因基于过度关注自尊心。他们害怕自己的主动出击得不到对方的积极响应，从而使自己陷入尴尬的境地，伤害到自己的自尊。事实上，主动沟通、虚心学习，几乎是所有成功人士的共性。一般来说，年轻人应主动问候长辈，下级应主动问候上级，男士应先问候女士。问候时目光要注视对方，面带微笑，语调清晰、温和。另外，在沟通过程中要有积极的自我暗示。心理学家估计人每天大约要进行 50 000 次自我暗示。人们每天传递给自己的无声信息，直接地反映了自我评价和自我印象，对日常人际沟通具有很大的影响。事实上，自我暗示是一种双向沟通，它反映了我们自我评价的体系，同时我们还可以用它来改变我们的自我评价。人们听到过的最大的声音是自己的声音。这种自我沟通或使我们斗志昂扬，或使我们妄自菲薄，或支持我们，或破坏我们。只有在积极的自我沟通心态基础上，我们才能更好地进行人际沟通。

2. 积极地倾听

通往心的道路是耳朵。

——伏尔泰

倾听是一种重要的沟通技巧,是收集和给予正确信息的关键。它影响我们过滤和筛选信息的效果。倾听在建立和维持良好关系,避免冲突和误解方面也是非常重要的。

积极倾听能够激发讲话者和听众的灵感,使双方积极参与到交流中来。首先,它需要听者积极的心理活动来理解讲话的内容。把这种理解反馈给讲话者,同时也给予听者检查听的效果和理解程度的余地。其次,积极倾听的反馈能够帮助讲话者澄清思想,使交流更加准确。有些思想,讲话者本身也不清晰,他们很难精确地解释其含义。积极倾听的反馈能帮助讲话者发展他们的思想,给予他们机会澄清想说的内容或激发他们做进一步的补充。

3. 真诚地赞美

渴望得到赞赏,是人性中最根深蒂固的本性之一。然而,赞美要真诚,且符合时宜,符合实际,这样才能在人际沟通中起到好的作用。

小案例 3-2　　　　　　　　　　　她为何勇斗歹徒

某银行城区支行遭到匪徒的抢劫,一个清洁工为了保全银行的利益,与持械匪徒进行了一场生死搏斗,在多处受伤流血的情况下,一直坚持到警察赶来。

银行领导为有这样的好员工而震惊:他只是个没有地位、收入也不高的清洁工,为什么能挺身而出?带着这些疑问,一位负责人前往医院慰问。

结果,聊天时,清洁工问这位负责人,分行行长今天怎么没来呢?负责人告诉他,分行行长去公安局了。清洁工"哦"了一声,然后对该负责人说:"他是一个真正的好行长,特别好的行长,每次从我身旁经过时,他都夸我'你扫的地真干净'。有时赞美得我怪不好意思的,我就想,人家这么看好我,我有啥能耐不好好干呢?所以,我要求自己扫地一定要干净,让来我们行办事的人夸……"

什么叫赞美?发现别人身上的优点并表达出来,这就叫赞美。拍马屁不叫赞美,因为那种奉承不是发自内心的话。如果你经常说一些违心的称赞,那么,当你真的要严肃时,人们便很难再相信你了。有很多事情值得你去真诚地赞扬,没有必要说那些违心的话。如果那位分行行长对那位清洁工人进行这样的赞美:"你真是一位成功人士呀!你具备非凡的气质,你是一位非常伟大的人!"该清洁工一定会莫名其妙、摸不着头脑,也就不可能取得舍身救行的效果。所以,赞美别人一定要真诚,要发自内心。因此,管理者要善于发现员工的优点,慷慨地将赞美送给员工。

还可以运用背后赞美。背后说别人的好话,远比当面恭维别人说好话效果好。不用担心,我们在背后说他人的好话,是很容易传到对方耳朵里去的。

学会运用第三者赞美。当你直接赞美对方时,对方极可能以为那是应酬话、恭维话,目的只在于安慰自己。要是通过第三者来传达,效果便会截然不同。此时,当事者必定认为那是认真的赞美，没有半点虚假，从而真诚接受，还对你感激不尽。

在现实中，我们往往看到这样的现象：当父母希望孩子用功读书时，即使采用整天当面教训孩子的方法，还是很难获得一些效果，但是，假如孩子从别人嘴里知道父母对自己的期望和关心，父母在自己身上倾注了很多心血时，便会产生极大的动力。又如，当下属的人，平时上司在自己面前说了很勉励的话，但还是没有多大感触，但当有一天从第三者的口中听到了上司对自己的赞赏后，深受感动，从此更加努力工作，以报答上司对自己的"知遇"之恩。多在第三者面前去赞美一个人，是你与那个人关系融洽的最有效的方法。

4. 谨慎地批评

心理学研究表明，当人们听到批评时，开始几分钟之内可能会表示接收信息，但接下来的时间，他就会绞尽脑汁来反驳这个批评信息。因此，要谨慎批评。当不得不批评人时，要注意掌握几个原则：及时批评而不是秋后算账；抱有善意的目的，保持批评的建设性，即为帮助对方而批评，而不是为发泄而批评；尽量私下而非公开批评；批评的语言是描述性的，对事不对人；针对不同人的特征而选择批评策略。

5. 巧妙地拒绝

"学会说'不'吧！那你的生活将会美好得多。"

——卓别林

人际沟通过程中，每一个人都可能遇上一些自己不想做或不愿做的事情。拒绝别人或被人拒绝，在日常工作生活中司空见惯。懂得了拒绝，你就会在一种很幽默的气氛中使自己和他人都不至于陷入两难境地。

拒绝的策略有很多：

第一，直接陈述真实情况。有的人在拒绝的时候，因为不好意思而不敢实话实说，采用闪烁其词的方式反而让对方产生很多不必要的误会。拒绝的时候吞吞吐吐、模棱两可，反而让人反感，更容易影响关系。因此，直接向对方陈述拒绝对方的客观理由，包括自己的状况不允许、社会条件限制等。通常这些状况是对方也能认同的。

第二，迂回转移。如果不好正面拒绝时，只好采取迂回的战术，转移话题也好，另有理由也可以。比如，可以化被动为主动地关怀对方，并让对方了解自己的苦衷与立场，可以减少拒绝的尴尬与影响。先向对方表示同情，或给予赞美，然后利用语气的转折而拒绝，就不至于撕破脸。委婉表达拒绝，也比直接说"不"让人容易接受。如果是另有理由，那么在推脱别人的邀请或请求时，一定要选择适当的理由和借口，不能胡乱地任意推脱，否则可能会弄巧成拙。

第三，沉默。在人际沟通过程中，经常会遇到无法答应或无法满足别人要求的情况，这时你只需要一直维持倾听的姿态，在对方要你发表意见时保持沉默或一笑置之，别人就会明白你的意思。有时还会遇到虽然在心中演练许多次该怎么拒绝，而一旦面对对方又下不了决心，总是无法启齿的情况。这个时候，沉默的同时，还需配上适当的肢体语言。一般而言，摇头代表否定，别人一看你摇头，就会明白你的意思，之后你就不用再多说了。另外，微笑中断也是一种暗示，谈话时一直面带笑容，突然笑容中断，便暗示着对其要求的不认可和拒绝。

第四，诱导式拒绝。这种拒绝方式是在对方提出问题之后，并不立即回答，先讲一点原因，提一些条件或反问一个问题，诱导对方自我否定，自动放弃原来提出的问题。

第五，拖延。拖延指的是暂不给予答复，也就是说，当对方提出要求时你迟迟没有答应，只是一再表示要研究研究或考虑考虑，那么聪明的对方马上就能了解你是不太愿意答应的。

第六，在拒绝的过程中还要注意，拒绝时给对方留有"面子"和"退路"，也就是在拒绝时可以提供给对方替代性建议。另外，要让自己拒绝的意见不引起对方的反感，最好让他明白：你是忠实的朋友；自己并不强迫他接受反对的意见；你是最关心他的人，是从他的长远利益来考虑的。隔一段时间还要主动关心对方情况，可以通过打电话、写邮件或者找个时间登门造访，以诚挚的态度来弥补此次交涉失败的不快体验，以期下一次交往成功。

知识链接 3-2　　　　　　　　人际交往的技巧

1. 对别人真诚地感兴趣。
2. 给人真心的微笑。
3. 记住别人的名字。
4. 做一个好的听者。
5. 谈论别人感兴趣的事情。
6. 永远使对方觉得重要。
7. 避免与对方正面争论。
8. 不要告诉人家你更聪明。
9. 如果你错了，就真诚地承认。
10. 以友善的方式开始。
11. 使对方立即说"是"。
12. 使对方多多说话。
13. 让人觉得这个想法是他自己的。
14. 从别人的角度多想想。
15. 对别人的想法和希望表示同情。
16. 促使他维护自己的高贵动机。
17. 把想法戏剧性地表现出来。
18. 挑起竞争的欲望。

19. 从正面称赞着手。

20. 间接提醒别人的错误。

21. 批评他人前先谈自己的错误。

22. 征求意见，而不直接下命令。

23. 让别人保住面子。

资料来源　卡耐基．人性的弱点［M］．殷金生，译．南昌：江西人民出版社，2002.

小案例 3-3　　　　　梦洁爱家文化内涵

企业价值观：在以爱为基石的付出中成就荣耀。

文化理念：爱在家庭。

文化内涵：

品格第一：好品格成就幸福的家庭、成功的事业。

家庭第二：持守家庭永远在事业的前面。

事业第三：爱家的人做爱家的事业，让更多的家庭充满爱。

企业愿景：梦洁的产品成为关爱家庭的象征，把梦洁带回家就是把爱带回家。

企业目标：就是爱在家庭。

工作总纲：最为顾客着想。

绝对爱家十则（家庭版）

一、我要每天戴着结婚戒指，表达生活在幸福婚姻城堡中的喜悦。

二、我要在钱夹里放上家人的照片，并且无论什么场所，我都不介意告诉旁人，我爱我家中的每一个人，我爱我的家庭。

三、我要常常给家人写小卡片，告诉家人：你们对我的意义非比寻常。

四、我要以赞美、鼓励的言辞与举动，取代对家人的批评和抱怨。

五、我要常常倾听家人的心声。我犯错必道歉，但是宽恕家人的过失。

六、我要尽可能地解决家人的问题，不论自己有多辛苦。

七、我要以亲吻开始每一天，并要在家人返家时表示欢迎。

八、我要每天给家人一次主动的关怀。

九、我要每周最少用一个晚上参与家庭活动。

十、我要每年为家中的每一个人做一次全面的体检。

绝对爱家十则（员工版）

一、我要以衣着打扮表达出对自己和别人的尊重。

二、我要常常微笑，要与在公司见到的每一个人热情地打招呼。

三、我要在与他人的交往中用言语和行为表达接纳、关怀和尊重，而非嘲讽、讥笑和轻视。

四、我要在同事生病或受伤时，停止工作或休息立即向上级汇报并给予相应的帮助，因为我生病或受伤时也需要同事这么做。

五、我要在别人获得成功时报以真诚的祝贺和赞美，而非嫉妒。

六、我要爱且敬重上司，顺服地执行上司的指令，任何时候都不怀抵触的情绪，消极怠工。

七、我要爱且尊重下属，常常以肯定、赞美的言辞给他们鼓励，而不是激烈的批评与指责。

八、我要诚实、守信，不阳奉阴违，不以任何理由欺瞒上级、同事、下属、客户、顾客。

九、我要尽责，高质、高效地完成工作，当天的工作绝不拖延至第二天。

十、我要谦卑，不断学习，努力创新。不骄傲、不张狂，不自满，不对新事物还没尽力尝试就断然拒绝。

资料来源　梦洁公司网站。

复习思考题

1. 与不同性格、气质类型的人沟通时的沟通策略有哪些？
2. 环境氛围怎样影响沟通？
3. 如何掌握人际沟通中的自我披露策略？
4. 人际沟通障碍有哪些？如何克服这些障碍？

案例分析　　　　　　　　　冷科长与牛先生

冷科长——某保险公司赔偿支付科科长。男，40岁，工作认真，性格内向。

牛先生——某保险公司赔偿支付科赔偿分析员。男，42岁，业务能力强，脾气倔强。

两年前某保险公司赔偿科的前任科长调离，有小道消息传来，说牛先生是新任科长的候选人。他也认为凭自己的业务能力和工作经验可以当之无愧。但是上级却从别的科室调来了冷先生当科长。冷先生对保险索赔业务完全是一个外行，性格也不像前任科长那样热情开朗。他总是冷冰冰的，一本正经、严肃认真，从来不开玩笑，也不善于跟科里的人多来往，一副公事公办的样子。牛先生觉得冷科长一点也不喜欢他。他推测冷科长多半是提防着他这样一个经验丰富的人。而冷科长觉得牛先生没有当上科长对他充满了敌意，像牛先生这样一个业务能力强的人准会讨厌一个外行来领导他。前段时间发生了一件小事，更加深了他们之间的猜疑、隔阂。

事情是这样的：一天中午快下班的时候，公司打电话向冷科长布置了一项紧急任务，并特别强调一定要在下午两点以前办好。于是，冷科长拦住了正收拾东西、准备下班的牛先生，请他中午加班，以便把这项紧急任务突击出来。冷科长知道，这项工作对于牛先生这样一个业务熟练的老手来说很容易处理，只是需要时间；而对他自己和科里其他人来说，就难得多。但牛先生早已和儿子的班主任老师约好了中午面谈，事关儿子高考不好推脱。所以，他拒绝了冷科长的安排。冷科长为此很不高兴，认为牛先生故意为难他。

又过了几周，公司给科里一个高级赔偿分析员名额。牛先生肯定自己完全可以胜任这个职位。于是，他向科长提出了申请。但冷科长告诉他："晋升，除了反映一个人的工作能力之外，也得反映出一个人的责任感。你的确是这里最能干的分析员之一，但这个职位要求个人具有高度的责任心，而你在这方面还有欠缺。"这样，牛先生没有得到高级赔偿分析员名额。

科里的人都为牛先生打抱不平，让他去找公司提出申诉，不能就此罢休。牛先生生性倔强，因为自己的要求被置之不理，感到非常丢人，就什么也不想说了。他只希望冷科长在这里待不长，否则，他就要求调离，反正他是不能与冷科长共事了。

讨论题：

（1）冷科长与牛先生之间有过沟通吗？造成两人冲突的原因有哪些？

（2）你认为冷科长应该如何利用上任之初这个时机与包括牛先生在内的下属进行有效的沟通？

（3）面对目前的僵局，冷科长该怎么办？

第 4 章

组织内部沟通

学习本章后，您应该可以：

- 了解组织内部沟通的影响因素，从而对症下药促进组织内部沟通
- 了解组织内部沟通渠道及其建设方法
- 掌握组织内部上下沟通的基本策略
- 掌握组织内部变革沟通艺术和冲突处理技巧

引　例　　　　　　　　　　　　**陈平的困惑**

陈平在松华电子有限公司工作 5 年后应聘到某世界 500 强的大型外资企业工作，与他一起应聘的还有唐董、谢胖子、西工、汪汪等 6 人。他们 7 人均来自松华电子有限公司。

5 年前陈平他们 7 人大学毕业后，分到松华电子有限公司技术部工作。在这几年里，由于技术出色、管理能力强，陈平和唐董被提拔到技术部管理岗位。陈平担任技术部新产品开发科科长，负责新品和新材料开发。唐董担任制造部工艺科科长，负责生产工艺方面的工作。其他一起进厂的 5 位大学生均在他们负责的科室工作。他们同心协力解决了大量的技术问题，很快得到老总的赏识，成为公司不可缺少的技术骨干。

平时他们一起工作，一起休闲，关系非常融洽。正当他们大显身手的时候，公司唯一的客户——某世界 500 强大型外资公司自己上马其产品，松华电子有限公司被其收购。他们 7 人均被该外资公司聘任为部品部技术课工程师。原松华公司老总聘任为部品部副部长，部长是外籍员工。

作为新的产品部门，外资公司特别重视，松华电子有限公司招聘来的陈平等 7 名工程师全部送公司总部培训半年，主要研修产品技术、生产管理、技术管理、质量管理、企业文化。陈平他们 7 人远离家乡来到陌生的国度共同学习、生活，友谊更上一层楼。

半年时间很快过去了，回国后他们投入紧张的生产调试、量产准备的工作中。由于他们是一个技术好又协作良好的团队，仅仅用了 3 个月的时间就开始了批量生

产，这在其他的公司至少需要一年以上。部门很快走上正轨，开始组织机构的设置，生产课长直接由外籍员工担任，技术课长的人选出现了严重的分歧。外籍部长认为陈平技术出色，管理能力强，外语水平高，对外交流方便，为最佳人选。主管技术的副部长（原松华公司老总）认为唐董技术出色，管理能力强，外语水平虽然低点，但有良好的亲和力及凝聚力，更适合担任技术课长。由于未达成一致意见，技术课长职位空缺 3 个月后最后由陈平担任。唐董任工程师，享受副课长待遇。

在过去的几个月里，部品部各个环节运转正常，大家都在忙碌着。随着产品质量的不断稳定，各个工程师的业务范围在不断拓展，包括产品的生产维护、新材料的国产化、生产工艺改正、六西格玛课题的开展、新产品的开发（公司虽有产品开发部，但由于熟悉此产品的工程师均在部品部，所以开发任务在陈平所在团队）。部品部的业务不断扩大，不仅为本公司提供产品，还开辟了 IBM、戴尔等高质量要求的产品市场。一时间订单不断，利润大增，部长欣喜若狂，对这些骨干非常重视，频频宴请，嘘寒问暖。

业务不断扩大，工作量也随之大增，部品部从外面招聘了飞艇、飞船等 5 位重点大学的毕业生充实到技术课，人员还是不够。于是他们就实行 8 进 8 出 12 小时工作制，每天加班 4 小时按 1.5 倍工资支付。虽然大家心里有点不快，但还是顺利实行。

两年很快过去。新来的大学生也已成为技术骨干。陈平领导的技术团队不断取得好成绩，成为公司有名的先进集体、最佳管理团队，获最佳贡献奖，各种名称的奖牌挂满了技术课办公室的墙壁。有小道消息称陈平可能接替合同到期的副部长。所有人对陈平都很客气，课长长课长短地叫着，尤其是外籍部长更是与他称兄道弟。但陈平感到有些地方不对头。在办公室里，在车间里，几位工程师一起高谈阔论，而他一来就各自工作，平时去吸烟也不叫他，而且松华公司一起来的几位工程师老聚在一起，新招的 5 位大学生总聚在一起，平时休息日娱乐也不叫他，如果他去参与气氛就没有那么热烈。更有一次让他极为难堪，那是部长请所有办公室人员吃饭，宴会上将给大家发红包，部长通知所有人员一律参加，如有特殊情况不能参加者必须有书面请假报告。宴会开始后陈平所在的团队只有他和事务小姐参加，所有的工程师和技术骨干都没来。部长很生气，叫陈平给每个人打电话，叫他们全部打的过来，如果有一人未到就不开席，一直等到全部到为止。陈平马上打电话给所有的工程师，可他们一个个都说有事不能来。最后在事务小姐的提醒下，陈平开车来到唐董处，唐董几个电话就把大家叫来了。经过这件事后陈平心里总不踏实，总觉得有什么事会发生。

陈平请谢胖子、西工吃饭，边吃边聊。谢胖子和西工在松华公司与陈平是死党，只不过近段时间玩得比较少了。陈平一来想联络一下感情，二来想了解下面的情况。谢胖子和西工几杯酒下肚，打开了话匣子。从他俩的口中，陈平了解到许多他意想不到的情况：

公司有许多培训机会，有时因工作繁忙，陈平将名额私自调整，有时甚至取消。大家对此十分不满。

部门实行 12 小时工作制，员工十分不满。大多数员工到了组建家庭阶段，有个别员工在职读研。虽然加班可以增加收入，但不能每天都加班。他们曾经推举唐董与陈平协商，不成功。集体给公司打报告，因外籍部长反对而失败。唐董因此遭到打压。大家以为陈平为了打压唐董，讨好上司而牺牲员工利益。

飞艇、飞船等 5 名技术人员，资历上不如老工程师，脏、苦、累的工作全部归他们做，晚班生产工艺问题基本上由他们来解决，但待遇远不如其他员工，致使他们认为陈平是在维护自己的圈子。

技术课由于贡献大，年度内各种奖励至少有 5 万元以上，只有 1 万元左右发放到员工手中，1 万元左右用于部门搞活动，其他奖金不知去向。

了解情况后，陈平决定扭转这一局面，但为时已晚。过年后，陈平担心的事终于发生了。新年开工的第二周，飞艇、飞船等 5 位一起应聘来的技术骨干提出辞职，原因是他们已经找好新的工作了。为了挽留他们，外籍部长与陈平找到他们 5 人租住的地方，请他们不要辞职，回去上班，并提出丰厚的挽留条件：每人工资加 3 级，工作时间改回 8 小时制，每年出国培训一次，每次不少于 15 天。最后 5 人还是选择走人。更坏的事还在后头。两星期后谢胖子通过关系应聘到某卷烟厂，西工到亲戚所在的公司担任部门部长，唐董应聘到了另一世界 500 强公司，并带走了汪汪等另外 4 位工程师和其他核心岗位技术工人。他们在那里的工资待遇是原公司的 2 倍，并有职业提升机会。外籍部长和陈平提出比飞艇、飞船等 5 位更加丰厚的挽留条件，但均被婉言拒绝。最后，外籍部长以 6 人出国培训时签订 5 年合同为由要求赔偿来要挟。唐董他们以在将近 1 年半的时间里全部实行 8 进 8 出，并且大部分的节假日加班，有的员工月工作时间达到 350 小时以上，严重违反了劳动法，员工有权单方面解除合同为由予以拒绝。最后，一个年产值 5 亿元人民币的部品部技术课只剩下部长、技术课长和事务小姐。

陈平和外籍部长站在空荡荡的办公室陷入一片迷茫之中……

陈平的沟通有哪些失误？该企业的内部沟通有哪些问题？

资料来源　本案例依据湖南大学 MBA 学员唐怀迪提供的素材改编。

4.1　影响组织内部沟通的因素

"管理的问题就是沟通的问题。"没有哪个企业不认识到沟通的重要性，但是，组织内部沟通效果并不理想，有许多影响组织内部顺畅沟通的障碍。

4.1.1　组织内部沟通效果

组织内部沟通是组织顺利运行的工具，内部沟通对于提高组织效率、改善工作态度、振奋员工士气十分重要。多种研究表明，组织内部沟通效果不佳。美国太平洋西方航空公司很注重对内部员工的沟通，以增加员工对公司的了解，使员工对公司存在的问题、发展计划、经营成果以及战略目标有一个全面正确的认识。公司每年进行一次员工内部沟通情况调查，结果显示，对公司宗旨和目标不太了解的员工达 60% 以上；认为公司提供的各种信息不够的员工也在 60% 以上。

美国加利福尼亚州立大学一项研究显示：来自领导层的信息只有 20% ～25% 被下级知道并正确理解；从下到上反馈的信息不超过 10%，平行交流的效率则可达到 90% 以上。

由托马斯、佩里思、福斯等咨询公司联合发起的对 26 家美国和加拿大企业的调查，得出大致相同的结论。员工们从"小道消息"获得的信息量仅次于顶头上司，90% 的人都希望顶头上司成为"优先信息源"。研究还指出，如果顶头上司和经理等正式沟通网路不能完全满足员工的信息需要，则不受控制的、非正式的沟通网路将会成为企业经营方针与发展方向的基本信息源。

国内的一些研究也表明，组织内部信息传递效率有层层递减的效果。高层的信息被中层接收和理解的比例为 60% ～80%；被基层接收和理解的比例为 40% ～50%；被操作层接收和理解的比例为 20% ～30%。常常听到经理们抱怨员工不能跟上其思维。

为何组织内部沟通效果不佳？因为有许多影响组织沟通的因素。

4.1.2　影响组织内部沟通的因素

影响组织沟通的因素有很多，如沟通渠道建设情况、领导者对沟通的重视及其领导风格、沟通制度的完善情况、组织的氛围等。

1. 沟通渠道建设

沟通好比开车，开车需要有路，沟通渠道就是沟通的路。组织的沟通渠道是否完备，是决定沟通效果的首要因素。

我国企业主要使用的沟通渠道有：内部简报、刊物；会议；意见箱与投诉站；领导见面会与群众座谈会；个别交流；内部电脑网络等。根据钱小军等人的研究，国有企业沟通渠道使用频率高低顺序依次是会议、领导见面、内部简报、个别交流、意见箱和投诉站、内部网络；而民营企业依次是会议、个别交流、内部网络、领导见面、内部简报、意见箱和投诉站。而使用效率上，国有企业沟通渠道使用效率高低依次是领导见面、会议、个别交流、内部简报、内部网络、意见箱和投诉站；民营企业依次为会议、内部简报、个别交流、领导见面、内部网络、意见箱和投诉站。①

① 钱小军，赵航. 国企与民企内部沟通状况差异性实证研究［J］. 经济论坛，2005（5）：78－80.

成功之道 4-1 万科的十二条沟通渠道

（1）（上级经理）门户开放。公司倡议所有经理人员"门户开放"，欢迎职员直接提出想法和疑问，同时也要求经理人员主动关注下属的想法和情绪。

（2）吹风会。高层管理人员面向基层，关注一线，让职员及时了解公司业务发展方向及动态，并现场解答职员关心的问题。

（3）员工关系专员。公司设员工关系专员岗，接受和处理职员表达的想法、意见和建议，保证在正常工作日 36 小时内给予答复，并为职员的身份保密。

（4）我与总经理有个约会。如职员需要与公司高层管理人员单独面谈，可以通过员工关系专员提出申请，员工关系专员保证在正常工作日 36 小时内给予答复。

（5）职工委员会。职工委员会是代表全体职员利益并为之服务的机构，它的基本职能是参与、沟通、监督。如果职员有意见和想法，可以向职委会委员反映。有关职委会的介绍请参阅《员工组织》。

（6）工作面谈。新职员转正、职员调薪或岗位变动、进行工作评估、职业发展规划以及职员提出辞职等情形下，职员上司都将与职员进行面谈，了解情况，听取意见。

（7）工作讨论和会议。公司提倡团队工作模式，团队必须拥有共同的工作目标和共享的价值观。公司的绩效管理体系倡导管理者在制定目标的时候通过工作讨论和会议倾听团队的意见，共同分享愿景。

（8）E-mail 给任何人。当面对面的交流不适合时，职员可以给任何人发送邮件，以迅速反映问题或解决工作中的疑惑。电子邮件应简洁明了，并只发给真正需要联系的人员。

（9）网上论坛。如职员有任何意见和建议，或希望能与其他同事进行观点交流分享，均可通过内部网论坛直接发表。

（10）职员申诉通道。当职员认为个人利益受到不应有的侵犯，或需要检举揭发其他职员违反《职员职务行为准则》的行为，可以通过申诉通道进行投诉和检举揭发（参阅所附的申诉程序）。

（11）员工满意度调查。公司通过定期的不记名意见调查向职员征询对公司业务、管理等方面的意见，了解职员对工作环境的整体满意程度，职员可按照自己的真实想法反馈而无须有任何顾虑。

（12）公司的信息发布渠道。公司有网站、周刊、业务简报、公告板等多种形式的信息发布渠道，职员可以方便、快捷地了解业界动态、公司业务发展动态和重要事件、通知。

附：申诉程序

1. 原则上，职员的各层管理人员直至集团人力资源部、职工委员会甚至集团总经理或董事长均是申诉对象。

2. 当职员认为个人利益受到不应有的侵犯，或对公司的经营管理措施有不同意见，或发现有违反公司各项规定的行为时，可选择适当的申诉渠道向公司申诉：

（1）公司鼓励职员逐级反映情况，或者直接向部门负责人或所在公司总经理申诉；

（2）当职员认为不方便通过申诉渠道（1）申诉时，也可通过职委会申诉；

（3）从解决问题的角度考虑，公司不提倡任何事情都直接向集团总经理或董事长申诉，但当职员坚持认为有必要时，仍可直接向集团总经理或董事长申诉。

3. 申诉方式可选用面谈和书面两种形式；如选用书面方式，申诉书必须具名，否则不予受理。

4. 各级责任人或责任部门在接到职员申诉后，将在申诉事件涉及的相关当事人中进行调查，并根据调查结果尽快作出处理决定。处理决定将通过书面或电子邮件的形式通报给申诉者、公司总经理及集团人力资源部，职员如果对处理决定不满意可继续向更高一级经理或部门申诉。

2. 组织对沟通的重视程度

西方文化重沟通，因此，在总结欧美跨国公司成功经验的研究中，无不提到沟通是促使其成功的重要因素，欧美公司的各种沟通案例散见于各种管理学书籍中。

在惠普（中国）公司有这样一种现象，企业办公桌的数量永远比员工的数量要少，企业鼓励员工带着便携电脑在办公室以外的其他地方比如家中办公。而且，由于办公桌总是比员工人数少，所以办公桌总是处于公用的状态，并非归个人独自专用。所以，实际上员工的办公地点并非固定，员工总是处于流动性的办公状态之中。即便企业的管理者也是遵循这一规则，在公司并没有专用的办公区间。惠普的这种做法显然是基于其强大的内部网络基础，正是内部网的支撑，惠普才真正实现了其梦寐以求的无纸化办公。我们发现，这种规则的实行，除了对惠普直接产生高效、节能的功用之外，对惠普的公司文化建设也产生了新的推动。比如，惠普提倡成员与成员之间的坦诚相见，提倡"沟通"。那么，由于员工的办公地点并非固定，因此他办公桌的邻居也是不固定的，今天他的邻居是 A 部门的，明天也许就是 B 部门的。这种状态使得成员之间的沟通变得十分有意义，换言之，成员之间面对面的沟通不再局限于本部门，即便是与公司管理层的沟通也不再是困难的事情。

素以创意闻名的迪斯尼公司善于激发职工的创新精神，公司允许职工发展自己的兴趣并且及时与他们沟通，从而获得职工的创新成果。公司年年举办的三次"员工献宝"大赛，允许不同级别的职工向总裁推销创意成果。迪斯尼公司也从中获得丰厚的收益。这也是沟通机制创新的方式。与此相似的还有户外拓展训练及团队建设的培训项目。

戴尔公司流传戴尔的一句话：能从错误中重整旗鼓，最重要的工具之一就是沟通。

IBM 公司的高层领导经常深入基层，与普通员工亲切交谈，了解他们的切身感受；同时鼓励员工向上级，甚至直接向公司总裁反映问题，在公司内部形成平等的工作氛围。公司专门设立了意见箱，为了避免流于形式，意见箱由专人负责整理转交给相关的负责人，每年公司都能够收到数十万张意见卡。

美国 GE 公司执行总裁杰克·韦尔奇被誉为"20 世纪最伟大的企业领导人"之一，在他上任之初，GE 公司内部等级制度森严、结构臃肿，韦尔奇通过大刀阔斧的改革，在公司内部引入非正式沟通的管理理念。韦尔奇经常给员工亲自留便条和打电话通知员工有关事宜。在他看来，沟通是随心所欲的，他努力使公司的所有员工都保持着一种近乎家庭式的亲友关系。一位 GE 公司的经理曾这样生动地描述韦尔奇："他会追着你满屋子团团转，不断地和你争论，反对你的想法。而你必须要不断地反击，直到说服他同意你的思路为止——而这时，你可以确信这件事你一定能成功。"

福特公司每年都要制订一个全年的"员工参与计划"，动员员工参与企业管理。此举引发了职工对企业的"知遇之恩"，员工投入感、合作性不断提高，合理化建议越来越多，生产成本大大减少。

人际管理理论强调将人当作"社会人"而不是机器，强调发挥人的潜能而不是加强对人的控制来提高生产率。西方管理实际中出现了员工参与、员工建议系统、质量管理小组、利润共享、劳资共决、团队合作等新的管理模式和组织形式；用"团队作业"、精益生产取代传统泰罗主义。[①]

国内不少企业也重视员工沟通，建立合理化建议制度，但效果并不佳。其原因在于是否合理化建议流于形式，得不到真正的贯彻与实施。试想，如果职工们怀着满腔热情，费尽心思琢磨出的好主意、办法，一到管理层就杳无音信，谁还去重视这种建议制度。根深蒂固的是管理理念的差异。传统的企业总是倾向于采取自上而下的方式，将指令、信息、知识推到需要的地方。而成功企业则鼓励员工寻找、共享和创造知识。柯达的职工建议制度就是企业内部共享知识的有效途径。

3. 组织氛围

沟通是以平等、尊重为基础的。在强调权威管理的组织氛围中，沟通以自上而下为主，自下而上的沟通和平行沟通比较弱。而在民主管理文化中，沟通效果更好。

成功之道 4-2　　　　　　　　　　**沃尔玛的文化**

沃尔玛被美国管理界誉为以企业文化取胜的公司。公司实行低成本管理，员工的薪酬并不高，但公司平等、尊重、开放的文化氛围给予员工很高的满意度。公司的三项基本信仰为"尊重个人""服务顾客""追求卓越"。

直呼其名：为消除等级观念，在沃尔玛，员工一律直呼其名。这有助于营造一种顾客与同事都希望得到的温暖、友好的氛围，为大家提供一个愉快的工作环境。

多元化：尊重不同文化背景和价值观的员工，不容许任何就业歧视；尊重不同能力的员工，给他们提供均等的机会。

---

① 谢玉华，何包钢. 西方工业民主和员工参与研究述评［J］. 经济与社会体制比较，2007（2）：138-146.

公仆领导：经理们被看作"公仆领导"。山姆·沃尔顿说："如果您想事业有成，那么您必须让您的同事感觉到您是在为他们工作——而不是他们在为您工作。"

员工教练：管理者还被视为员工教练，要求管理者现场指导，要用心聆听员工；传授自己所掌握的知识；给予员工反馈并辅导跟进。公司主张管理者应该注重培养员工，"让他们做得比我们更好"。

门户开放：如果员工有任何想法或者问题，可以直接和上司（教练）商谈，而不必担心受到报复，也可以越级商谈，甚至可以直接向总裁沟通。

草根调查和基层会议：公司每年请第三方管理咨询公司做员工满意度的草根调查，调查结果向员工公布，也作为管理者改进的决策参考。每个财政年度，公司各地的同事会聚一堂，召开员工大会，探讨公司的问题，提出建议。

鼓励员工：公司认为，"如果我们把机会、鼓舞和奖励给予那些平凡而普通的同事，以使他们尽最大努力，他们的成就绝对是无可限量的"。

点子大王："最好的点子来自于我们的员工""在您的机构内将责任下放，促使同事提出好的点子并加以采纳。您必须听取同事试图对您讲的话"。

相互信任："我们与员工之间的关系是一种彼此信任的合作关系。这是我们公司能不断超越竞争对手，甚至超乎我们自己期望的根本原因。"

快乐工作：公司提倡"工作中吹口哨"哲学；反映其文化特征的沃尔玛欢呼是快乐、热情理念的体现。

沃尔玛的十项成功经营之道

规则一：敬业（Commit to your business）。

规则二：与所有同事分享你的利润（Share your profits with all your associates）。

规则三：激励你的同事（Motivate your partners）

规则四：尽可能地与你的同事沟通（Communicate everything you possibly can to your partners）。

规则五：感激你的同事为公司做的每一件事（Appreciate everything your associates do for the business）。

规则六：成功要大肆庆祝（Celebrate your success）。

规则七：倾听公司中每一位员工的意见（Listen to everyone in your company）。

规则八：超出顾客的期望（Exceed your customers' expectation）。

规则九：比竞争对手更好地控制费用（Control your expenses better than your competition）。

规则十：逆流而上，另辟蹊径（创新）（Swim up stream）。

4. 领导风格

领导风格影响组织沟通，这是与组织氛围一脉相承的问题。领导风格的分类有很多，比如命令型、指导型、扶持型、委托型（如图 4-1 所示）。扶持型、指导型的领导风格与员工的沟通多；命令型、委托型的领导风格与员工沟通少。

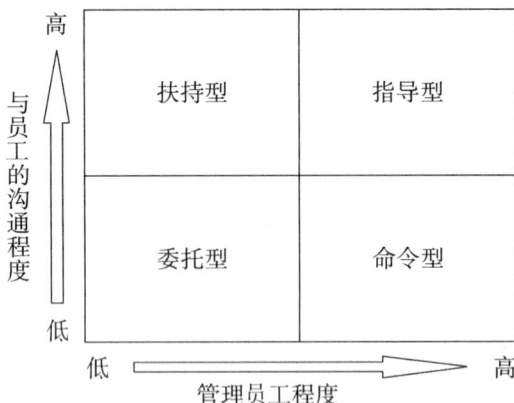

图 4-1　领导风格与沟通

情景思考 4-1　　　　　　　　**你会怎么做**

以下两个事例，你通常是采取哪项行动，请作出选择：

1. 你的一名女雇员工作热情和效率一直都很高，每次都能圆满地完成工作指标，你对她的工作十分放心，不必予以监督。最近你给她分配了一项新的工作，认为她完全有能力胜任这项工作，但她的工作情况却令人失望，而且还经常请病假，占用了很多工作时间，你怎么办？

（1）明确地告诉她去做什么，并密切注视她的工作。

（2）告诉她去做什么，怎样去做，并设法查明她的问题出在哪里。

（3）安慰她，帮她解决问题。

（4）让她自己找出应付新工作的方法。

2. 你刚刚晋升为车间主任，在你被提升以前，生产平稳发展，但现在产量下降，因而你想改变工作程序和任务分配。但是，你的职工不但不予配合，反而不断地抱怨说他们的前任老板在位时情况是如何如何地好。你怎么办？

（1）实施变更，密切注视工作情况。

（2）告诉他们你为什么要作出改变，说明改变将会给他们带来的利益，并倾听他们所关切的问题。

（3）同他们讨论打算改变的工作计划，征求他们提高生产能力的建议。

（4）让他们自己找出完成生产指标的办法。

如果你在上述两种情景下

选择 1 表示你的管理模式是：命令型

选择 2 表示你的管理模式是：指导型

选择 3 表示你的管理模式是：扶持型

选择 4 表示你的管理模式是：委托型

当然领导有可能对不同的事件选择不同的管理模式。

另外一种分类是：领导风格和老板风格，见表4-1。

表 4-1 领导与老板

领　导	老　板
指导员工	驾驭员工
力量来自善意	力量来自权力
激发热情	令人畏惧
领导说"我们……"	老板说"我……"
树立榜样	指派工作
领导提前来	老板说"按时来……"
提出建议	发号施令
遇到问题领导解决	遇到问题老板责备
领导演示如何去做	老板懂得如何去做
领导说服员工	老板驱使员工
领导使人合作	老板使人服从
领导说"我们一起干"	老板说"开始干"
领导塑造人	老板塑造机器
……	……

盖洛普良好工作环境的 12 个条件，被有的公司用来做管理者敬业度调查，以期所有管理者为企业创造良好的工作氛围（见表4-2）。

表 4-2 盖洛普 Q12——良好工作环境的 12 个条件

盖洛普 Q12 问卷		
评分请给整数，10 分为最好		
序号	问题	评分（0~10）
1	我给员工明确的工作要求	
2	我给员工分享足够信息和提供充分资源	
3	我的员工每天都有机会做最擅长的事	
4	在过去的 7 天里，我对工作出色的员工进行过表扬	
5	我很关心员工的个人情况	
6	我会鼓励员工发展自我	
7	我对员工的意见和建议给予高度重视	
8	公司的使命让我的员工觉得他们的工作重要	
9	我和我的员工一起致力于高质量的工作	
10	我的每一个员工在公司都有一个可信赖的朋友	
11	在过去的六个月内，我与每一位员工谈及他们的进步	
12	过去一年里，我令员工在工作中有机会学习和成长	
总　分		

影响组织沟通的因素还有很多，比如组织的架构、工作流程等。

总之，国内企业沟通效果不佳，有硬环境的影响，即沟通渠道不完善；更主要的是软环境的因素，即对沟通的重视不够；权威管理使组织氛围和领导风格都倾向于指挥、控制，而不是沟通、分享信息。国内企业不断引进西方先进的管理制度包括沟通制度，引进先进的管理软件，但这些引进制度多少都有些像"淮南之橘"，根子就在于传统权威管理的文化。因此，管理者要改善组织的沟通，应该从我做起，倡导民主、平等、开放、尊重的文化。

4.2　组织内部纵向沟通艺术

组织内部沟通可以分为很多种类，如正式沟通和非正式沟通、纵向沟通与横向沟通等，本章着重从纵向沟通与横向沟通角度来概述沟通艺术。

组织内部沟通大有完善的空间。余世维概括企业内的沟通状况为：向上沟通没有胆，水平沟通没有肺，向下沟通没有心。

组织的纵向沟通是最重要的沟通形式，它决定组织指令的传达、民意的反映，是组织顺利运行的基本保障，决定组织绩效。纵向沟通主要有下属对上司的沟通即向上沟通、上司对下属的沟通即向下沟通。

4.2.1　纵向沟通障碍

为何说"向上沟通没有胆""向下沟通没有心"？从心理学上说，上下属存在位差效应。上司有上位心理，下属存在下位心理。

位差效应：地位的不同使人形成上位心理（优越感）和下位心理（自卑感）。

上位心理者的自我感觉能力＝实际能力＋上位助力

下位心理者的自我感觉能力＝实际能力＋下位减力

具体分析沟通障碍，从上司方面来说，可能出现的情况是：第一，认为有规章制度，大家照章办事就行，没必要沟通；认为天天沟通、事事沟通，效率低。第二，习惯于单向沟通，我命令你服从。第三，害怕沟通过多失去威望。第四，主要精力要用于组织对外事务及组织的战略、经营等大事，没有时间与下属沟通。第五，对下级不信任，或者认为下属幼稚，只考虑局部利益，沟通没意义。第六，沟通多少与关系远近相联系，与关系亲近的下属沟通多，反之沟通少。

从下属方面来说，可能出现的情况是：第一，害怕打扰上司，不敢沟通；第二，习惯于听从上司的命令，被动沟通；第三，揣摩、逢迎上司，或者吹捧，或者有意见也不提；第四，夸大或隐瞒事实，或报喜不报忧，或报忧不报喜；第五，事不关己，不主动沟通。

上下属沟通不畅还在于：第一，上司与下属关注的问题、考虑问题的角度不同；第二，上下属掌握的信息不对称。因此，上下属经常有局部和全面的冲突。

沟通演练 4-1　　　　　　　　　**寻找沟通障碍**

通过表4-3、表4-4和表4-5中的练习，找出你与上司或下属沟通中最主要的障碍，并克服第一障碍。

表 4-3　　　　　　　　　**与上司沟通的障碍分析**

请举出一个你与上司沟通失败的案例（描述经过）

你认为失败的沟通中来自上司的障碍有哪些（列出前3个即可）

障碍一

障碍二

障碍三

你认为这次沟通失败中，来自你自己的障碍有哪些（列出前3个即可）

障碍一

障碍二

障碍三

表 4-4　　　　　　　　　**与下属的沟通障碍分析**

请找出一位与你沟通最好的下属，分析一下，沟通良好的要点是什么

请找出一位与你沟通不畅的下属，分析一下，沟通不畅的原因有哪些

分析一下，为什么沟通良好的要点没有同样发生在与沟通不畅的下属的沟通中

你认为下属与你沟通时，最主要的三个障碍是什么

你认为，你与下属沟通时，你自身最主要的三个障碍是什么

克服自身的沟通障碍是十分困难的，困难之处不是由于事情太大，而是由于事情太小。在表4-4"与下属的沟通障碍分析"之后，找出自身排序的第一障碍，采取如表4-5所示的克服计划。

表 4-5 克服沟通的第一障碍

描述你沟通的第一障碍（例如：习惯于单向沟通）
你的克服计划是什么？（计划不要大而全，要实用。例如我的克服计划是：（1）沟通时，一定让下属先说；（2）不打断；（3）期限为 3 个月）
你敢于告诉下属你的这个计划吗？敢于让他们监督你吗
障碍克服了吗？按照你的克服计划，行动 1 个月后的评估如何 自我评估： 下属的评估：
你的克服计划顺利还是不顺利，为什么
2 个月后，你的克服计划有了成果，第一障碍有所克服。你如何强化和巩固
3 个月后，回顾和评估。如果对第一障碍的克服没有形成一种习惯，要么你重新开始克服计划，要么你当下属，让别人到你座位上好了

4.2.2 向下沟通艺术

作为上司，应重视组织内部沟通，多与下属交流，用心与下属沟通，讲究沟通技巧；关心、信任下属并经常传达这种信任及对他的期望；将下属目标与组织目标结合；经常表达你对他的满意；经常询问他是否有好建议；积极倾听下属想法。

如果你拥有了某种权力，那不算什么；如果你拥有一颗富于同情的心，那你就会获得许多权力所无法获得的人心。[①]

留住下属在于满意度和忠诚度。满意度往往和物质获得有关，而忠诚度则和精神体验有关。激动人心的事业和崇高的人格从来都是领导者用来维护下属忠诚度的最佳手段。

让聪明下属安心的简单办法就是在下属提出一个超值建议的时候，首先肯定下属的忠诚，然后再赞赏下属的智慧和眼光。[②]

下面介绍几种具体的工作沟通艺术。

---

① 卡耐基. 人性的弱点［M］. 路茫, 缩写. 上海：上海文化出版社，1986.
② 赵玉平. 梁山政治［M］. 北京：清华大学出版社，2005.

1. 下达指令

当向下属下达指令时，注意激发下属完成任务的意愿；确保下属理解；尽量为下属提供完成任务所需的条件；相应地授权；让下属提出疑问，尽量帮助解决疑问；口吻平等；关心其工作进度，既要关注结果也要关注过程。

小案例 4-1   **罚款被取消**

某机械设备有限公司是一个从事工程机械产品设备、代理（含营销、服务、配件、维修）四位一体的公司，主要代理国内某著名工程机械品牌。公司从 2007 年 1 月注册，并在全省各地级市建立网点，公司总部位于省会城市。从 2010 年 3 月开始，公司导入一套全新的信息管理系统。但在系统未完全建立前，并没有对相关人员进行系统的培训，也没有详细的使用说明。公司有相关的日常管理制度：从公司营销部到每个地级市办事处，再到营销人员，逐级进行汇报，上级对下级进行日常监管；营销人员要完成日报（每天客户拜访情况详细说明）、周报（每周工作计划及总结）。3 月 15 日，公司的信息管理系统导入并试运行，准备将日报、周报通过信息系统递交，以便公司总部及时了解各处业务进展，加强对下属营销人员的日常工作监管。主管营销的副总通过信息管理系统下发了以下通知：

公司各部门、各办事处：

从本月 15 日起，公司导入信息管理系统。请营销经理、办事处主任监管好营销人员，通过信息系统按时、按量上交每日工作日报及周工作报表，公司将及时进行考核，并进行相关奖惩。从即日起执行！

×× 机械设备有限公司

2010 年 3 月 15 日

通知下发后一个星期，负责该系统数据整理的小张查看系统数据，发现系统只有几份日报、周报，大多数没有报上来。小张立即打电话给营销副总汇报。副总很生气，不明白为何营销经理和办事处主任们不执行这项指令，立即要求助手打电话质问各处营销经理和办事处主任。反馈结果是，有的经理、主任看到了通知，但他们以为还像以前一样由上司检查，就没有在系统上上报；有的说根本没看到该通知。副总又通过信息系统发了以下通知：

公司各部门、各办事处：

鉴于公司信息管理系统运作半个月来，没有受到营销人员的重视，且没有按要求上报相关数据及内容，现对营销部经理处罚 1 000 元，对各办事处主任处罚 500 元/人，对营销人员处罚 200 元/人，并于下周前提交解释说明报告。

×× 机械设备有限公司

2010 年 3 月 30 日

消息一经发出，经理、主任及营销人员一片哗然，纷纷抱怨处罚不公，还告状至总经理处。最终，公司取消了此次处罚。

主管营销的副总下达指令时有哪些失误？

资料来源　根据湖南大学 MBA 学员邱建强作业改编。

沟通演练 4-2　　　　　　　　下达命令训练

请你请几位下属，与你形成一个训练小组，帮助你进行表 4-6 中的训练。

表 4-6　　　　　　　　　下达命令训练

由你的下属们扮演你的上司，由你扮演下属。然后请他们以各种方式向你下命令。通过讨论评出三种较好的命令方式和三种较糟的命令方式

较好的命令方式

较糟的命令方式

其中的哪几种命令方式是你经常用的

命令方式一：　　　　　　　　要点

命令方式二：　　　　　　　　要点

命令方式三：　　　　　　　　要点

请你作出承诺：今后以以下几种方式下达命令；起码承诺不再用讨论中大家认为最糟的命令方式

我承诺：　　　　　（签名）

2. 听取汇报

当听取下属汇报时，应集中精力，充分运用倾听技巧；耐心听完全部信息，不要急于下结论；给下属的汇报给予评价。

美国著名的主持人林克莱特在一期节目上访问了一位小朋友，问他："你长大了想当什么呀？"小朋友天真地回答："我要当飞机驾驶员！"林克莱特接着说："如果有一天你的飞机飞到太平洋上空时，飞机所有的引擎都熄火了，你会怎么办？"小朋友想了想："我先告诉飞机上所有的人绑好安全带，然后我系上降落伞，先跳下去。"

当现场的观众笑得东倒西歪时，林克莱特继续注视着孩子。没想到，接着孩子的两行热泪夺眶而出，于是林克莱特问他："为什么要这么做？"他的回答透露出一个孩子真挚的想法："我要去拿燃料，我还要回来！还要回来！"

可见，没有耐心听取信息就贸然下结论，可能误解沟通者的信息。

小案例 4-2　　　　　　　　汇报的改进

A 公司是国内燃油喷射系统及其零部件主要专业生产厂家之一，在行业内举足

轻重，同时还涉足发动机铝铸件产品。公司的发展目标是：成为行业的领导者；3年内出口业务必须达到50%以上。鉴于公司发展目标及国内行业环境，一方面加快产品出口直接对公司的发展具有十分深远的意义，另一方面寻求良好的合作配套伙伴更是十分关键。

其时，某国际知名公司对A公司进行了潜在供应商审核，而该国际公司在燃油发动机领域里，在国际上具有很大影响力，尤其是其欧Ⅲ排放的产品更是处于领先地位。无论是对出口业务还是公司行业的技术发展水平与方向，能达成与该公司的合作都显得尤为重要，而通过潜在供应商的审核是合作的前提与基础。审核后该公司提出了相应的整改要求，待整改完成时，由A公司提请现场回访，作整改确认现场审核。整改计划以及整改效果跟踪便成了质控部门该段时期内的重要工作内容之一。

为及时了解公司生产质量状况，A公司每周五早上召开质量例会，已经形成了惯例。

会议参加者为：公司各相关副总，如技术副总、生产副总、采购副总、营销副总，以及与产品质量有关的主要职能部门主管、各生产车间技术主任，公司总经理有时也会参与。

例会内容：通报公司内一周来主要质量信息、近期内市场反馈的主要质量信息、外协件质量状况、前阶段主要质量问题的解决情况、解决质量问题所需要的资源需求与障碍沟通等。

为节约时间、提高工作效率，例会往往提出的都是些负面的信息，以及存在并需要得到解决的问题，甚至一些负面的批评。

根据职责，质量控制部负责对质量、技术以及质量体系有关的整改进行跟踪考核。作为部门主管，必须及时了解所涉及的各方面的信息与改进状况，并有责任通过各种方式通报整改要求及整改状况。因此，除出差外，质控部长每次会议都会按时到场。其一，质量例会本身是一个较好的通报平台，因相关公司高层在场，通过这种渠道，能充分利用领导资源，及时得到高层的有力支持，以便能更好地推进各整改工作的改进效果；其二，更及时、有效地获取各种信息。

就整改落实情况，质控部对跟踪结果在不同阶段通过电子邮件，以及相应的场合向相关部门及公司领导（包括总经理）进行了发布，并于前一次例会中就阶段进展情况进行了简要通报，及时指出整改中出现的一些普遍现象，提出纠偏建议。同时，主管副总也提出了一些具体改进要求，强调就整改落实与纠正情况由质控部门在下周例会中再次通报。

大多数情况下总经理没有参加例会。

本周五例会，很少出席例会的总经理出席会议。根据上次会议要求，质控部长对上周改进动态进行了分类评比，分别就整改进度要求与具体实施情况进行了通报。按进度要求，13个整改项按进度要求完成2项，未完成11项也正在整改落实中。参加此次会议的总经理听到只完成2项时，立刻表示对整改效果很不满意，认为相关责任部门与有关生产车间整改力度不够，质控部跟踪监督不到位。当时质控部长解释道：按进度计划 11 项还没有到整改完成期限，已经与整改责任部门就整改事项进行了多次沟通，并明确整改进度与整改措施。总经理严肃地批评道：多次沟通怎么还会有这么多没整改到位的？整改重在过程监控，如果只关注结果，那么当结果达不到要求时已经来不及弥补了。

其实，质控部接受整改任务之后，一直非常认真地执行着对整改的监控并参与整个整改过程，其他部门和车间也在努力地执行着改进，但得到的结果却是公司领导的严厉批评。

总经理听取汇报有哪些失误？质控部长的汇报需要改进吗？

资料来源　根据湖南大学 MBA 学员刘月林作业改编。

3. 商讨问题

当与下属商讨问题时，注意多发问和使用鼓励性的言辞，诱导下属讲出自己的真实想法；不要轻易作指示和评价，让下属来下结论，或者整理归纳，以便于下属能够对自己更有信心，同时，把问题当成自己的问题，有归属感；事先制定好商讨问题的规划，比如"不扣帽子、不挥棒子""对事不对人"；还要围绕问题进行商讨，充分利用时间，防止跑题，提高沟通的效率。

小案例 4-3　　　　　　　市场部的溃散

某日下午，××公司市场部经理姚×召开了例行性的部门工作总结会议。会议结束时，姚×想起一个问题："各位如果有需要我向公司高层反映的一些问题，可以向我提出来，我在下周一的部门经理例会上反馈给总经理。"

负责文案工作的王洁马上应声说："我一直觉得公司财务部付款时间拖得太长，每次付款从拿到报销单起，至少要拖上半个月才正式付款。我的几个客户意见特别大。我觉得财务应该提高工作效率，否则我们做工作太被动了。"王洁的一席话引起了其他 7 人的同感，纷纷抱怨财务的工作效率低下给各自的工作带来了很多不便。专责会务的黄灿则发牢骚说，财务对预算限制非常死，导致他每次谈合作，都不得不找一些较差的场地，公司高管每次在会后都指责他因何不联系档次高一点的地方。

话匣子一打开，大家都把平时的不满倾泻出来，有抱怨食堂菜谱太单调的，有对客户服务部提供客户反馈非常不及时的，有对薪酬远低于竞争对手而发牢骚的，还有埋怨公司对市场推广计划管得过死的，更有员工质疑总经理的经营思路，甚至拿一些部门经理开起了玩笑……

姚×认真地一一作了记录："我一定会给大家一个满意的答复。"出于安慰员工的情绪的需要，姚×在散会时作出了这样的承诺。

星期一上午，姚×在经理会议上，逐条把部门员工反映的问题提了出来。姚×的陈述引来了其他部门的不满，行政部经理反诘市场部的员工因何如此挑剔，第一次听到员工对食堂菜谱有意见。财务部经理则指责市场部员工不了解财务程序，一味强烈要求顺从客户，却不考虑财务部的工作量。客户服务部经理干脆说不如让市场部的员工来客户服务部换岗几天，看他们提供客户反馈有多快……

一直没有吭声的总经理非常生气地说："市场部人员提出的所有问题都不是问题，问题出在他们自己身上，没有摆正自己的位置，也没有理解公司的发展战略。"一见惹了众怒，姚×没有再说话，总经理最后要他到总经理办公室一起单独商谈一些工作。

当天下午，在例行的市场部通报会上，姚×避而不谈上周五反映的问题。尽管他竭力掩饰，但显然大家都从他失落的表情上知道了他们提供的问题没有任何结果。

一周后，参加完项目组会议的黄灿回到办公室，黑着脸一声不吭地写了份辞职报告，一言不发地递给了姚×，姚×非常意外。"我希望公司尽快批准我的离职。"黄灿说完，掉头就走。

由于黄灿的能力及所在职位的难以替代性，公司由人力资源部经理李玫进行挽留面谈。黄灿非常坦率地告诉李玫，之所以突然离职，是因为对部门经理不满，并且对他的处事方式感到不屑。"当时，我们大家的确发了很多牢骚。我们的出发点是好的，都希望得到改善后能提高我们的工作效率，"黄灿愤愤不平说，"所以，周一的时候他没有给我们提供任何反馈，我们也没追究。但我想不明白，作为一个部门经理，听了员工的抱怨，会把一些不该转述的话都告诉总经理。刚才项目会议上总经理含沙射影地说公司有些员工不懂公司的经营思路。"黄灿越说越气，脸涨得通红。黄灿的观点是，部门经理这样做，使他已经无法对他再有任何信任感。"我以后还敢说什么？说不准我刚说完，一会儿总经理就找我谈话了。"在李玫的一再劝说下，黄灿没有离职，但在其坚决要求下，调离了市场部。

很快，市场部的其他员工都知道了黄灿离开市场部的原因，挨个找人力资源部谈话，都对姚×的做法表达了不安。尽管李玫一再声明总经理不会找他们事后算账，但是员工依旧失去了对姚×的信任。以后在部门会议上，大家都在姚×面前不再轻易表态，沟通会议上大多只是他一个人发言。

越来越觉得无趣的姚×最后提出了离职。市场部在成立不到4个月后重组。与姚×沟通时，他也非常委屈。尤其是黄灿提到的公司经营战略，他也有同感。他的出发点是希望公司了解到市场部工作的难处，提高部门的工作效率。那么究竟谁要为此负责任呢？一个本来是很好的改善管理的机会，反而成为一个部门彻底解体的诱因。

资料来源　根据湖南大学 MBA 学员荀豫敏作业改编。

思考：总经理在听取汇报时有哪些失误？下属姚×在汇报时有哪些失误？

沟通演练 4-3　　　　　发现"商讨问题"中的误区

与下属商讨问题时容易出现你和下属都不易注意的误区,这些误区大大降低了商讨问题的效率。发现并避免误区,是提高商讨效率的好办法。请通过表 4-7 中的练习发现"商讨问题"中的误区。

表 4-7　　　　　　　　　　发现"商讨问题"中的误区

在与下属商讨问题中,你是否有以下倾向
1. 认为下属的问题或建议幼稚,不值一听。举例
2. 认为下属的问题早就有答案了,不值得商讨。举例
3. 认为下属的意见根本不是下属应当关心的事,不务正业。举例
4. 认为下属同自己商讨问题是想推卸责任。举例
5. 嫌浪费时间,没时间听下属唠叨。举例
6. 发现下属没兴趣,自己心里很恼火:"我大经理一个,用这么宝贵的时间同你商讨问题,你还爱答不理的样子,哼!"举例
7. 急于下结论。举例
8. 过多的评价。举例
9. 急于指示下属怎样做。举例

4. 传达负面信息

当向下属传达负面信息时,应采用私下的、个人化的沟通方式;注意针对具体的事和行为,语言是描述性的而不是评价性的,尤其不能指向人格;及时,不要秋后算账;传达批评性信息是为了让下属改进,因此应包含如何改进的信息,而且确保下属理解,以防重犯错误;容许下属陈述意见。

小案例 4-4　　　　　　　　处罚唐司机

某日,L 公司汽车司机唐瑞彪中途溜岗,影响分公司货物运输。经营部沈部长按生产经理要求,根据分公司的规章制度,给予唐瑞彪经济处罚 50 元。

唐瑞彪其人：技术不错，言语不多，肯吃苦，能按时出车，但性格内向，思维有时陷入死胡同，40 岁还未成家，行为有些古怪。唐瑞彪被处罚后对管理人员心怀不满，自此以后经常查沈部长等管理人员的岗。

有一天下午上班，沈部长上班迟到。唐瑞彪随即告之人力资源部，并要求分公司给予沈部长处罚。人力资源部回答，首先要落实沈部长是否请假，需调出打卡机档案，确认其迟到后才给予处罚。唐瑞彪认为公司在故意拖延时间，袒护沈部长，语言比较粗鲁，行为比较放肆，冲到沈部长面前。沈部长担心其动手打人，随手把唐瑞彪指到脸上的手挥开。而唐瑞彪认为沈部长打他，马上挥拳打了沈部长两拳，把沈部长（女同志）打得倒退 5 步，倒在椅子上。旁边的李书记快速起身，阻止唐瑞彪进一步打人。集团公司公共安全部人员巡视经过，阻止事件的进一步扩大，并送沈部长到医院进行检查和治疗，共花去医疗费 490 多元。

第二天，分公司组织召开分公司领导会议，根据事情双方和见证人核实的情况及分公司管理制度规定，经过讨论，决定给予唐瑞彪以下处罚：（1）当面向沈部长赔礼道歉；（2）在班组长会议上作书面检讨；（3）全额赔偿沈部长的医疗费；（4）罚款 400 元。公司欲通过处理该事件达到教育员工的目的，维护分公司的生产经营秩序，加强制度的执行力。

第二天下午 4 点钟，李书记与唐瑞彪进行面谈。唐瑞彪到办公室后，李书记发现他情绪不稳定，就先让他喝茶、抽烟，询问他目前的生活，对他工作中能按公司规定程序出车、积极缴纳相关费用等进行表扬与肯定。唐瑞彪的情绪由抵抗变成合作。李书记又帮他分析：你的待遇在集团公司是超过平均水平的，你的生活质量应该比他人更好。目前社会就业形势并不乐观，珍惜工作岗位对每一个员工都非常重要。李书记举例说明他以前由于思想易钻牛角尖，冲动不冷静，造成不必要的损失，如果能客观对待，就不会发生，这都得到了他的认同。这时李书记要求他对昨天发生的事情进行反思，找出自己在哪些方面做错了。他立即承认自己报复管理人员并打人是错误的。李书记说，沈部长违反公司管理制度一事已核实，确实存在，按规定罚款 20 元并张榜公布。李书记接着述说打人的错误，一个男同志打一个女同志，于情于理都不应该。公司制度的执行必须按程序，由相关职能部门执行，欢迎员工监督但也只能监督，向相关部门反映问题。

唐瑞彪终于承认了自己的错误，承认查沈部长的岗是自己对她不服气，以致冲动打人，表示愿意承担一切因此造成的后果。

李书记并没有马上告诉唐瑞彪公司讨论的处罚结果，而是先向他阐述了分公司的相关制度——《有关扰乱生产经营秩序、无理取闹管理办法》和《关于员工违纪违法等行为的处罚办法》，说明按规定，对在上班时间打架的最高可处以下岗 1~3 个月的惩罚，下岗期间只发生活费。唐瑞彪听后没有发表意见。李书记随后向他传达了分公司的处罚决定。唐瑞彪听后，对于分公司处罚决定接受第 1、2 条，勉强接受第 3 条，认为第 4 条处罚太重，拒不接受，采取讨价还价方式，要求折半执行。为维护制度的严肃性，李书记拒绝了他的要求，说明分公司是按制度底线执行的。如果拒不接受分公司的处罚决定，将会逼迫分公司将问题上交总公司，总公司将依制度采取的处罚措施是：下岗 1~3 个月，交出汽车钥匙。下岗期间分公司重新招聘司机上岗，他将失去岗位，下岗期满需要选择新的岗位，进行技能学习，学习合格后方可上岗。李书记希望唐瑞彪慎重考虑。如果唐瑞彪不接受分公司的处罚，可以上诉到集团公司有关部门，但处罚将会更重（举出例证）。

唐瑞彪表示接受处罚。李书记随后带唐瑞彪到沈部长面前赔礼道歉。

第三天，分公司公示对唐瑞彪的处罚决定，他的书面检讨在班组长会上公布。以此为契机，分公司要求全体班组长向全体员工传达遵守分公司的制度，顾大局，识大体，为公司的发展作出贡献。

此后，李书记跟踪观察唐司机的表现，常勉励他，对他的改进进行表扬。唐瑞彪由衷信服李书记，工作改善许多。

资料来源　根据湖南大学 MBA 学员肖宁作业改编。

思考：李书记向唐瑞彪传达负面信息时讲究了什么策略？李书记是怎样做到将处罚员工转变为帮助教育员工，促使其转变的？

作为上司，经常要向下属传达负面信息、批判性信息。如果讲究艺术，下属不但接受批评，甚至会认为上司是为了帮助自己进步而批评；反之，如果不讲究艺术，甚至为批评而批评，为发泄而批评，下属不但不接受批评，而且会认为上司对自己有偏见、有私仇，进而恶化与上司的关系。通常的现象是，上司根据制度处罚下属，由于传达技巧没掌握好，致使下属认为不是制度处罚了他，而是上司处罚了他。

批评的步骤：第一步：对以前成绩的肯定（赞扬）。第二步：这次事情如果这样做会有更好的结果（良性改进意见）。第三步：我相信你如果多加思考，肯定能把这件事做得非常出色（对批评者的期望与鼓动及暗中施加压力）。第四步：需要我的帮助随时告诉我（告诉批评者你对他的所作所为是善意的，为他着想）。

下面列举一些针对同一问题的两种批评方式，效果截然不同：

（1）我们部门除了你之外，别人都取得了业绩，你有什么想解释的吗？（让下属感觉具有侵略性和不安全感）

我知道你很努力，并且也一直在尝试找到更好的工作方法，这种创新的意识难能可贵……目前，我们部门几乎每个人都取得了业绩，接下来我希望看到你也带给我更多的惊喜。你近来遇到了什么困难吗？（暗示是否工作方法出现了问题）

（2）你怎么又出错了？就不能认真点吗？为什么总是这样？（这种责备和发怒的语气，会让下属急于辩解，甚至引发争吵，或者直接哭出来）

你的工作效率很高，这是非常令人高兴的……不知为什么这次又出错了？是马虎了吗？还是什么其他的原因？以后你想怎么改进？（重点是找到原因，而非

责备）

（3）看着你现在的表现，我很失望，希望你可以成长得再快一点。（让下属感觉辩解也没有意义，甚至会让他产生自我否定）

你今年的确有不小的进步，这是大家有目共睹的……我相信你还可以成长得更快一些，一定不会让我失望的，是吗？（期望效应的力量是无穷的）

（4）这个创意并不适合我们的客户定位，你为什么没有从全局的视角来考虑呢？（指责下属）

这真是一个不可多得的精彩创意，一定会吸引很多顾客的注意力，不过，对某某、某某客户来说，可能把另外一些观点加进去会更好，比如……再改进一下，然后把方案给我。（提出建议和期望，并且表示出持续的关注，给下属以信心）

卡耐基培训中"提不同意见三部曲"值得借鉴："你的观点很有价值""受你的启发，结合我的理解（实际情况的变化）……"（注意，第二步为转折，不说"但是""不过"等转折词）"我提出以下建议……"[1]

总之，上司与下属沟通时，将"上下"的观念换成"伙伴""同事"（沃尔玛的理念）的观念，以开阔的心境、关爱的态度、关怀的口吻来与下属沟通，效果可能大大改善。

上司与下属沟通的要领是：（1）多说小话，少说大话。大道理、空话是大话；亲切、具体、生动、实际的话是小话。（2）不急着说，先听听看。多听下属意见，鼓励下属说出想法。（3）不说短长，不伤和气。不要在 A 下属前说 B 下属缺点；不要在下属面前意气用事。（4）广开言路，接纳意见。（5）下属有错，私下规劝。（6）态度明朗，语言亲切。[2]

4.2.3　向上沟通艺术

作为下属来说，应积极主动与上司沟通，争取上司对工作的支持；由于上司很忙，下属要抓住时机与上司沟通；了解、认识上司，按上司的期望、模式处事和沟通；站在全局的角度（上司的角度）沟通；沟通时不要只提问题而要同时提方案，即不要上司做问答题而要上司做选择题；提不同意见时使用间接切入法，先肯定后建议；受其批评时先听后说；注意场合，永远维护上司尊严。

畅销书摘 4-1

如果你是对的，就要试着温和地、技巧地让对方同意你；如果你错了，就要迅速而热诚地承认。这要比为自己争辩有效和有趣得多。

——《人性的弱点》

不明白为什么有人那么害怕向老板（上司）汇报。在洪钧看来，向老板（上

---

①　根据卡耐基培训笔记整理。
②　曾仕强，刘君政. 人际关系与沟通［M］. 北京：清华大学出版社，2006.

司）汇报的过程，就是一个引导老板（上司）提出问题，好把自己想说的话变成老板（上司）想听的话，再通过老板（上司）的耳朵放到他心里的过程。

——《圈子圈套 1》

我们也从接受指令、汇报、商讨问题、提不同意见四个方面来概述向上沟通艺术。

1. 接受指令

当接受上司指示时，应认真倾听，如果可以，用笔记录；适当反馈，对不清楚的问题提问，以确保理解；认真完成任务，提高执行力，同时适当向上司汇报，以确保任务执行不走样。

小案例 4-5   **为何任务被耽搁？**

某银行支行行长在银行内部网上接到一封邮件，内容是关于中国人民银行将在各金融机构中进行单位结算账户的清理工作。邮件要求各支行立即行动起来，组织进行该项工作，并要求此工作务必在 9 月 6 日之前圆满结束。对于在 9 月 6 日之前仍未办理账户清理的单位，将在此时限后停止为其办理结算业务。

当时，该行的各项工作都十分繁忙，而这件事又十分紧急，马上要着手进行，于是行长考虑把这一工作分配给两个部门进行。首先，找来分管会计业务的副行长，布置他组织会计人员对该行的开户单位进行通知，并负责收集单位有关资料，进行账户清理。接着，又找来分管客户的副行长，要求她组织客户经理们将有关资料送到中国人民银行进行审核，并进行电脑录入。

这项工作布置了几天后，行长到客户组了解工作进展，结果发现客户经理们都在干与这项工作无关的事。一问情况，他们说：到目前还没有拿到一份客户的开户资料，当然也就无法进行下一步的工作。行长又到会计部门了解情况，发现会计部门已经收集了一部分客户的开户资料，但数量很少，达不到进度要求，原因是平时这些客户主要是与客户经理打交道，他们与这些客户的联系不多，所以找起来很困难，办事也不顺利。行长追问为什么不把已有开户资料及时送到客户组去，他们回答，他们接到的工作任务就是负责收集资料，并不清楚下一步的安排，所以想把资料全部收齐之后再进行请示。面对这种情况，行长十分着急，因为本来就很紧张的时间又被无谓地浪费了几天。

行长下达指令存在哪些问题？副行长及其下属接收指令存在哪些问题？

首先，行长在沟通渠道的选择上有问题。由于时间急，所以行长就直接找分管领导进行直接的工作布置，这样的面对面、一对一沟通虽然效率高，但中国人民银行的单位结算账户清理工作是一件大事，不但需要几个部门和多人共同进行，而且整个工作的时间跨度较长，涉及面广，对今后业务发展影响大。对这样涉及面广、影响大的任务应该以会议形式下达，同时可以辅助文字指令如文件、邮件，列出时间进程表。如果任务艰巨，行长还要隆重授权给下属，以提高他们完成任务的责任和荣誉。

其次，行长情急之下，将任务布置反了。平时与开户单位打交道的基本上是客户经理，而与中国人民银行联系紧密的是会计部门。这次的工作安排却恰恰忽视了这点，让两个部门分别去与自己不熟悉的领域沟通，造成效率低下，影响进度。

最后，下属在接收指令时很被动，没有认真倾听，也没有反馈信息，发现任务布置的交叉点。下属的心态也许是：烦，又多了个任务，所以没有接收指令的高度意识，没有思考任务是什么、为何要做、怎样做等问题。副行长意识不强，再传达出去，经办人员接到的信息就再次打折扣。在完成任务的过程中，两个部门没有交流，下属也没有及时汇报，以致工作脱节。

幸好行长发现问题并进行调整：首先，召开专题会议，要求分管领导、部门负责人和相关经办人参加。在会上，行长强调了这一工作的重要性和时间、质量要求，要求两位分管领导对前段的工作进度进行总结，请与会人员提出工作中的问题和困难，并鼓励大家多为此事贡献建议。其次，重新分配工作。会议上明确分工：由客户经理负责通知客户并收集账户资料，同时，会计部门进行适当协助（因为客户经常来会计部门办业务，可以由会计人员代收资料）；由会计部门负责到中国人民银行进行核准并作好电脑信息录入。再次，建立有效的横向信息沟通机制。要求两部门负责人每天把当天拟进行清理的账户名单交给对方部门，并对工作中存在的问题互相交流，对要求协助办理的事项每一周整理一次交给对方。由分管会计的副行长每周向行长通报一次账户清理的进度情况。最后，保证这项工作在规定时限前顺利完成。

资料来源　根据湖南大学 MBA 学员邹致师作业改编。

2. 汇报

当向上司汇报工作时，应把握好时机且事先约定；准备充分，有理有据，思路清晰，逻辑清楚，简明扼要；应客观，不带有突出个人、自我评价的色彩，以避免引起上司的反感；关注上司的期望，汇报的内容与上司原定计划和原有期望相对应；注意上司的反馈。

小案例 4-6　　　　　　　　杜拉拉的汇报艺术

拉拉（中层经理）指使海伦（下属员工）取得上海办行政报告（拉拉的直接上司玫瑰曾负责的区域）的格式，经研究确认大致适合广州办使用后，她就直接采用上海办的格式取代了广州办原先的报告格式。

这一举措果然讨得玫瑰的欢心。拉拉使用了她惯用的格式，使得她在查阅数据时方便了很多，也让她获得被追随的满足感。

对拉拉来说，玫瑰自然不会挑剔一套她本人推崇的格式，因此拉拉也就规避了因报告格式不合玫瑰心意而挨骂的风险。

拉拉一眼瞧出海伦腹诽自己，于是把海伦叫到自己座位边，问她："如果你是玫瑰，你是愿意几个办事处每个月的报告各有各的格式，还是更希望大家用统一的格式呢？"

海伦不假思索地说："那当然是统一的格式方便啦。"

拉拉说："既然得统一，你是喜欢用你自己用熟了的格式呢，还是更愿意用你不熟悉的格式呢？"

海伦说："肯定选自己用熟的格式啦。"

拉拉继续说道："那不结了，玫瑰也会喜欢用自己熟悉的格式嘛。"

海伦无话可说了，憋了半天又不服气道："我们原来的格式没有什么不好。现在这一换，要多花好多时间去熟悉表格。"

拉拉憋住笑，摆出循循善诱、诲人不倦的架势说："那你就多努力，早日获得提升，当你更重要的时候，你的下级就会以你为主，和你建立一致性啦。谁叫现在经理是玫瑰不是你呢？"

拉拉在向上级领导汇报时，换位思考，采用上司更为熟悉、更加方便阅读的汇报格式，使上司查阅数据时方便了很多，同时让上司看到了拉拉工作的用心。

不仅如此，拉拉经过一番努力，与玫瑰在接下来的工作中实现了有效沟通。为了更好地与上级领导进行沟通，拉拉在和玫瑰建立一致性之外，还

（1）认真研究了玫瑰主要控制的方面，找出规律后，拉拉就明白了哪些事情要向玫瑰请示，并且一定要按玫瑰的意思去做，只要玫瑰的主意不会让自己犯错并成为替罪羊，她便绝不多嘴，坚决执行。

（2）哪些事情是玫瑰不关心的没有价值的小事，拉拉就自己处理好而不去烦玫瑰。

（3）还有些事情是玫瑰要牢牢抓在手里的，但是拉拉可以提供自己的建议的，拉拉就积极提供些善意的信息，供玫瑰作决定时参考用。

几个回合下来，拉拉就基本不再接到玫瑰那些令她惴惴不安的电话了。

资料来源　李可. 杜拉拉升职记［M］. 西安：陕西师范大学出版社，2008.

沟通演练 4-4　　　　　　　　　**"汇报"改进计划**

如何改进你向上司汇报的沟通效率呢？汇报，作为几乎天天发生在你身边的沟通方式，任何改进将会提高你的工作效率。通过表4-8中的练习，对你的汇报工作加以改进。

表 4-8   "汇报"改进计划

请你对现在汇报工作的方式加以描述性的评估
(1) 你的汇报通常是这样进行的

---

(2) 汇报时存在如下缺陷

---

(3) 改进计划
期望改进之处
期望达到的目标
改进的措施
用一个月时间   本改进计划自 月 日至 月 日

改进计划结束之后
(1) 达成预期的目标了吗（"汇报"改进了哪些方面）

---

(2) 还有哪些未能改进之处

---

(3) 下一步的改进计划

---

3. 商讨问题

当与上司商讨问题时，注意重大问题事先约定，上司不愿意讨论时不要勉强；自己对事情有较深入的思考后再与上司去商讨；坚持对事不对人的原则；注意当场形成的决议严密性，同时重要决议事后要确认。

小案例 4-7   谁当副总经理

场景一

人物：某国有企业王董事长，56 岁；企业分厂刘总经理，39 岁。

地点：董事长办公室

王董事长：小刘，你升任经理后，副总经理的人选我考虑了一下，想调公司人力资源部副部长老马（50 岁）到你们厂担任副总经理，你有什么意见没有？

刘总经理：我觉得马部长不合适。他年纪太大，身体不好，而且又不熟悉业务。

王董事长：不过，我想来想去也找不到比老马更合适的人选了。

刘总经理：王董事长，你别总是把眼睛盯在老伙伴堆里，年轻人中，人才多的是。

王董事长：（不高兴）小刘，你少年得志，可别瞧不起我们这些老人哟！老马和我一起创立了这个公司，当了 10 多年的处级管理者，当总经理也够资格了，更不要说你们那个小小的副总经理了。正因为他年纪大，才让他当副手，你挑大梁。

刘总经理：王董事长，我们那儿是生产第一线，不是养老院。要给马部长升级，在公司里找个闲职也行。我们厂的副总经理必须到处跑，把马处长拖垮了，我可担当不起。所以，我说要找个年轻的，不是不尊重您的老伙伴。

王董事长：看来你有更合适的人选了？

刘总经理：我推荐我厂人力资源部经理小张。第一，他年轻力壮，身体比老马强；第二，他当了5年的人力资源部经理，业务熟悉；第三，他是本厂的人，比老马了解厂里的情况，人熟好管理；第四，小张是个开拓型的人才，我们现在要改制，主管人事行政的厂领导正需要这种人才，而老马比较保守。

王董事长：（微怒）好了好了，小张的情况我不如你熟，可是老马的情况我比你更了解。

刘总经理：副总经理是与我合作的，当然最好是我了解的人。

王董事长：（不耐烦）好吧！将老马和小张都提交董事会讨论，最后由他们决定。

场景二

人物、地点不变。

王董事长：小刘，你升任总经理后，副总经理的人选我考虑了一下，想调公司人力资源部副部长老马到你们厂担任副总经理，你有什么意见没有？

刘总经理：王董事长，这个问题最近我也在考虑，而且有许多同志交换了意见，并在群众中摸了底，我正想向您报告。

王董事长：（感兴趣）是吗？这么说你已经有了合适的人选？谁呀？

刘总经理：我们厂人力资源部经理张平，您认不认识？

王董事长：知道知道。小张，挺年轻的嘛，据反映挺能干。不过实际的情况我就不太清楚了。过去我身体好，常在厂里跑，厂里的人我都很熟，可是现在老了，跑不动了，全靠老马他们向我……

刘总经理：（打断）王董事长，我是不是可以向您报告一下小张的情况以及我们的想法？

王董事长：好啊，谈谈吧！

刘总经理：按我们厂的分工，我全面负责，重点抓生产和技术创新。两个副总经理，一个全面负责采购和市场；另一个管理人事、财务及日常事务。现在缺位的副总经理，就是要以人事、财务、行政为主的。按董事会的指示，今年企业管理要上台阶，财务管理要使用新系统；企业人事制度要进行改制。所以这个副总经理必须是一个十分得力的人，他要符合以下条件：第一，要具有改革开拓的作风；第二，要熟悉业务，熟悉财务、行政、人力资源管理各环节，要有相当的沟通能力、亲和力；第三，要有好的身体，胜任高强度、常加班的工作；第四，要有一定的群众基础，在年轻、知识型员工中有号召力。我们觉得小张恰恰符合这4个条件。他是财经院校会计专业本科毕业生，在工厂财务部干了3年，人力资源部当经理5年，当经理的这些年，在招聘、培训、绩效薪酬改革、团队建设方面有很多成绩，使我厂人力资源管理在总公司都是先进。您都表扬过我们厂几回了。

王董事长：（大笑）年轻人，不错。关于小张，你能不能写一份书面报告？

刘总经理：我已经写好了（递上报告）。我们的意见可供董事会参考。如果董事会有更合适的人选，还可以商量。不过我希望这人选能符合上面的几个条件。

王董事长：这个张平可以考虑，多大年纪？

刘总经理：38 岁。王董事长，我知道您一向支持年轻干部，我就是您一手培养的，干脆成全一下，好事成双嘛！

王董事长：（笑）我说了还不能算，会上通过了就算。下星期一我提交董事会讨论，怎么样？

董事会最后通过了小张作为分厂副总经理。

在"情景二"中，下属刘总经理与上司王董事长商讨人事问题，有备而来，方案成熟，说服上司接受小张人选的理由全都从工作出发，没有个人感情和利益因素；运用了动员舆论法（在群众中摸了底）等艺术，所以沟通成功。

4. 提不同意见

当向上司提不同意见时，自己应该有详尽的方案；用提问—倾听—欣赏—建议的顺序提不同意见，即对上司原有的方案提问，以了解上司决策的背景和原因，之后仔细倾听，并对上司的决策表示赞赏，再提出自己的建议；尽量以间接方式提，私下而非公开地提，在轻松愉快时而非紧张疲劳的时候提。

小案例 4-8　　　　　　**怎样安排旅游**

情景一

年底，公司为了奖励市场部的员工，制订了一项海南旅游计划，名额限定为 10 人。可是 13 名员工都想去，部门经理需要再向上级领导申请 3 个名额，如果你是部门经理，你会如何与上级领导沟通呢？

部门经理向上级领导说："朱总，我们部门 13 个人都想去海南，可只有 10 个名额，剩余的 3 个人会有意见，能不能再给 3 个名额？"

朱总说："筛选一下不就完了吗？公司能拿出 10 个名额就花费不少了，你们怎么不多为公司考虑？你们呀，就是得寸进尺，不让你们去旅游就好了，谁也没意见。我看这样吧，你们 3 个做部门经理的，姿态高一点，明年再去，这不就解决了吗？"

情景二

部门经理："朱总，大家今天听说去旅游，非常高兴，非常感兴趣。觉得公司越来越重视员工了。领导不忘员工，真是让员工感动。朱总，这事是你们突然给大家的惊喜，不知当时你们如何想出此妙意的？"

朱总："真的是想给大家一个惊喜，这一年公司效益不错，是大家的功劳，考虑到大家辛苦一年。年终了，第一，是该轻松轻松了；第二，放松后，才能更好地工作；第三，是增加公司的凝聚力。大家要高兴，我们的目的就达到了，就是让大家高兴的。"

部门经理："也许是计划太好了，大家都在争这10个名额。"

朱总："当时决定10个名额是因为觉得你们部门有几个人工作不够积极。你们评选一下，不够格的就不安排了，就算是对他们的一个提醒吧。"

部门经理："其实我也同意领导的想法，有几个人的态度与其他人比起来是不够积极，不过他们可能有一些生活中的原因，这与我们部门经理对他们缺乏了解、没有及时调整都有关系。责任在我，如果不让他们去，对他们打击会不会太大？如果这种消极因素传播开来，影响不好吧。公司花了这么多钱，要是因为这3个名额降低了效果太可惜了。我知道公司每一笔开支都要精打细算。如果公司能拿出3个名额的费用，让他们有所感悟，促进他们来年改进，那么他们多给公司带来的利益要远远大于这部分支出。不知道我说的有没有道理，公司如果能再考虑一下，让他们去，我会尽力与其他两位部门经理沟通好，在这次旅途中每个人带一个，帮助他们放下包袱，树立有益公司的积极工作态度，朱总您能不能考虑一下我的建议。"

朱总点头同意。

思考：情景二与情景一相比，沟通有哪些不同？

沟通演练4-5　　　　　　　如何向上司表示不同意见

除非你的上司是上帝，否则你向上司表示不同意见时，一定要考虑选取表达的方式。通过表4-9中的练习找出向上司表示不同意见的最佳方式。

表4-9　　　　　　　　　　向上司表示不同意见

你向上司表达不同意见顺利吗？请描述一个表示不同意见未被采纳而且导致上司和你都不愉快的案例	
你认为这次不愉快的原因是	
上司的原因	你自己的原因
(1)	(1)
(2)	(2)
借你学习沟通之机，请上司谈一下他感到不愉快的原因，看看与你所认为的原因是否一致	
对于来自你自己的原因，你的改善计划是	

总之，与上司沟通需要摆正心态：上司比自己优秀；敬业，多动手动脑，少动口抱怨；争事而不争名，即为做好工作与上司争论问题是可以的，但不要斤斤计较、争名争利；给上司漂亮的结果，同时巧汇报，给上司良好的感觉。

畅销书摘 4-2

英国 19 世纪政治家查士德菲尔爵士曾告诫他的儿子："要比别人聪明，但不要告诉人家你比他更聪明。"

用若无其事的方式提醒别人，提醒他不知道的，好像是提醒他忘记了的。

——《人性的弱点》

抱怨无助于问题解决，只会在原地打圈或倒退。正视问题、积极解决问题才是向前走的方法。做个积极快乐的工作者。一个在办公室播散阳光和喜乐的人，一定深得上司和同事的爱戴。

——《不抱怨的世界》

4.3　组织内部横向沟通艺术

现代组织机构的设置一般遵循分权制衡的原则，组织内部各部门既分工又相互依赖，既需要相互合作又存在相互监督。平行沟通没有奖与罚的权力，所以更需要良好的沟通和团队合作意识。

4.3.1　横向沟通的障碍

横向沟通的障碍有很多，有意识问题，也有技巧问题，具体包括：（1）高估自己部门价值；（2）不直接沟通而背后抱怨；（3）人性的弱点——推责任、妒忌；（4）机构设置不合理权责不清；（5）组织合作氛围不好；（6）无强制权；（7）未及时处理冲突，矛盾积累。

部门认同差异是横向沟通的第一个障碍，业务部门等强势部门常常以老大自居，而弱小部门更不容其他部门对自己的小视，表 4-10 举例说明了这一问题。

表 4-10　　　　　　　　　　　　　部门认同差异

生产部门心目中的自我	其他部门对生产部门的看法
我们从事生产工作，每天很辛苦，工作环境又不好，公司的产品是由我们生产出来的。业务部门以及财务部门的人却常常来找我们的麻烦，他们不体谅我们的困难。我们任劳任怨地工作，却没有得到应有的肯定。毕竟因为有了我们，才有了产品；如果没有我们，公司又如何做生意呢	他们喜欢起哄、诉苦，又做不好事情，他们封闭在以自我为中心的世界中洋洋自得，根本不去关心顾客真正的需求。他们非常短视，只看重产品，而不了解公司的生存必须依靠全体部门的共同努力。他们一天到晚就知道交货期限、生产日程、原料、品质管理，真不知道他们还懂些什么

市场部门心目中的自我	其他部门对市场部门的看法
公司的前途都靠我们，我们看得准市场的方向，能够制定出明确的决策，并且带领公司走向成功。我们还有很好的眼光来应对变化中的市场，并策划出未来的成长。但即便如此，在公司内部，我们还必须与那些狭隘短视的财务人员、销售人员以及生产人员打交道。幸好有我们在，公司的未来才不会出现问题	他们是一群不切实际的幻想家，只是仰望着天上的星星，却看不见脚下的陷阱；他们与日常作业的实务相脱节，却忙着规划公司的未来；他们不应当好高骛远，而应当脚踏实地，好好地做些正经事
财务部门心目中的自我	其他部门对财务部门的看法
我们是公司资金的守护神。我们控制成本以确保利润。我们做事小心谨慎，能够防止公司发生重大错误。如果让生产部门的主张实现，我们会买更多、更昂贵的机器设备而浪费资金，减少利润；至于业务部门，如果放手让他们去干，他们可能会做太多而无益的广告	他们只是一群在例行作业上埋头苦干的人。他们缺乏远见，太过小心，斤斤计较，只会用数字来衡量事情；他们只知道要控制成本，却无法创造利润

沟通演练4-6　　　　　　　　**横向沟通的障碍在哪里**

横向沟通的障碍在哪里呢？可能有许多方面，但还是让我们通过表4-11从自身找起吧。

表4-11　　　　　　　　　　　**找出横向沟通的障碍**

举出一个你与其他部门沟通最为失败的案例，描述一下

在这个案例中，来自你自身的障碍有哪些

对于自身的这些障碍，你曾经做过哪些改善之举

你认为自身的这些障碍仍未克服的原因是

你的改善计划是

沟通演练 4-7　　　　　"设身处地"训练

　　设身处地，站在别人的角度看问题，是改善水平沟通的重要方式。因为大多数的水平沟通是由于只从自己立场，不从他人立场看问题所造成的。

　　邀请三位与你同级的同事，一起进行"设身处地训练"。

　　第一步：每位发给两张白纸，请在两张白纸上分别写出"对对方的期望"和"对方对自己的期望"。

　　第二步：交换——将"对对方的期望"与另一位经理相交换，比较"对方对自己的期望"和"对方对自己可能的期望"之间的差异。

　　第三步：讨论——四位参加者轮流从以下几方面发表自己的感想和观点（每位 5 分钟）：

　　（1）以前意识到这些差异了吗？

　　（2）为什么会有这些差异？

　　（3）你的改善计划的内容。

　　第四步：追踪——请在 1 至 2 个月后，本训练小组再次聚会，检讨改善的效果，并对未改善之处寻找原因，重新制订改善计划。

4.3.2　横向沟通的艺术

　　横向沟通的影响因素有很多，要促进组织的横向沟通，首先要使组织内部结构合理、权责清晰。横向沟通顺畅是建立在组织结构合理、权责清晰的基础上的。如果组织内部机构设置不合理、权力职责不清楚，就应该先进行结构调整。

　　其次，培育团队合作文化，建立内部供应商与客户关系，主动帮助他人和其他部门。文化的培育需要持续地灌输、培训、演练；将理念转化为制度，进而使其转化为员工行为。

　　再次，树立积极的横向沟通理念。①别人的任何行为都是值得尊重和思考的；②双方的目的是共同的，即把工作做好；③遇到冲突先想想是否有双赢的解决办法；④换位思考。

　　最后，讲究沟通技巧。①少以"我"、多以"我们"作为一句话的开头；②多倾听、询问对方的想法、意见和期望；③区别事实与意见，对事不对人；④遇到问题，先主动直接与对方沟通，不背后议论，解决不了才借助上司的力量。

小案例 4-9　　　　　部门合作为何失败？

　　A 公司是一家中美合资的汽车零部件生产企业，近年来国际业务不断扩大。英国 JCB 公司不满意原提供柴油机进气管的供应商产品提价及三包业务方面的改变，寻求与 A 公司的合作，让 A 公司开发生产柴油机进气管。但时间紧迫，JCB 公司要求 A 公司赶在 JCB 与原供应商合同到期前生产出合格产品。A 公司如果能开发生产出符合 JCB 要求的产品，业务量将扩大一倍，公司也将搭上 JCB 这个国际业界大鳄而上一个台阶。因此，公司上下非常重视这项工作。总经理下达死命令必须按期、按质、按量给英国 JCB 提供产品，并任命出口部王部长为项目组主任，全面统筹柴油机进气管的开发生产。

由于开发时间非常紧迫，从接到图纸到交付产品不到两个月时间。公司从上到下感到压力非常大，出口部在接到图纸的第三天召开各业务部门的新产品试制及生产策划会议，按计划工艺部门立即组织模具图纸的绘制；采购部门立即寻找模具供应商开发生产模具；生产部门做好试生产的工装、夹具、刀具的准备工作。根据会议布置，各部门工作有条不紊地进行着，工艺人员甚至跟踪到模具厂帮助制造模具，大约40天后模具到达公司。生产部门立即组织试制生产。这时离交付客户时间只剩下20天，期间还要进行毛坯铸造、模具检验、产品机加工、产品检验等，时间非常紧迫。

生产制造部根据生产现状及新产品试制程序，决定边进行毛坯生产边进行模具验证工作。时间进行到二班期间，质量控制部检验员及主管技术员通知车间：模具存在尺寸上的问题，要求停止生产。车间管理人员于是决定停产修改模具。不久，出口部王部长到现场督察工作，发现现场根本没生产，非常生气，立即命令操作工人恢复生产，并指责车间生产组织不力。车间解释说模具存在问题。但王部长认为该尺寸不影响产品性能，客户能够接受，坚决要求继续生产。车间则认为，质量问题只能由质量控制部说了算，坚决不同意生产。双方争执不下，最终不欢而散。

第二天，王部长将此事状告到总经理，指责生产制造部生产组织不力。总经理将生产制造部李部长召至办公室一顿批评训斥。李部长因当时不在现场不了解情况，对突然而来的批评只好忍气吞声。了解事情真相后，李部长心中不服，认为王部长不遵循流程办事，乱汇报情况；而王部长认为他是项目主管，他有权拍板决定，是生产制造部不配合、不支持，与王部长据理力争、相互指责。最后，两人均拂袖而去。以后的工作中两人互不服气，不配合，工作关系非常紧张。

思考：部门合作为何失败？

4.4 冲突沟通

工作中难免有冲突，直面冲突，正确解决冲突，可以使组织发现问题，进而改进，获得更好的发展。美国管理协会的一项调查显示，经理人员平均花在处理冲突上的时间占工作时间的20%。处理冲突的能力成为很多企业考察管理者管理能力的重要指标。

4.4.1 冲突的含义及产生原因

冲突是指两种目标之间互不相容或相互排斥、相互对立。它表现为由于观点、需求、欲望、利益的不相容而引起的一种激烈争斗。

冲突可以分为建设性和破坏性两种。建设性冲突表现为：双方对实现共同目标的关心；乐于了解对方的观点和意见；以争论问题为中心，输赢为次；双方交换情况日益增加。破坏性冲突表现为：不愿意听取对方的观点或意见；双方由意见或观点的争论转变为人身攻击；双方对赢得观点的胜利最为关心；互相交换减少，以致完全停止。当然，建设性冲突与破坏性冲突很难截然分开，有时破坏性冲突借建设性冲突来表达，即借争论方案来掩盖利益之争。

管理者要在企业中大力倡导良性冲突，引入良性冲突机制，对那些敢于向现状挑战、倡议新观念、提出不同看法和进行独创思考的个体给予大力奖励，如晋升、加薪或采用其他手段。良性冲突在 GE 公司新建立的价值观中相当受重视，该公司经常安排员工与公司高层领导进行对话，韦尔奇本人也经常参加这样的面对面沟通，与员工进行辩论。通过真诚的沟通直接诱发与员工的良性冲突，从而为改进企业的管理作出决策。在运用沟通激发冲突时要特别注意运用非正式沟通来激发良性冲突。盛田昭夫就是在与员工的非正式沟通中激发良性冲突的。如在一次与中下级主管共进晚餐时发现一位小伙子心神不宁，于是鼓励他说出心中的话来，几杯酒下肚后，小伙子诉说了公司人力资源管理中存在的诸多问题，盛田昭夫听后马上在企业内部进行了相应的改革，使企业的人力资源管理步入良性轨道。

行为科学家杜布林提出冲突的 8 个原因：（1）人的个性；（2）有限资源的争夺；（3）价值观的差异；（4）角色冲突；（5）追逐权力；（6）职责范围不清；（7）组织的变化；（8）组织风气不正。

引起冲突的一些原因，个人可能无法改变，但沟通可以化解冲突。而且，研究表明，许多冲突就是沟通不当、信息不充分，导致误解而引起的。尤其当一方针对另一方的言论或行为来进行自我保护时，防御性沟通就会发生，冲突就会产生。例如：

老师："这是我看过的最差的论文。"

学生（想）："你是我见过的最差的老师。"（防御性沟通）

小案例 4-10　　　　李总的上任沟通

宏图酒业是大连兴旺集团投资一千多万元在 A 市成立的一家全资子公司。公司从事元生真龙酒生产和销售。由于保健酒市场整体大环境不好等方面的原因，公司在 2006 年的经营状况不佳。为扭转局面，集团决定更换酒业公司总经理。当时任总经理的张总，40 多岁，转业军人，曾是某陆军学院教官部主任，团级干部。集团决定让其改任酒业公司下属的营销公司总经理。

公司选中的新的总经理李总，50 多岁，以前一直在党政部门任职，曾担任过 Y 市市委秘书长、省工商局办公室主任、财务部长等职，没有在企业里工作的经验。集团对换总经理的事非常重视，并作了精心的安排。集团董事长、总经理都从大连赶到了 A 市，宣布董事会决定：由集团副总经理王总（曾担任过集团所属足球俱乐部总经理，Z市经济学院副院长等职，工作业绩及在集团内的声誉颇佳）接任酒业公司总经理，张总为酒业公司常务副总经理兼酒业营销公司总经理，理由是酒业公司被定为集团2007年的重点企业，由集团副总经理亲自来抓以显重视。同时，宣布李总为董事长助理。不久再借故让李总接替王总，正式接管酒业公司。

李总上任后，面临的首要问题是要取得员工们的信任和增强公司的凝聚力。因为企业效益不佳，员工内部早就有点人心涣散。加上酒业公司已换了几任老总，都不熟悉酒业市场情况，公司也一直没见多大的起色，而这次新的总经理能不能让公司走出困境，员工们肯定心存疑虑。还有一个棘手的问题是，张总是酒业公司一个举足轻重的人物，他2006年在酒业公司总经理的位子上干了一年的时间，虽效益不是很好，但他为人正直，对下属也不错，大部分员工对他还是很有感情的。现在把他降了职，担任酒业公司一个最核心的子公司——营销公司的总经理，他能否欣然接受这样的安排，并带领公司员工服从和跟随新的领导。以上这些是李总上任后能否迅速控制局面的关键。

李总的首次亮相就非常成功。在集团董事长、总经理都参加的酒业公司全体员工大会上，李总充分发挥了他演说能力强的特点，他的讲话成了会场上最大的亮点，引起了所有与会者极大的关注。虽然他很谦虚地说自己对做酒业务不熟，以后要多依靠大家，但他对酒业公司存在的问题却说得非常到位，这对于很多在酒业公司干了很长时间还弄不明白为什么酒做不上去的人来说是一个很大的触动，大家对李总敏锐的观察力和清晰的思路都暗自佩服，对于他领导能力的怀疑大大地减少了。同时，李总在他的讲话里针对大多数员工的心理状态，提出要让酒业公司员工都成为"高尚的人、富有的人、快乐的人"，这样的口号也引起了很多员工的共鸣，大家又重新燃起了对酒业公司的希望。

见面会之所以这么成功，主要是李总在此之前做了很多准备工作。一是他通过一些非正式渠道，在酒业公司传出，李总是董事长多年的朋友，李总上任后酒业公司的自主经营权会更大，集团在资金方面也会给予重点倾斜，而李总在正式讲话中也讲到自己以后的一项重要工作就是取得集团的大力支持，这也呼应了以前的传闻。这些信息对于增强员工的信心很有帮助。二是他通过各种途径对酒业公司的情况作了深入了解，并通过一些酒类营销专家对酒类市场作了一些大致的了解。三是通过多次的、多种形式的深入沟通，他和张总达成了统一的思想认识。他向张总承诺：营销公司的事务由张总全权负责，酒业公司将为其提供最大的支持。李总正式上任后，又与各部门经理及业务骨干分别进行了单独的沟通。他凭借年长、阅历丰富的优势，一般以拉家常的方式打开话匣，以亲切、诙谐的语言制造良好的气氛，这很容易让人觉得他是一个值得信赖的人。很快，李总就对公司里的人和事有了更多了解。不久后，他以全员竞聘的方式对全公司的人员作了一次大调整，公司的凝聚力和战斗力有了明显提高。

资料来源　根据湖南大学MBA学员李青林作业改编。

思考：李总是怎样成功进行上任沟通、化解冲突的？

组织中可能经常产生引例中的现象，由于晋升、晋级、奖励名额有限，致使同事甚至好朋友顷刻成为竞争对手。这里是"空降兵"抢了老员工的职位，加上性格差异，使冲突升级。由于老团队对新人的排斥、人们倾向同情弱者等心理现象，这样的冲突可能升级，变成新人与全员的冲突。这里还涉及上任沟通。新官上任需要迅速了解情况，熟悉业务，用业绩来获得上司的信任，树立自己在团队中的威望。同时，要迅速融入团队，为团队成员争取利益。如果是自己抢了同事的晋升，应主动与同事沟通，如果可能，想办法弥补同事失去的利益。

4.4.2 冲突沟通策略

美国行为科学家托马斯提出了解决冲突的二维模式。托马斯认为，冲突发生后，冲突参与者的反应有两个主要维度：坚持己见和合作性。坚持己见表示在追求个人利益过程中的坚持程度；合作性表示在追求个人利益过程中与他人合作的程度。根据这两个维度，产生了图 4-2 中五种处理冲突的策略：回避、迁就、折中、强制、合作。

图 4-2　冲突处理模式

回避策略是既不合作又不坚持，忽视双方的差异或保持中立，将自己置身于冲突之外。这种方法可以避免问题扩大化，回避紧张和挫折局面。当冲突对个人利益影响不大时，可能使用，当采取行动可能对自己伤害更大时也可使用。但回避策略可能积累矛盾，长期使用效果不好。

迁就策略是合作程度很高而坚持己见程度很低的策略，即牺牲自己而满足他人的策略。当己方弱于对方很多时，或为了长远利益换取对方合作时使用。迁就策略获得了暂时的合作局面，但大多数冲突者不愿意接受，长期使用也会给人产生懦弱的印象。

折中策略在合作性和坚持己见两个维度上处于中间，即双方各让一步，最后达成一个部分满足双方要求的方案。这是冲突处理比较常用的方法，能为冲突双方所接受。

强制策略是高度坚持己见而不合作的策略，即为了自己利益牺牲对方利益。当己方占绝对优势，对方无足轻重时，一般使用这种策略。但该策略会导致对方的憎恨。

合作策略是最高合作和坚持的策略。这种策略在于找到双赢的最佳方案，使双方满意。

小案例 4-11 　　　　　　　　　　邓汶和喻威的冲突处理

邓汶清华大学毕业后，去美国留学，博士毕业后在一家企业做软件开发工作。房子、票子、车子、位子都有了，过着中产阶级的生活。但觉得有股干事业的激情没处发挥。在一次美国信息科技展览会上，遇到大学同窗好友、美国软件企业 VCL 中国区总裁洪钧。畅谈之后，洪钧鼓动邓汶回国寻找更广的发展舞台，之后将邓汶推荐给美国另一家软件公司 ICE。ICE 是 VCL 的竞争对手，洪钧就是由于一个大项目的失败从 ICE 中国区总裁离职的，接替洪钧的是他昔日的好友、今日的死对头喻威。洪钧得知，ICE 将成立中国研发中心，级别和 ICE 中国公司（主管市场）一样。洪钧便将邓汶推荐给了 ICE 主管技术的全球副总裁卡彭特，卡彭特也是洪钧的朋友。洪钧认为，邓汶作技术、研发是把好手，而且研发中心与 ICE 中国公司是平行关系，只要邓汶不告诉别人是洪钧推荐来的，喻威就不会对邓汶不友好。

邓汶回国工作几个月后，一切顺利。但卡彭特来中国考察，无意中向喻威透露了邓汶是洪钧推荐的，要感谢洪钧。喻威大惊，认为是洪钧有意安插自己的朋友在竞争对手公司，好得到消息击败 ICE 和自己（洪钧绝无此意，因为卡彭特苦苦寻觅一个合适的研发中心负责人两年而未果；邓汶为自己没有更高的平台发挥而苦闷。两人都是自己的朋友，于是洪钧便做了这个于两个朋友有益，同时于己无害的推荐）。于是，喻威伙同助手苏珊设局，借口喻威抽不开身且英文没有邓汶好，请邓汶帮助苏珊一起去谈一个大项目（美资公司埃兰德），约定与客户会谈时，苏珊谈商务问题，邓汶谈技术问题；苏珊主谈，邓汶协助。邓汶很高兴，终于有机会接触客户，了解他们的想法。但又有些紧张，担心自己不懂商务而不会谈，所以要求喻威和苏珊给他介绍客户的背景及相关商务信息。但喻威和苏珊都说，要你在场主要是表达重视，有个高级别的人来参加谈判，而且此次会谈不会是实质性的，对邓汶的要求敷衍过去。

会谈开始前几分钟，苏珊突然说自己感觉不舒服让邓汶主谈。会谈中，客户问到价格问题：为何 ICE 给我们美国总公司的报价比给中国公司的报价要低？苏珊故意不接话题。邓汶并不很懂商务，为了不冷场，简单解释说是汇率问题、关税问题。而这是明显的漏洞，对方不满意答复。

对方又问："我还想和你讨论一下有关软件产品的版本问题。据我所知，ICE 软件的 8.0 版本马上就要正式发布了……"

"8 月底。"邓汶禁不住插了一句。

"OK，我想知道，8.0 版本的简体中文版什么时间可以推出？8.0 版相对于目前的 7.6.2 版本都有哪些大的变化？"

邓汶一见话题终于绕到他的专业上来，顿时有种如鱼得水的感觉，他兴奋地坐直身体，又清了清嗓子，朗朗地答道："ICE 总部派我来中国建立研发中心，我的第一项任务正在于此。ICE 以往的中文版本都是在硅谷由华人工程师做的，一些专用名词的翻译非常别扭，很多地方不符合中国客户的使用习惯和业务规范，影响客户的使用效果和满意度，所以总部才下了决心大力投资。总部派我来中国建立本地的研发中心，这充分显示出 ICE 对中国市场和中国客户的重视与承诺。我们的研发中心新址已经全部就绪，我们已经招聘到了很多非常优秀的软件人才，我们也已经和国内好几家有实力的软件公司建立了技术合作伙伴关系。我很高兴地告诉你，8.0 版本的简体中文版将会很快推出，肯定不会晚于今年年底，我对这个新版本的及时推出很有信心。"

邓汶喝了口水，马上又继续眉飞色舞地说："8.0 版本相对于以往的老版本而言，其优势是非常多的。8.0 版不是一个简单的升级版或补丁版，正相反，从技术体系架构到软件工程方法，从业务应用流程到用户界面的友好程度，都有革命性的创新。8.0 版本是完全面向当今的互联网技术浪潮的，而且结合了众多优秀客户在业务流程上的最佳实践，我可以毫不夸张地说，8.0 版本的简体中文版绝不会让任何期待它的客户觉得失望。"

邓汶一口气说完，仍然迟迟不能平静，他被自己的言语打动了。谈判对方敲着键盘，生怕漏掉邓汶提到的每一个字。邓汶忽然觉察到刚才还一直响个不停的某种声音消失了，他转过脸，看到苏珊已经把签字笔摞在记事本上，正对着自己灿烂地笑着，看来，苏珊也被他的一席话感染了。

在回公司的路上，邓汶的感觉得到了证实，他今天的表现很好，不是一般的好，而是相当好，会议完全达到了预期的效果，甚至还有意外收获。这些都是苏珊在车里不停地夸赞他的原话，在会上一直保持沉默的苏珊终于爆发了，向他倾诉景仰和感激之情。邓汶知道苏珊的嘴一向是很甜的，但他觉得苏珊赞颂他的这番话并不含什么水分，基本上客观反映了实际情况，他相信，自己代表 ICE 中国公司出席的首次客户会晤取得了圆满的成功。

第二天，邓汶接到卡彭特转发给他的一封邮件。原件苏珊和喻威写的，并抄送给喻威的上司、ICE 主管市场的皮特、卡彭特，还有公司其他高层。邮件陈述此次谈判中邓汶的不是：

第一条，越权干预销售人员的项目（明明是他们请我去帮忙的嘛）。第二条，事前拒绝销售人员对项目背景和应注意事项进行介绍（事实上我一再要求他们给我作介绍，明明是他们敷衍了事的嘛）。第三条，面对客户，无视事先商定的角色分工，在对 ICE 价格政策等商务环节一无所知的情况下，胡乱解释报价体系，漏洞百出、前后矛盾，严重损害了客户对 ICE 的信任（明明是那个苏珊缩在后面死活不肯回答，没有办法我才替她说了几句嘛，而且肯定是由于他们销售漫天要价，这才让埃兰德怀疑的嘛）。第四条，无视事先商定的会议目标，过分强调新的8.0版本的优越性，随意承诺中文版的推出时间，直接导致客户为了等待新版本而决定将购买计划推迟至明年第一季度以后，使ICE中国彻底失去了在今年赢得埃兰德项目的机会……

邓汶读完邮件暴跳如雷，准备回邮件反击，并抄送卡彭特、皮特及相关高层，告诉大家事情的原委，让大家明白是喻威和苏珊陷害自己。

洪钧知道后，给邓汶出主意。

洪钧对邓汶说："如果你反击，那你就真掉进人家给你设的圈套里了，连自己怎么死的都不知道。你在ICE中国负责的是研发中心，某一个具体项目的成败得失，都不会对你构成太大的影响。埃兰德这个项目，即便总部的那个项目经理要追究，卡彭特也会替你挡了，他把这封邮件转发给你，只是想让你知道这事。只有在一种情况下，卡彭特才会不得不把你请走，就是当他确信你在中国已无法继续开展工作了。而你刚才说的那些'反击'，正是在把你自己往那条绝路上送。"

洪钧接着说："喻威的e-mail，即使通篇是在捏造事实，但也只是对事不对人，没有提到对你个人有任何成见。你要写e-mail找皮特和卡彭特评理，声称喻威是在对你蓄意陷害，揭发喻威是小人，你这么做就等于向所有人宣布，你和喻威是无法共事的，你们之间的矛盾是不可调和的。你想一想，你和喻威是ICE在中国级别最高的两个人，你们两人之间的关系竟然到了不共戴天的地步，ICE的高层能不如临大敌吗？能不采取果断行动吗？要么一方走人，要么双方都走人。在这种情况下，最英明的老板在决策的时候，也不会考虑你和喻威之间究竟谁对谁错、谁君子谁小人，他们只会考虑一条，就是：让谁走，对ICE在中国的业务影响最小？你觉得他们会选择留下谁、干掉谁呢？喻威这招，狠就狠在这里。埃兰德只是个引子，苏珊只是个配角，到目前为止所发生的一切都还只是整个阴谋的前奏曲，下面才是真正的陷阱，喻威就是要趁你立足未稳的时候，用激将法激你跳出来，让你用自己的行动向所有人表明你和他是势不两立的，他在等着你自寻死路。"

洪钧一席话终于让邓汶如梦方醒，邓汶定了定神，把目光重新聚焦到洪钧的脸上，喃喃地问道："总不至于，我就这么完了吧？"

"不会，只要你不上他激将法的当。喻威也罢，苏珊也罢，不管他们再做什么你也要沉住气，按兵不动，甚至是皮特出面了，你也不要正面与皮特理论，你只需要关注一个人，就是卡彭特，你只需要做一件事，就是给卡彭特打电话，不要发e-mail，一定要打电话。"洪钧特意强调了一下，又接着说："你在电话中向他解释，你是出于帮助sales team赢得项目的动机去做的，可能由于事先与sales team沟通不够，也可能由于你和客户打交道的经验不足，使得项目的进程受到一些影响，你已经知道今后应该怎么做了。就说这些，不要辩解太多，也不要说喻威和苏珊的坏话，最好根本不提他们的名字，只说是sales team。卡彭特听了就会心中有数，不管是皮特还是总部负责埃兰德项目的人跑到卡彭特面前去告你的状，他都会帮你灭火的，事情慢慢也就了结了。"

资料来源　王强. 圈子圈套 2 [M]. 武汉：长江文艺出版社，2010.

思考：洪钧用的是什么冲突处理策略？

解决冲突（矛盾）有七个注意事项：（1）矛盾不积累，及时解决；（2）正视矛盾，不回避矛盾；（3）复杂矛盾不急躁，善于等待；（4）单一矛盾不扩大，个别解决；（5）内部矛盾不扩散，内部解决；（6）一般矛盾不上交，自己解决；（7）矛盾僵持，不硬解。

总之，冲突发生时，沟通策略是：控制情绪，理性分析；将人和问题分开；寻找共同点，求同存异；运用谈判艺术，合理解决。

复习思考题

1. 结合自己企业实际谈谈影响企业内部沟通的因素。
2. 结合自己的工作实践谈谈纵向沟通的障碍。
3. 上下属指令、汇报、商讨、提不同意见的沟通艺术有哪些？
4. 冲突沟通策略有哪些？
5. 变革时为何要进行沟通？变革沟通的策略有哪些？

案例分析一

W 辞职，谁的过错？

某建筑集团具有房屋建筑工程施工总承包特级、公路工程施工总承包一级、市政公用工程施工总承包一级、机电安装工程施工总承包一级、地基与基础工程专业承包一级、建筑装修装饰工程专业承包一级、隧道工程专业承包一级、公路路基工程专业承包一级、建筑工程设计乙级、建筑工程监理乙级、房地产开发一级等资质，年生产能力 400 亿元以上，位居中国建筑总承包商 50 强，先后获"全国优秀施工企业""中国建筑业首批 AAA 企业"等称号。

A 公司是该集团下属的子公司，近日成功投标一大型工业厂房项目。该项目工期十分紧张，质量要求高，且该项目的业主在业内也以要求苛刻著称。公司考虑到该项目在省内的影响力大，且有后续项目，低价拿下了该项目。

中标以后，原投标项目经理因故不能到位，公司需另选派一位有较强能力且能胜任此项目的项目经理。公司领导找几位资深项目经理谈话，大家都表示不愿去，都感到该项目压力大、责任大且无赢利空间，是个吃力不讨好的事情。正当公司 Z 总经理束手无策时，公司总工程师 W 站出来，表示为了公司的声誉、品牌及后续任务的承接，愿去挑起这副重担。总经理大喜过望，因为 W 不但做厂房项目的经验十分丰富，而且从他所负责的工程来看，成本控制、质量控制、进度控制、团队建设、业主满意度均表现突出。正因为有这样的成绩，公司才提拔他担任总工程师。

根据公司管理制度，W担任项目经理，需卸去总工程师一职。总经理经慎重考虑，任命C担任公司总工程师兼技术副总经理，接替W分管公司生产、技术工作，对公司和各项目实行监管。C为W的同学，两人大学毕业后都在建筑行业工作，C比W先调进该公司。

W上任后，迅即展开临建布设、现场布置、技术准备、资源组织、劳务招标等工作，各项工作有条不紊地进行，仅用了半个月就完成了前期准备工作，业主、公司均十分满意。工作进展顺利，除W能力突出外，还有一部分是因为W在公司威信较高，他原来的部下现在大多担任公司部门负责人及项目经理，对他的工作支持力度大，所以W的办事效率大大提高，事情办起来也顺手。公司总经理对W"临危受命"解决公司的难处感到很欣慰，所以对W的工作不过分干涉，凡事都很支持。

W在这样的工作环境下，干起来得心应手，果然不负众望，不但满足了业主的进度要求，而且提前一个月完成了主体结构。质监站评定该项目主体结构优良，并建议项目部以后申报省优工程。安监站评定该项目为省安全文明示范工地。业主十分满意，给公司发来感谢信，奖励项目部十万元，同时，业主也把后续任务交由公司施工。公司根据W与公司签订的《项目目标管理责任书》对该项目进行成本节点考核，结果该项目不但满足了公司定的上缴指标，而且成本降低额也相当可观，公司按规定给项目部兑现了奖励，项目管理人员情绪高涨、信心百倍。原来投标时一切的担心化为乌有，后续工程也顺利展开施工。

6月，公司对所有在建项目进行综合考评检查，由C副总带领考评小组进行全方位检查。

检查W项目现场时，C副总在会议室当众提出了两点意见：一是落地卸料平台搭设不符合公司标准化要求，另外地面未硬化；二是后续厂房的模板、木枋周转材料投入不够，这样会导致工期无法保证。当时W解释道："考虑卸料平台数量很多，但使用时间短的只有一个星期，长的也只有20多天，而且马上就要拆除，如果按标准搭设、场地硬化的话，成本会增加很多（本来这个项目就是低价中标）。现在这样搭设，因高度不高，经过计算，也不存在安全隐患。后续厂房目前来看模板、木枋有点紧缺，但地下室还有10多天就可以拆出来使用，项目部会采取措施督促劳务队加班加点，把这阶段落下的工期赶回来，这样的话，对公司成本有很大的节约，没有必要浪费。"C副总当即严肃批评道："公司在年初工作会议上就提出要强力推行标准化，各项目部必须严格执行，一是为了公司品牌、形象，二是为了消除安全隐患。不符合标准化要求的卸料平台须拆除重搭。你现在这样的卸料平台肯定存在安全隐患。后续厂房的周转材料须马上增加，你现在凭什么保证能把落下的工期抢回来？现在已经滞后了，这个责任谁来负？再说，现在多投入可以缩短工期，也会节约成本。"W还想解释一下，C副总摆手当即制止了："公司考评小组马上下发整改通知单，请项目部按期完成整改，公司将进行复查。"顿时会议室一片沉寂。

C 副总第二天在公司例会上通报了项目检查情况及处理决定。W 也于第二天下午赶到公司，找到 Z 总经理，详细阐述了自己的理由并提出了相应的保证措施，同时表态，以后长期使用的卸料平台按公司标准化搭设，后续厂房的工期有把握抢回来。Z 总经理认为 W 这样做有一定道理，但同时认为 C 副总在代表公司行使自己的职责且为公司长久着想也无可厚非，所以对这件事没有明确表态，只是对 W 提了其他几个方面的注意事项，要他回工地抓紧施工及收取工程款。

一个星期后，C 副总对项目进行复查，发现项目部未按整改要求进行整改，马上在项目部会议室召开会议，不等 W 说话，即对项目部提出严厉的批评，当场宣布了处罚决定，罚款××××元，并表示下星期将再次进行复查。W 听了当即起身离开会议室，不再搭理 C 副总。

W 离开会议室后，开车赶到他的好朋友同时也是他原来的部下 X 的工地，与 X 一起商量关于钢材供应价格调整幅度的事情。与此同时，C 副总也到 X 的工地检查整改情况。W 心里窝火，想起自己无论在业务能力、资历、威信等方面均比 C 副总强，现在遭 C 副总无端指责，况且公司 Z 总经理也没有反对自己这样做。于是 W 在 X 面前表达了对 C 副总做法的不满，并要 X 说句公道话。X 说话时就明显偏向了 W。W 心中更加愤愤不平，转身离开，丢下 C 副总十分尴尬地立在原地。

4 天后，C 副总再次来到工地。W 认为自己做得在理，C 副总三番五次地复查是故意为难项目，压低别人抬高自己（因为 W 的威望在公司比 C 副总要高）。W 的态度表现出对 C 副总不冷不热。受 W 的影响，项目部管理人员对 C 副总也敬而远之。C 副总感到自己的工作难以推动，而且这样会对公司管理造成一定影响，其他项目经理会效仿 W，对公司指令不服从、不执行，于是在公司班子会上提出要对项目进行整顿，加强项目的执行力，并严肃公司规章制度，避免项目管理失控。

W 得知会议内容后，向公司提出辞呈，并联系另一家大型建筑公司任总工程师。由于 W 的能力及职位的难以替代性，Z 总经理进行挽留面谈。W 表示之所以辞职，是因为对 C 副总不满，对他的业务水平及处理事情的方式感到怀疑。他说："项目这样做是为公司节约成本，利润最大化，这也是公司对项目管理的基本要求。C 副总的所作所为对项目、公司不利，我的工作也不好开展，且对管理人员的积极性打击很大，我们这样做也是有把握的。现在因为 C 副总个人的建议，公司再加以整顿，对管理人员的职业上升空间都会有影响，我不想因为我的原因而影响他们。" Z 总极力挽留未果。

W 离职后，公司议论纷纷，其他项目经理也心存疑虑，公司无奈任命了另一个项目经理。由于 W 的离开，项目管理人员积极性低落，各分包队伍也心怀忐忑，加之新项目经理对情况不熟悉等一系列因素，导致工程进度滞后、质量下滑，业主也越来越不满，向公司多次发函督促整改。C 副总也多次到项目蹲点指导，但起色不大，公司陷入被动……

Z 总经理、C 副总也陷入一片迷茫之中……

资料来源　根据湖南大学 MBA 学员汪进德的案例作业改编。

讨论题：

（1）W 面对 C 副总的监管应该如何沟通？

（2）C 副总发现 W 项目部的问题后，可以采取什么方式沟通，顺利实施其监管职责？

（3）Z 总经理面对两个下属的争议该怎样沟通化解？

（4）X 是否可以适时做 W 和 C 副总的沟通工作，使他们消除误会？

（5）W 与 C 副总的冲突是否可能避免？

案例分析二

深圳倍特力公司的员工关系管理①

深圳市倍特力电池有限公司（以下简称倍特力公司）是一家民营企业，位于深圳市龙华新区大浪街道同富邨工业园，是新能源产业领域的国家级高新技术企业，2002 年成立。倍特力公司刚创办时只有 28 个人、不到 1 000 平方米的厂房。经过 10 多年的发展，已成为年产值 3 亿多元的新能源企业。倍特力公司是目前国内唯一一家集锂电池、环保镍氢电池、镍锌电池、充电器的研发、生产和销售于一体的企业，产品广泛应用于数码相机、无绳电话、对讲机、MP4、GPS、移动 DVD、电动工具、电动玩具、矿灯等消费电子产品及电动自行车、电动摩托车、电动汽车等高功率电动产品。倍特力公司下设锂电池事业部、镍电池事业部和江西事业部 3 大事业部，有员工 1 000 多人，日产各类充电电池 45 万只，产品主要出口美国、欧洲国家、日本、韩国和泰国等，是众多国际知名品牌的 OEM/ODM 厂商。

倍特力公司成立 14 年来，在产业内快速发展。倍特力公司的高容量镍氢电池等产品打破了三洋和超霸等全球充电电池巨头对高端充电电池产品市场的垄断，开发了一大批国际、国内知名的战略合作客户，如欧洲三大电池销售商中的 Uniross（欧力）、Ansmann（安斯曼），巴西第一大通信品牌商 Intelbras，全球排名前三的小家电制造商 Kwonnie，知名超市品牌法国欧尚等，并且已经通过全球第一大电池品牌商 Energizer（劲量）的验厂审核。倍特力公司注重研发投入，建有 16 000 平方米的生产基地与配套完善的研发中心，与天津大学、中南大学分别共建产学研基地；每年的研发投入均在销售额的 5% 以上；科技成果申报专利 84 项，已授权专利 83 项，其中发明专利 16 项、实用新型专利 59 项、外观设计 8 项，技术处于国内、国际同行业领先水平。倍特力公司是深圳市科技局认定的高新技术企业，2010 年被认定为国家级高新技术企业，2013 年获准建立"博士后创新实践基地"。倍特力公司采用 ERP 系统管理，引进精益制造管理（JIT）项目并持续改进。

---

① 本案例已被收入"中国管理案例共享中心"。该案例是笔者在多年关注该企业，同时深入企业调研访谈的基础上写作而成，为丰富案例信息，笔者访谈了企业董事长、两个事业部的总经理、4 名中层管理者、6 名基层管理者和 12 名普通员工，对企业生产线、员工食堂、员工宿舍进行实地调查，对企业正在进行的员工活动进行观摩，收集、阅读、分析企业员工关系管理制度和员工关系管理的原始记录，以求客观地呈现企业的真实情况。

公司创始人龙翔1987—1991年就读于天津大学化工系，毕业后任职于航空航天部贵州电源研究所。这是一家军工单位，待遇好、福利多，在那个时代是一份令人羡慕的工作。1992年，大批在政府机构、科研院所工作的知识分子受邓小平"南方谈话"的影响，纷纷主动下海创业，涌出了一批以陈东升、田源、郭凡生、冯仑、王功权、潘石屹、易小迪等为代表的企业家。这批企业家被称为"九二派"。龙翔说："我就是'九二派'中的一员。"1992年，他辞掉军工单位的"铁饭碗"工作，到珠海打工，进入珠海市三益电池有限公司，该公司由珠海市政府和珠海益士文化学电源研究开发中心共同出资成立，是国内第一家镍氢电池生产企业。龙翔参与了我国首批镍氢电池的研制，在该厂从技术员干到技术部经理、销售部经理，最后升到副总经理。2002年，龙翔离开三益公司自己创业，投资200万元办自己的电池生产厂。

倍特力公司的用工数量在高峰时期为1 800人。经过实施丰田精益生产项目，倍特力公司优化了流程，降低了成本，也减少了人工。目前在职员工有1 000余人，一线员工中，新生代员工占85%。大专以上学历人员占比为14.65%，高中及中专学历人员占66.02%。

倍特力公司的员工关系管理随着企业的发展经历了不同阶段，大致可以分为：

第一阶段，2002—2005年的创业期，实行家人式的管理。

第二阶段，2005—2008年的快速发展期，员工关系管理建章立制。

第三阶段，2008年至今的稳健发展期，员工关系管理精细化。

一、创业期家人式的管理实践

2002年3月，创始人龙翔筹资200万元建厂，抓住玩具电池市场的商机，公司迅速发展。3月建厂时员工只有28人，至10月就达80多人，厂房迅速扩展至1 000多平方米；2003年8月，因原有厂房面积不够而搬至现在的工业园厂房；发展至2005年，员工人数达300多人，产能8万只/天，产值近1亿元。

在初创时期，倍特力公司的员工关系简单。人力资源部吴部长回忆，当时租的地方办公条件非常有限，但大家都勤奋、努力，经常加班，有一股热情。工资待遇虽然与市场水平相当，但公司有很多培训，看着公司蒸蒸日上，大家都充满希望，职业晋升的空间也很大。龙翔夫妇与大家同吃同住同劳动，地位平等，像一家人。由于层级少，员工与老板面对面，信息分享充分、沟通顺畅；公司决策透明，经常边吃着盒饭，边就各条线的问题互相交流、讨论解决办法，大家决定的事情也马上执行，不需要监督、催促；节假日经常一起聚餐、旅游。龙翔对员工传帮带，同时严格管理，比如不许员工赌博、打架；每盏灯、每棵树都有责任人，等等。这些都是龙翔在原来的工作单位中新加坡上司的严格要求下形成的职业习惯。

二、快速发展期的员工关系管理

2005—2008年是倍特力公司的快速发展时期。这一时期，公司业务继续快速发展，员工人数由300多人发展至1 500多人，产能21万只/天，产值达到2亿元元；同时，公司规范各项管理制度。2003年，倍特力公司通过ISO认证，2004年引入"5S"管理，2005 年导入 ERP。

随着倍特力公司的迅速发展壮大，吴部长感觉人力资源管理建章立制的压力越来越大。一方面，公司生产运作管理的提升，对人力资源管理制度提出了挑战，需要提高执行力。另一方面，龙翔是个讲究细节的人，创业团队在他的影响下都注重细节、严于执行，形成了习惯并影响自己的团队，而现在员工队伍迅速扩大，还依靠领导者的传帮带，已跟不上企业发展节奏。2005 年，龙翔进入清华大学的 EMBA 班学习，经常与员工分享自己的学习体会，向管理团队推荐管理学经典著作，还要求他们写心得；也聘请专家学者到公司做管理培训，努力打造学习型组织。"这段时间很忙很累，公司业务本来就迅速扩张，还要培训听课、读书写心得"，不过，吴部长认为很值，"我们也跟着读了 MBA"。正是在学习之后，吴部长于 2005 年着手在公司引入 KPI 绩效管理。KPI 考核主要针对职员（即管理人员），开始设计的绩效管理方案使用惩罚手段贯彻，即将职员工资的 20% 扣除，完成 KPI 的，20% 兑现，完不成的，20% 扣除。初步运行 KPI 绩效管理时，阻力非常大。龙翔认为，这是用老板理念来管理员工，如果用打工者的理念来管理打工者，改革应该增加员工收入。这对吴部长触动很大，绩效管理改革不再用负激励的方式强制推行，而且推出管理团队和技术人员的持股分红制度，从正面拉动公司改革，使一系列与精益生产配套的人力资源管理制度落地。

解决了管理团队的问题，员工的问题似乎更让吴部长头痛。2006 年公司产值过亿，员工人数达到 950 人。这一时期，深圳开始出现招人困难，以往有人找关系进倍特力公司，现在，公司要从职业介绍所频繁招人。而且跳槽、离职的熟练员工增加，对飞速发展的倍特力非常不利。如何吸引新员工、稳定老员工呢？吴部长首先在员工待遇上做文章。倍特力公司的员工待遇略高于市场水平。但仅仅提高待遇是不够的，周边有些小微企业，订单拿得多时，可以将员工工资提得更高。倍特力公司要想基业长青，就要有更吸引员工、更有内涵的激励手段。受精益生产培训的影响，吴部长认为，精益生产运用到人力资源上，就是重视人力资源管理的作用，尊重员工，加强与员工沟通，吸纳员工参与管理。于是，他推出了一系列员工关系管理制度。

1. 推出各种员工沟通会，让员工畅所欲言

（1）基层早会。生产部门的员工早会由组长或生产主管组织，其他职能部门早会由部门负责人组织。早会用于布置当天任务，同时了解员工情况，及时解决员工提出的问题。

（2）部门沟通会。在生产部门的工段一级，工段主管每月 20 日前至少举行一次本部门员工的沟通会。员工既可以自由报名参加，也可能由工段推选参加，部门负责人、总裁办、人事部工作人员作为管理人员参加。部门沟通会有时有主题，有时没有主题，由员工随意发言。在部门沟通会上，员工们提的问题多是工作环境、生产过程、工资待遇和福利，还有生活和宿舍问题。沟通会要求参与的管理人员能当场答复的就当场答复，不能当场答复的，要在约定时间内答复并跟踪落实。

（3）公司普通员工沟通会。普通员工沟通会每两个月召开一次，由公司行政部负责组织和安排。会前，在公司内公开发出召开沟通会的通知。一次沟通会的参会员工大约有 40～60 人，均为普通员工。参加沟通会的普通员工由四种方式产生：①由行政部根据员工名单随机选取某些人参加；②员工看到公告等自愿到行政部报名；③部门全部人员参会；④指定各部门的参会人数，由各部门的负责人提报。某一沟通会的参会人员有的由单一方式产生，有的由几种不同方式产生。如此安排的用意是使参会员工具有充分的代表性，能够代表员工整体的意见。一些员工愿意参加，就可以主动报名。一些员工因为不敢发言而不想参加，就采用抽签和上级安排的方式安排他们参加。企业管理方由总经理或常务副总经理参加。为了听取意见和回答提问，要求各相关部门的经理如行政经理、生产厂长、稽核部主管、工会主席参加。沟通会实行直接主管回避制度，参会员工的部门主管、线长不能参加。沟通会力求营造出轻松的沟通氛围，同时准备瓜子、花生、水果和饮料等，员工可以边吃边聊。发言主题不限，只要不涉及人身攻击，员工都可以畅所欲言，什么问题都可以提。公司欢迎任何员工对公司管理的方方面面提出意见和建议。对于员工所提出的问题和意见，当场由相关部门负责人回复，由行政助理记录提问和答复的内容。能解决的问题，必须现场落实责任人及解决时间，暂时解决有困难或不能解决的，诚恳同员工说明原因，获得员工理解。该制度一直运行至今。公司总经理等在沟通会上介绍当前经营情况，表明对企业发展和某些事情的看法、想法，阐述公司的企业文化。

2. 建立合理化建议制度，让员工参与管理

倍特力公司成立了一个提案委员会，负责向员工征集提案、评估提案、奖励优秀提案。所有提案都由一个权威的提案评审委员会进行评审。委员会由九名委员组成，多是公司中高层的技术和管理权威。提案的奖项分为优秀提案奖、特殊贡献奖、合理化建议奖三部分。对获得不同分数的提案，给予不同的奖金。

3. 提出公仆领导理念，让管理者为员工服务

龙翔强调管理者要为员工服务，为此，吴部长设计了一个倒金字塔形的组织机构图。在倒金字塔结构图中，处在顶端的是当月评选出来的各部门优秀员工的照片，最底端的则为董事长龙翔的照片。该图挂在公司办公楼入口处。

吴部长还设立了总经理信箱，制定了《总经理信箱管理制度》；公开管理人员电话，包括董事长、总经理和每个部门每个组织的主管电话，张贴在办公楼、各工段的信息栏，并在各种场合向员工表示，欢迎通过电话和短信发表意见；为了使新员工知道领导电话，行政部前台每月公布一次领导电话。

为使员工沟通更加顺畅，吴部长还建立了随时访问办公室制度，制定了《随时接受来访制度》，规定：（1）各部门办公室、总经理室非因沟通保密需要，应保持开放状态，以便随时接受员工来访。（2）接待员工来访时，应保持与员工平等沟通，不得以工作忙为由推脱或让员工等候而不给予答复。（3）对于员工反映的问题，经调查属实的，在本职工作范围能解决的，应主动解决，及时给员工答复。

（4）对于员工反映的问题，非本部门职责范围的，也要根据"首见负责制"原则，协调相关部门给予解决，并跟进事情的进展。

吴部长的这一系列改革，贯彻了龙翔的"用打工者心理管理打工者"的理念，公司原来家人式的管理上升为制度化的管理，而家人式的氛围得以维持，并有了制度保障。

稳健期精细化的员工关系管理

2008 年至今为倍特力公司的稳健发展期。在这一时期，公司业务稳健发展，产值达到 3 亿元。相比创业期的飞速发展，这一时期的发展趋于平稳，公司 2008 年的产值就达到了 2 亿元，之后发展放缓，2013 年达到 3 亿元，至今保持在 3 亿多元的规模。倍特力公司的镍氢电池研发和生产技术处于行业领先水平，而且属于环保和新能源的新型产业，因此受经济下行的影响较小。2014 和 2015 年的经济下滑，对公司的影响不大，没有明显的淡旺季之分。倍特力公司于 2013 年启动江西生产基地建设，做长期战略规划。在这一时期，海航入股倍特力，倍特力资本实力更强、平台更高，谋划在创业板上市。

倍特力公司员工人数在 2013 年 6 月达到高峰，共有 1 800 多人。之后引入 U 形生产线，生产效率大大提高，员工人数降低，至今为 1 080 人，产能 30 万只/天。然而，中国劳动力市场结构发生改变。2008 年以后，倍特力的新进员工通过老员工介绍进来的越来越多，这成为主要的新员工招聘渠道；留住员工也越来越难。而且，倍特力公司的新进员工越来越年轻化，大多数为 90 后，"1985 年前出生的员工在我们这里可以被称为'老员工'"。吴部长明显感觉到，90 后员工的价值观不同于 80 后，更不同于 70 后、60 后，"他们要工作有意思，还要在这里好玩"。吴部长发现，新进 90 后员工一星期内辞职的较多，离职面谈时他们说得最多的一句话是"这里不好玩"。这让吴部长深思：公司要实现战略升级，而劳动力市场结构变化挑战员工队伍的稳定性，如何准确把握新时期打工者心理，升级人力资源管理？他认为，一要为员工做职业规划，让他们觉得工作有意思、有未来；二要人本管理精细化，平等对待员工，用沟通、培训、传帮带解决下属工作中的问题，不得辱骂下属，不得简单粗暴对待下属提出的工作问题，不得对员工进行经济处罚，用鼓励方式引导员工；三要丰富员工生活，让他们觉得"好玩"。为此，这一时期，人力资源部做了以下制度创建和完善工作：

1. 给员工做工作辅导，让员工觉得工作"没烦恼"

（1）工作辅导。倍特力公司要求中层主管不定期地与本部门的员工进行个别性工作沟通，每周起码随机与本部门 2 名新进职员及 2 名工作了 3 个月以上的老员工进行沟通。工段主管每周起码与 5～7 名工作了 3 个月以上的老员工进行沟通，并带领本部人员进行工厂安全巡查。工段主管与所有的组长、机修工、物料员进行沟通。中层主管与员工的沟通包括下面几种类别：①征询。在沟通中，中层主管谈及的内容包括：该员工的工作情况和成绩，予以表扬；询问员工有没有什么困难，是否需要上级帮助，有无专人帮带，生活上有无好朋友，个人对工作（待遇/工作条件/工作时间等）是否满意，对部门工作开展有何建议，对上级有什么建议及要求等；上级对下属提出要求和期望。②工作改进。讨论员工的工作职责、岗位要求，评估下属的特长与性格，看工作安排是否合适，有无可改善之处。每半年进行一次。

（2）基层主管关注员工情绪，随时沟通。对于情绪不好的员工进行关切性询问。员工遇到事情心情不好，一般都在脸上表现出来，特别是新生代的员工，心里不爽、不开心就拉着脸。如果他心情不好，做产品就不尽心，从而做不出好产品。班组长要跟员工沟通，了解员工的想法，帮助他克服困难。

（3）对工作辅导情况实行考核。对承担沟通责任的各个工作人员都进行考核，制定考核制度和考核标准、记分方法。沟通工作的考核分数与生产经营工作的考核分数合计起来，作为该工作人员的绩效总分。考核分数与收入挂钩，决定每月30%的工薪。如果没有完成则扣分。通过这样的制度，保证责任者切实去做。考核内容包括这个月要做什么事，每件事做几次，每次多少分等。例如，规定每个月去宿舍5次，每次1分；如果只去了3次，就是3分。

2. 给员工做职业规划，让员工觉得"有未来"

倍特力公司对员工实行职业生涯管理，实行内部招聘和晋升，让员工看到职业发展希望。倍特力公司95%的管理人员是自己培养的。对于中层管理人员，每月由总经理、副总经理进行绩效沟通，评价一个月以来的工作情况，交流意见，弥补不足，鼓励把工作做得更好。倍特力公司根据入职时间和业绩状况每半年或一年给职员加薪一次。加薪前制作"薪资确认单"，包括哪个项目、哪个月调工资，常务副总和主管副总签名认可。常务副总找被加薪者一对一面谈，进行调薪沟通，表扬员工做得好的方面，鼓励员工在不够好的方面努力，并与员工商讨改进方法。

倍特力公司对晋升、加薪等实行民主评议，与绩效考核中的360度评价结合，保证公开、公正、公平。公司每个月召开一次员工大会，公布上月"优秀员工""优秀职员"的评比结果，并请评优代表讲话；宣布新晋升或新招的主管以上的管理人员名单，总经理亲自发聘书，新晋升人员每人发表讲话，新进管理人员做自我介绍等等。

3. 做好新员工关怀，让他们觉得"有归属感"

吴部长发现，新员工在入职3个月以内离职率最高，因此建立了新员工关怀制度并将员工离职率作为管理者考核的重要内容。

（1）新员工沟通会。在新员工入职的1个月之内召开沟通会，所有新员工都参加。新员工沟通会的目的，一是引导新员工熟悉企业的环境和规则，二是了解他们的工作生活和适应状况，听取他们遇到的困难和建议，三是让他们了解公司的沟通网络和沟通制度，能够在以后积极参与。总经理或常务副总经理参加新员工沟通会，听取意见，表达期望，宣讲本公司的企业文化，组织员工讨论。新员工沟通会的议程和方式与普通员工沟通会基本相同。

（2）新员工面谈。在新员工入职1个月内，总经理对重点岗位、关键岗位者进行100%沟通。例如，招收保安人员时，副总面试之后，总经理一定要与该保安人员直接交流沟通。关键人员还包括财务人员、保管人员、营销人员、采购人员、技术人员等。在新员工入职一周内，直属副总经理与100%的人员进行沟通。对干部，入职3天内，直属副总对100%的人员沟通；入职1周内，总经理与100%的人员沟通。在新员工试用期满前，直属副总与100%的人员进行沟通。其他新员工进入公司后，行政部及相关部门都安排干部与新入职人员进行面谈，了解员工工作及生活状况，适应公司状况及遇到的问题，了解其内心对工作的想法，帮助新入职员工解决各种问题，协助其尽快融入公司。

（3）中层管理者与新员工的沟通。新员工入厂3~7天之间，工段的主管必须去员工宿舍探望。新员工入厂7~10天之间，工段主管必须安排单独沟通。沟通内容包括：主管安排新员工与本组员工见面，举行简单的欢迎仪式；主管自我介绍，并仔细询问每个新员工的姓名，介绍车间产品流程；告诉新员工当班组长及其联系方式；介绍目前车间老员工的工资待遇；了解新员工的工作和生活适应状况，工作效率及技能掌握状况，所遇到的问题，对工作的想法，对管理人员的评价；其他事项。对新员工提出的问题，主管要帮助解决。

（4）基层主管与新员工的沟通。新员工分到本班组时，主管安排本组员工见面，举行简单的欢迎仪式；下班前必须找入职不到3天的新员工单独沟通；在主管安排下，组长与物料员和进厂不到3天的新员工一起去食堂吃饭。基层还有例行沟通，组长每半个月与2~3名员工沟通一次，并填好"沟通记录表"。

4. 建立员工自我管理制度，让员工觉得自己"有价值"

针对新生代员工善于表现自己、希望有自己的舞台的特点，吴部长设计了一系列员工自我管理制度。

（1）员工生活委员会。员工的生活委员会是倍特力公司的第一个民间组织（企业内的NGO）。生活委员会设1名主任、12名委员。委员会的产生采取部门代表制，公司每个生产和经营部门出一个委员，公司总经理室、行政部等综合部门没有委员。有些部门的委员候选人通过个人报名、自荐产生，有些部门的由部门推荐产生，然后行政部综合各部门意见，从中挑选性格开朗、有热心的员工。担任委员者基本都是普通员工和班组长。这些人选的决定总经理、副总经理等都不干预。生活委员会成员最初任期为3个月，每个季度重新选举更换一次。后来，为保持相对稳定性，每个季度更换两名委员。生活委员会负责对公司的伙食、宿舍和集体活动进行管理：①伙食管理包括计划菜谱、监督称菜、调查菜价、监督饭菜质量、监督就餐纪律、反馈意见。②宿舍管理，员工生活委员会主管宿舍的7S评比。③活动管理，组织员工各种文体活动。

吴部长觉得这些员工自我管理制度切合新生代员工的心理，"很多员工愿意做这些事情，主动报名"。"新生代员工与60后、70后员工有较大的不同。他们喜欢表现自己，积极参加活动，追求得到别人的尊重，体现价值；希望借此锻炼自己的组织能力和管理能力，增强自身的影响力，展示个人魅力；也希望找到更多的机会来接触高管"。60后员工认为管理这些事情很累，划不来。这样，员工生活委员会为新生代员工搭建了一个平台，使他们得到了另一方面的成长机会。通过这些方式，一些普通员工被公司选拔为总部职员和主管。例如，一位员工在春节晚会上表演了一个精彩的节目，口才和演讲能力很不错，公司就把他从一线员工提拔为总部职员。

（2）文体团队。倍特力公司允许员工根据自身爱好、兴趣成立各种民间的文体组织，比如篮球队、台球队、乒乓球队等。倍特力公司为各种组织参赛提供条件，由行政部安排进行内部比赛及对外比赛等。

（3）员工学习委员会。倍特力公司成立了员工学习委员会，与天津大学联合办学，促进学习型组织的发展。学习委员会选举主席、副主席、委员等，定期组织学习和交流，相互之间解决疑难问题。

公司原则上不干涉各民间组织在其职责范围内的自由活动。

5. 建立劳动关系促进委员会，让员工觉得"有尊严"

（1）倍特力公司组建了劳动关系促进委员会，作为劳资双方沟通的主管部门。该委员会的主任由常务副总经理担任，委员中有管理部门的代表，也有普通员工的代表。公司规定了劳动关系促进委员会的职责。其中主要是负责提出促进劳动关系和谐的理念、方针、政策，起草、编制和谐劳资关系相关制度，制定劳动关系调节和沟通活动的计划，指导劳动关系调节工作，组织和安排各类沟通，改善员工的工作和生活。倍特力公司建立了《员工纠纷处理制度》，大多数纠纷在第一时间得到有效处理。

（2）重视员工意见调查。为了解员工工作生活的全面情况，收集员工的意见和评价，倍特力公司定期开展各种形式的调查活动。①工作满意度调查。由行政部统一制作表格，对员工进行抽样调查或普查，调查员工对加班、车间管理、工资等的满意情况。每半年举行一次，采用无记名形式。②Q12敬业度调查，主要是针对管理者的调查。③离职调查。在员工离职时，由行政部统一发放表格，对员工离职的原因进行调查，并让员工对公司管理提出意见和建议。无论员工以什么原因离职，直接上司都与其进行离职面谈。总部的职员和干部离职时，总经理或副总经理都100%地与之面对面沟通。④就餐意见本。员工对就餐有意见的，可以在就餐意见本上提出意见。

6. 搞好员工福利，让员工觉得"有温暖"

（1）购房购车补助和带薪假期。倍特力公司给员工提供了大量福利。①购房补助和无息贷款。公司规定，对工作达到一定年限的主管级以上的员工和业务员，在购房时给予经济补助和无息贷款。公司补助及无息贷款金额合计不高于房屋总价（不含房屋购置税费）的30%。②购车补助和无息贷款。对工作达到一定年限的主管级以上的员工和业务员，在购小汽车时给予经济补助和无息贷款。公司补助及无息贷款金额合计不高于车辆总额的50%且金额在6万元以下。③有薪年假，公司严格按国务院条例，给员工有薪年假。员工累计工作已满1年不满10年的，年休假 5 天；已满 10 年不满 20 年的，年休假 10 天；已满 20 年的，年休假 15 天。员工婚假、产假均按国家法律规定执行。

（2）生活关爱。

①免费宿舍。倍特力公司有自己的员工宿舍楼，员工只要愿意就可以在这里免费居住。每间宿舍配备储物柜、电风扇、口杯架、毛巾挂钩、电源插板、宽带网线等。网费每人每月 15 元，上网时间不限。宿舍的公共部分配备热水器、净水系统、篮球架、乒乓球室、台球室等。倍特力公司为双职工提供夫妻房，按普通家庭标准配置电视机、衣柜、席梦思床、梳妆台、沙发、洗衣机等家具和家电。

②免费伙食。公司有员工食堂，饭食全部免费，每个员工都可在此就餐。食堂每天供应早餐、中餐、晚餐、夜宵，每顿正餐二荤二素一汤，每周菜谱进行轮换。不在公司用餐的员工可以得到 260 元/月的伙食补贴。

③春节送暖。凡按公司规定春节休假的员工，由公司在春运期间为全体返乡员工统一订购团体车票，解决员工春节回家买票难、买票贵的问题。公司为返乡过年回到公司上班的员工报销返深车票。公司在春节放假期间统一安排车辆将员工送至火车站乘车。每年年底春节放假前，由行政部根据每个员工情况填写家属慰问信，总经理签名，再邮寄到员工家中，代表公司表达慰问。每年除夕，公司统一安排未返乡过春节的留厂员工与公司领导一起共吃年夜饭，共度除夕。大年初一早上，由行政部与相应副总到员工宿舍，探访未回家过年的员工，公司统一发放春节礼物。春节开工典礼当天，由总经理给全体员工发放开工红包。

④家属优惠。为了让职员亲属充分了解公司及公司团队，新职员入职前一个月内可以带直系亲属来公司参观，并直接由总经理室负责接待和就餐交流。公司职员直系亲属来访时，公司行政部安排车辆负责往返接送。员工父母第一次来深圳时派车迎接。家属可免费参加公司活动，公司对家属参加大型旅游活动提供补贴。

⑥员工生日。公司每个季度在每个事业部举办一次集体生日晚会，为这个季度内过生日的员工庆贺，赠送生日礼品。所有与会的员工都可以参加有奖游戏，获得奖品、纪念品，分享蛋糕、水果、零食、饮料。在生产工段信息分享栏中，对当天过生日的员工表示祝贺，在工段的电子显示屏上打出祝贺信息。

⑦职员婚礼。职员结婚的时候，总经理或副总经理前去祝贺，或者给员工主持婚礼。

⑧困难救助。倍特力公司爱心基金委员会的爱心基金每月积聚一定数额的爱心善款，帮助符合资助条件的公司员工。员工每人每月捐 1 元钱，总部职员捐 5 元，主管级以上捐 20 元，常务副总捐 50 元，总经理捐 100 元。家庭遭遇突发性事件导致生活困难的公司内部员工，因家庭经济困难而面临失学的公司员工子女，需要资助的社会弱势人群（残、障、孤、老）可以提出申请，公司予以资助，帮助他们渡过生活难关。

⑨员工探访。总经理每月到员工宿舍了解员工住宿和生活情况，与员工拉家常，询问意见。员工此时可以比较自然地反映意见。总经理也委托总经理室每月到

宿舍探访。总经理本人或委托总经理室到医院探访受伤、患病的员工，拜访员工家属。总经理本人或委托总经理室到员工的家里探访员工。例如，职员生小孩时去看望，利用这个时间沟通。总经理和公司领导班子在除夕慰问坚持工作或未回家过年的员工，与他们共吃年夜饭；大年初一到宿舍拜年，给员工发红包和糖果，同时唠家常、沟通。员工在这个时候常常比较轻松地说"老板，今年给我们涨点工资吧"。

⑩团队活动。公司每年组织春节晚会，有节目表演和晚宴。总经理和公司领导班子其他成员都去参加，与员工同乐，进行沟通。公司制度规定，每个季度每个部门必须带领员工组织一次集体文体活动，部门主管与员工之间彼此增进了解，沟通意见和感情，增强凝聚力。公司制定了《部门活动经费补助方案》，为组织活动的部门拨付一定金额的活动经费，并提供车辆服务。活动由部门自己组织，时间由部门安排。

倍特力公司不断创新员工关系管理，使其越来越精细化，龙翔"用打工者心理管理打工者"的理念不断被深入贯彻，员工流失率大大降低，得到各方的首肯。但令吴部长烦恼的是，精细化的员工关系管理使员工满意度提高了，但中基层管理者的抱怨却增加了。而令龙翔担忧的是，倍特力江西宜春工业园投产后，深圳生产基地将逐步转移至宜春，宜春生产基地将扩大至目前深圳生产基地的两倍，深圳基地转变为研发和营销中心，如果吴部长及大部分中高层管理者不随迁至江西生产基地，倍特力的员工关系管理模式能复制到江西基地吗？进而，如果因员工关系管理不好，不能形成稳定和敬业的员工队伍，倍特力高品质的产品生产能保证吗？江西宜春新的工业园将是支撑倍特力腾飞的生产基地，也是倍特力完善和创新管理模式的地方，怎样应对呢？

思考题：

1. 倍特力公司为何要采取这样的员工关系管理制度？该制度会产生怎样的结果？

2. 倍特力公司如何解决员工满意度提高但中基层管理者抱怨增加的难题？

3. 生产基地搬至江西后，倍特力公司的员工关系管理面临哪些挑战？该作出哪些新的改变？完善倍特力公司的员工关系管理，下一步最需要做的是什么？

4. 倍特力公司的员工关系管理制度在您的公司可以实施吗？有哪些障碍？

第 5 章

变革沟通

学习本章后，您应该可以：

- 认识组织变革沟通的意义
- 掌握组织变革沟通的策略

运营部门的搬迁

某保险公司为了提高工作效率，降低公司运营成本，为客户更好地提供后继服务，计划将各地分公司的后台运营部门撤销，将全国的运营业务全部集中在上海总部，在上海新成立集中运营中心统一提供服务。此项改革从计划制订到最后实施计划再到完成，历时半年。该保险公司采取了以下步骤推进改革。

第一，建立有力的领导班子负责此项改革事宜。

第二，在相关业务部门放出风声，并迅速在全国所有分公司各个部门中广泛传播。同时，由总部人力资源部聘请外部专业机构在总部和全国各分公司开展企业变革的相关培训，包括 Free to fly 等从国外引进的一些专题培训，使员工逐步认识到企业变革和创新的必要性和紧迫性。

第三，向员工公布运营集中搬迁的时间表和相关细节，以及有关人员的安排方案。

第四，由人力资源部和总部相关人员对涉及工作岗位和地点变动的人员进行面谈，同时收集信息和意向；对不愿意去上海的员工给予劳动合同余期补充。

第五，根据员工意向及运营中心的岗位设置，重新评估和安排愿意调到总部运营中心工作的员工工作。

此项变革从总体上获得成功，运营中心顺利集中于上海总部，但也带了一些负面效应，包括短期内服务水平的下降、客户的流失、关键岗位人员流失等。其原因在于：（1）对关键岗位人员的沟通力度还不够，没有充分考虑他们的诉求和家庭实际状况；（2）补充方案过于草率，未与业务部门充分沟通，使得该方案在一定程度上起到了加速业务人员流失的作用；（3）未就改革方案与客户充分进行宣传和沟通，导致流失的业务人员带走了一部分客户；（4）应急预案不够充分，导致在变革过程中客服水平下降，客户投诉增多的情况出现。

　　资料来源　根据湖南大学 MBA 学员王谱案例作业改编。

　　一本《谁动了我的奶酪》风靡全球，许多跨国公司将该书作为教材发给员工。这本薄薄的小册子就讲了一个主题——变化，陈述人们面对变化的不同态度。社会每天都在发生变化，企业必须顺应这些变化，作出应对。变革是推动企业不断向前的车轮。

　　变革研究者发现，沟通是促使变革成功的主要因素。

5.1　　变革沟通的意义

　　如果组织对下列问题大部分或全部回答"是"，那么组织需要变革：

　　（1）你是否被"点头称是的人们"所包围？

　　（2）你的下属害怕向你承认自己的无知和疑问吗？

　　（3）决策者是否过于偏重折中方案以至于忽略了价值观、长远目标和组织福利？

　　（4）管理者是否认为，他们的最大乐趣是不惜代价维持组织中的和平和合作效果？

　　（5）决策者是否过于注重不伤害他人的感情？

　　（6）管理者是否认为在奖励方面，德高望重比有能力和高绩效更重要？

　　（7）管理者是否过分注重获得决策意见的一致？

　　（8）员工是否对变革表现出异乎寻常的抵制？

　　（9）是否缺乏新思想？

　　（10）员工的离职率是否异常低？

　　也有的学者提出，有四项标准可以检验企业是否已出现不利的症候群：

　　（1）企业成员认同感下降，不认同企业价值与远景，私心大于公益。

　　（2）组织不同部门的冲突加剧，造成部门本位主义取代团队合作。

　　（3）组织决策权力集中在少数高层，大多数成员不仅无力改变现况，更得过且过。

　　（4）组织既得利益阶层排斥学习新技术与知识，甚至不支持自发性的员工学习。

　　企业如果有上述四种负面现象，就必须进行组织变革管理，否则容易被市场淘汰。

　　变革为何需要沟通呢？因为人们对变革存在心理障碍，这些障碍表现在：第一，习惯。习惯培育一种安全感，变革则是对安全的威胁。第二，时间限制。担心变革打乱现有秩序，使人更忙碌。第三，结果的不可预见性。第四，如果变革缺乏足够的沟通，管理者不理解员工的想法和问题，员工不知道变革的理由、行动方案，变革方案缺乏风险评估和后续工作巩固改革成果等，变革的障碍将更大，员工可能产生心理恐惧，制造对抗性消息和谣言，反对变革。由于人们的心理障碍，在变革时期，效率的降低是显著的。有的研究认为，企业并购变革中，劳动生产率的降低在 50% ~70%。所以，变革需要沟通，需要稳定人心。

小案例 5-1 　　　　　　　　　　张经理的改革为何失败？

某通信设备厂为民营企业，近年来业务拓展，新开设一家建筑材料厂。总经理将主要精力放在新开的建筑材料厂，对通信设备厂的管理就有些力不从心。于是通信设备厂向社会招聘了一位主管生产的副总——张经理。张经理负责通信设备厂的生产、制造、采购、人事、行政等事务，但不负责通信设备厂开发部的管理。张经理原来是某国有大型制造公司的企划部经理，有多年的企业管理工作经验。

张经理进厂之后，仔细研究了该厂的各种规章制度及工作流程，发现企业管理方式严重混乱，主要表现为：（1）组织机构设置不合理；（2）部门职责不清，交叉重叠，而且部门间苦乐不均，一些部门职能过于清闲，而一些部门职责过重。

张经理新官上任三把火。上任刚满一个月就着手改革。他的改革计划是：第一步，开展组织机构及职能调整，推行新的企业文化，让员工熟悉现代企业制度。第二步，等第一步有成效后，开展管理流程改革，淡化家族管理，逐步建立现代企业制度。

改革方案主要内容如下：在组织架构方面，将开发部纳入生产管理体系，统归生产副厂长管辖；将维修组岗位编制划归工程部；在部门职能方面，对各个部门的管理职能重新设计，主要是重新规划开发部、工程部、质保部的职能。张经理制订了详细的改革方案，递交总经理。数日后得到总经理的批准，张经理开始正式实施改革方案。

张经理召集开发部、工程部、质保部、生产部、人事行政部及采购部相关人员开会，正式宣布方案。始料未及的是，几乎所有部门一致反对，都抱怨改革变化太大，无法管理。抗议最强烈的是开发部。方案宣布没多久，很多人就以事务繁忙为由退出会议室。张经理非常生气，会后致电总经理要求对会议上早退的人进行处罚，但总经理没有处罚会议退场的人；相反，各部门纷纷到总经理处告状，诋毁张经理的改革。总经理对张经理很不满。最终张经理辞职走人。

通信设备厂再次向社会招聘了一位生产副总——黎经理。黎经理同样来自一家制造业股份公司，历任车间主任、质控部长等职务。黎经理上任后，经过调查，向总经理提出，该厂改革是必需的，但正值生产旺季，且张经理的改革给全厂已造成恐慌，建议暂缓改革。黎经理在中层管理者会议上提出，正值年底生产旺季，全厂全力以赴抓生产，鼓励大家齐心协力突破生产任务。与此同时，黎经理通过各种途径了解各部门反对改革的原因。原因很多,除了改革本身可能冲击部分人的利益而导致反对这种通常的理由外,最关键的是,该厂刚转产生产电话机,很多东西没有理顺,各部门都依赖开发部。转产之初,总经理重金聘请开发部部长,全权负责电话机制造,开发部在全厂地位特殊。

了解情况后,黎经理制订了新的改革方案,将改革重点放在生产流程的改善上,在此基础上进行机构和职能的调整。等年底生产任务差不多完成时,黎厂长与总经理反复磋商,拿出了新的改革草案。之后,将改革草案发放给各部门讨论、提建议,并宣布讨论商议期为两个月。经过广泛的反复讨论,最后确定了新的改革方案,于来年4月实施。在总经理的大力支持下,改革最后取得预想结果。

资料来源　根据湖南大学 MBA 学员陈清萍的案例作业改编。

思考:为何张经理的改革失败了而黎经理的改革成功了?

5.2　变革沟通策略

研究变革的专家科特认为变革过程是一个系列,需要经过8个步骤:

第一步,建立危机感。

第二步,建立有力的领导变革的班子。

第三步,制定远景及实现远景的战略。

第四步,广泛宣传远景及战略,让成员参与和共享;领导班子积极参与变革,以身作则。

第五步,充分授权下属实施远景规划,鼓励下属消除变革障碍和冒变革风险。

第六步,对取得的任何一点改革成就都予以肯定、奖励。

第七步,推出新的更大的改革项目,巩固改革成果。

第八步,宣传变革带来的成功;将变革领导成员推到更高的领导职位,以此使改革成果制度化。

成功的变革需要做好变革消息的传播和沟通工作,告诉员工:(1)为什么不得不变革;(2)变革怎样节约他们的时间;(3)为什么反对的观点是错误的;(4)如果不变革将会发生什么;(5)向他们提供参与变革的工具、方法;(6)管理者理解他们的状况;(7)告诉他们怎样评估新的绩效(包括改革绩效)。①

总之,许多优秀的变革项目在实践中夭折是因为缺乏变革沟通。变革时期比正常时期更需要沟通。变革需要有焦点,有耐心,需要有后续巩固活动和措施。不管是自上而下的变革还是自下而上的变革,要确保变革成功,都要求广泛的参与。

---

①　哈特斯利,麦克詹妮特.管理沟通——原理与实践[M].李布,赵宇平,等,译.北京:机械工业出版社,2005.

小案例 5-2   **"告状局"的沟通改革**

    X县是H省有名的贫困县，国家税收一直很难完成预算任务。该县国税局有个不好的名声：告状局。群众有一点小事都要告到省局去。X县的国税局局长换了几任，都没改变。大家谈X色变，没人愿去该局任职。

    W是省局重点培养的对象。他是某财经大学硕士毕业生，已有6年税务工作经历。省局出于培养人才的角度考虑，决定派W去X县任局长。W上任的第一件事就是找出X县群众告状的原因，他发现该局存在明显的管理漏洞：考核、晋升没有规章，凭关系、走后门之风盛行；群众意见无处可提，提了还可能遭到打击报复。于是，W开始了改革。

    首先，广开言路。倡导平等开放的管理，要求领导与下属形成介于同志和兄妹之间的关系；领导的门始终对群众开放，任何职工和群众可以直接推门进来与任何级别的领导交流；每个季度第一个月的1—8日，各税务所所长都要同自己的手下进行一次职业发展的对话，还要检查手下是否感觉受到了尊重。同时为群众准备了9种表达意见的途径：

    ——"我建议"：以书面形式提出对分局的意见和建议，实行"全面参与管理"。

    ——投诉：职工可以对任何问题提出意见和投诉，应诉人必须在5天内对隐去姓名的投诉信给予答复，再由投诉处理人按投诉人要求的方式反馈给投诉人，全过程必须在10天内完成。

    ——座谈会：每周四下午召开座谈会，职工可以畅所欲言。大部分问题当场答复，不能当场答复的7日内给予反馈。

    ——内部刊物：创办《家》，职工可以自由投稿，主要信息及时在此发布。

    ——教育日：每年10月第一个星期五为教育日，此日学习或宣讲税收法规政策、历史等。

    ——墙报：及时更新内容。

    ——热线电话：昼夜值班，职工和纳税人都可以随时拨打。

    ——局长信箱：办公室主任掌管钥匙，每周开三次。

    ——员工大会：重要信息、重要活动召开全局员工大会。

    其次，在广开言路、收集大量信息的基础上，改革考核、晋升制度，提高考核、晋升透明度。新的考核方案几上几下讨论反馈，提交省局备案，获得上司支持、群众理解，改革顺利进行。

    W还以身作则，不以权谋私，树立清廉公正的作风。

    一年后，W的改革收到了很好的效果，告状局变成了全省的先进局。

    如果是中层推动的变革，成功的策略还包括：①确信你是变革的最佳人选，你有变革的权威和信任度；如果没有，找一个上司支持你。②将变革项目和公司的战略结合起来，这比节约成本、提高效率等单纯目标更能让上司青睐、认同。③获得人力资源管理者和技术专家的支持，因为变革涉及人事和技术。④保持乐观的环境，向你的合作者和员工强调他们将从变革中获得什么利益，说明为什么这个改革方案比其他的好。促使他人对你的成功下赌注，使他们振奋、关注结果。

复习思考题

1. 变革沟通有什么作用？
2. 变革沟通的策略有哪些？

案例分析　　　　热处理车间多用炉组的工资分配改革

A 公司是由湖南省某汽车配件厂（该厂是创建于 1950 年的国有企业）与美国某工业技术公司（该公司在中国有 18 家运营公司，其产品主要为汽车、摩托车零部件，总部设在北京）1994 年共同出资组建的一家专业化生产柴油汽车高压喷油泵总成、铝铸件、出口件的中外合资企业。公司总资产有 7 亿元，其中美方占股60%，中方占股 40%；占地面积 21 万平方米；现有员工 1 400 余人，其中各类专业技术人员占 40%；拥有各类进口和国产机械加工、调试、计量、检测、化验、试验设备 1 400 多台（套）。公司的出口件产品主要为美国康明斯公司等全球知名跨国企业配套；主导产品喷油泵总成共 400 余个品种，主要为一汽、东风、重型三大汽车集团及全国各大柴油机厂配套，年生产能力达 35 万台，市场占有率达 30%以上，综合实力居全国同行业第二位。公司先后通过了 ISO 9000 质量体系认证、QS 9000 质量体系认证、ISO/TS 16949 质量体系认证、ISO 14000 环境质量管理体系认证。公司研制并开发的欧Ⅲ电控燃油喷射系列获得多项国家专利。公司已在市工业园征地 400 亩、投资 4 亿元打造欧Ⅲ以上电控燃油喷射系列生产基地，整个项目投资在 2011 年年底前完成，形成年产电控泵 30 万台（套）的能力，预计年销售收入将达到 15 亿元人民币，市场前景很好。A 公司的目标是与若干国际一流的全球性公司保持密切的合作关系，建立一个真正的全球性公司，使公司产品在其所有产品领域内都被公认为世界的领导者。

A 公司根据业务职能的不同共划分了 17 个部门、2 个办公室、9 个生产车间，组织架构如图 5-1 所示。公司设立总经理 1 名，党委书记兼常务副总 1 名，另有 9 个副总分别管理营销、生产、技术、采购、人力资源、行政、党群等业务。

由于效益不错，A 公司员工工资在本地处于上等水平。但 A 公司是传统国有企业，分配制度带有老国有企业的弊病：重公平，轻效率。虽然合资后，公司在不断进行改革，建立市场化的内部管理机制，但仍然在一定程度上存在分配的平均主义。具体来说，公司按照各个车间完成的工时总数与工时单价之积（个别车间实行计件分配单价×计件数量）所得出的总额发放到车间，车间对其进行二次分配。

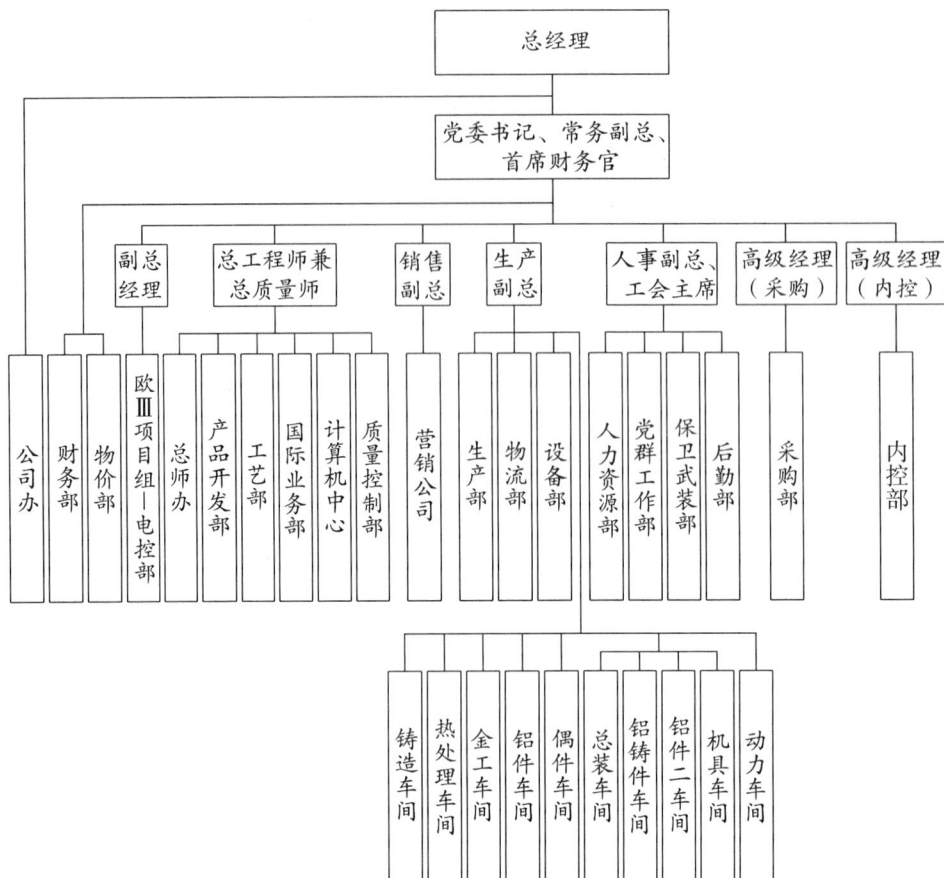

图 5-1 A 公司组织机构图

车间按照各组完成的总工时与工时单价对各班组进行分配。当然，车间和班组的分配分别在公司、车间的监督下进行。

为加强车间工资管理，贯彻效率（效益）优先、兼顾公平、适当扩大车间二次分配权、最大限度地体现多劳多得的分配原则，A 公司决定对公司的二次分配制度进行改革。以下以热处理车间为例来分析这次工资改革。

热处理车间承担 A 公司关键的热处理生产任务，员工 36 人，三班倒作业。因热处理生产周期长，有的产品从进炉到出炉长达 2 天，而且在装卸产品作业过程中劳动强度较大，必须两人以上的团队配合协作，绝大部分工序采用集体作业方式，很多作业班组在工资分配上"吃大锅饭"。以多用炉组为例，该组承担 70% 的热处理任务，为自动化程序控制设备；作业人员 14 人。这个班组是车间乃至公司一道关键的作业工序。在这次工资改革前，分配基本上按出勤情况进行。首先提取每个看炉人员固定 60 元/月的津贴（相当于其每月工资总额的 3% ~ 4%），然后以组员中工作的最少班次为基数（比如基数为 800 ~ 1 000 元/月），每多上一个班按 15 元提取补助。按公司规定，组长每月按组员人数 2 元/人提取补助，作为班组管理津贴，其余的平均分配。

这种"吃大锅饭"的均等分配方式带来很多问题：员工工作积极性不高，出工不出力；车间生产效率低；组长压力大，其承担的责任与收入不成比例，所以很少有人愿意当。

热处理车间多用炉组杨组长是位年轻的小伙子，有两年组长工作经历。该组年轻人较多，有 8 人是高技或中技毕业，肩负着管理和使用该组重要设备的责任。另外有 3 位老师傅，小学文化，原先都在锻造、铸造等岗位上做些粗糙、简单、体力繁重的活，因他们年纪较大，接近退休，出于人文关怀，将他们安排在热处理岗位，承担一些装炉辅助任务，工作相对以前岗位要轻松一些。由于他们养成好的工作习惯，在新的工作岗位也很扎实，其中的李师傅还当过组长，能说会道，在群众中有一定的号召力。另外还有 3 位师傅原先从事发蓝（一种热处理工艺）工作，由于发蓝业务量减少，工资收入逐月下降，而多用炉组的生产业务量在不断增加，车间管理层将此三位师傅也调整到多用炉组从事装炉准备工作并兼发蓝工作。

这个组的工作大致可区分为两个工种：一种是主要承担看炉（管理与操作设备）责任的，主要由 8 位年轻人承担；另一种是辅助装炉的，主要由 3 位老师傅和 3 位兼发蓝的师傅承担。

看炉人员一个工作日中只有不到 20% 的时间在操作与巡视设备。按照组里的规定，看炉人员其余时间应当与组里其他人员一起做些装炉准备工作。但是他们都会变着法子偷闲，这招致了辅助装炉的几位老师傅的不满。

组内每个人工作都拖拖拉拉，组内工作分配全靠组长安排。如果组长离开现场一会儿，其他人就跑到休息室抽烟去了。组长安排工作时，要不断权衡，但是不可能做到绝对公平，所以总是招致组员的指责。如果要安排一件工作，可能先要花半个小时做说服工作。

组内工作主动性较强的是三位兼发蓝的师傅，因为发蓝在车间里算不上重要岗位，原先工时测定得紧，收入不高，现在调入多用炉组从事发蓝兼装炉工作，工时增加，工资提高幅度较大。他们非常重视自己现在的工作。

新上任的车间王主任看到车间的低效率，想着手进行一场变革，调动员工工作的积极性。他决定，改革从多用炉这一重点班组开始。第一，明确责任。由于热处理生产特点（连续生产，生产周期长，劳动强度大）及团队作业方式，很难将岗位细化到个人，但必须明确规定看炉工、辅助工两类岗位的职责以及配合协作方式。第二，按照技术含量、责任大小、劳动强度等合理分配劳动报酬，向技术含量高、责任风险大的岗位倾斜。由于看炉工作责任重大，为提高看炉人员积极性，相等工作日，辅助人员只拿看炉人员 85% 的工时。第三，激励班组长，对班组长建立绩效奖励，设立交付（即按时交付产品数量）、质量、成本、安全等各项指标，并设立不同权重（安全占 30%，质量占 30%，交付占 20%，成本占 20%）。组长如果每月能圆满完成各项指标，可拿到 200 元的绩效奖励。如果出现重大质量或安全事故，将受严厉处罚，如扣罚全月工资，取消各类先进评比资格。

如何推行这项变革呢？王主任清楚，任何薪酬的改革都是非常敏感的，直接影响员工切身利益，必须慎重。

王主任想先找员工侧面了解员工对分配的一些看法。一进车间，看到李师傅与另外一个搭档正在作装炉准备，吊挂一种轴类产品，便走了过去。王主任还未开口，李师傅就发起了牢骚："主任，我觉得现在组长安排工作太不合理，您看，我们一天在这里吊产品，一根有十来斤重，而从发蓝过来的师傅，比我们年轻，一天就上几个堵头，太轻松了吧?! 我觉得应该安排轮换一下。"

李师傅是在发泄对劳动分工的不满，但也不无道理，可以看到，大部分吊产品的工作，活儿较重，组长安排给李师傅，而李师傅所获的报酬与其他人一样。

"这个问题可以跟组长提出，从我个人角度看，应该可以做到的。"主任答道。

"那几个看炉人员工作比我们轻松，为什么还要比我们每月多 60 元？你说他们有技术，但是我们劳动强度不比他们低啊，再说要年轻的话，我也可以学的。"李师傅自进入这个组，就对看炉人员每月多 60 元的津贴耿耿于怀。"有饭大家吃嘛！现在的组长真是不如我们当年啊，当年我当组长时……"李师傅沉浸在自己当组长时的荣耀中。

李师傅的牢骚对王主任的改革方案无疑泼了一盆冷水。

第二天，王主任找来杨组长，跟他探讨组内工作，并征求此次改革方案的意见。

王主任直接提出：组内的工作分配应适当考虑轮换。杨组长很委屈："主任，换过来肯定可以，但效率会大大降低啊。李师傅虽然年纪大点，但身板不错呢，他吊产品很合适，如果让他弯腰上堵头，他不一定受得了。而发蓝的牛师傅虽然身体单薄点，但动作灵活，上堵头很快啊。"

杨组长作为一位组长，还是懂得一点管理知识的，怎么识人、用人有那么一套。用他的话说就是"牛用来犁田，马用来跑路"。王主任欣赏地点了点头。

杨组长对李师傅也很有牢骚："这个李师傅我真不想要了，您能不能安排到其他地方去，每次安排工作，他都理由一大堆，不服从。"

"老李师傅是快退休的人啦，目前我们车间还没有其他工作适合他去做。如果还放在你组里，你有其他办法吗？"

"专门分一件事让他做，单独测算工时给他。"

"不行，这样做像在排挤他，对团队不好。"

"主任，您想怎么做？"

王主任说出了自己的工资改革方案。杨组长说："我们当组长的，以及看炉人员对这样的改革肯定是拥护的，工作积极性肯定会提高。从发蓝过来的三个师傅至少不会反对，因为他们原先工时很低，现在来我们组工作后，工时提高很多。关键是包括李师傅在内的三位老师傅，可能很难接受，他们会消极怠工，还怕他们去影响三个发蓝过来的师傅。"

王主任决心推进改革，宣布了改革方案。他意识到先要做好李师傅等老师傅的工作。

第三天，王主任约见李师傅，回复他前天提出来的问题："老李师傅，关于工作安排的事，我昨天跟组长谈了，他也是从关心你的角度出发这样安排的。你想想，假若你弯腰上几个小时堵头，可能很辛苦，听说，原先你得过腰椎间盘突出？"

"主任，有这么回事。我辛苦点没事。但是看炉人员为什么要比我们每月多60元？我比他们可辛苦多啦！那天，我们在……"李师傅还在不断举例诉说看炉人员的不是。

"你提得很对。看炉人员工作确实做得不好，看炉人员空闲时间应主动参与装炉，我们准备按每天的工作量多少规定几个品种让他们装炉，明确他们的岗位职责，特殊情况下，听从组长调配。但是，看炉人员要承担很大的安全与质量责任，比你们要大得多。比如去年的一次质量事故，当班的看炉人员扣除全月的工资，你应该知道啊！当明确岗位职责后，我认为看炉人员的工资还要适当提高，这才体现分配的公正。"

"拿多少钱，做多少事，我们只拿他们85%的工时，那只做85%的事情。"老李师傅没想到自己的收入会比现在还少，确实被激怒了。

"李师傅，如果你不能认可这个团队的工作方式及融入这个团队，那你可以考虑车间其他的工作，只要你认为适合的，车间会同意你的要求的。"

"安排到什么地方工作是你的权力，但是我要说，你这样分配是不合理的，看不起我们这些老同志。"

王主任一连几天都在考虑怎么推行自己的改革，怎么去说服员工接受自己的方案，并期待工资改革后生产效率会得到一个大的提升。而背后，李师傅在6位辅助师傅那里诉说工资改革对他们辅助人员的不公，使本来支持改革的3位发蓝师傅也站在反对改革的队伍里，形成以李师傅为中心的反对力量，车间的生产进度也慢了下来。

一天，王主任的直接上司秦副总请他到办公室："听说你们员工向总经理反映，你车间的工资分配不符合公司规定，班组长每月拿几百元的津贴，而一些做事的员工每月1 000元都拿不到。"

"没这回事，那只是下步改革的设想。"王主任向秦副总说出自己改革的原因及方案。

"你得注意不能引起员工过激的反应！"秦副总叮嘱王主任。

几天后，中层以上干部会上，总经理就目前的工资分配改革问题作了讲话，要求各部门的工资分配要谨慎，作认真研究，不能引起员工过度的反应。

王主任的变革遇到了打击。他陷入了一片沉思……

资料来源　根据湖南大学MBA学员张丽萍、文安阳、袁建平提供的案例素材整理。该案例已被"中国管理案例共享中心"收录。

讨论题：
（1）王主任的改革为何受阻？
（2）王主任若想继续推进改革，下一步该怎么做？

第6章 企业与媒体的沟通

学习目标

学习本章后，您应该可以：

- 认识大众传播媒介，掌握各种媒体在企业传播中的优劣势
- 了解媒体运作规律，学会运用大众传播媒介为企业服务
- 掌握企业与媒体沟通的策略，熟练运用各种企业传播信息的形式

引　例　　　　　达芬奇家具危机情况介绍会

2011 年 7 月 10 日，产于意大利的家具奢侈品牌达芬奇家具，被爆出其产品是国产。一时间成为人们关注的焦点。为应对这一重大的危机事件，7 月 13 日，达芬奇家具公司召开了媒体新闻发布会。

达芬奇家具公司的 CEO、总裁潘庄秀华女士在发布会上发言：

第一，我感谢央视的报道及媒体的监督，使达芬奇更广泛地面对消费者，督促我们做得更符合消费者的要求。我们今天非常高兴有机会与你们分享达芬奇家具的运营以及我们所代理品牌的情况。过去几天，央视及各地媒体对于达芬奇的业务、运营极为关注，提出了一些问题。因此，我希望通过今天这样一个机会向北京以及各地媒体尽可能全面介绍情况。不仅由我来做个总体的介绍，接下来我也会请有关厂商做具体介绍。

第二，我想让所有的媒体更加了解达芬奇是高品质家具品牌的代理商，我们所代理的品牌有意大利的品牌，如这次风头最劲的 Capelletti，也有 Riva，恕我不能把所有的品牌都一一介绍。达芬奇也代理了无数美国的品牌，其中也有 Hollywood 这个刚兴起的品牌。我早上还跟他们开了一个玩笑，希望 Hollywood 的品牌能够在中国越卖越好。美国的品牌里面，今天有在场的代表，也有 Joel。Joel 现在不只是 Hollywood 的总裁，他现在刚开始代表 Theodore 的整个设计风格跟市场的发挥。在与他们的合作之中，我们还及时向他们反馈中国客户的欣赏习惯，使他们能够不断在家具品质设计方面贴近中国客户的要求。

第三，最近，媒体报道了一个核心，是达芬奇所代理的意大利家具产地的问题。在此，我向今天出席的所有媒体确认，达芬奇代理的所有意大利品牌，均在意

大利生产、原装进口。同时，我们所代理的美国家具品牌，包括 Hollywood，他们都是全球采购，成品产地包括越南、菲律宾、印度、印度尼西亚以及中国等。大家都知道，美国的品牌不只是家具品牌，有好多都不会是百分之百在美国生产，这就是美国品牌的优点。他们只想把质量做好、设计做好，不一定一味要在美国生产，这也就是我们达芬奇非常重视的一个企业理念。我们一直都是这样与客户沟通的，达芬奇代理的意大利品牌，均在意大利生产，原装进口，如果是美国品牌并不会排除中国制造。我们和销售员也和达芬奇的支持顾客群体们一直都是这样去沟通的。

第四，有关媒体报道的 Capelletti 的质量问题，今天有 Capelletti 公司负责人出席，会由他直接发言。

第五，达芬奇在中国内地市场过去 13 年的成功，离不开政府的支持和指导，最近由于媒体的相关报道，各地各级政府部门对于达芬奇的运营给予了极高的关注，分别派人到达芬奇各地门店了解情况。我们一如既往地全面配合，我们从内心感激政府的关心与指导，我们也期待着听取各方面的反馈与意见，进一步提高我们的运营水平。

借此机会，我坦诚地对各位说，我们也意识到代理品牌较多，因此实际上从今年初开始有很多的美国品牌也包括意大利品牌，包括代表意大利的 Asnaghi，美国的品牌 Hollywood 以及 Theodore，就派代表常驻中国，给予我们的员工正确的指导，以及解答客户的疑问。

在此，我借此机会再次感谢媒体朋友，谢谢大家！

在之后的记者提问环节，潘庄秀华面对许多质疑没有正面回答，却诉说起了自己的创业史。"可能大家觉得我在讲什么东西，讲的乱七八糟，我们不想听这些东西。为什么我们要从这个开始说，达芬奇 2001 年到北京。实际上我这几天也有很大的压力。""在这里，可能大家觉得我讲的很多是为了让大家同情我，不是的，我是让大家知道事实，我是一个企业家，但是我也是有血有肉的人。所以刚才我做了非常不应该的事情，我跟这位记者道歉，跟各位媒体道歉，也希望大家谅解我过去几天的压力，虽然我希望勇敢地面对，但是我怎么样也是一个女人，也有压力。"

该新闻发布会被很多业内人士评价为失败的发布会。

资料来源　佚名. 达芬奇家居情况介绍会现场直播 [EB/OL]. [2016-11-27]. http: // news. pchouse. com. cn/dongtai/1107/106774_ all. html.

6.1　大众传播媒介及新闻报道规范

大众传播媒介是企业与公众的桥梁。企业借助媒介向公众传播信息、打造品牌，企业也通过大众传播媒介了解外界信息、检测环境变化，作出适应公众的决策。

企业要做好对外的沟通，就必须了解大众传播媒介及其运作规律，从而更好地运用其为企业服务。

6.1.1 大众传播媒体的种类

大众传播媒介，指利用现代化的传播技术，面向社会广大民众进行传播活动的传播方式和职业传播机构，包括报纸、杂志、书籍等印刷媒介以及电视、广播、互联网等电子媒介。

1. 报纸

报纸是一种方便阅读且适合携带的媒体，一般分为日报（每天出版发行 1 期）和周报（每周出版发行 1～2 期）。以常见的日报为例，其刊登体裁包括：硬性消息、新闻特写、新闻调查、纪实连载、评论、读者来信、软广告等。报纸雅俗共赏，可以保存，是印刷媒介中企业使用最多的一种媒介。

2. 杂志

杂志作为一种传播媒介与报纸在本质上没有区别，也是集文字传播与图像传播于一身，但是它在制作上更精美一些，信息容量更大一些，因而成本也更高一些。不过，杂志的发行间隔较长，因此，不能迅速传播信息，信息的时效性差。

3. 书籍

书籍是印刷媒介中信息容量最大的一种，它的制作成本较高，出版所花费的时间也长。同一本书，受出版数量的限制，传播信息的覆盖面极其有限。但它易于保存携带，能够较全面深刻地介绍组织情况，只要所载信息具有珍贵价值，也会长期受到广泛关注。

4. 广播

广播的覆盖面较大，是一种机动性新闻媒介，适合于运动着的听众，这是其他新闻媒体所不可比拟的。由于广播是通过声音传递信息的，因此企业通过广播传递的信息应该具有口语化倾向，通俗易懂，简明扼要，并且要准确无误。与电视相比，广播相对经济，且不受地点限制，听众可以在任何地方特别是室外收听，但它不如电视的受众多，内容也难以做到像电视那样丰富多彩。

5. 电视

电视在媒体沟通中具有巨大的宣传力度和广泛的影响力，它将语言、文字、图像、声音融为一体，对观众具有强烈的影响。随着电视普及率的提高和电视传播技术的发展，在同一时间内，全国甚至全世界都会有更多的人可以看到某些电视节目，因此，电视作为信息传播的媒介作用日益增大，也更加受到企业的重视。电视虽然具有内容丰富、效果突出和受众人数多的优点，但是通过电视发布信息的价格比较昂贵，信息发布时间比较短暂，竞争也更为激烈。

6. 互联网

互联网是增长速度最快的现代传播媒介。它不仅具备上述媒体的几乎所有功能，而且具有重复性特点，即对观众来说，可以在任何时候观看，不像广播、电视那样瞬间就消失。对于企业来说，通过互联网传递信息，具有可保存和经济性的特点。互联网日益受到更多的企业青睐，从建立自己的网站、向外界传递企业信息、建立企业与外界沟通的经常性渠道，到从事电子商务，实现企业与企业、企业与顾客的网上交易，互联网正在发挥着巨大的难以替代的作用。

相比传统媒介，互联网的优势主要有以下几点：

（1）多媒体性。传统媒介使用的传播符号大多具有相对的单一性，互联网却集所有传统媒介之大成，可以将文字、声音、图片、图表、动态图像等媒体符号综合在一个传播单元中，构成多媒体，使传播更具综合性、直观性、形象性，最大限度地还原本来面目，也更加符合人们的接受习惯和思维规律，提高传播的综合效果。

（2）即时远程化。任何媒介都讲究传播的时效性，也都具有跨越时空的特点。但传统媒介由于受采集、筛选、播发制度和程序上的影响，很难实现即时性与远程化的统一。互联网的传播由于借助全球化数字通道这样一个特有优势，打破了这种在时间、空间上的屏障，最大限度地发挥新闻的作用，可以使即时性、远程化同时实现。

（3）大容量。任何传统媒介都有其固有的容量限制，但互联网上的传播在容量上似乎具有无限的可扩充性，它没有版面和时段限制，允许大容量传播。

（4）双向交互性。交互性可以说是网络传播最为突出的一个特性。传统媒介的传播是一点辐射式的单向传播，互联网的传播则可以是多点对多点式的交互传播。首先，互联网具有广泛性和多元性，每个受众都可能成为网络的提供者和发布者。其次，每个受众都可以从不同的网站或者同一网站的不同版块选择自己所需要的，在选择上有充分的自由权，这与发布的多元性一起，形成了多点交叉式的传播格局。再次，受众可以加入互联网的传播过程，参加讨论、发表看法，及时主动地进行传播参与，传播过程可以像面对面交流那样成为一个双向交流的过程，也使多点交叉成为一个动态和即时的过程。

可以看出，互联网继承了传统媒介的优点，可以承担传统媒介的基本功能，又可以开发一系列新功能，具有一些传统媒介所不具有的优势。因此，互联网可以成为一个承载、服务、传播平台，成为一个区别于传统媒介的新媒介。然而，网络是一个新兴事物，还很不完善，面对着许多问题。特别是我国的网络媒体，目前存在着一些限制自身发展的不利因素和缺陷，主要表现为：第一，缺乏严谨性。互联网的海量新闻，重数量、轻质量，真实性、严谨性难保证。第二，内容不可控性。由于互联网的参与者不仅仅是新闻从业人员，因而鱼龙混杂，传播不健康信息。

6.1.2 新闻报道的原则

新闻是对新近发生的事实的报道。新闻的本质一是新近性，二是真实性。新闻报道要求真实、准确、公正、中立。

（1）真实原则要求新闻符合事实。新闻消息来源要真实；报道时尽可能具体、准确地交代消息来源，匿名消息来源（严格限定匿名消息来源的使用）也不例外。消息来源越透明，报道的可信度就越高。为保证新闻真实性，一般要遵循多源核实原则，即通常情况下，报道应具有多个消息来源相互佐证，而不应依靠单一消息来源做报道。新闻越重要、敏感、复杂，就越需要记者采访核实更多的消息来源。采访的消息来源越多，新闻的可靠性往往就可能越高。

（2）准确原则主要表现在新闻事实的准确性。新闻报道要用真实、准确的事实说话，寻找事实、求证事实是记者的使命。核实是保证新闻报道准确性的最重要方式，疏于核实是新闻报道失之准确的一个主要原因。为保证准确，新闻报道要求署名，使记者对报道负责。记者采访时要记录，以确保消息的准确性。

（3）公正原则要求记者持公平无偏见之心来调查证据，权衡所有重要事实，并做到客观、公平地对待消息来源，不能偏袒或有偏见。注意消息来源的平衡性，即一般情况下，争议双方或多方消息来源的数量要保持适当的平衡，不能只采访争议一方的消息来源，否则对事实的把握有失偏颇。采访时明确说明自己的记者身份、工作单位和采访意图。西方许多媒体为保证公正，还标榜自己是"无国籍"的新闻机构，要求新闻和特写报道的一个至关重要的目标是非意识形态化。

（4）中立原则指在报道冲突、指控、批评或争议时，要做到公正，记者必须站在中立的立场，不偏向于任何一方。有的媒体还规定，记者不得在新闻报道中表达个人观点。一旦丧失中立立场，公正性就不复存在。因此，中立应是公正报道的基础。

6.1.3 我国新闻职业规范

《新闻记者证管理办法》在对新闻记者职业的规范要求中，强调指出：新闻采访活动应遵守法律规定和新闻职业道德，确保新闻报道真实、全面、客观、公正，不得编发虚假报道，不得刊播虚假新闻，不得徇私隐匿应报道的新闻事实。新闻记者不得从事与记者职务有关的有偿服务、中介活动或者兼职、取酬，不得借新闻采访从事广告、发行、赞助等经营活动，不得创办或者参股广告类公司，不得借采访活动牟取不正当利益，不得借舆论监督进行敲诈勒索、打击报复等。

我国的媒体和新闻从业人员在传播党和政府信息、表达人民心声、伸张正义、舆论监督等方面都起着重要作用。但由于从业队伍庞大，鱼龙混杂，近些年新闻的公信力下降，出现了违背新闻职业道德的一些现象。

（1）有偿新闻。新闻媒体或媒体从业人员以收受钱物和优惠便利为条件，发表符合贿赂人（单位）要求的新闻报道。这种"吹喇叭、抬轿子"式的有偿新闻是最大的新闻腐败。

（2）新闻敲诈。新闻媒体或媒体从业人员以揭露、批判相挟，向当事人（单位）索取钱物和优惠便利等。

（3）虚假报道。新闻媒体或媒体从业人员故意编造或因重大、明显的疏忽而发表虚假新闻。其中，主要内容虚假但次要内容真实的新闻消息被称为失实报道。

（4）不良广告。这包括广告内容违反法律、道德习俗，以及频率过多、误导消费者等。于2004年1月1日起正式施行的《广播电视广告播放管理暂行办法》中对不良广告作了比较详细的规定：内容虚假、误导；亵渎国家尊严；亵渎民族风俗习惯；违反社会公共秩序和公共道德；不利于青少年儿童的身心健康；不尊重女性、残障人士；宣扬色情、性、赌博、暴力或教唆犯罪；宣扬迷信、邪教和伪科学；语言文字不规范；与新闻报道相混淆；播放被禁止的烟草制品和特殊药品广告等。

（5）抄袭剽窃。其具体表现为新闻媒体或媒体从业人员随意转载、改编、仿冒、抄袭他人或其他新闻媒体的新闻作品。

（6）新闻侵权。在新闻实践活动中，新闻媒体和新闻工作者通过新闻、评论等传播手段，出于故意或过失等原因向公众传播了失真的或法律禁止的内容，从而造成公民、法人和其他组织的名誉权、隐私权、肖像权、姓名权、名称权等合法权益遭不法侵害的行为。

关于隐性采访问题。隐性采访是指新闻记者以完全或部分不公开职业身份、不公开采访工具或设备、不公开采访意图的方法进行新闻采集。对于隐性采访，至今各国的法律都没有明确赋予新闻记者隐性采访的权利，也没有明确规定要禁止使用隐性采访这一方式，这是法律的一个盲区。这就使得隐性采访常常徘徊于"越权"与"侵权"的边缘。隐性采访从新闻自由权、公民知情权、舆论监督权来说是合法的。新闻自由权保证新闻工作者的采访权；公民知情权要求保证公民对于国家重要决策、政府重要事务以及与公民权利和利益密切相关的重大事件，有了解和知悉的自由和权利；舆论监督权通过新闻媒介，帮助公众了解政府事务、公众事务和一切涉及公共利益的活动，用舆论的力量对偏离和违背社会正常运行规则的行为依法实施新闻批评，促使其沿着法制和社会生活共同准则的轨道运作。但是，隐性采访又涉及公民权利，稍有不慎就会引起法律上的纠纷，常出现的有侵犯公民隐私权、肖像权、名誉权等。

我国还没有新闻法，新闻职业道德散见于各种法律、法规和条例中。企业应该了解这些规范。

知识链接 6-1　　　　　　中国新闻工作者职业道德准则

中国新闻事业是中国特色社会主义事业的重要组成部分。新闻工作者要坚持以马克思列宁主义、毛泽东思想、邓小平理论和"三个代表"重要思想为指导，深入贯彻落实科学发展观，高举旗帜、围绕大局、服务人民、改革创新，贴近实际、贴近生活、贴近群众，用马克思主义新闻观指导新闻实践，学习宣传贯彻党的理论、路线、方针、政策，继承和发扬党的新闻工作优良传统，积极传播社会主义核心价值体系，努力践行社会主义荣辱观，恪守新闻职业道德，自觉承担社会责任，敬业奉献、诚实公正、清正廉洁、团结协作、严守法纪，做到政治强、业务精、纪律严、作风正。

第一条

全心全意为人民服务。要忠于党、忠于祖国、忠于人民，把体现党的主张与反映人民心声统一起来，把坚持正确导向与通达社情民意统一起来，把坚持正面宣传为主与加强和改进舆论监督统一起来，发挥党和政府联系人民群众的桥梁纽带作用。

1. 积极宣传党和政府的重大决策部署，及时传播国内外各领域的信息，满足人民群众日益增长的新闻信息需求，保证人民群众的知情权、参与权、表达权、监督权。

2. 牢固树立群众观点，把人民群众作为报道主体和服务对象，多宣传基层群众的先进典型，多挖掘群众身边的具体事例，多反映平凡人物的工作生活，多运用群众的生动语言，使新闻报道为人民群众喜闻乐见。

3. 积极反映人民群众的正确意见和呼声，批评侵害人民利益的现象和行为，依法保护人民群众的正当权益。

第二条

坚持正确舆论导向。要坚持团结稳定鼓劲、正面宣传为主，唱响主旋律，不断巩固和壮大积极健康向上的舆论。

1. 始终坚持以经济建设为中心，服从服务于改革发展稳定大局不动摇，着力推动科学发展、促进社会和谐。

2. 宣传科学理论、传播先进文化、塑造美好心灵、弘扬社会正气，增强社会责任感，坚决抵制格调低俗、有害人们身心健康的内容。

3. 加强和改进舆论监督，着眼于解决问题、推动工作，坚持准确监督、科学监督、依法监督、建设性监督。

4. 采访报道突发事件要坚持导向正确、及时准确、公开透明，全面客观报道事件动态及处置进程，推动事件的妥善处理，维护社会稳定和人心安定。

第三条

坚持新闻真实性原则。要把真实作为新闻的生命，坚持深入调查研究，报道做到真实、准确、全面、客观。

1. 要通过合法途径和方式获取新闻素材，新闻采访要出示有效的新闻记者证。认真核实新闻信息来源，确保新闻要素及情节准确。

2. 报道新闻不夸大、不缩小、不歪曲事实，不摆布采访报道对象，禁止虚构或制造新闻。刊播新闻报道要署作者的真名。

3. 摘转其他媒体的报道要把好事实关，不刊播违反科学和生活常识的内容。

4. 刊播了失实报道要勇于承担责任，及时更正致歉，消除不良影响。

第四条

发扬优良作风。要树立正确的世界观、人生观、价值观，加强品德修养，提高综合素质，抵制不良风气，接受社会监督。

1. 强化学习意识，养成学习习惯，不断提高政治和业务素质，增强政治意识、大局意识、责任意识，努力成为专家型新闻工作者。

2. 深入基层、贴近群众、体验生活，在深入中了解社情民意，增进与群众的感情。

3. 坚决反对和抵制各种有偿新闻和有偿不闻行为，不利用职业之便谋取不正当利益，不利用新闻报道发泄私愤，不以任何名义索取、接受采访报道对象或利害关系人的财物或其他利益，不向采访报道对象提出工作以外的要求。

4. 尊重新闻同行，反对不正当竞争。尊重他人的著作权益，引用他人的作品要注明出处，反对抄袭和剽窃行为。

5. 严格执行新闻报道与经营活动分开的规定，不以新闻报道形式做任何广告性质的宣传，编辑记者不得从事创收等经营性活动。

第五条

坚持改革创新。要遵循新闻传播规律，提高舆论引导能力，创新观念、创新内容、创新形式、创新方法、创新手段，做到体现时代性、把握规律性、富于创造性。

1. 深入研究不同传播对象的接受习惯和信息需求，主动设置议题，善于因势利导，不断提高舆论引导能力和传播能力。

2. 认真研究传播艺术，利用现代传播手段，采用受众听得懂、易接受的方式，增强新闻报道的亲和力、吸引力、感染力。

3. 善于利用新载体、新技术收集信息、发布新闻，提高时效性，扩大覆盖面。

第六条

遵纪守法。要增强法治观念，遵守宪法和法律、法规，遵守党的新闻工作纪律，维护国家利益和安全，保守国家秘密。

1. 严格遵守和正确宣传国家的民族区域自治制度、各民族平等团结和宗教信仰自由政策，维护国家主权和社会稳定。

2. 维护采访报道对象的合法权益，尊重采访报道对象的正当要求，不揭个人隐私，不诽谤他人。

3. 维护未成年人、妇女、老年人和残疾人等特殊人群的合法权益，注意保护其身心健康。

4. 维护司法尊严，依法做好案件报道，不干预依法进行的司法审判活动，在法庭判决前不做定性、定罪的报道和评论。

5. 涉外报道要遵守我国涉外法律、对外政策和我国加入的国际条约。

第七条

促进国际新闻同行的交流与合作。要努力培养世界眼光和国际视野，积极搭建中国与世界交流沟通的桥梁。

1. 在国际交往中维护祖国尊严和国家利益，维护中国新闻工作者的形象。

2. 积极传播中华民族的优秀文化，增进世界各国人民对中华文化的了解。

3. 尊重各国主权、民族传统、宗教信仰和文化多样性，报道各国经济社会发展变化和优秀民族文化。

4. 积极参加有组织开展的与各国媒体和国际（区域）新闻组织的交流合作，增进了解、加深友谊，为推动建设持久和平、共同繁荣的和谐世界多做工作。

附　则

对本《准则》，中国记协各级会员单位要结合实际制定相应实施细则，认真组织落实；全国新闻工作者要自觉执行；各级各专业记协要积极宣传和推动，欢迎社会各界监督。

6.2　企业与媒体沟通策略

6.2.1　企业与媒体沟通的困境

企业与新闻媒体沟通的结果，直接影响到企业的信誉、形象和发展。企业要处理好与媒体的关系，形成一定的沟通制度。

普鲁坦斯保险公司的董事长兼总经理贝克提出以下六种企业与新闻媒体沟通的两难困境，以解释企业界与新闻界之间的紧张和误解。

- 提出问题的两难，即新闻界提出的问题往往比较尖锐和敏感，常常使企业难以回答，甚至感到愤怒；
- 目标和过程的两难，即企业往往强调将取得的成果，而新闻界更加关心取得成果、实现目标的手段和过程；
- 共识和冲突的两难，即企业竭力寻求共识，而新闻界强调冲突，以吸引公众；
- 保密的两难，即企业强调竞争、领先，从而严守商业秘密，而新闻界强调透明、公开、光明正大；
- 坦诚与否的两难，即企业界不喜欢在新闻媒体中常常露面、无所不谈的人，而新闻界则喜欢这样坦诚的人；
- 复杂性与简单性的两难，即企业往往强调关于自身的新闻应尽量具体、全面，而新闻界由于时间的限制要求企业将新闻内容尽量精简。

6.2.2　企业与媒体的沟通策略

1. 建立相互信任的关系

企业与新闻媒体的有效沟通，首先应基于相互信任的关系，做到坦诚相见，真诚合作，为此，要消除企业与新闻媒体间常常出现的相互抱怨。

媒体经常对企业的抱怨是：试图左右关于企业的新闻内容，违背了新闻自由的原则；侵占有限的版面过度宣传企业自己；采用行贿等手段对新闻记者加以利用，从而影响新闻的独立性和公正性；对新闻的编辑和原则不理解，横加指责。

企业经常对新闻媒体的抱怨是：对企业抱有偏见；没有报道企业的实际经营情况；对新闻不是一视同仁，播出与否往往与经济利益挂钩；对新闻内容要求过于苛刻，缺乏灵活性。

企业离不开媒体进行品牌宣传和形象树立，媒体也离不开企业提供消息源。双方应以正确的态度消除以上抱怨，企业与新闻媒体的有效沟通还应坚持以下原则：①企业高层管理人员要直接参与。这不仅体现出企业对与媒体沟通的重视，有利于树立良好的形象，而且也便于回答媒体的提问，传递出的信息也更加可信和具有权威性。②诚实守信。这样才能取得新闻媒体的信任，与之建立起融洽的关系，开展有效的合作。③配合记者工作，提供服务。在新闻媒体需要时，提供满意的服务，如及时有效地提供新闻媒体所要的资料，包括图片和文字资料，安排好记者的采访，创造一切条件帮助其完成采访任务。

2. 主动向媒体提供有价值的信息

媒体依靠有价值的信息生存，在竞争日益激烈的媒体环境中，挖掘有价值的信息更成为媒体和记者的重大任务。美国著名传播学教授罗伯特·罗雷曾说："在大多数情况下，公关人员生产新闻而新闻人员采编新闻，记者和编辑可能不愿意承认这一点。但是，他们所广播和出版的 3/4 以上的消息都来自于公关专家提供的信息，而不是来自于调查性报告。"美国《华尔街日报》曾就此作过一些研究，在某一天检查《华尔街日报》中的新闻报道，并把这些新闻报道与公关人员安排的新闻消息相比较，结果发现，一些特定的公司在 111 条消息中被提到。那天的《华尔街日报》中几乎有一半的新闻报道是来源于公关界发布的消息。其中 32 条，记者只是字面上修改了原来发布的消息。另有 21 条，只增加了一小部分的额外报道。可见，在传媒的新闻报道中，公关已成为新闻源的重要提供者。

| 小案例 6-1 | 某公司的日常媒体沟通制度 |

公司建立畅通媒体沟通机制：一是以本地主流媒体为主攻对象定期沟通，建立定期通报机制和负面新闻预警机制，防止被动。发生重大事件先与主流媒体通气，使主流媒体在第一时间获得新闻全貌。二是对非主流媒体（或影响面小的媒体）每年沟通一次，尽可能不让其故意找麻烦，遇有情况，临时处理。一般每年组织一次媒体集中报道重点工作联谊会，增进感情，加强合作。邀请本地和行业主流媒体座谈，通报一年来的重点工作成绩和亮点，并就合作方面存在的问题和设想向对方提出建议，取得双方合作更坚实的基础，加深彼此之间的深入了解，在存有不同意见的方面取得相互谅解。三是与省市党委新闻宣传机构建立汇报制度，取得党委和政府的支持。四是适当时候拜访媒体领导，并对媒体记者的工作表示感谢，取得媒体高层的支持。

3. 建立媒介档案和舆情跟踪制度

媒介档案好比营销的业务档案，记录企业所在地（不仅限于所在地）的媒介种类，每个媒介的相关栏目，以及栏目的记者编辑、栏目发表过的相关文章、栏目的报道风格等。对企业而言，媒体可以大致区分为三类：第一类是常来常往的友好单位；第二类是偶尔造访的擦边单位；第三类是惹不起可以躲得起的不速之客。企业要将主要精力投放到第一类媒体上，将与其沟通纳入办公室日常工作范围。舆情跟踪是企业对媒体报道进行观察分析并建档的制度，通过舆情跟踪，企业可以很好地观测外界环境的变化。一些大企业一般定期（如一个月）对媒介的舆情作一次分析报告，包括宏观政策变化、行业动态、媒体对本企业、竞争对手和合作伙伴的报道等。企业举办一些媒体活动后，要做好后期的舆情跟踪。

小案例 6-2　　　　　　　　　　**通用汽车的媒介档案**

通用汽车刚进入北京市场时对北京的媒介进行分类，进一步做了媒介档案。

电视——CCTV、BTV、CABLE TVS。

纸介 1——新华社、《人民日报》《经济日报》《北京日报》等（宏观政策及大事件）。

纸介 2——《中国经营报》《经济观察报》《财经时报》《中国经济时报》《中国工商时报》《21 世纪经济报道》等（产业、经济格局、事件深度报道）。

纸介 3——《北京青年》等（都市热点）。

纸介 4——《中国汽车报》《中国商报》《汽车之友》《车主之友》《汽车杂志》等（专业、产品及相关企业报道）。

纸介 5——《时尚》《风采》等。

网络——新浪网、搜狐网、中国汽车网等。

---

4. 建立新闻发言人制度

企业建立新闻发言人制度绝不仅仅是确定一个新闻发言人，而是制定对媒体的管理制度。首先，企业要确定新闻发言人，成立固定的新闻发言工作小组，对有关新闻发布工作进行明确的分工。比如要确定由谁担任新闻发言人、谁接听记者日常来电、谁组织策划新闻发布会、谁起草新闻发布稿和准备应答口径等。其次，建立新闻发布制度，比如何时对外发布新闻，怎样发布新闻。最后，建立与媒体沟通的日常制度。

小案例 6-3　　　　　　　　　　**××公司新闻发言人制度**

一、新闻发言人制度

每一位员工都代表着公司的形象，每个人面对媒体的得体表现，都有助于维护和建立公司的良好形象。反之，任何一点不正确的表现都可能对公司的形象造成难以补救的伤害。

本公司有指定发言人，未经授权，其他任何人不得回答媒体的提问。本公司公共关系部负责国内全面的新闻媒介关系。请将必要的记者问题转至：×××，电话：×××××××××。

在遇到记者要求采访时，请记录下记者的姓名、单位和联系方式等（索取名片），初步了解记者的采访意图，并立即按程序上报和通知公关部。

向记者解释"公司员工未得到授权不得回答媒体问题"是公司的规定，请记者直接与公关部联系，告知记者公关部联系人的姓名和电话。

新闻记者在公司拍照或摄像，必须经过公关部授权或由公关部同事陪同。若遇记者强行拍照，不可强行遮挡镜头或采取过激行动或语言，而由店内管理层出面接待。

如果新闻媒体报道了有关公司的不正确或负面的消息，请立即通知公关部。

注意事项：

各部门员工接到媒体来访时，不论记者态度是否友好，都应始终热情礼貌地接待。

避免对公司有害的做法：

——透露公司的保密信息

——私自对外表态或作出某种承诺

——评论竞争对手

——在有敌意的记者面前失态或发脾气

附紧急事件联系电话：法律事务部：××××××××。公关部：××××××××。

二、日常制度

为维持与媒体的良好关系，公司公关部应主动要求媒体采访公司的重大活动，定期拜访媒体，但需要控制宴请和纪念品的费用。

三、媒体重大活动及舆情跟踪

1. 开业新闻发布及舆情跟踪

2. 月度舆情跟踪

新闻发言人的基本要求是态度诚恳，熟悉业务，思维敏捷，语言严谨，有自己的风格。发言人要透彻地掌握本企业的总体状况及各项方针政策，面对新闻记者的各种提问，需要头脑冷静，思维清晰，反应灵敏，具有很强的语言表达能力，措辞精确，语言精练、流畅，发表的意见具有权威性。

首先，新闻发言一定要诚恳，多讲实话，让记者和受众得到有效信息。尤其在危机事件发生后，要坦诚面对，切忌忽悠记者和广大受众。

小案例 6-4 上海福喜"过期肉"危机事件新闻发布会媒体问答

2014 年 7 月 20 日，上海广播电视台记者通过暗访，曝光上海福喜食品有限公司（以下简称上海福喜）将过期肉类原料重新加工、更改保质期继续销售。而上海福喜所生产的麦乐鸡、肉饼等产品，被供应给麦当劳、肯德基等客户，一时舆论哗然。福喜集团就此事接连发表声明。28 日，福喜集团（OSI 集团）下午 2 点半在上海召开记者招待会，近百位中外媒体记者抵达现场。出席此次发布会的有福喜集团 CEO 谢尔顿·拉文（Sheldon Lavin）、吕勇、麦大卫（David G. McDonald）、莎伦·贝克特（Sharon Birkett）、艾柏强（Brent Afman）。谢尔顿·拉文亲自道歉。

下面是记者招待会上部分记者的提问及福喜集团的回答内容：

媒体：上海福喜发生这么严重的食品安全问题，为什么这么长的时间集团总部都没有发现？从现在初步调查的结果来看，到底是在哪些环节出现了问题？究竟是采购还是质检？具体环节的问题在哪里？

OSI 集团总裁兼首席营运官麦大卫：首先，我必须要重复我之前在发表的声明当中的观点，OSI 集团正在全面调查此次事件，我必须说在一开始了解到上海福喜食品工厂这个事件的时候，我们全体成员都感觉到非常震惊和愤怒。

为什么这些食品安全事件会发生？谁主导这些事件的发生？他们主导这些事件发生的动机又是什么？我们将持续进行现在已经启动的调查，还将尽快展开全面的、透彻的调查，而且我们会基于所发现的信息采取必要的行动。

现在食品药品监督管理局也在和我们共同配合重新进行相关的一些运营机构和场地的调查，同时调查的结果也会向社会各界发布，对此我们会积极配合。我们同时会重新理清公司内部的控制和质量监督制度，只要在调查过程当中发现某些层面的管理人员参与了这些活动，我们就会采取迅速果断的行动，并且对这些行为展开全方位的调查。

媒体：想问一下，你们说上海也会成立一个亚洲质量中心，不知道它起什么作用？上海福喜原来的生产经营功能在未来还会在上海存在吗？会不会就此撤出上海市场？你前面也承诺负所有的责任，现在据说日本方面已经有一定的理赔措施出台，我们也非常关心中国市场的消费者未来要是提出相应的理赔诉求，你们将采取什么样的措施？

OSI 集团总裁兼首席营运官麦大卫：我之前提到要在亚洲设立一个质量监控中心，该中心会独立于你们所看到的福喜的食品加工基地，它的目的主要是汇集内部以及外部的一些专家，尤其是一些质量监控和审计方面的专家，来组成一个最佳实践的分享中心，也希望能够通过这样一个平台让业界开展更多的合作，共同提升在供应链管理和质量管理方面的做法和想法。

现在我们的工作重点就是要充分理解到底发生了什么，具体是怎么发生的，谁主导这些事件的发生，只有对这些基本情况有了充分并且非常准确的了解和把握之后，才会把信息的调查和信息的收集工作向纵深推进，所以现在我们的重点工作是确保对现在已经开始和启动的调查进行全面、客观、认真、准确的分析，并且尽快完成。

媒体：刚才您提到中国公司是作为独立的个体运营的，我们想知道为什么中国公司是相对独立的？在其他地方设立的子公司是不是也是这样的？如果不是这样，那是怎样的呢？要设立一个亚洲质量控制中心，为什么选择在上海？上海福喜的产品也出售到日本等地，为什么没有在其他地方设立呢？

OSI 集团总裁兼首席营运官麦大卫：首先，把中国公司设立为独立运营的公司，并不是我们希望中国公司的运营跟在世界其他地方不一样。作为一家企业，我们的规模非常庞大，原来的运营管理架构就是分散式的管理架构，每一个当地的企业都会有一个自主做决策的过程。作为总部和集团公司，我们认为在各个子公司和相关运营机构之间提供非常明确的流程，并将流程沟通清楚，可以让大家在同一个标准和流程上面进行工作。这次事件发生以后，我们正在将中国公司的运营直接接入到 OSI 集团整个架构当中，我们要对相关的汇报流程重新进行调整，以便更好地管理相关的业务。

我们之所以选择上海作为亚洲质量中心的设立地点，主要是为了通过这样的方式进一步强调我们对中国市场的信心和我们对中国市场的承诺。OSI 集团在 1992年首次进入中国市场，我们始终相信中国可以成为整个亚洲以及全球非常重要的战略基地，或者说供应基地，中国市场对于 OSI 集团来说非常重要，这就是为什么我们选择在中国或者是在上海设立这样一个质量控制中心，我们确实相信中国在战略上面有潜力成为整个亚洲和世界的供应基地。

媒体：你们平时对于中国公司的运营怎么把控？中国公司在利润率和成本方面相比较福喜在其他国家的公司是什么样的水平？

OSI 集团总裁兼首席营运官麦大卫：其实对于 OSI 集团而言，我们对相关流程和政策的执行都抱有非常高的标准和严格的态度。这是我们集团内发生第一起这样的事件，也是为什么我一开始说对于上海发生这样的事情我们感到非常震惊。

我们所有公司的运营都是使用同一个标准和同一套流程的，无论我们的运营方在什么地方我们都希望他们使用同一套流程，希望我们的客户无论在世界何处都对于 OSI 集团以及旗下所提供的食物保持一致的期待。我们实行所有的系统和相关政策都是要确保我们在世界各地都能够用同一个高标准来为客户提供食物。

对于上海福喜事件，我们将持续投入大量时间和精力全面彻底地进行调查。

资料来源　陈杰. 欧喜集团昨召开新闻发布会致歉 对原因赔偿避而不谈［N］. 新民晚报，2014-07-29.

其次，注意新闻发布的艺术。对不便回答的问题，发言人一般采取适当的方式委婉地拒绝回答，但不能采取"无可奉告"态度。有几点技巧可作参考：

（1）避实就虚：当问题很实，不能用准确的答案回答，或者很难用确切答案回答时，可采用。例如：

2014年3月2日15时全国政协会议发言人吕新华答记者问①

香港《南华早报》记者提问说："外界有很多关于周永康的报道，不知道政协有何回应？"

吕新华表示："我和你一样，从各地媒体上看到一些信息。"他还说，2013年中纪委、监察部对涉嫌违法违纪的中管干部，结案和处理了已经有31人，部分是部级干部。我们严肃查处一些党员干部，包括一些高级干部。……这向全党、全社会表明，我们所说的不论是什么人，不论其职位有多高，只要触犯了党纪，都要受到严肃的追查和严厉的惩处，绝不是一句空话。"我只能回答这样了，你懂的。"

（2）避正答偏：故意避开正题，而将话题引向一些细节，让对方自己去揣摩话中的含义。例如：

问：您对公司新上任的总裁有何评价？

答：对新总裁，我和公司的员工一样。您刚才看到了我们开业的员工表演，他们火一样的热情和充满阳光的信心就是最好的答案。

（3）诱导否定：在记者提出问题后，不马上回答，先讲一点理由，提出一些条件或反问一个问题，诱使对方自我否定，自动放弃原来提出的问题。例如：

2014年10月9日下午，长沙浏阳河四方坪社区足球联队队员拉横幅举行"誓师大会"叫板国足，在网上发表"挑战书"，称"输则我等兄弟冰桶加裸奔，赢则国足球星叫我等师父"。

10月10日，国足主帅佩兰正式回应了社区队向国足发战书："球迷就是这样，当你不在现场踢球时，你总会觉得足球是件很容易的事情，就像你刚刚会开车或者不会开车时，总觉得自己会像舒马赫一样能参加F1。但当你真刀实枪比赛的时候，你会发现这完全是两码事，当然，这是很有意思的挑战，我对此表示感谢。"②

（4）回以自解：有些时候，对方的提问是明知故问，想借你的口来证明一点什么，这时可以用回以自解的方法来回答，将皮球踢回对方，不授人以柄。例如：

问：都说垄断企业的待遇相当好，收入付出比率远远高于社会平均水平，您同意吗？

答：您看我这么瘦，远没达到小康，还在为过好日子奋斗呢。

（5）幽默诙谐：这是指在对方提出问题后，机智地以诙谐幽默的话题作为遮

① 资料来源　佚名. 全国政协发言人今年两会回应周永康案传闻：你懂的［EB/OL］.［2016-11-25］. http://www.china.com.cn/cppcc/2014-07/29/content_33089023.htm.
② 资料来源　张明阳. 长沙四方坪草根球队约战国足 佩兰回应：有意思的挑战［EB/OL］.［2016-11-25］. http://hunan.voc.com.cn/article/201410/201410100839451426.html.

掩，避开对实质性问题的回答。幽默诙谐既能巧妙地避开难题，又不至于伤害提问者的感情。

小案例6-5 河南新密矿难 安监局长10个"不知道"回应记者

2010年3月15日20时30分，河南省新密市东兴煤业有限公司发生火灾，造成25名矿工遇难。3月16日中午，记者在新密市矿难现场找到了新密市安监局局长王瑞林，问了他10多个关于矿难的问题，其中10个他都表示"不知道"。

记者问："昨天救援人员几点接到事故报告，什么时候出发的？"

王瑞林说："这个我不知道，我是零点来的。"

记者追问："你怎么会不知道？"

王瑞林说："没人给咱报。"

记者问："你到了之后，了解到哪些矿难情况？"

王瑞林说："我来的时候，有关领导有的过来了，有的正在来。"

为了弄清救援行动的具体情况，记者请王瑞林告知救援队负责人的姓名和联系方式，王瑞林却说："那我不知道。"

记者试图询问一些王瑞林到达现场后看到的情况，可他仍然回答："不知道。"

记者问："25名后来被证明死亡的遇险者是什么时候升井的？"

王瑞林说："这个我不知道。"

记者问："你来的时候他们升井了吗？"

王瑞林说："我来时省市领导都过来了。"

记者追问："遇难矿工的情况呢？"

王瑞林说："当时啊，恐怕是拉走了。"记者问他为什么不确定，他说："我没有亲眼见到。"

记者问："你到了之后询问井下情况了吗？"

王瑞林说："因为省市领导都在这里，我是配合领导的，我就不会去问，因为有领导在。"

此前，记者了解到，新密市东兴煤业有限公司属于技改期间违法生产，"六证"不全。当被问及现场的情况，王瑞林也表示不知道，记者只好采访为何监管不严的问题。

记者问："按照有关规定，技改矿禁止生产，平时是怎么监管的，有来检查的吗？"

王瑞林说："那肯定检查了，我们有包矿的领导，还有包矿员。"

记者问："他们是怎么检查的，我们采访时矿工说这个矿每天都在生产？"

王瑞林说："我没发现他们生产。"

记者问："这个矿停产有多长时间了？"

王瑞林说："这个，我说不了具体的。"

记者问："平时你下来检查吗？"

王瑞林说："我们也检查，不停地在检查。"

记者问："为何没发现他们偷偷生产呢？"

王瑞林说："他们有监管的乡镇领导，有包矿的领导，有包矿员都在这。"

记者问："你最后一次是什么时候到这个矿检查的？"

王瑞林回答："这个矿我没来过。"

资料来源 佚名. 河南新密矿难 安监局长10个"不知道"回应记者［EB/OL］.［2016-11-27］. http: //news. dayoo. com/china/201003/18/53868_ 12283120. htm.

6.2.3 危机处理中媒介沟通策略

媒介在危机处理中有着重要的作用。一般来说，企业发生危机事件后，会引起媒介的关注，媒介的关注又加剧了危机。成功的危机处理、善后都离不开媒介的支持、帮助。

危机处理中媒介沟通要运用"3T"和"7W"原则。

"3T"原则即"以我为主提供消息"（Tell your own tale），"尽快提供消息"（Tell it fast），"提供事件的全部情况"（Tell it all）。

第一个"T"强调了危机处理时组织应掌握信息发布的主动权。信息的发布地、发布人都需要组织确定，以此保证信息传播的真实性，主导舆论，避免信息失真。为此，企业应迅速建立危机新闻中心，并使它成为唯一权威的危机信息中心。

第二个"T"强调了危机处理时企业应尽快地不断地发布信息。如何才能做到迅速发布信息呢？首先在危机发生后要迅速确定传播媒介，将那些专门报道危机事件的媒介罗列出来，与它们及其记者迅速沟通。其次，写好危机事件的新闻稿，准备好企业的有关背景材料，便于记者发稿。再次，提供完备的物质条件保证信息沟通畅通。如设立新闻专线，24小时开通，接听记者的询问；设立足够的内线电话；准备相关组织和人员的电话号码和地址；设立危机公示牌，随时公布危机的最新情况。

第三个"T"强调信息发布应真实全面，忌"无可奉告"的态度，忌吞吞吐吐，半遮半掩地表达。组织越隐瞒真相越引起公众的怀疑。

危机处理中媒介沟通的"7W"策略包括：

Who——危机沟通中由谁来发布消息。建立了新闻发言人制度的企业，由企业新闻发言人来发布信息；没有建立的企业，小事、小危机由企业媒体管理人员发布，大事、大危机由高层领导发布。

Whom——向谁发布消息，传播的主要对象是谁。危机中内部员工、受害者及其家属、媒体、组织有关主管部门、社会公众是传播的对象。前三者是重点。

When——何时发布消息。危机中与媒体沟通的两个重要时期是：危机刚发生时，这时要向媒体公布危机真相及组织的紧急应对措施；危机化解时，这时应进行大型的媒体宣传，以消除危机在公众中留下的消极影响，重新树立组织形象。

Where——传播渠道。危机中企业对外的传播渠道一般是大众传播媒介，但员工对外的人际传播也不能忽视，因为此时内部员工的亲身经历最有说服力、最能让人信服。

What——传播内容。组织应传播事件的真实情况、处理方案。有人说，危机公关是良心公关，是渗透企业理念的公关。

Why——危机的原因。给公众一个答案、一个解释。

How——如何传播，是召开新闻发布会还是敞门让记者采访，是自己说还是由第三方说。一般来说，两种方式同时进行效果会更好。

6.3　企业与大众传播媒介沟通的方式

对企业而言，大众传播媒介兼具双重重要意义：一方面，大众传播媒介是有效的传播工具，通过它可以与各种各样的公众进行沟通，树立企业良好的形象，实现企业的目标；另一方面，大众传播媒介又是企业非常重要的一类沟通对象。

企业与大众传播媒介沟通的方式包括：

6.3.1　新闻发布会和媒体沟通会

新闻发布会，是一个社会组织直接向新闻界发布有关组织信息，解释组织重大事件而举办的活动。它可以起到统一发布信息，引起媒体集中报道，形成新闻热点吸引受众注意的作用。

所有新闻发布会都必须事先办理申报手续。申报材料包括召开新闻发布会的理由、主要内容、时间、主发布人以及发布口径等内容，填好申报表，一式两份，提前 5 个工作日报送市政府新闻办公室。

由于我国对新闻发布会有严格的审批程序，所以，很多企业都不用新闻发布会形式，而用"媒体沟通会""记者见面会""信息发布会"等。

如某市规定：市各级人民政府、机关企事业单位及社会其他组织和个人在本市范围内或市外召开新闻发布会都必须向市人民政府新闻办公室提出书面申请，获得批准后方可召开。

还有一种记者接待会，在公司的周年纪念、商展或介绍新产品时举行，既包括企业信息发布，也包括记者参观企业经营场所、体验某项企业活动等。

网上发布新闻和网上在线交流，是一种全新的新闻发布形式，是指随着网络的影响越来越大，通过网上发布新闻、网上论坛和网上在线交流等形式，阐述企业政策和立场。

知识链接 6-2   **新闻发布的策划**

虽然"媒体沟通会""记者见面会""信息发布会""记者接待会"等规格不同，但企业策划这些会议的原则是一样的。

一、是否需要举办新闻发布会或媒体见面会

是否召开新闻发布会应取决于是否值得召集各地记者跋涉而来。举行新闻发布会的目的有两种：一是本部门有新的举措，希望媒体报道，以扩大舆论影响；二是澄清事实，以正视听。一般来说，企业举办新闻发布会或媒体见面会的时机是：企业举办重要活动和重大庆典、取得重要荣誉、出台重大举措或重要改革、新产品上市、危机发生等。总之，企业举办新闻发布会或媒体见面会，一定要有明确的主题，如果仅仅为了联络媒体感情，保持企业影响力，效果会适得其反。

二、发布时间

新闻发布会的目的就是造声势，扩大影响，因此为了吸引更多的记者参加，提高记者的出席率，时间上就应有选择。首先，避开重要的政治事件和社会事件，媒体对这些事件的大篇幅报道任务会冲淡你的发布会的传播效果。如果要请外国记者，应注意避开外交部、国台办和国务院新闻办公室等部门的发布会和记者招待会。如选择与这些部门的新闻发布会同时进行，外国记者出席率会大打折扣。① 其次，避开节假日和周末。最后，发布会一般应安排在下午，这样一方面是为了有更多的时间准备，另外也更符合记者的生活习惯。纸质媒体记者采稿，第二天可以刊出。

新闻发布会一般都在半小时到一个小时之内。

三、发布会流程

（1）确定主题。确定合适的主题，就要跟踪和研究国内外有关舆情，做好日常调研工作。国内外舆论对企业有哪些看法？正面的有哪些？负面的有哪些？可能出现的又有哪些？哪些对我不利，需要澄清？哪些虽然对我不利，但不宜炒热？哪些对我有利的信息被忽视掉了？这些都需要经常跟踪和分析；否则，在新闻发布会上既不知道记者会问什么，也不知道我们怎么回答效果更好。跟踪国际舆情，阅读外刊外报、收听外台、上网阅览等，都是重要的渠道。充分调研国内外舆情后，就可有针对性地做准备工作。

（2）邀请媒体和记者。确定好具体时间后，要提前 1 周向记者发出书面邀请，让记者充分安排好时间。带有公司标志的信函表明新闻发布会是很正规的。信件中最好不注明会议联系人的全名和个人电话。这是为了不让记者作提前采访或提前得到新闻发布会的细节；否则，如他们提前透露了一些消息，就会伤害其他记者。

（3）准备发言提纲。预计记者可能提到的问题，准备发言提纲。无论发言人对发布的新闻内容多么熟悉，都要准备发言提纲，尤其对敏感问题，要准备充分。

---

① 邹建华. 外交部发言人揭秘 [M]. 北京：世界知识出版社，2005.

（4）准备新闻稿和背景材料。企业举办一次大型媒介活动，一般要就主题准备好不同角度撰写的新闻稿，以便引导记者深度挖掘。

撰写新闻稿需注意几个基本要求：第一，内容要有新闻价值，而不是泛泛的宣传资料。发放新闻稿的目的虽然是宣传自己，但稿件宜尽量减少或避免宣传味。第二，要交代清楚时间、地点、人物、事件、原因、后果等一些基本要素，并在最显著的段落中写入最需要让记者了解的内容。第三，要力求简洁明了，直切主题，减少套话和空话。新闻通稿尤其需要精炼，一般写一两页纸就够了。第四，新闻稿的事实要求准确，经得住记者的挑剔，内容不浮夸。第五，遣词用句要有吸引力。

除新闻稿以外，还要准备与发布内容密切相关的背景材料，使记者便于准确报道有关内容。背景材料的内容，可以是发布会上发言人将要发布的详细内容加上阐述，也可以不是发言人直接讲述的内容，但无论如何，一定要与发布的内容有直接关系。背景材料的撰写，同样需要注意新闻性，简明扼要，避免空话。背景材料通常包括新闻发布会涉及的新闻事件的要点；组织发展简史；技术手册（如果发布会的目的在于推介一种新产品）；发言人个人介绍及照片；其他如通讯卡、名片等，供记者、编辑日后加以联系；录像片、多媒体图表等，以便更能说明问题。

（5）彩排。发言人在出席记者会前，还应考虑与助手一起作一些彩排。第一，聚集那些平时敢于直言的人，让他们坐在记者席，给他们两类问题：一类是肯定会被问到的，还有一类是你希望不被问到的。让"记者"提问。如必要，重复2～3次。第二，让通晓技术、工艺流程的人员与会，以检查发言人所说是否准确；如果涉及法律，那么公司法律顾问也应在召集之列。第三，反复播放"彩排"录像，让新闻发言人看看自己的表情、体语效果，然后提出意见。

（6）跟踪媒体对新闻发布会是如何报道的，反响如何，是否达到预期目的。通过跟踪研究分析，进行总结，从中找出不足和问题，为下次发布会作准备。

6.3.2　接受采访

企业管理者经常要接受媒体采访，通过采访向公众传递企业信息。因此，企业管理者应该掌握接受采访的技巧，树立良好的媒介形象，传播企业的知名度和美誉度。

首先，接受采访时，应核实记者身份，了解采访意图，迅速思考应答要旨；如果可能，准备采访提纲，主动引导记者的采访而不是被动应答。

其次，注意信息价值，尽量引导记者关注企业事件的价值。管理者要苦练内功，成为行业的专家，对市场营销、产品、技术、品牌、行业等相关知识有足够的涉猎和掌握，成为一个信息库和数据库。让记者觉得你有沟通的价值，能够给他的思路和文章提供借鉴和参考。

再次，接受采访时应反馈迅速。无论是正面还是负面的新闻报道见刊后，企业要在第一时间给记者反馈。记者最不喜欢的是被采访单位躲躲闪闪，或随便找个人应付，或闪烁其词，这些不配合的做法就是把记者当敌人。只有坦诚相对，才有合作。

最后，当企业发生突发事件时，面对媒体，企业应该迅速反馈，拿出企业处理事件的策略和立场，引导媒体关注企业对突发事件的处理，而不仅仅是事件本身。企业正确引导媒体，能使突发事件不变成媒体事件，进一步不变成危机事件。

在企业与媒体关系领域中有丰富经验的美国公关咨询专家切斯持·伯格提出以下方针，值得企业借鉴：投公众所好，不是自己所好；尽量以个人名义和口气讲话，这种只代表个人观点的讲话不代表组织，因此会留有余地；谨慎讲话，因为媒体传播非常快，出语不慎往往难以挽回；讲述重要的事实，不要浪费大家的时间；保持冷静和理智，尤其是在记者提出具有明显挑战性的问题时；对具有冒犯性的问题，不要重复和反驳，可以回避和绕开；对于明确的问题直截了当地回答，不必拐弯抹角、故弄玄虚；对不清楚和不能回答的问题要坦诚承认并承诺以后会给予满意的答复；讲话要吐露真情，不要虚情假意；不要夸大其词，无中生有。

小案例 6-6　　　　　　　　**某公司突发事件新闻发布要领**

一是遇突发事件，及时安排人员热情接待媒体记者，严禁躲、拒、逃避，多说实话。

二是迅速整理出通稿，统一口径。

三是集中发布，说明真相，化被动为主动，变不利为有利，切忌挤牙膏式的新闻发布方式，让媒体无限猜想，以为企业还有很多未说的隐情，将本来简单的事情复杂化，因企业要说不说使媒体臆测而致信息失真、走样，甚至无中生有，造成被动。

6.3.3　策划新闻

策划新闻就是以创造性的思维指导、策划、组织、举办具有新闻价值的活动或事件，以吸引媒体和公众的注意和兴趣，创造报道传播的事实前提，并使组织成为新闻报道的主角，以达到提高组织知名度和美誉度的目的。策划新闻通常还是企业品牌宣传、营销推广的方法。

策划新闻要注意以下几点：

1. 必须正确选择社会公众的兴趣点，即所谓"热门话题"

每个时期社会热点是不同的，最好选择一个公众普遍关注的热点策划新闻，效果最理想。假如有几个热点同时存在，应从中选择最热的话题，去谋划新闻事件。例如，借助奥运，中国很多企业打造国际形象，拓展海外市场。

2. 策划新闻要自然得体，顺理成章

策划新闻比一般新闻更富有戏剧性，但整个策划事件是真实的，不能愚弄公众；否则会使公众产生反感，损害形象。要让公众感到所看到的戏就是真实的事实，要有顺理成章的感觉。

3. 必须做到新、奇、准、好

新奇性是新闻事件中突出的特点，只有构思新颖独特的活动才可能使媒体感兴趣。香港一家生产万能胶的公司为了推销产品，便特意制造了一枚价值五万元的金币粘在公司大门口，上书："此金币价值五万元，谁取下归谁。"一时吸引了四面八方的大力士、气功师来一显身手，可惜都扫兴而归，此举惊动了各大小媒体，一时间众口称赞万能胶的功效。

4. 借助重要地点、重要人物

重要地点表现为活动地点特殊、重要，信息发布地点重要。要有意识地同某些权威人士或社会名流联系，因为名人本身就是舆论领袖，具有一定的舆论导向作用，他们的行踪往往是新闻界追踪的对象，如能邀请一些名人参加公关活动，自然有助于扩大影响。

一次大的媒体策划一般包括四个步骤：项目调查、项目策划、项目实施、项目评估。一个好的策划要求前期的调查深入细致，掌握充分的信息，在此基础上的策划才有针对性，创意才有实质效果。所以，叶茂中说：一个好的策划 80% 源于腿，20% 源于脑。

小案例 6-7   **"小燕子"的一封信**

日本奈良市郊区有一家旅馆，环境优美，热情好客，很吸引顾客，但美中不足的是，每年春季，许多燕子争相光临，在房檐下营巢安家，它们排泄的粪便弄脏了窗玻璃和走廊，服务员小姐擦不胜擦，使得旅客有点不快。旅馆主人爱鸟，不忍心把燕子赶走，但又难以把燕子的粪便及时、彻底清除，很是苦恼。

一天，旅馆经理忽然想出一条妙计。他提笔写道：

女士们、先生们：

我们是刚从南方赶到这儿过春天的小燕子，没有征得主人的同意，就在这儿安了家，还要生儿育女。我们的小宝贝年幼无知，我们的习惯也不好，常常弄脏您的窗玻璃和走廊，致使您不愉快。我们很过意不去，请女士们、先生们多多原谅！

还有一事恳求女士们和先生们，请您千万不要埋怨服务员小姐，她们是经常打扫的，只是她们擦不胜擦。这完全是我们的过错。请您稍等一会儿，她们就来了。

您的朋友：小燕子

这显然是以小燕子的名义写信向旅客们解释、道歉。旅馆经理把它张贴到显眼的地方。客人们看了这封公开信，都被逗乐了，不仅不再提意见，而且还对这家旅馆更有亲切感，留下了美好的印象。

小案例 6-8   **四川会理县借领导悬浮照事件宣传旅游**

2011 年 6 月 26 日，天涯社区一则名为《太假了，我县的宣传图片》的爆料帖，曝出四川会理县人民政府公共信息网上一条题为《会理县高标准建设通乡路》

的新闻中，新闻的配图是用 PhotoShop 软件人为将领导放到了公路上面。旋即，"悬浮照"被网友在微博中传播开来，并引发全民"PS 大赛"，四川会理县这个知名度并不高的小县城顿时成为全国公众关注的焦点。网民们对图片进行了新的合成，原图中的 3 名领导走出会理县、走出国门，甚至离开地球，背景包括车上、太空、草原、南方水灾现场等多个场景；微博上甚至已形成多个"会理县领导一日环游世界各地视察"的"套图"。

事件发生当天，会理县政府接受天府早报等媒体采访，作出正面回应，并在政府网站上发表致歉声明，贴出了人为处理前的原图。

与一般危机回应不同的是，会理县还向前多走了一步：当天下午，会理县政府及 PS 事件的当事人孙正东在新浪网开通实名认证微博，向网友说明情况并致歉。

随后，网友发现，会理县政府微博和孙正东的微博积极和网友互动，以同样轻松诙谐的语气回应网友的 PS 恶搞，并借机推介会理旅游。

从 27 日晚开始，孙正东在微博上转发并评论网友对会理县领导的各种 PS 恶搞图片，从中挑选自己认为"最喜欢"的与网友分享，并表示自己"在加强练习 PS 技术的同时，我还将学习微博操作，以便跟大家介绍会理县"。"听说 PS 还在继续，会理领导表示压力很大。他们不仅要长时间保持同一姿势处于飘浮状态，还要全球各地地跑……很忙很累的，有木有?!"

公开"拿县领导炒作"，网友在感到意外的同时，对会理县的印象也发生改变，称孙正东"用轻松幽默把 PS 事件逆转了"。

29 日，某些团购网站和旅行社则已开始推介会理旅游套票。此前名不见经传的会理县一"图"成名。会理石榴、会理古城，都开始走进网民的视野，成为微博上热传的旅游信息。不少网友表示，在 PS 欢乐之余，"对会理产生了浓厚兴趣，很想去旅游"。截至 29 日晚 9 时，会理县政府官方微博上的 5 条信息引来粉丝 2 000 多人，而当事人孙正东的微博也有 1 900 多名网友关注。

资料来源　杨华丽. 四川会理县借"领导悬浮照"事件宣传旅游［EB/OL］.［2016-11-25］. http://www.21county.com/News/201106/201106301610217693.html.

6.4　新媒体环境下的企业媒体沟通策略

新媒体（new media）是一个相对的概念，是继报刊、广播、电视等传统媒体以后发展起来的新的媒体形态，包括网络媒体、手机媒体、数字电视等。新媒体亦是一个宽泛的概念，是利用数字技术、网络技术，通过互联网、宽带局域网、无线通信网、卫星等渠道，以及电脑、手机、数字电视机等终端，向用户提供信息和娱乐服务的传播形态。严格地说，新媒体应该被称为数字化新媒体。相对于报刊、户外、广播、电视四大传统意义上的媒体，新媒体被形象地称为"第五媒体"。新媒体以其形式丰富、互动性强、渠道广泛、覆盖率高、精准到达、性价比高、推广方便等特点在现代传媒产业中占据越来越重要的位置。

2014 年年底，全球的互联网用户达到 30 亿人，连接到互联网上的设备有 68 亿台。中国是第一网民大国，2015 年中国移动互联网用户达 9.46 亿人，手机上网总数超过 9 亿户。但在网民普及率上，中国现在还很低。世界前十名里面，普及率最高的是英国，达 89.8%，接下来是德国，为 86.2%，然后是美国，达 84%，中国只有 73%（9.5/13）。据预测，2020 年，中国网民数量将达到 11 亿人。随着互联网的普及，新媒体迅猛发展。

自媒体是新媒体中的一种类型，自媒体在国内几乎是 100% 依托于网络。

自媒体又称公民媒体，美国新闻学会媒体中心于 2003 年 7 月出版了由谢因波曼与克里斯威理斯两位联合提出的"We Media"（自媒体）研究报告，将自媒体定义为："We Media 是普通大众经由数字科技强化、与全球知识体系相连之后，一种开始理解普通大众如何提供与分享他们本身的事实、他们本身的新闻的途径。"简言之，自媒体即公民用以发布自己亲眼所见、亲耳所闻事件的载体，如博客、微博、微信、论坛/BBS 等网络社区。

自媒体具有平民化、个性化、圈群化、随性化、自发传播等特点。平民化即用户为普通民众，而非专业新闻从业人员；个性化即以个人表达为主；圈群化即以交际圈传播为主；随性化即没有时间、形式的限制；自发传播表现为朋友之间的互相推荐和转发。自媒体交互强、传播快，但良莠不齐、法制规范度低、可信度受质疑。自媒体拥有了更大的话语空间与自主权，使用者可以自由构建自己的社交网络等。自媒体成为普通大众张扬个性、表现自我的最佳场所。所以从中文的字面意思来讲，自媒体的"自"还可以理解成"自由度"，较之过去的"新媒体"有了明显的改善。

自媒体时代，既给企业的传播带来了机会，也带来了挑战。它要求企业面对突发事件时要更快捷地作出反应；除了与正式媒体沟通，还要与网民互动；要坚守自己的官网、官微和微信公众号等企业自媒体，将其作为信息发布源。

小案例 6-9 　　　　　**比亚迪裁员事件中的媒体沟通**

2011 年 8 月 5 日，比亚迪副总裁、销售总经理夏治冰宣布离开比亚迪，这一标志性事件拉开了比亚迪裁员风波的序幕。10 月中旬，比亚迪董事长王传福接受采访谈及裁员，正视裁员，说明原因，使得这一事件告一段落。从 8 月 1 日到 10 月 20 日，缔元信监测到 7 480 篇与比亚迪裁员相关的文章，高达 1 100 多万次页面浏览量。

8 月 29 日晚，网友"雅鲁藏"以比亚迪内部员工的口气在微博爆料，称比亚迪销售公司内部裁员。微博称，"2011 年 8 月 29 日，比亚迪汽车销售所有营销部立即解散，限定 9 月 30 前全部寻找生路"。消息公布后，数百人通过建立 QQ 群的形式组织在一起维权，呼吁通过去市政府示威、拉横幅等方式引起领导和社会关注。此项倡议得到了上百名可能被裁员的员工的响应。由此引发一场劳资冲突，也引起媒体的广泛报道，共有354家媒体报道，其中发稿量过百的媒体为18家，基本覆盖了主流汽车媒体、财经媒体以及综合门户中的汽车频道、财经频道等。

裁员消息出来后比亚迪官方不够重视，回应不够及时。媒体得不到官方说明，转而到比亚迪相关人员的微博上去捕捉比亚迪的态度。且因为细节披露不充足，媒体将采访目标对准比亚迪普通员工，发出大量零散的、猜测性信息，最终导致各种小道消息盛行。比亚迪长时间不能面对"裁员"措辞表达，被媒体评价为"曲线裁员""变相裁员"。媒体报道用"大裁员""裁员门"，比亚迪回应时用"人才结构优化""人事调整"，媒体转而用"'优化'裁员""曲线裁员""变相裁员"。在这样的博弈过程中，媒体的质疑更强烈。此外，裁员事件期间比亚迪又产生了新的危机和话题。9月14日，中央电视台曝出比亚迪F3安全气囊打不开。9月22日，《南都周刊》曝出比亚迪工厂废气影响居民生活。这些事件更将比亚迪置于舆情漩涡中。

资料来源　根据相关新闻报道整理而成。

小案例6-10　　　一汽-大众奥迪车辆"被泡"72小时

2015年5月17—18日，一场突如其来的暴雨夹杂着冰雹袭击了长春，这场暴雨造成长春城区多处发生严重积水。5月18日晚，因为连日暴雨，奥迪停车场附近防洪坝垮塌，奥迪停车场进水，283台奥迪A6L不同程度受损。

5月19日晚，消息出现在网上，并且开始泛滥、发酵，奥迪公关部门觉察到负面信息，在信息出现十几分钟后就找到了信息的源头，并迅速联系信息源头。

5月20日，奥迪启动应急处理流程，决定浸水车不进入销售渠道，但是因为内部流程较慢，迟至21日才发布公告。在大数据时代，一天时间意味着信息将会以几何级的速度迅速爆发，事件也会变得更为复杂。

5月21日，奥迪正式发布公告，宣布浸水车按制度进入"质损车流程"，承诺不会进入销售渠道。公告发布后，虽然多数舆论认可奥迪的处理措施，依然有部分媒体及舆论认为奥迪做得还不够，对这批车的去向表示关心，担心奥迪会等风头过去，将这批车重新投入市场，进而损害消费者利益。21日这一天正好是奥迪300万大庆，当天4款300万纪念版下线，这是奥迪筹备了半年的喜事，谁也不愿让意外冲淡喜庆的气氛。即便如此，奥迪宁可让自己的庆贺仪式不完美，还是在当天发布了这样一个处置公告。

5月22日，为彻底化解媒体和消费者的担忧，奥迪再次发布公告，并且将283辆受损车的底盘号全部公布。

至此，事情得到妥善解决，受损车的处理已经非常清楚，消费者可以打消疑虑了，媒体的知情权得到捍卫，奥迪也体现出了作为全球高端品牌应该具有的责任感。相对而言，这是一个较为完美的结局。

该事件也体现了新媒体环境下企业信息沟通的特点。5 月 21 日下午两点半奥迪在官方微信上发布的关于部分浸水车辆的公告阅读数接近 10 万，关于底盘号的公告文章阅读数早已超过 10 万，从 1 300 多个点赞数判断，该文章的阅读数应达到了百万级。而微信头条发布的《5·21，奥迪感恩 300 万车主，亿元红包倾情为你》的活动文章，阅读数仅为前者的四分之一。

资料来源　根据相关新闻报道整理而成。

复习思考题

1. 大众传播媒介如何分类？它们各有什么优劣？
2. 企业应怎样与媒体沟通？
3. 新闻发布会的操作技巧有哪些？
4. 如何策划新闻？

案例策划　　　　　　　　　　沃尔玛中国 100 店庆典策划

2007 年 12 月 12 日，中美战略经济对话在河北承德召开。就此机会，沃尔玛于 2007 年 12 月 10 日进行中国 100 店庆典。主会场在北京的东方君悦大酒店，分会场在湖南娄底店。沃尔玛委托某公关公司承办 100 店庆典活动。

（1）沃尔玛 1996 年 8 月进入中国，至 2007 年 12 月前在中国 51 个城市拥有 94 家店，包括购物广场、会员店、社区店。湖南有 4 家，长沙 2 家，岳阳、娄底各 1 家。

（2）沃尔玛对中国对外贸易有举足轻重的作用。2005 年沃尔玛在中国直接和间接（代理商代理）采购 230 亿元商品，比中国第五大贸易伙伴德国还多。但中美摩擦给沃尔玛在中国的发展带来消极影响。

（3）沃尔玛中国一直受媒介关注，近年有"工会"事件、采购系统裁员事件等。

问题：
请为沃尔玛策划该庆典。

第 7 章

危机沟通

学习目标

学习本章后，您应该可以：

- 认识企业危机，提高危机管理意识
- 了解危机处理的阶段，学会危机的预测和预防，将企业危机在萌芽状态中便予以控制
- 掌握危机沟通的理论和方法，使企业转危为机
- 学会不同类型危机的处理

引　例　　　　　　　　　**企业的危机管理格言**

微软公司原总裁比尔·盖茨的一句名言是："微软离破产永远只有 18 个月。"

通用电气公司前任董事长兼首席执行官韦尔奇说："我们的公司是个了不起的组织，但是如果在未来不能适应时代的变化，就将走向死亡。如果你想知道什么时候达到最佳模式，回答是永远不会。"

在德国奔驰公司董事长埃沙德·路透的办公室里挂着一幅巨大的恐龙照片，照片下面写着这样一句警语："在地球上消失了的、不会适应变化的庞然大物比比皆是。"

英特尔公司原总裁兼首席执行官安德鲁·葛洛夫有句名言叫"惧者生存"。这位世界信息产业巨子将其在位时取得的辉煌业绩归结于"惧者生存"四个字。

美国《大西洋》月刊载文指出，成功企业必须自我"毁灭"才能求生。如果它们不自我"毁灭"，别人将把它们毁灭，让其永无再生之日。

海尔公司总裁张瑞敏在谈到海尔的发展时，用一个字来概括他这些年的感觉——"惧"。他把"惧"诠释为如临深渊，如履薄冰，战战兢兢。他认为市场竞争太残酷了，只有居安思危的人才能在竞争中获胜。

"我们今年可能活不成了。"这是华为集团的老总任正非在企业蒸蒸日上时告诫员工的话。

天津大海食品有限公司 1997 年举行开业庆典时挂了一条横幅，上书"今日开业，何时倒闭？开业大愁"的警语。

三株总裁吴炳新经历了三株生死劫难后所说的三句话中的两句话是："最好的时候，也就是最危险的时候。""我想把三株的体会、经验和教训告诉大家，希望引起大家对危机管理的重视。"

盛大总裁陈天桥在 2003 年 10 月接受记者采访时称："我现在 80% 的时间和精力是用来应付各种各样的风险，而不是像公司成立初期花这么多时间和精力钻研业务。我当的不是 CEO，而是首席风险官 CRO（Chief Risk Officer）。"

李嘉诚语录：用 90% 的时间考虑失败。

马云语录：先把自己看小。

伊明善语录：反思物美价廉。

7.1　危机管理概述

现代企业处在极其复杂、瞬息万变的社会环境中，天灾人祸在所难免。这样，企业就可能时时面临危机。"危机和税收一样无法避免！"因此，危机管理是现代各种企业管理中的重要内容。

7.1.1　危机的含义

劳伦斯·巴顿在《危机管理：一套无可取代的简易危机管理方案》中指出："（危机是）一个会引起潜在负面影响的具有不确定性的大事件，这种事件及其后果可能对组织及其员工、产品、服务、资产和声誉造成巨大的损害。"

危机是指危及组织形象、利益乃至危及组织生存的突发性、灾难性事故。

危机的特点是突发性、普遍性、严重性。突发性是指危机的发生往往不可预见，在事件发生前没有征兆，或者即使有征兆也没有被组织监控到。普遍性是指危机无时不有、无处不在。严重性是指危机对组织的破坏程度往往是灾难性的。据美国一学者的调查，每有一名通过口头或书面直接向公司提出投诉的顾客，就有约 26 名保持沉默的感到不满意的顾客。这 26 名顾客每个人都可能会对另外 10 名亲朋好友造成消极影响，而这 10 名亲朋好友中，约有 33% 的人可能再把这个坏消息传给另外 20 人。因此，只要有一个顾客不满意，就意味着约 400 人不满意。如果投诉被媒介报道，影响更大，更无法估量。

但是，危机又是企业新的商机。成功的危机处理不仅能成功地将企业所面临的危机化解，而且还能通过危机处理过程中的种种措施增加外界对企业的了解，并利用这种机会重塑企业的良好形象，即所谓因祸得福、化危为机。

7.1.2　危机的分类

企业的危机可能是自然灾害引起的，也可能是外部环境、政策的变化引起的，如战争、外交变故、贸易摩擦、法律政策变化、社会趋势变革、消费者偏好变化、能源环境威胁等，但企业更多的危机是自身管理不善导致的。

危机按不同的标准可以划分为不同的种类。

1. 按照危机产生的客观原因分类

按照危机产生的客观原因，危机可分为人为的危机和非人为的危机。按通俗的说法，前者被称为人祸，后者被称为天灾。

人为的危机是指由于人的行为而造成突发性事件，并给组织带来危害的危机。对企业来说，人为的危机可能由于管理失误，服务质量差，工作不负责、失职或渎职，工作人员以权谋私，有人恶意破坏等，从而给企业带来人员伤亡或财产损失，造成企业形象的重大损害。人为的危机相对来说具有可预见性和可控性，因为人在采取某种行动前总有一些迹象。如某人要进行破坏，就有破坏的动机和有关准备，如2001年的"9·11"事件；某人的失职和渎职一定与他平时的缺岗和不尽职有关。因此，如果对这些现象仔细观察，平时采取相应的措施，就可以减轻甚至避免危机。

非人为的危机是指自然灾害、社会动荡、车船失事等非人为的因素造成突发性事件带来的危机。这类危机具有不可预见性和不可控制性。由于它不是组织可以阻止的，也不是组织本身管理的原因，因而较容易得到社会的理解、同情和支持。

2. 按损失的表现形式分类

按损失的表现形式，危机可分为有形损失危机和无形损失危机。

有形损失危机是指直接给组织带来人员伤亡和财产损失的危机。这种危机造成的损失一般难以挽回；无形损失危机一般伴随有形损失一起产生。

无形损失危机是指危机的发生严重地损害了组织形象，如不采取紧急有效的措施，随着时间的推移，组织的形象会越来越坏，最终造成巨大的有形损失。一般无形损失危机在初始阶段不易被人重视，它带来的损害也不太明显，但如果任其发展，损失将越来越大，甚至大到无法挽回的地步。重大的、突发的无形损失危机造成的损失是巨大的。

3. 按危机与组织的关系分类

按危机与组织的关系，危机可分为内部突发危机和外部突发危机。

内部突发危机是指发生在组织内部的危机，即危机的地点在组织内或造成危机的责任在于本组织有关人员的过失。这类危机影响可能不广，处理也较简单。但一旦造成形象损失，影响扩散，则要加以重视。

外部突发危机是指危机发生在组织外部，不仅影响本组织的利益，也影响其他组织和公众的利益。这类危机涉及的范围较广，影响较大，但难以控制。组织不仅需要内部精诚团结，而且需要与政府、媒体、其他组织、公众广泛沟通才能度过危机。

4. 按危机涉及的内容分类

按危机涉及的内容，危机可分为服务危机、管理危机、法律危机、关系危机等。服务危机即企业提供的服务质量差、服务收费不合理等造成的危机。管理危机是由于组织管理松懈、管理漏洞而造成的危机。法律危机是指组织触犯法律、引起诉讼而带来的危机。关系危机是指组织与相关公众的关系不和而造成的危机，这种危机一般经过较长时间的积累，到某种程度才会爆发。

表 7-1 列出了 2014 年和 2015 年十大危机案例。

表 7-1 　　　　　　　　　2014 年和 2015 年十大危机案例

2014 年十大危机案例	2015 年十大危机案例
一汽大众速腾召回	一汽-大众奥迪"被泡"72 小时危机公关
马航 MH370 失联	滴滴出行与印度牙医 logo 撞车
携程"泄密门"	携程"瘫痪门"
特斯拉"订单门"	三里屯优衣库试衣间不雅视频
阿迪达斯"苏亚雷斯'咬人'"广告	《一个勺子》海报的危机公关
上海福喜过期肉事件	复旦大学校庆深陷"抄袭门"
iPhone6"弯曲门"	青岛 38 元天价虾事件
"90 后"总裁余佳文媒体狂言	陈赫事件技术帖频被"打脸"
"少年不可欺"剽窃事件	"六六维权"中看人下菜碟的京东
"锤子手机，几声叹息"事件	台湾导游爆康师傅馊水油内幕

7.1.3 危机管理过程

危机管理（Crisis Management），就是指企业在经营过程中针对企业可能面临的或正在面临的危机，就危机预防、危机识别、危机处理和危机善后及企业形象恢复等行为所进行的一系列管理活动的总称。具体来说，企业危机管理包括以下几个主要内容：①企业危机预防（事前管理），包括危机预测和预演（此阶段在于危机管理意识的培养）、危机管理体制的建立、危机管理资源的保障、危机管理技能的培训。②企业危机处理（事中管理），包括危机信息的获取、传递，危机处理机构的建立，危机事态的初步控制，危机事件的全面评估，危机处理计划的制订，危机处理计划的实施。③危机恢复管理（事后管理），包括危机处理结果的评估、恢复管理计划的制订、恢复管理计划的实施。

危机分为危机预警、危机预控、危机处理、危机总结和危机恢复五个阶段（见图 7-1）[①]。

危机管理是一个全面的过程，它与危机公关（Crisis Public Relations）不同。危机公关是对已经发生的危机事件的处理，它与危机处理更为接近。因为任何一类危机的处理实际上都是公共关系的处理，都必须做好与这一事件中相关的公众的协

① 郭际，等. 企业危机管理演进的动态分析［J］. 科研管理，2007（1）.

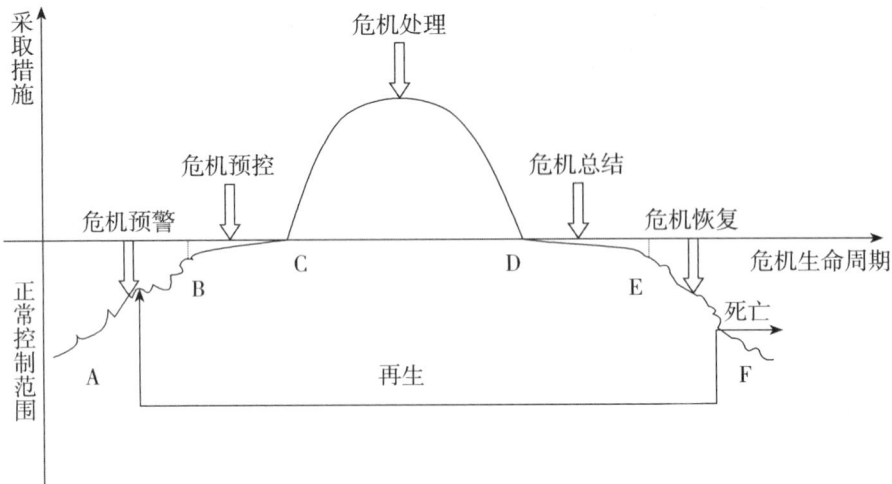

图 7-1　企业危机的动态发展过程

调沟通，以求得公众的谅解和支持。而危机管理在于建立一套系统，使组织可以防微杜渐，将危机的苗子消灭在萌芽状态中，或将危机的损失降到最低。危机管理有预警、防范、化解的功能。还要澄清一个观念，不少企业及其管理人员以为，企业发生了危机，开动其公关系统，就能摆平危机，甚至将化解危机的希望寄托在几个公关奇才身上。其实不管危机公关还是危机管理，都是组织管理的重要组成部分，不是一朝一夕的事。关键是要防范危机，改善管理，避免危机发生。也许只有少数公关奇才能暂时摆平危机，但如果组织不进行相应的改进，同样的危机有可能再次发生。

7.2　危机的预防

危机管理关键不在处理，而在于预防，所谓防患于未然。事实上，几乎所有的危机都是可以通过预防来化解的。

7.2.1　危机的预测

危机预测就是企业根据判断，对企业可能产生的突发性事件进行预测，在此基础上建立危机预防系统，建立危机档案。

危机预测通常遵循这样几条线索：一是企业历史上曾经发生过的危机，因为曾经发生过的危机有可能再次发生。二是同行或类似组织曾经发生过的危机。三是监测现实环境，预测现实环境变化可能给组织带来的危机。现实环境变化包括许多方面，如自然灾害、战争、恐怖活动，国际法则的变化、贸易摩擦，政府政策法律的变更、行业规则的变化，媒介环境的变化，竞争对手的新动向，市场趋势变化，消费者偏好变化等。

根据企业发展阶段来预测危机也是很好的办法。不同阶段的企业有自己成长的特点，所以各发展阶段面临的危机也会有所不同（见图7-2）。

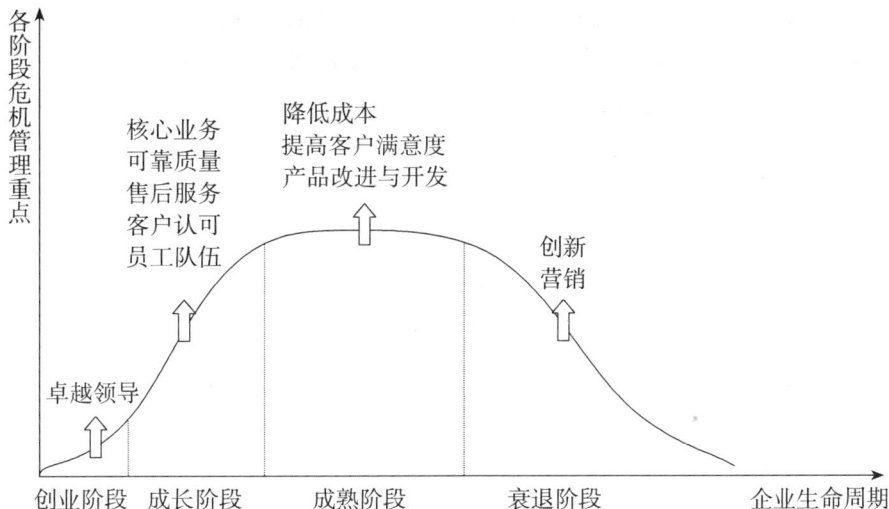

图 7-2　企业发展各阶段危机管理的重点

进行危机预测后，就要对不同的危机进行归档，从不同的角度进行分类。如根据危机对组织的损害程度可以分为：一级危机，损害程度最大；二级危机，损害程度较大；三级危机，损害程度较小。还可以按危机引发的原因进行分类、根据危机的影响面进行分类等。评估危机的损害和影响程度对危机管理有重要意义。评估危机的影响度可从以下几方面进行：第一，假如危机逐步升级，会加剧到何种程度？第二，新闻媒体或政府有关部门对组织的审查会达到何种程度？第三，危机会在多大程度上影响正常业务的进行？第四，组织在公众中的形象会受到多大程度的损害？第五，组织的财务损失会有多大？

小案例 7-1　　　　　　　　　　**某公司的危机预警制度**

某公司的危机预警制度有月报、周报，特殊时期要日报，如行业发生危机事件时、本企业有投诉事件时。如何区分危机和一般投诉事件呢？企业可以从五个角度评判危机：一是投诉金额超过5万元；二是投诉者为重点客户；三是有政府介入；四是投诉事件超过一个月未得到解决；五是有媒体报道，哪怕是相关网页（甚至是百度论坛）上有负面消息，就会通知公关部门。只要出现以上五条中的任何一条，就要作为危机事件处理，由公司的危机管理部门出面，即法律部和公关部牵头、相关业务部门参与。

进行危机预测之后，要针对不同危机制定预防危机的方针、对策，并对方案进行试验性演习，以确保能达到满意的效果，形成公司的《危机管理手册》。切勿轻视书面方案的重要性，要克服那种方案存在于几个关键人物头脑中的现象，因为一旦发生危机，关键人物可能不在场；即使在场，他也顾不上向所有人员解释每个人应怎样做。缺乏书面方案会给危机管理带来很多额外的麻烦，如在紧急情况下忘记通知雇员，导致雇员不知所措，忧心忡忡地询问事故对雇员工作的影响；关键时候找不到重要公众和重要领导的电话，浪费宝贵时间等。这些小麻烦会使人心情急躁不安，增添混乱。

总之，完备的危机预防计划能使组织成员以积极主动的姿态对待危机。

小案例7-2　　　　　**某公司《危机处理手册》实例**

一、突然发生斗殴事件，如何处理？

遇到店内发生打架斗殴事件，处理步骤如下：

1. 如果是公司内部员工发生打架斗殴事件，要及时制止，调查事件原因，将责任人送有关部门处理，同时上报上级部门。

2. 如果是在餐厅内顾客之间发生打架斗殴事件，应视情况疏导旁边的其他顾客，将旁边的顾客引导到其他区域消费，尽量保留单据，让顾客买单。如因当时情况特殊，造成顾客未买单，由店经理负责处理并申报。

3. 与此同时，及时拨打110报警，并保护好现场，交110处理。

4. 向上级部门报告。

二、突然接到顾客投诉本店食品中毒如何处理？

1. 店负责人接到顾客投诉食品中毒事件，应立即向顾客了解就餐时间及消费的品种。

2. 要顾客出示医院诊断书，店负责人亲自过目诊断书的内容。

3. 同时告知顾客最短时间内公司的处理办法，并征询顾客的意见。如顾客提出赔偿要求，须立即告知顾客公司将会有满意的答复。

4. 店负责人立即组织人员对顾客消费时间段的相应品种进行检测，同时将顾客医院诊断书拿到该医院了解顾客的具体病因。

5. 在确定造成顾客中毒的不是本店产品时，与顾客取得联系，将检测的结果告诉顾客，并欢迎顾客再次检测食物及到医院再次复诊。如是本店原因，将情况向公司领导汇报，并与顾客联系协商解决方案。

三、突然接到防疫站通知，本店有食物中毒事件如何处理？

1. 店负责人接到通知后立即向公司领导汇报，请求指示。

2. 同时请防疫站部门领导出面协调，内部处理。

3. 与新闻媒介朋友取得联系，落实此事件是否已到达媒体，使用公关手段阻止此事件被新闻媒体曝光。

4. 同时店负责人进行内部调查，对责任人予以处理。

5. 在事件处理过程中与公司领导保持联系，及时汇报处理情况，同时使用合理公关手段，令此事件局限于小范围内，不传播到外界。

6. 告知员工，特别是一线员工，此事件纯属无中生有，乃同行散布谣言，如有顾客问起做此回答。

四、突然遇到新闻媒体曝光如何处理？

1. 店负责人在第一时间向公司领导汇报，并听取公司领导的指示。

2. 告知员工，特别是一线员工，此事件子虚乌有，是同行散布谣言、报复，如有顾客问起做此回答。

3. 店负责人立即与当事人联系，代表公司致以诚挚歉意，并保证对顾客提出的意见及建议给出最积极的解决办法。

4. 专程登门拜访媒体负责人，恳请支持本企业的发展，请媒介能站在企业的角度看待问题，为企业避免负面影响。

店负责人平常应与媒体保持良好的关系，建立巩固的友谊，欢迎骨干工作人员常来就餐、指导工作，避免被媒体曝光。

企业如果有经过反复检测、科学实用的危机方案，遇到危机就能主动应付、广交朋友、谋取支持，塑造组织负责任的形象，赢得公众的理解，吸引新的公众。当危机来临时，若没有应急方案仓促应战，组织成员必定会产生防御心理，而防御心理必定将注意力着重于应付局面上，而不是致力于采取主动积极的行动，这样必然会产生负面影响，给人一种傲慢、无同情心、不负责任的印象。总之，积极主动的心理定式会产生正面的心态，消极防范的心理会产生负面的心态。

7.2.2　危机预演

危机预防的目的在于教育和培训员工。企业任何行为都是通过人的行为来实现的，对企业员工进行危机管理教育和培训十分重要。

危机方案制订后，要进行定期演习，让员工熟悉危机处理的各个环节，一旦危机来临，员工就能各就各位，应付自如。同时，预演还能检测危机方案的有效性。要制订出详细的危机演习方案，并确保其机密性。选出危机扮演人员，通常，在真实危机中是什么角色就扮演什么角色。危机预演的每一阶段都要有观察人员来监控。监控人员可以是组织的管理人员，也可以是外聘的专家。危机预演之后，应由相关人员进行总结，找出方案的漏洞，修改方案；评估演习人员的行动。对此，英国能源部组织的危机预演颇有借鉴意义。

危机预演还在于教育员工。危机管理教育首先在于树立危机管理意识，也就是说让所有员工都明白危机管理的重要性和必要性，提高员工对危机事件发生的警惕性。其次在于培训员工的生产和服务技能，保证企业产品或服务的质量，减少企业自身错失的机会。再次在于培养员工的合作与奉献精神，即与同事合作，减少内部管理摩擦；与政府合作，减少企业违反法令的机会；与商业伙伴合作，减少与伙伴的争执与纠纷；与消费者合作，减少消费者对企业产品或服务的不满与抱怨；与新闻媒介合作，减少媒介对企业的误解与曲解。最后是教育职工奉献社会的精神。

小案例 7-3　　　　　　　　　　**英国能源部的危机演习**

英国能源部每年组织一次演习，以检测在北海作业的石油公司应对危机的反应能力。演习方案由能源部及一两名石油公司人员一起制订，方案制订后，只通知公司雇员演习的月份，具体日期和细节都保密。演习当日，每人在真实危机中是什么角色就扮演什么角色。参加演习的有公司雇员，还有涉及危机处理的所有人员，如警察、皇家海岸警卫队、直升机公司、当地医院等。公司近 20 名高级公关人员在演习中扮演受害人员的亲属、朋友和媒体记者。每个参加演习的人员和组织都受到监测小组的监控和检测。演习结束即进行模拟记者招待会和征询意见活动。在征询意见活动中，所有重要角色都要谈对事件的看法，提出改进意见。最后，由能源部对演习作出总结，并向所有公司散发。

7.2.3　危机预防的组织保证

危机预防成功与否还在于企业有没有有效的组织保证。符合危机管理要求的组织保障要求企业在进行组织设计时，必须考虑以下几个问题：一是确保组织内信息通道畅通无阻，即企业内任何信息均可通过组织内适当的程序和渠道传递到合适的管理层级和相关人员；二是确保组织内信息得到及时的反馈，即传递到组织各部门和人员处的信息必须得到及时的反应和回应；三是确保组织内各个部门和人员责任清晰、权利明确，即不至于发生互相推诿或争相处理的问题；四是确保组织内有危机反应机构和专门的授权，即组织内须设非常设的危机处理机构并授予其在危机处理时的特殊权利。这样，组织内信息通畅，责权清晰，一旦发生危机先兆，就能得到及时的关注和妥善的处理，而不至于引发真正的危机。

构建危机管理组织是实施危机管理计划、保证危机管理机制运转的基本条件。现实的情况是，不少组织建立了危机档案，但束之高阁。大多数组织的管理人员都认识到危机管理对组织的生死存亡有重要影响，但大多数组织没有建立危机管理组织机构。

在一些跨国公司设有专门的危机管理机构，且一般其主管都由公司首席执行官兼任。在这些危机管理机构中，大多数人都是兼职的，而且其中绝大多数都是公司部门主管以上人员和公司外聘顾问。这样的组织结构保证了企业在面临危机时的反应速度和效率，从而确保了对危机事件的成功处理。

完备的危机管理组织机构实行三级组织、三级管理模式。

第一级为"危机管理委员会"。它是危机决策机构，通常由组织中的高层管理人员和相关中层管理人员组成，是一种兼职的矩阵式组织。其重要职责是制定危机管理的政策，审查批准本组织的《危机管理手册》，配备危机管理办公室人员，检查监督平常的危机管理工作，主持召开定期的危机管理工作会议，指挥重大危机事件的处理等。

第二级为"危机管理办公室"。它是常务执行机构，由一定的专职人员组成，通常由组织的公关部承担。它的主要职责是负责危机管理各项工作的贯彻实施；收集信息，监控环境变化；培训兼职的危机处理工作人员，尤其当他们要回答媒体和外界的询问时；负责处理一般性的危机事件；定期向危机管理委员会汇报工作。

第三级为"危机管理工作小组"。对于一些多部门或跨地区的组织来说，危机管理工作小组属于基层操作机构，或叫现场操作机构。它由一些基层兼职人员或基层公关人员组成，负责处理日常的投诉事件和小的危机事件；负责与危机管理办公室保持联系；突发事件发生时，负责组织危机计划在基层的实施，稳定基层员工的情绪，协调与基层公众的关系。

危机管理三级组织的架构图如图 7-3 所示。

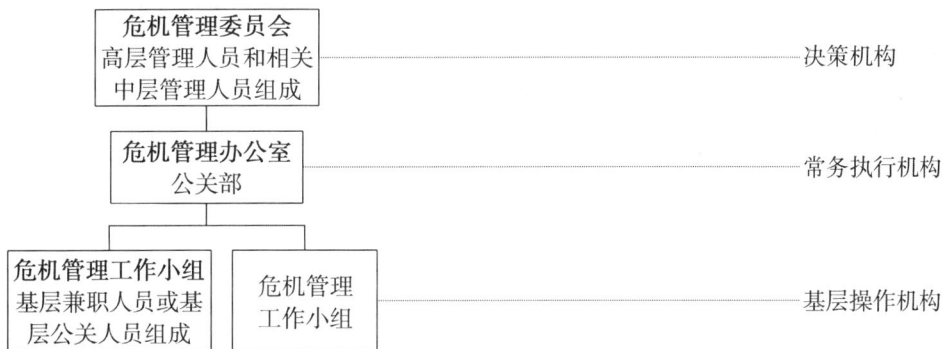

图 7-3　企业危机管理三级组织架构

建立机构的同时要配备好危机管理人员。危机管理人员必须具备危机公关和危机沟通的基本能力；具有灵敏的职业嗅觉，能于细微处觉察危机的萌芽；具有"液态思维"，即以"柔性"的方法来处理严峻的危机现场，讲究方式方法；具有较强的应变能力；能够时常进行"换位思考"，设身处地为他人、为公众着想。

7.3　危机处理

危机处理是危机发生时的具体应对，它是危机的事中管理，相当于狭义的危机公关概念。危机处理是危机管理中的关键环节，危机处理是否成功决定着企业的命运。

7.3.1　危机处理的"雄鹰"政策、"鸵鸟"政策

危机来临时，有的组织主动出击，积极应对，化被动为主动；有的组织消极应

付，被动挨打。以下两个案例就是公关史上两种态度的典型代表。

小案例 7-4   **"泰莱诺尔"药物中毒事件——约翰逊联营公司以信取胜**

以生产保健及幼儿药品闻名的约翰逊联营公司是美国最大的医药公司。1982年，约翰逊联营公司通过综合运用管理、市场营销和公共关系手段，成功地处理了危及公司生存命运的"泰莱诺尔"药物中毒事件。这一成功的危机公关已成为美国公关史上的一个经典案例。

一、灾难突然降临

"泰莱诺尔"于 1975 年问世，广告宣传它将替代"阿司匹林"。7 年内，"泰莱诺尔"赢得了止痛药市场 37% 的份额，它占约翰逊联营公司总销售额的 8%、利润的 15%～20%。

1982 年 9 月 30 日早晨，有消息报道，芝加哥地区有 7 人因使用约翰逊联营公司的一个子公司麦克尼尔日用品公司生产的"泰莱诺尔"止痛胶囊而死于氰中毒，据传还有 250 人生病或死亡。这一消息引起了美国使用"泰莱诺尔"止痛药的 1 亿消费者的巨大恐慌。顷刻之间，该公司的形象一落千丈，名誉扫地。面对新闻界的群起围攻和别有用心者的大肆渲染，一个巨大的公关挑战摆在了约翰逊联营公司的面前。"泰莱诺尔"尽数从货架上撤了下来，有的专家甚至要求停止产品生产线。

二、危机中的公关决策

约翰逊联营公司获知这一不幸消息后，立即作出了一个关键性的决策：向新闻界敞开大门，公布事实真相。该公司向新闻界宣布：本公司是坦诚的、愧疚的、富有同情心的，决心解决中毒事件并保护公众。公司立即采取了以下措施：

1. 以高达 1 亿美元的代价，撤回市场上所有的"泰莱诺尔"胶囊药品。

2. 对 800 万瓶"泰莱诺尔"胶囊药品进行试验，查看其是否还受过其他污染。

3. 药物中毒事件发生后的数天里，圆满地答复了从新闻界打来的 2 000 多个询问电话。

4. 停止报刊广告，尽可能地撤掉广播电视中所出现的"泰莱诺尔"药品广告。

公司公关部坦率地面对公众，他们竭力做到让人们了解问题只是出现在国内的一个地区，而且只是少数几瓶受到污染。

对芝加哥地区药物中毒事件的调查结果表明：7 位中毒者的死亡并非"泰莱诺尔"止痛药所致，而是一位疯子将氰化物倒进药瓶内造成的；另外 250 人生病或死亡与"泰莱诺尔"药物并无关系。

三、食品与医药管理局协同作战

在处理"泰莱诺尔"事件的过程中，约翰逊联营公司并非孤军作战。由于约翰逊联营公司与社会各界有良好的关系，因而它得到了不少社会机构的支持。这里，我们通过美国食品与医药管理局新闻办公室在发生"泰莱诺尔"事件后 1 周的工作情况，看一下该机构与约翰逊联营公司协同作战的细节：

9 月 30 日（周四），时间：17：16，对外发布"泰莱诺尔"紧急通报，宣布约翰逊联营公司撤回第一批 8 月份生产的 93 000 瓶"泰莱诺尔"止痛胶囊。

10 月 1 日（周五），时间：10：47，对外发布"泰莱诺尔"最新消息，宣布约翰逊联营公司撤回第二批 17 100 瓶"泰莱诺尔"止痛胶囊，食品与医药管理局在全国范围内对"泰莱诺尔"胶囊进行抽查。

10 月 4 日（周一），时间：9：58，对外发布"泰莱诺尔"消息，宣布食品与医药管理局抽检了 100 多万瓶"泰莱诺尔"胶囊，发现芝加哥以外地区的这类药品无受污染现象。

10 月 5 日（周二），时间 15：47，通报加州奥罗维尔地区"泰莱诺尔"胶囊的情况，宣传约翰逊联营公司在全国范围内撤回"泰莱诺尔"胶囊。

10 月 6 日（周三），时间 10：45，向所有有关机构发布食品与医药管理局专员海斯和专卖部副主任科普的声明。

四、重返市场

为了消除人们的疑虑，该公司决定推出更加坚固的 3 层密封包装的新型"泰莱诺尔"止痛胶囊。3 个星期后，公司便把这种抗污染包装的"泰莱诺尔"重新推上市场，配合优惠赠销的攻势，让公众再接受这种新产品。他们走访医务人员达百万次以上，不惜花费 5 000 万美元向消费者赠送这种重新包装的药品，求得他们对"泰莱诺尔"的支持。公司广告说："我们正从悲剧中接受教训，卷土重来。因此，我们不能骑在大象身上吹吹打打，宣布我们的到来。"语气谦虚谨慎，一切都做得不让公众反感。

随后，公司又于 1982 年 11 月 11 日在纽约举行规模盛大的电视记者招待会，有 30 个城市参加，通过卫星向全国播放实况。这一创新方案是由博雅公关公司提出来的。博雅公司自 1978 年以来一直负责"泰莱诺尔"止痛药的宣传工作。会上，公司代表面对 500 多名记者回答提问，播放新式包装药的录像。虽然当天发生了勃列日涅夫逝世和航天飞机升空这两件大事，招待会还是获得了巨大成功。美国各大电台、电视台和报纸都作了报道。约翰逊联营公司的这些真诚做法获得了社会各界的赞赏。1 年后，公司及其产品重新获得了公众的信任，"泰莱诺尔"止痛胶囊重新获得了原有市场份额的 95%，而且由于约翰逊联营公司首开抗污染日用品包装的先例，各大公司纷纷仿效。就这样，约翰逊联营公司摆脱了危机，走出了困境。对此，美国新闻媒介有过大量的报道，如《华尔街报》以"迅速复原，泰莱诺尔重新赢得市场上的率先地位，使厄运断言者们惊诧不已"为题的文章、《时代周刊》1983 年 10 月 17 日以"泰莱诺尔神奇般地重返市场"为标题的文章等。

这一成功的危机处理案例获得了当年美国公关协会颁发的银钻奖。

小案例 7-5　　埃克森公司原油泄漏事件——对出现的问题无动于衷

埃克森公司是一家规模巨大的公司，美国《财富》杂志1990年4月份所列出的全国500家最大的公司中，它名列第三位，仅次于通用汽车公司和福特汽车公司。它的业务范围遍布全世界，在欧美市场上有霸主之势。

仅仅因为一次突发事件，埃克森公司在企业形象和经济上都大受损失。令人难以置信的是，一家巨型公司面对一个危机问题却无动于衷。

1989年3月24日，一艘美国埃克森公司的巨型油轮"瓦尔代兹号"在阿拉斯加州威廉太子湾附近触礁，800多万加仑原油泄出，形成一条宽约1公里、长达8公里的飘油带。这里是美国和加拿大的交界处，以前很少有船只通过，从未受到污染。这里海水湛蓝，沿岸山青林密，风景如画；这里盛产鱼类，海豚、海豹成群。事故发生以后，大批鱼类死亡，岸边沾满油污，礁石上也沾满黑乎乎的油污。纯净的生态环境遭到严重破坏，附近海域的水产业受到很大的损失。

事故发生以后，地理位置较偏僻的阿拉斯加地区少有记者光顾，偶尔有几个，也只是随便拍几张照片，报道的不过是一个一般性的泄油事故。环境保护组织对这一突发事件感到伤心。加拿大和美国各级官员敦促埃克森公司尽快采取有效措施解决这一难题。

对于这一事故，埃克森公司方面却无动于衷。它既不彻底调查事故原因，也不采取及时有效的措施清理泄漏的原油，更不向加拿大和美国当地政府道歉，致使事故进一步恶化，污染区域越来越大。美国和加拿大地方政府、环保组织以及新闻界对埃克森公司这种不负责任、企图蒙混过关的恶劣态度极为不满，发起了一场"反埃克森运动"。各国新闻记者从世界各地纷至沓来，电视台、电台、报纸、杂志、新闻电影制片厂用了所有的媒介手段，像发动一场战争似的，向埃克森公司发起总攻。

各国新闻媒介的群起而攻之和国际环境保护组织的批评，惊动了布什总统。3月28日，布什总统派遣运输部部长、环境保护局局长和海岸警卫部队总指挥组成特别工作组，前往阿拉斯加进行调查。此时，埃克森公司油轮泄出的原油已达1 000多万加仑，成为美国历史上最大的一起原油泄漏事故。

经过调查得知，这起恶性事故的原因是船长饮酒过量，擅离职守，让缺乏经验的三副代为指挥造成的。24日中午事故发生时，该船船长因饮酒过量而不在驾驶舱，油轮由未经海岸警卫队认可的三副驾驶。港口领航员和海岸警队官员在事故前后都从船长的呼吸中闻到很浓的酒气。调查结果一经传出，舆论为之哗然。埃克森公司陷入极为被动的境地之中，公共关系危机不可避免地出现了。

结果，埃克森公司被迫以重金请工人使用高压水龙、蒸气冲洗海滩，甚至用双手刷洗岩石。事故发生在初春，阿拉斯加寒风袭人，海滩的清理工作十分费力，清理工作进展缓慢。埃克森公司仅此一项就付出了几百万美元，加上其他的索赔、罚款，埃克森公司的损失高达几亿美元。更为严重的是，埃克森公司的形象遭受严重的破坏，西欧和美国的一些老客户纷纷抵制其产品，埃克森公司顿感狼狈不堪。

以往埃克森公司曾做过这样或那样对社会有益的事情，现在都被公众抛在脑后。人们所知道的，就是埃克森公司是个破坏环境、傲慢无礼的公司。

以上两个案例代表两种危机处理政策："雄鹰"政策、"鸵鸟"政策。约翰逊联营公司采取的是"雄鹰"政策，埃克森公司采取的是"鸵鸟"政策。

"雄鹰"政策的主要特征是：主动迅速出击，果断承担责任。"鸵鸟"政策则是消极逃避，被动挨打。据说鸵鸟在面临外敌侵略时，就将头埋在沙堆里，以躲避灾难。从案例中可知，埃克森公司在面临危机时不是主动采取措施防范，而是消极逃避，企图蒙混过关。埃克森公司的悲剧表面上看来是它信息失灵，低估了事故的严重性，存有侥幸心理，而根本上则是它财大气粗，傲慢待人，不把社会的利益和公众的意愿放在眼里，结果成为众矢之的，落了个"赔了夫人又折兵"的下场。如果埃克森公司采取正确的危机公关决策，就不至于使事态如此恶化。

埃克森公司的悲剧告诉我们，"鸵鸟"政策是一种错误的危机处理政策，面对危机只有学"雄鹰"主动出击，才能化解危机，迎来新的发展机会。但是，企业有时也可以采取"鸵鸟"政策，对发生的事件保持沉默。这主要有以下几种情况：企业或企业产品出现的问题并不具有持续、大范围的"杀伤力"，问题能在较短的时间内予以解决；企业具备天时（如国际形势或国内形势对企业有利）、地利（区域优势或资源优势，如掌握强势媒体）、人和（与政府和媒体有很好的关系）条件的其中一项。这时，企业可以采取"鸵鸟"政策，控制信息，为解决问题争取时间。但是，全面控制信息越来越难操作，尤其是在网络时代。所以，企业暂时控制信息是为了赢得时间，整改企业才是最根本的策略。

CBS 的危机沟通有着另外一种风格，是一种以攻为守的"雄鹰"政策。

小案例 7-6　　　　　　　　　　以攻为守拯救了 CBS

这是一个经典的公关策划案例回顾。

20 世纪 50 年代末，麦卡锡主义猖獗于美国，一时间美国人谈"共"色变。可就在这时，赫鲁晓夫给美国哥伦比亚广播公司（CBS）招来了大麻烦。

1957 年 6 月 2 日，CBS 邀请正在美国访问的苏共总书记赫鲁晓夫在星期日"面向全国"特别节目中发表演说。没想到赫鲁晓夫说到兴头上时宣称："我可以预言，你们美国的儿孙们将过上社会主义生活!"

此言一出，舆论一片哗然。CBS 的听众为它担心，它的竞争对手们不失时机地发动攻势，攻击说"共产党的头号人物利用 CBS 提供的讲坛，向美国公众进行共产主义宣传，这无异于在向美国叫板"。对手们想借此来削弱甚至整垮 CBS。艾森豪威尔总统和杜勒斯国务卿也对此非常恼火，大发雷霆。对 CBS 来说，一场大麻烦已经不可避免。

CBS 的董事们面对突如其来的事态心急如焚，因为在麦卡锡主义横行的当时，这很可能招致吊销营业执照、联邦调查局的质询甚至惹上官司。董事们紧急开会研究对策，可是从星期二开始连续开了 24 小时的会议，仍然未找到良策，而这时各方的指责、攻击已经铺天盖地而来。就在大家一筹莫展的时候，忽然有人想到了公共关系顾问，因为这时的当务之急就是协调各方的关系，平息舆论压力，博得公众的同情乃至支持。

公关顾问来了，他分析了当时的形势之后，提出的建议出乎所有董事的意料：

1. 绝不道歉。道歉就意味着承认错误，那只能使自己处于更加不利的地位。相反，要大肆宣扬"面向全国"节目为增进两大国之间的了解作出了杰出贡献，而这就是在为世界和平作贡献。

2. 立即转守为攻。不仅要对各方责难加以强有力的反击，而且目标直指宪法第一修正案，要求其对广播的言论自由提供法律保障。

CBS 经过认真磋商，决定采纳公关顾问的建议。于是，它们分布在全国各地的各种宣传机器立即开动，在广播电台、各大报纸连续宣讲和刊登整版广告。事态的发展证明了这一决断的正确及成功。不久，奇迹出现了，社会舆论竟渐渐倾向于 CBS，不仅公众就连本想借此削弱它们的对手也收回责难向它们靠拢，因为它们的宣扬和要求无疑对整个行业的发展都是有利和合理的。

以攻为守的公关策略不仅使 CBS 度过了前所未有的难关，而且从此声誉大振，成为美国广播公司中的佼佼者。

企业什么时候可以运用 CBS 以攻为守的公关策略呢？我们认为，第一，能够肯定自己没有做错什么，没有给消费者、给社会带来危害。第二，企业有足够的实力转攻为守。第三，有充足的把握能引导舆论，说服公众，矫正企业形象。只有具备了以上基本条件，才可以考虑使用这种策略。

7.3.2　危机处理的基本原则和策略

1. 危机处理的基本原则

第一，公众利益第一的原则。组织发生危机事件，不管大小，肯定侵犯了一部分公众的利益，包括内部公众利益和外部公众利益。因此，将公众利益摆在首位，采取积极有效的措施补救，是赢得公众同情和支持的基础。

第二，人道主义原则。危机总是给相关公众带来身心伤害，尤其是有伤亡人员的重大危机事故。因此，要高举人道主义大旗，怀着对人的关怀和爱、对公众和社会高度负责的精神来处理危机。哪怕这样做会给组织带来较大的经济损失，但从长远来说，会赢得全社会的支持。

第三，真诚坦率的原则。危机发生后，媒体和公众都想知道事件的真相。组织应及时公布事件真相和原因、组织的处理意见和态度、事情的进展和结果。隐瞒真相会错过化解危机的机会。

第四，快速反应的原则。危机一般是突发性事件，组织迅速采取措施就能赢得主动。

第五，维护信誉的原则。维护信誉是危机处理的出发点和归宿点。组织发生危机后，往往成为媒介和社会关注的焦点，行动胜于言辞，组织一定要兑现解决危机时对公众的许诺。组织此时的行为比以往任何广告、宣传都更能影响组织的声誉和形象。

2. 危机处理的基本策略

（1）面对危机，应考虑到最坏的可能，并及时地、有条不紊地采取行动。

（2）在危机发生时，以最快的速度建立"战时"办公室或危机控制中心，调配经过训练的高级人员，以实施控制。

（3）新闻办公室不断了解危机的进展情况。

（4）设立热线电话，由受过训练的人员负责接听。

（5）确定重点公众，一般而言，内部员工、受害者及相关人员、媒体是危机沟通中不可忽略的沟通对象。

（6）及时了解公众情绪，设法使受危机影响的公众站到企业一边。

（7）邀请公正、权威机构来帮助解决危机，这些机构容易赢得公众的信任。

（8）时刻准备应付意外情况，随时准备改变危机计划。

（9）掌握舆论的主导权，尽力以组织发布的消息为唯一的权威性消息来源。在危机发生而事故真相尚未查明前，要迅速填补信息真空，可向媒体提供背景材料，介绍危机发生的基本情况和企业采取的初步措施来占领舆论阵地。

（10）尽量迅速查明真相，召开新闻发布会，发布确切消息。如果媒体的报道有误，要予以纠正。

（11）沟通中尽量使用简洁明了的语言，避免使用行话、技术术语。

（12）全力以赴抢救受害人员，表现出高度的社会责任感，并将这些举动传播出去。

（13）危机处理完毕后，要总结教训，并以此教育全体员工。

7.4　不同类型的危机处理

危机处理的基本原则和宗旨具有普适性，但不同的危机有各自具体的处理策略。这里介绍几种主要的危机处理方法。

7.4.1　企业自身经营管理不善而导致的危机

由于企业自身经营管理不善而导致的危机是危机的主要类型。对这种危机，企业应高度重视，化解公众的怨愤。危机沟通的重点在于承认错误的决心和改正错误的诚意,学习"泰莱诺尔"案例的"雄鹰"政策。

　　相反,如果企业对自身的失误给消费者带来的损失不采取补救措施,不进行危机处理,必将使危机升级。

小案例 7-7　　　　　　　　　　　大众汽车尾气排放造假事件

　　2015 年 9 月 18 日,美国环保署宣布,大众汽车在当地销售的 482 000 辆柴油动力车存在舞弊现象,涵盖 2009—2015 年款捷达(对应中国速腾)、高尔夫、奥迪 A3,以及 2014—2015 年款帕萨特。该公司利用软件隐瞒了汽车有毒污染物排放量,从而通过污染物排放测试,实际上大众车辆排放超标将近 40 倍之多。大众此举违反了美国《清洁空气法案》,美国环保署拟对其每辆车罚款 37 500 美元,总计 180 亿美元,这成为汽车行业历史上金额最大的罚单。

　　该舞弊案在业内引起轰动,并且导致大众当天股价暴跌两成。

　　事件发生后,大众首席执行官马丁·文德恩(Martin Winterkorn)誓言要继续战斗。他在一段视频声明中称,大众辜负了用户的信任,对此他表示"无限歉意",但将竭尽全力恢复人们对大众(德国最自豪的工业品牌之一)的信心。9 月 23 日,文德恩正式宣布辞职,此后,另外几名高管也因丑闻而去职。他们是大众旗下保时捷公司的董事沃尔夫冈·哈茨、奥迪公司的研发主管乌尔里希·哈肯贝格、大众美国分公司的总经理米歇尔·霍恩和大众汽车品牌的研发董事海因茨-雅各布·诺伊塞尔。欧盟、德国和加拿大等纷纷宣布将展开相关调查,而该案也扩大到亚洲,印度和韩国也相继发布着手调查的声明。

　　大众乘用车中涉及柴油车尾气排放造假的车辆均搭载了 Type EA 189 型 2.0 升四缸柴油发动机,型号包括第六代大众高尔夫、第七代大众帕萨特和第一代大众途观;新一批大众柴油车满足欧 6 排放标准,并没有牵涉到造假,例如第八代帕萨特、第七代高尔夫和新途安等。全球大约有 1 100 万辆大众汽车搭载 Type EA 189 发动机,这些车辆都可能受到影响。德国大众集团旗下高端品牌奥迪 9 月 28 日证实,约 210 万辆奥迪柴油汽车安装了能够在尾气排放检测中作弊的复杂软件。

　　大众表示,将在全球范围内通知所有的相关市场,并且给出当地生产涉案车辆的数量。2015 年 9 月 28 日,德国检方对大众前 CEO 文德恩展开刑事调查。

　　美国环保署公布了全部涉事车型,它们分别是:2009 年款捷达、捷达 SportWagen;2010 年和 2011 年款高尔夫、捷达、捷达 SportWagen 和奥迪 A3;2012—2014 年款帕萨特、甲壳虫、甲壳虫 Convertible、高尔夫、捷达、捷达 Sportwagen 以及奥迪 A3;在 2015 年出产的大众汽车中,除捷达 Sportwagen 外,以上所列车型均被牵扯进尾气造假事件。10 月 2 日,美国监管机构揭发大众汽车在尾气排放测试中造假后,调查范围扩大至宝马、克莱斯勒、通用汽车、路虎和奔驰生产的 20 多种柴油轿车,调查其是否存在类似的欺诈问题。美国多家法院已受理 37 起针对大众汽车公司的联名诉讼;此外,众多律师事务所呼吁大众柴油车的买主加入联名诉讼；美国至少有 27 个州的总检察长于 9 月 24 日启动了对大众汽车的调查。

10 月 7 日，大众表示，还需要一些时间来确定具体的责任方。据 CBS MoneyWatch 网站 10 月 8 日报道，德国大众汽车集团美国分公司总裁兼首席执行官迈克尔·霍恩称此前闹得沸沸扬扬的"尾气门"丑闻不是公司行为，是少数人所为。霍恩承认，2014 年初就知晓其柴油车辆尾气排放检测存在不合规行为。霍恩表示，在西弗吉尼亚大学公布一项研究结果之后，2014 年春季他就已经被告知可能存在"排放不合规"的行为。在 2015 年 10 月 8 日美国众议院听证会上，霍恩就该公司汽车尾气排放造假事件表示道歉，但否认在 2015 年 9 月之前就知晓尾气排放舞弊的情况，霍恩称：他的确在去年就知道部分柴油车"存在排放问题"，但直到上月才知晓是舞弊软件让这些车在车检时以高标准过关的。大众集团新任首席执行官马蒂亚斯·米勒 10 月 7 日接受《法兰克福汇报》采访时也称这些高级管理人员不可能蓄意欺瞒"排放门"事件，他认为汽车发动机的研发是"一个复杂的过程"，高管并不会直接参与其中。

随着针对大众集团"排放门"事件的调查不断深入，德国警方和检察官 10 月 8 日突击搜查了这一汽车制造商位于沃尔夫斯堡的总部及其他办公地点。大众新任 CEO 米勒 10 月 9 日表示，将于 2016 年 1 月份开始召回排放造假的全部车辆，计划于 2016 年年底前完成返修工作。据估算，召回车辆的成本开支可能超过 65 亿美元。大众集团 10 月 12 日宣布召回中国市场中受尾气排放测试丑闻影响的近 2 000 辆柴油车。

10 月 15 日，大众新任 CEO 米勒当天发表讲话，称两到三年后，大众汽车将走出尾气排放丑闻阴影，重整旗鼓。

大众汽车造假事件已经演变成全球汽车产业的大事件。在全球汽车制造行业，"德国制造"原本是质量可靠的代名词，而大众汽车尾气排放丑闻将"德国制造"推上全球舆论的风口浪尖。这一事件让大众汽车的股票市值在短短 3 日内蒸发约 30%，达 250 亿美元。根据德国大众 2015 年 7 月底发布的财报，2015 年上半年大众集团共生产汽车 531.4 万辆，全球交付销量 503.9 万辆，销量超过日本丰田汽车公司，成为全球最大的汽车生产商。上半年大众集团营业收入达 1 087.8 亿欧元，同比增长 10.1%；息税前利润达 68.2 亿欧元，同比增长 10.3%；税后利润为 56.6 亿欧元，同比下滑 0.9%。大众集团当时预计，2015 年集团毛利润增长率将在 5.5%~6.5% 之间，其中，私家车部门利润增长 6%~7%，商用车及动力工程部门利润增长 2%~4%，大众金融服务部门利润预计和上年持平。但受尾气排放售假事件拖累，大众 2015 年第三季度亏损近 35 亿欧元（约合 245 亿元人民币），这是大众集团 15 年来首次出现季度亏损。尾气排放售假事件使公司损失 73 亿美元。

资料来源　根据相关新闻报道整理而成。

小案例 7-8　　　　　　　　　圆通夺命快递致 1 死 9 伤

2013 年 11 月 29 日上午，山东省广饶县居民刘兴亮收到一件散发着异味的快递（给女儿买的鞋子）后，于当晚 10 点多去世，妻女中毒住院。在此前后，两位山东其他地方的网购客和山东 5 名快递卸货员染病入院。原因是：湖北荆门市熊兴化工有限公司第三次托圆通运送有毒物氟乙酸甲酯（禁运品）至潍坊市一制药厂，对快递员谎称，寄送物品为氯乙腈，运输中外包装破损，致使液体泄漏污染其他快递物品，运输车上的 1 844 件快件中，包括污染源在内共 154 件快件沾上氟乙酸甲酯。刘兴亮收到的就是其中被污染的快递物品之一。

事件经过：

2013 年 11 月 28 日 23 时 15 分，潍坊捷顺通快递有限公司（圆通网络）工作人员在卸载由武汉发往潍坊的快件运输车时，嗅到刺激性气味，两名员工呕吐。公司作业现场负责人随即疏散员工，并将上述两名员工送医院医治，将车辆放置于通风处。

29 日早，潍坊捷顺通快递有限公司与武汉发件企业取得联系，将呕吐员工症状告知发件企业，发件企业称该液体为氯乙腈，对人体危害较小。

随后，潍坊捷顺通快递有限公司于 29 日 19 点对通风放置的车辆再次进行快件处理，又有 3 名员工出现胸闷等症状，公司将 3 名员工送至潍坊市附属医院观察治疗。

30 日 8 时 30 分，潍坊捷顺通快递有限公司致电发件人询问寄递物品到底是何物，湖北方面寄件人称为氟乙酸甲酯，不是上次告知的氯乙腈。随后，潍坊捷顺通快递有限公司于 11 点向潍坊警方报警，同时联系 119 对污染源进行处理。潍坊市寒亭区政府、区安监及公安等部门到达现场，对污染源进行隔离处理。同日，5 名员工均已出院。

山东省邮政局通报说，经检测该物品为氟乙酸甲酯。氟乙酸甲酯不属于《危险化学品名录》（2002 年版）中的危险化学品，但刺激眼睛、呼吸系统和皮肤，是有毒液体。国家邮政局《禁寄物品指导目录及处理办法（试行）》第一条第四项中提到各类易腐蚀性物品（如有机溶剂）不得寄递。氟乙酸甲酯是一种在制药等领域广泛应用的有毒液体，出现过致人死亡的极端案例。该化学品由湖北某化工厂经当地圆通快递收寄点寄往山东省潍坊市某制药厂，邮寄过程中由于种种原因，造成外包装破损，致使液体泄漏。通报还指出，潍坊捷顺通快递有限公司 5 名工作人员出现不同程度的中毒症状后，公司没有按照有关规定和程序向当地邮政管理部门报告，而是自行对疑似污染快件进行了隔离，并于 11 月 29 日 10 时左右将同一车次的其他快件先后投出。直到 11 月 30 日 12 时 20 分，潍坊捷顺通快递有限公司才报告潍坊市邮政管理局。企业存在延报行为。

12 月 2 日 15 时 50 分，潍坊捷顺通快递有限公司又向潍坊邮政管理局报告称，同一车次已先期发往广饶县的一淘宝快件"鞋"的收件人 29 日收件后头晕恶心，送医院治疗后死亡。当日，山东省邮政管理局督导组到达潍坊督办广饶居民死亡事件及同车次 1 844 件快件的排查情况。12 月 4 日 7 时 30 分，1 844 件快件全部排查完毕，发现问题件 4 件，除广饶一死亡案例外，另有胶州、寿光两个收件人收货后有头晕、恶心异常反应，黄岛一用户收到鞋子有异味拒收退回。据查，由武汉同一网店发往潍坊的鞋子共 69 票，通过对此 69 票重点逐一追查，发现其中 13 票作为污染件封存留仓，56 票已经发出。发出去的 56 票，除发现的 4 起问题件外，其他52 件均无异常。

除污染源外，相关部门对前期遭受污染的 153 件快件均按程序进行了处理，企业根据有关规定对客户进行了赔付。对潍坊捷顺通快递有限公司在责任事故发生后的延报行为，山东省邮政管理部门也依据《中华人民共和国邮政法》（以下简称《邮政法》）和《快递市场管理办法》的相关规定对其处以经济处罚 2.8 万元，并全省通报批评，同时责令山东圆通速递有限公司在全省开展安全整顿，严格落实收寄验视制度，强化安全生产意识，提高识别违禁物品的能力，坚决杜绝类似事件的发生，确保寄递渠道安全畅通。据湖北省邮政管理局通报，收寄快件的当地快递公司由于收寄验视不规范将被依法吊销快递业务经营许可证。

21 日上午，圆通公司在微博上致歉。其上海总部人员表示，圆通并没有承运危险品的资质。

国家邮政局《禁寄物品指导目录及处理办法（试行）》第一条第四项提到：各类易腐蚀性物品（如有机溶剂）不得寄递。《快递市场管理办法》规定快递实行实名制、收寄验视制度，但大多快递公司不检视，在顾客要求保护隐私的情况下无技术检测工具。由于竞争激烈，快递公司往往对用户的无理要求表示顺从。根据《邮政法》的规定，邮政企业应当依法建立并执行邮件收寄验视制度。用户拒绝验视的，邮政企业不予收寄。正是圆通快递公司没有严格执行这一制度，造成了一人死亡、多人受伤的情况。按照我国《邮政法》第七十五条的规定，邮政企业、快递企业不建立或者不执行收件验视制度，将对邮政企业直接负责的主管人员和其他直接责任人员给予处分，同时责令快递企业停业整顿直至吊销其快递业务经营许可证。而用户在邮件、快件中夹带禁止寄递或者限制寄递的物品，尚不构成犯罪的，也依法给予治安管理处罚。

资料来源　根据相关新闻报道整理而成。

思考：当行业没有规范或规范执行度低时，企业该怎样防范危机发生？

7.4.2　企业因受牵连而导致的危机

集团公司的子公司发生危机，会波及整个集团公司；跨国公司的区域公司发生危机，也会波及整个跨国公司；企业的上下游合作者发生危机，会波及整个供应链；行业内有企业发生危机事件，整个行业都受影响，行业内竞争对手发生危机，更有可能引起媒体和外界关注。

竞争对手或关联企业的变化尤其是危机，会给相关企业带来牵连危机，如南京冠生园的"陈馅月饼"事件，给上海冠生园及全国其他冠生园食品厂家乃至所有月饼生产厂家都带来了危机。因此，牵连危机好比流行感冒，相关企业必须预防。由于相关组织的危机或其他组织冒名而给组织带来的危机，解决的关键是澄清事实，而且澄清事实要有广度，消除误解要有深度。澄清的受众面要广；澄清的渠道、方式要多；澄清的主体可以扩大，可以联合行业协会、政府部门及相关组织。尽量加大澄清的力度，澄清的速度要快；澄清的叙述要有权威性，可以借助权威部门的技术检测、权威人士和关键公众的陈述等。面对牵连组织的相关组织，如果不是恶意冒名侵权，本着同行相携、人道主义等原则，组织应伸出援助之手。即使在其他组织冒名侵权而造成消费者损害的案例中，也有些组织在澄清事实、对假冒者绳之以法的同时高举人道主义大旗，替人受过，给受害消费者补偿和安慰。

小案例 7-9   肯德基化解苏丹红危机

2005 年 2 月 18 日，英国食品标准署就食用含有添加苏丹红色素的食品向消费者发出警告，并在其网站上公布了亨氏、联合利华等 30 家企业生产的可能含有苏丹红（一号）的产品清单。

2 月 21 日，清单上的产品增加到了 419 种，英国食品标准署已下令召回上述食品。

2 月 23 日，中国国家质量监督检验检疫总局发出紧急通知，要求各地质检部门加强对含有苏丹红（一号）食品的检验监管，严防含有苏丹红（一号）的食品进入中国市场。

3 月 15 日，上海市相关部门在对肯德基多家餐厅进行抽检时，发现新奥尔良鸡翅和新奥尔良鸡腿堡调料中含有"苏丹红（一号）"成分。

3 月 16 日上午，北京肯德基有限公司接到中国百胜餐饮集团上海总部的通知："从 16 日开始，立即在全国所有肯德基餐厅停止售卖新奥尔良鸡翅和新奥尔良鸡腿堡两种产品，同时销毁所有剩余调料。"

3 月 17 日，中国百胜餐饮集团发表声明，并将该声明张贴在各餐厅。其全文如下：

我们虽然多次要求百胜的相关供应商确保其产品不含苏丹红（一号）成分，并获得了他们的书面保证，但是非常遗憾，昨天在肯德基新奥尔良烤翅和新奥尔良烤鸡腿堡调料中还是发现了苏丹红（一号）成分。

本着对广大消费者的食品安全负责的一贯原则，我们已经决定从 3 月 16 日开始在全国所有肯德基餐厅停止售卖新奥尔良烤翅和新奥尔良鸡腿堡两种产品，同时销毁所有剩余调料。

我们已安排好重新生产不含苏丹红成分的调料。预计在一周内，就可以恢复新奥尔良烤翅的销售。

我们同时将严格追查此次供应商在调料中违规使用苏丹红（一号）的责任，

确保此类事件不再发生。对此次食品安全事件，肯德基深表遗憾，并向公众致歉。

中国百胜餐饮集团

2005 年 3 月 16 日

3 月 19 日，国家查出的含"苏丹红（一号）"食品清单上，肯德基名列第一。

3 月 21 日，3 天前停止售卖的新奥尔良烤翅和新奥尔良鸡腿堡重新上市。21 日晚 9 点，肯德基正式发出告消费者通知，称这两种产品经北京食品安全协调办公室检验复查不含苏丹红，于当日正式恢复销售。

3 月 28 日，中国百胜餐饮集团就旗下品牌肯德基的"苏丹红事件"公布调查结果称，已查清所有使用于肯德基的问题调料流向。所有问题调料均来自宏芳香料（昆山）有限公司供应给中山基快富公司的两批辣椒粉。

吸取"苏丹红事件"教训，中国百胜餐饮集团决定采取 3 项改进措施：提高原有检测能力，投资不少于 200 万元成立一个现代化的食品安全检测研究中心；要求所有主要供应商增加人员，添购必要的检测设备，对所有进料进行必要的食品安全抽检；强化目前选择上游供应商的要求和标准。

企业要密切关注行业动态；对供应链企业、竞争对手的危机事件进行预测，一旦这些企业发生危机，迅速进行危机预警；集团公司的子公司或区域公司发生危机事件时，母公司要迅速开启危机管理系统，整治子公司，使"火灾"不蔓延。

企业一旦遇到这种牵连危机，首先要自查，如果自己也有类似的问题，应迅速进行危机处理；如果没有类似问题，就要澄清。

小案例 7-10　　百年福喜中国遭遇滑铁卢——上海福喜"过期肉"危机事件

2014 年 7 月 20 日，上海广播电视台记者通过暗访，曝光上海福喜食品有限公司将过期肉类原料重新加工、更改保质期继续销售。而上海福喜所生产的麦乐鸡、肉饼等产品，被供应给麦当劳、肯德基餐厅等客户，一时舆论哗然。

一、公司背景

上海福喜食品有限公司是全球最大的肉类和蔬菜加工企业美国福喜（OSI）集团在中国区的第二大工厂。OSI 集团是全球性食品供应商，成立于 1909 年，集团总部位于美国伊利诺伊州的芝加哥，拥有美洲、欧洲和亚太地区三个区域中心，在 17 个国家拥有 57 个食品加工厂，福喜集团向超过 40 个国家和地区销售全生、半熟、全熟的鸡肉、牛肉和猪肉制品，各种非肉类产品，包括比萨、烘焙食品，以及蔬菜等农产品。福喜集团的客户包括全球快餐和外卖连锁供应商、品牌食品营销商及食品零售商。

据福布斯美国非上市公司排行榜显示，从 2010 年到 2012 年，福喜集团的销售额一直稳步增长，2010 年销售额为 28.7 亿美元，排名第 144 位，2011 年销售额为 30 亿美元，排名第 136 位，2012 年销售额为 35 亿美元，排名第 118 位。2013 年福喜出现了爆发式增长，当年销售额为 59 亿美元，同比增长 68%，排名也一下子跳过 56 个名次，升至第 62 位。福喜集团 1991 年在北京设立了第一家食品加工企业，随后通过投资和合资等方式，不断扩展其区域性工厂，并于 2011 年在上海成立了欧喜投资（中国）有限公司，作为福喜在中国的投资总部。至 2014 年，福喜在中国共有 7 家工厂，涉及养殖、屠宰和肉制品加工，分别位于河北、上海、广州、山东、福建、河南（2 家）。福喜集团还设立了数家合资工厂，其中包括与圣农发展共同投资建立的福建欧圣农牧发展有限公司。该公司成立于 2011 年 4 月，地处福建省南平市光泽县，其经营业务为鸡肉一条龙项目，包括肉鸡养殖、饲料加工以及肉鸡屠宰和销售，现有员工 1 000 余名。2013 年 4 月，福喜集团还与河南大用集团共同投资建立了西华大用福喜农牧发展有限公司，公司位于河南省西华县，同样经营肉鸡一条龙项目。福喜集团的核心运营理念为：和知名食品公司合作，提供专业的食品制造经验和全球性的基础设施，开发和生产系列优质产品并提供服务，规避大宗商品价格波动风险或将风险减到最小。2012 年在其中国业务开展 20 周年的庆典上，福喜集团主席兼 CEO 谢尔顿·拉文曾说："我们正在朝着成为中国最大的肉品生产商的目标坚实行进。"

上海福喜食品有限公司（以下简称上海福喜）是上海市政府批准成立的外资独资企业，成立于 1996 年，注册资金为 5 047 万元。上海福喜厂区占地 13 000 平方米，拥有 5 条世界先进技术生产流水线及肉类、蔬菜水果、面粉类加工车间，产品涵盖猪肉、牛肉、鸡肉等制品，拥有出口日本、中国香港等国家和地区的资质，年生产能力为 25 000 吨左右，公司现有员工 500 余名。上海福喜主要从事为国际知名快餐连锁店提供肉类、海鲜、米面制作及蔬菜产品的生产和加工业务。上海福喜生产的加工食品供应的品牌大致包括：麦当劳、肯德基、必胜客、德克士、汉堡王、宜家等。

福喜与麦当劳有深厚的渊源。1992 年，福喜中国就开始向麦当劳中国餐厅提供原料。在过去的 22 年里，中国麦当劳与福喜集团保持了不错的伙伴关系，这也延续了双方在国际市场近 60 年的合作。麦当劳要求，须定期审查原料供应商是否真正执行原料标准、GMP（良好操作规范）和 HACCP（危害性关键点控制）；每月都要进行原料跟踪、为供应商质量评分，将评分与订单量挂钩，年评分低的供应商可能遭到淘汰。上海福喜厂长李铁军曾说："麦当劳从来就没拖过我们的货款，现款现货，我们这么多年从没有发生矛盾。"

2008 年，福喜中国才开始与百胜中国合作。

二、事件经过

2015 年 7 月 20 日 19：35，嘉定马陆镇上，随着"麦当劳肯德基原料加工厂被曝使用过期肉"的新闻在晚间电视新闻上播出，上海食品药品监督（以下简称食药监）部门相关人员随后不久到场，却没能进入工厂的大门。他们被保安阻拦近一小时后，才得以进入并开始调查。21：30，新民网记者来到现场，并进入工厂内部。此时距离食药监人员进场调查大约有半小时。工厂内的流水线仍在运作，但并没有原料被投入，工厂实际上处于停滞状态。工人们三五成群地围聚在一起，不知道工厂接下来将发生什么。22：31，现场检查结束后，厂方和监管部门在会议室内的对话已经进行了几轮。上海食品药品监督管理局（以下简称食药监局）约谈了工厂方面的负责人，提出封存现有原料，召回售出商品的要求。工厂方面说，上级公司的负责人正在赶来。22：38，福喜公司上级公司负责深加工业务的负责人杨立群女士到场，与上海食药监局副局长顾振华面对面交谈，顾振华再次重申了两点要求，杨立群表示将全力配合执法部门执法。22：53，在上级公司负责人到场后，此前厂方上锁且表示无法打开的培训室被打开并接受无保留的调查。23：00，现场封存工作基本结束，记者在现场看到，电脑、账本等物品被贴上封条搬上办案人员车辆带走。23：30，嘉定区的几十名治安协管人员列队进入厂区内，以确保后续处理工作有序、可控进行。

7 月 21 日，上海食药监局局长闫祖强等约谈福喜投资方、欧喜投资中国区深加工部总经理杨立群。杨立群表示，集团初步调查认为企业有严格的管理体系，正在寻找执行过程中的偏差。上海福喜质量部经理在被约谈时也曾明确表示，对于过期原料的使用，公司多年来严格控制，要例外操作也是由高层指使，并称至少要厂长以上级别的管理层同意才能实施。

根据媒体报道，上海福喜的具体问题包括：2014 年 6 月 18 日，用 18 吨过期半个月的鸡肉用作原料，制成麦乐鸡；6 月 11 日及 12 日，该公司加工的迷你小牛排使用了 10 吨过期的半成品，有人通过内部邮件，安排将过期 7 个月的冷冻小牛排延长保质期，以便再加工。麦当劳人员来检查时，上海福喜工作人员会事先知会车间，不在原料中混入次品，以应付检查。

上海食药监局查实福喜公司有 5 批次问题产品，涉及麦乐鸡、迷你小牛排、烟熏风味肉饼、猪肉饼，共 5 108 箱。初步查明，麦当劳、必胜客、汉堡王、棒约翰、德克士、7-11 等 9 家企业使用了福喜产品，已封存产品约 100 吨。后来又查实，福喜公司把已经销售出去的 2013 年 5 月生产的烟熏风味肉饼（保质期是 9 个月，也就是到 2014 年 2 月份到期）从市场上召回，重新换了包装，把"烟熏"两个字拿掉，叫"风味肉饼"，同时把原来 2013 年 5 月份的生产日期改为 2014 年 1 月份，把保质期从原来的 9 个月改成 12 个月。

三、福喜的反应

7 月 21 日，福喜集团就"过期肉"事件，在官网上发表声明：福喜集团对近期东方卫视关于其子公司福喜上海食品有限公司产品的报道高度重视。公司管理层对报道感到震惊，并已第一时间直接接管此事。公司已成立调查小组，全力配合相关监督管理政府部门的调查，并同步进行内部调查。福喜集团将向公众披露调查结果，并基于调查结果实施所有必要措施。对于给麦当劳等客户和消费者带来的影响，福喜集团表示歉意。不过，该声明也提出：相信事件是一起个体事件，愿意为事件承担全部责任。

7 月 24 日，福喜集团发表来自福喜集团所有人、主席兼首席执行官谢尔顿·

拉文的声明：

获悉发生在上海福喜食品有限公司的一切，我寝食难安。这样的事情是完全不可接受的，对此我不会争辩些什么或是试图寻找任何借口。事实上，如此可怕的错误竟然发生在了我拥有的公司，已经令我震惊无比。

在此，我代表上海福喜食品有限公司及福喜集团，向我们所有在中国的消费者真诚地道歉，并郑重承诺：对此次的过失，我们将承担全部责任，并确保类似的事件不会再次发生。

我在得知此事后，第一时间派遣了由福喜集团在全球范围内最好的专家组成的团队（今后还将陆续有更多的专家和技术人员）赶往现场，与当地团队齐心协力，确保我今天的承诺能够确实地兑现。

7月26日，上海福喜集团再次发布声明，宣布从市场中收回由上海福喜所生产的所有产品，并正在着手针对现任及前任高管人员可能存在的不尽职行为开展彻底的内部调查，一旦发现任何不当行为，将对相关责任人员采取果断、坚决的行动，包括处分和/或法律行动。此外，集团也已为中国配备了全新的管理团队，以确保业务的有效运营。

福喜集团亚太区高级副总裁及总经理艾伯强重申："截至目前，我们正竭尽所能以最负责任的行动措施保障我们的客户和消费者的权益。"

公司所有人谢尔顿·拉文在早前的声明中也表示，"100多年以来，我们集团都按照全球最高标准供应安全、高品质的食品并运营企业。因而此次在上海工厂发生的事件严重违反了我们集团信奉的原则和赖以生存的价值观。这是我们绝对不能容忍的错误，它违背了我们这家企业应有的做事准则。"

艾伯强同时表示来自福喜总部的支持团队陆续抵达上海，与当地团队紧密合作展开全面深入的调查，而在此过程中，总部一直并将继续全力配合国家和上海食药监局及其他监管机构的工作。"我们对于调查的进展将尽全力做到开放、透明。我们将会尽快向各方提供明确并完整的解释和调查结果。"

"我们在中国经营必将坚守承诺，为严肃认真地处理本次事件，我们已经派出全球最好的专家团队，"艾伯强先生最后表示，"我们为中国其他地区的团队以及运营表现深感自豪。这将巩固我们对中国市场的信心及承诺，我们还将为中国市场竭尽全力提供最优质的服务和产品。"

7月28日，福喜集团下午2点半在上海召开新闻发布会。近百位中外媒体记者抵达现场。出席此次发布会的有福喜集团CEO谢尔顿·拉文（Sheldon Lavin）、吕勇、麦大卫（David G. McDonald）、莎伦·贝克特（Sharon Birkett）、艾柏强（Brent Afman）。谢尔顿·拉文亲自道歉，宣布福喜中国将在上海规划建设"欧喜亚洲质量控制中心"，专门负责对中国的所有工厂进行全方位指导和监督，以确保生产质量和食品安全。他还表示，未来三年将出资1 000万人民币资助中国的食品安全教育，目的是帮助社会提升对食品安全的认知程度。

"过期肉"事件后，福喜中国全面停产，停工造成福喜集团至少60亿元人民币损失。

四、关联企业的反应

福喜"过期肉"事件引发洋快餐的又一次"地震"，麦当劳停售肉类产品，8月份的全球同店销售额下降了3.7%，其中亚太、中东和非洲区下滑幅度最大，为14.5%。肯德基等其他洋快餐虽然受波及程度较小，但销售下滑同样严重。8月21日，在美国纽约证券交易所挂牌交易的肯德基母公司百胜集团以及麦当劳股价双双走低，跌幅超过大盘。至当天美股收盘，百胜集团股价下挫4.25%，市值一夜蒸发近15亿美元，麦当劳则收跌1.45%。

1. 麦当劳

7月20日，麦当劳发表声明，称将第一时间通知全国所有的餐厅，立即停用并封存由上海福喜提供的所有肉类食品，同时，公司立即成立调查小组，对上海福喜及其关联企业展开调查，并将尽快公布结果。麦当劳称，食品安全是麦当劳的重中之重，为确保消费者放心享用，麦当劳始终严格遵守国家法律法规和相关标准，对供应商的行为准则有同样的要求，对违法违规行为零容忍。7月21日麦当劳再次发布声明，称已全面停用上海福喜供应的所有食品原料，近期全国部分餐厅可能出现产品断货的情况。此后，麦当劳餐厅只有薯条和麦香鱼少数食品可卖，几乎成为饮料店。

7月24日，麦当劳在新浪微博再发声明，承诺此类事情绝不再发生，并表示麦当劳中国决定终止与上海福喜的业务合作，将供应来源调整为福喜旗下的河南福喜。28日，麦当劳发表公开声明，宣布暂停使用福喜中国（包括其合资公司）的所有食品原料。

2. 肯德基

7月21日凌晨，中国百胜餐饮集团（以下简称中国百胜）发布了关于上海福喜食品有限公司相关媒体报道的声明：

中国百胜高度重视关于上海福喜的相关媒体报道，已经要求旗下肯德基、必胜客餐厅即刻封存并停用由上海福喜食品有限公司提供的所有肉类食品原料。

百胜视食品安全为第一要务，绝不姑息供应商的任何违法违规行为，百胜已经即刻展开对上海福喜的调查，并将积极配合相关政府部门的工作。

停用上海福喜供应的肉类食品原料，将使肯德基部分餐厅的两款早餐产品芝士猪柳蛋堡和香嫩烤肉堡出现短期断货情况，而必胜客的岩烤德克萨斯风味牛肉也会出现临时断货的情况。我们已经紧急调配其他供应商资源，争取尽快恢复供应，在此期间给消费者造成的不便，我们深表歉意。

7月21日中午，肯德基官方微博再次声称，上海所有肯德基餐厅没有使用上海福喜供应的肉类食品原料，因此旗下产品不受影响，涉及福喜供货的仅有"福建省少数肯德基餐厅"。7月23日，肯德基官方微博发表声明，表示中国百胜决定即刻全面停止向中国福喜（包括上海福喜）采购。

3. 德克士

7月21日上午11点左右，天津顶巧餐饮公司发表官方声明，称在获知此事后，德克士立即主动进行内部清查，自主要求全国餐厅封存下架上海福喜生产的火腿片，并停止贩售早餐火腿三明治，积极配合政府行动。德克士也是上海福喜三家重要客户之一，德克士表示：高度重视媒体报道上海福喜食品有限公司一事，在获知此事后，立即主动进行内部清查。我们会继续对上海福喜及其关系企业进行全面调查，了解其是否符合国家规定，并积极配合政府行动。德克士将继续坚守食品安全，遵守国家法令规范，为消费者提供安心产品。

4. 汉堡王

7月21日，汉堡王发布声明，称已于凌晨将上海福喜所有肉类产品封存，并启动调查程序，配合政府监管。13时，汉堡王战略发展副总裁李柏清告诉财新记者，全国部分汉堡王餐厅的少数产品中使用了上海福喜供应的肉类，"因为占比不高，目前汉堡王维持正常运营"。7月28日，汉堡王再次发表声明，全面停止向福喜中国采购任何产品，成为第三家宣布与福喜中国停止合作的跨国餐饮巨头。

5. 其他关联餐饮企业

其他餐饮企业纷纷和上海福喜划清界限：21日，华莱士、达美乐、吉野家均表示，没有来自上海福喜的原料；赛百味、星巴克则表示没有采购自福喜集团的原料；宜家宣布，它在2013年9月已与上海福喜停止合作。

五、政府的措施

7月20日晚间，上海市食安办副主任、食药监局副局长顾振华带队赴上海福喜，约谈了企业负责人，并要求企业立即停止生产。这家涉嫌用过期原料生产食品的企业已被查封，产品被控制。另外，监管部门还要求所有福喜的下游企业立即封存该厂原料。7月21日，上海成立联合调查组，对企业进行深入调查。当日执法人员进驻上海福喜，要求福喜投资方欧喜投资提供有关原料来源、生产加工、质量控制、销售去向等记录，召回涉案食品，全面配合调查。

上海食药监局对已销往连锁餐饮企业单位的涉案产品采取了控制措施，责令相关快餐企业封存涉案产品；封存产品约100吨。在7月22日下午举行的上海市政府新闻发布会上，新闻发言人徐威表示，上海食药监局等部门已经连夜行动，对上海福喜有限公司及相关企业采取彻查措施，上海公安局已经介入调查，对上海福喜22家下游食品流通和快餐连锁企业进行紧急约谈。7月22日，据上海市政府新闻办公室官方微博"上海发布"的消息，上海市食药监局目前查实福喜公司有5批次问题产品，涉及麦乐鸡、迷你小牛排、烟熏风味肉饼、猪肉饼，共5108箱。初步查明，麦当劳、必胜客、汉堡王、棒约翰、德克士、7-11等9家企业使用了福喜产品，已封存产品约100吨。

截至7月25日，上海市食药监局已经发现涉嫌问题食品麦乐鸡18吨、烟熏风味肉饼78.1吨、小牛排48吨，共计144.1吨，均已封存。

上海市检察院7月22日表示，上海三级检察机关侦查监督、反渎职侵权部门已经派出人员，调查了解上海福喜涉嫌使用过期、变质等劣质原料生产加工食品事件。上海福喜负责人、质量经理等5名涉案人员，因涉嫌用过期原料生产加工食品，已经被警方依法刑事拘留。值得注意的是，过去 3 年，上海市质监和食药监部门在针对福喜的 7 次检查中都没有发现问题。

7 月 21 日，国家食品药品监督管理总局对上海福喜事件表态，要求彻查福喜系全部工厂。同时，其余各地食药监部门也要对欧喜投资（中国）有限公司（上海福喜投资方）在河北、山东、河南、广东、云南等地的所有工厂全面彻查，排查原辅料购入和使用、生产过程控制、产品销售记录等。国家食品药品监督管理总局安排各地食药监部门迅速对使用上海福喜产品的餐饮服务单位进行全面突击检查，责令餐饮服务单位立即停止销售、使用并就地封存上海福喜生产的所有食品。

六、尾声

2014 年 9 月 22 日，福喜集团在其中文官网挂出声明，称将遣散上海福喜 340 名员工，其中 226 名为正式员工，114 名为外包合同员工；公司将仅留剩一小部分员工，以协助中国相关政府部门的后续调查。该声明表示，公司的初衷并不是解聘这些员工，但事态的发展已超出其控制范围。声明称，此计划已通过当地政府和工会审批。此次计划只针对上海福喜。OSI（中国）已通知计划被遣散的员工，并已为其提供安置备选方案。实际上，自 7 月 21 日起，这些同事中大部分人已经开始带薪休假。

2015 年 12 月 30 日，上海市嘉定区人民法院一审开庭审理了上海、河北两家福喜食品有限公司及杨立群等 10 名被告人涉嫌生产、销售伪劣产品一案。2016 年 2 月 1 日，上海市嘉定区人民法院依法对上海福喜食品有限公司、河北福喜食品有限公司，被告人杨立群、贺业政等犯生产、销售伪劣产品罪一案进行了一审公开宣判。法院以生产、销售伪劣产品罪分别判处两家福喜公司罚金人民币 120 万元；澳籍被告人杨立群等十人均被判有期徒刑。其中杨立群被判处有期徒刑 3 年，并处罚金人民币 10 万元，驱逐出境；贺业政等 9 人被判 2 年 8 个月至 1 年 7 个月不等，并处罚金 8 万至 3 万元不等。上述 9 人中有 4 人适用缓刑。

2015 年 7 月 1 日，福喜集团中国区首席财务官吕勇接受记者采访时说，去年"上海福喜事件"后，"中国业务大范围受到影响，其中甚至涉及非肉类加工的蔬菜、农业、养殖等业务"，欧喜中国不得不在持续增加的亏损中等待开工时机。"尽管损失很大，但我们对中国市场未来发展的信心没变，不会因为一些挫折和挑战而放弃中国市场，退出中国不会是我们的选项。" 6 月 30 日，欧喜中国首次对外开放位于河南西华县的全球最大的肉类深加工工厂。河南工厂投资总额达 9 000 万美元，占地 1.3 万平方米，拥有 8 条世界先进的生产流水线和肉制品加工车间，主要产品为鸡肉、牛肉制品，年生产能力为 1.8 万吨熟食，所有产品具备出口南非、巴基斯坦、日本、中国香港、中国澳门等国家和地区的资质。"上海福喜事件"将满一年，欧喜中国计划重塑食品安全信誉。

资料来源　据相关媒体报道整理而成。

小案例 7-11　　　　　　　　　青岛"38 元大虾"事件

2015 年 10 月 4 日，到青岛旅游的江苏的朱先生和四川的肖先生，在青岛市北区一家名为"善德烧烤"的饭店用晚餐时，各自都点了一份虾。点餐时菜单上标价 38 元，结账时，店老板却按每只虾 38 元的价格收费，朱先生应付 2 175 元，肖先生应付 1 338 元。朱先生和肖先生打了 110 报警电话。110 来了之后就说：这事不归我们管，这个是价格方面的问题，应该由物价部门负责管理。当事民警事后接受记者采访时说："110 民警在当晚 9 点 40 分左右接到市局指令，在乐陵路 92 号海鲜烧烤店发生了价格纠纷。我们所 110 民警去现场之后，发现双方存在价格纠纷，告诉双方这个需要到工商部门去投诉解决，后来我们 110 民警就离开了。中间顾客和店主又多次拨打 110 报警电话，因为是同一事件，按照规定，我们就不再出警了。"消费者致电物价局，物价局的人回复说：太晚了，处理不了，只能等到明天才能处理（消费者第二天致电物价局，被答复说必须过完节才能解决）。后来，两桌客人与烧烤店老板争执过程中矛盾升级，烧烤店老板认为客人想不给钱吃霸王餐，于是拿起一根棍子准备打人。110 接警记录显示，在这个过程中，现场一名姓陈的女子再次拨打了报警电话。当事民警说："有顾客又打 110 报警，说双方快要打起来了，我们所 110 民警赶到现场，将双方带回了派出所。"在派出所，民警为了帮助两位游客，特地将烧烤店老板支开，让他到派出所门口等候，然后叮嘱游客：不管给店老板多少钱，一定要留好证据，便于以后维权。在民警的协调下，两位消费者分别给了烧烤店老板 2 000 元和 800 元的餐费。

肖先生和朱先生结束国庆旅游，都各自返回了家乡，他们把遭遇发到了网上，引起了社会的极大关注。"青岛大虾"成为 2015 年十大危机事件之一，该事件对山东省着力打造的"好客山东"旅游品牌产生了巨大冲击。

对此，青岛进行了一系列的危机处理，工商部门认定涉事烧烤店价格标示存在误导消费者的问题，启动调查程序，之后关停这个开张只几个月的当事烧烤店并处以罚款 9 万元，对市北区市场监管局主要负责人停职检查，对该区物价、旅游等部门主要负责人进行诫勉谈话。10 月 7 日，青岛市旅游局、工商局、物价局、公安局联合发布《关于进一步治理规范旅游市场秩序的通告》。

10 月 7 日，一组以《至少，青岛还有他们》为题的图片，通过青岛当地媒体官方微博在网络广为发布。所配文字指出：38 元大虾的报道"放大了事件对青岛形象的影响"；"山东人也会反抗，这是孔子之乡，俺们都是实在人"。这是一组"多数人在默默无闻地为这座城市付出"的工作镜头。这组镜头包括的"多数人"，有救生员、建筑工人，还有安检员、环卫工人、公交车场充电工人等，属于每座城市都四处可见、在工作岗位上默默奉献的人。青岛旅游局随后在微博上晒起了青岛美食。

10 月 21 日，《成都商报》报道称，网名为"青岛滩"的青岛企业家 20 日来到四川广元，慰问奖励了肖先生 5 万元现金，同时邀请肖先生再到青岛，重新感受"好客山东"。对此，当事人肖先生表示，这笔钱用在自己身上于心不安，并把钱捐了出去。被宰游客一度还被邀请担任青岛旅游监督员，但被当事人拒绝。

资料来源　根据相关媒体报道整理而成。

思考：青岛的危机处理措施得当吗？

7.4.3　企业高管人员变动而导致的危机

企业高层或董事会不测事件，如突然死亡、被官司缠身，高管班子矛盾爆发，班子成员大换血等事件，会导致企业内部人心惶惶，企业外部信任危机产生。

小案例 7-12　　　　　**"黄光裕案"后的国美电器**

2008 年 11 月 27 日，黄光裕已经"消失"了整整 10 天。其间，"黄光裕被抓"的传闻一直困扰着国美集团上上下下。这天上午 9 时 30 分，北京市公安局正式对外宣布：国美集团董事局主席黄光裕因涉嫌经济犯罪，目前正在接受警方调查。消息传出，国美集团立即被推上了风口浪尖。

国美集团的合作银行首先作出了反应。就在 11 月 27 日当天，几乎所有的合作银行都调低了对国美集团的信贷额度。上海银行、交通银行等国美集团的债权银行还公开表示，将视事态的发展决定是否要求国美集团提前还贷等。

第二天，几百家电器供应商的代表不请自来，走进了国美集团总部所在地——鹏润大厦。他们名义上是"庆祝国美集团成立 22 周年"，但实际上是来"调查情况"的。一位了解内幕的人士回忆说，"黄光裕事件最严重的后果可能就是供应商对国美集团的资金链丧失信心，停止供货，同时讨要货款。一旦出现这样的情况，国美集团就会因资金链断裂而破产"，黄光裕的"商业帝国"将土崩瓦解。

早在 2006 年，黄光裕就为国美集团搞了一个"应急机制"——一旦出现"群龙无首"的情况，集团将授权负责财务、人事工作的总监魏秋立行使管理大权，其他集团高层成员协同配合。因此，在北京市公安局正式发布"黄光裕接受调查"消息的 3 天前，国美集团就已召开高层会议，组建了一个"7 人应急团队"。决策小组的头等大事就是维稳——维持逾 30 万员工、逾千家门店、年销售逾千亿元的庞大国美电器航母正常运转。对外方面，尽量淡化黄光裕的个人消息，强调公司一切运营正常；强调黄光裕只是国美电器的创办者和主要大股东，但并不是国美电器的全部。而国美高层也明确向外界强调，黄光裕近年来已经放手让国美电器高管团队运营，他的主要精力放在投资和鹏润地产方面。

随后，一份千余字的《致全体同仁书》发出，以稳定集团员工的情绪。《致全体同仁书》中称，针对近日报刊、网站、短信等出现的关于公司董事局主席黄光裕的传言，公司管理层正在核实相关情况。目前国美电器没有接到任何部门与传言有关的法律文件，"待事情有了结果，公司将会在第一时间将事件结果向大家通报"。

国美在公告中称，对于传言，家电巨头均坚定表示鼎力支持国美电器。第三季度财报也表明，国美的经营能力、盈利水平在目前国内这些上市企业里面，是不多见的，"这表明了我们的实力！因此不管此次事件如何众说纷纭，国美电器作为一家独立经营的上市企业，不会受到任何影响"。国美在内部公告中鼓励员工，"此时此刻，最需要的是众志成城，万众一心"。

与此同时，国美集团高层与供应商们加紧沟通，说明情况。从市场反应看，海尔、三星、美的、格兰仕等家电供应厂商仍在陆续表态力挺国美。

于是，外界看到，在震惊全国的大案面前，国美集团仍在有条不紊地运转。随即，合作银行和供应商同意继续与国美集团合作，国美的各大卖场依然生意兴隆。

中国经济飞速发展，企业成长迅速，但市场还处于规范时期，企业也处于规范阶段，因而在危机面前比较脆弱，往往企业家的危机就是企业的危机；同时，企业的危机也可能带来企业家的个人危机。

小案例7-13 　　　　中国民营企业及企业家危机事件

危机企业及时间	危机成因	危机事件	危机结果
金利斌 包头市惠龙商贸有限责任公司 2010年下半年至今	非法融资：2008年6月，拟成立惠龙集团公司时，开始大规模向社会融资。惠龙公司向社会1 098人集资12.397亿元，向单位职工498人集资1.109亿元，向金融机构贷款1.1亿元，总计14.606亿元。这10多亿元的集资款，要付3分、5分甚至8分的高额利息	不堪重负：2010年下半年，惠龙公司由于无法及时返利，便于2010年10月成立4个资金部，应对讨要本钱利息的群众。从2011年1月起，惠龙公司返还融资款利息已经很困难。2011年4月13日凌晨，金利斌因巨额借款不堪重负选择自焚	立案侦查：公安机关将力争在2011年8月份，将涉案的犯罪嫌疑人向人民检察院移送起诉；对惠龙集团进行资产审计处置工作
高庆昌 万昌科技股份有限公司 2011年5月23日	资产转移质疑：万昌科技关联公司、山东万昌股份有限公司股东艾群策曾于近期向证监会举报，作为董事长的高庆昌涉嫌掏空万昌股份资产，将其转至即将上市的万昌科技；另一方面却遮掩万昌股份的经营业绩、长达6年不开股东会。高庆昌患抑郁症，长期服药	2011年5月23日，万昌科技刚刚上市仅3天，便传出董事长高庆昌跳楼身亡的消息	其子高宝林通过继承和受赠方式增持公司股份共计3 296.3万股，占公司总股本的30.44% 万昌科技5月26日冲高回落，大跌7.87%，报收于19.08元
卢立强 珠光集团浙江钢结构有限公司 2010年至2011年	严重亏损：随着近几年钢材原料的大幅上涨等原因，珠光钢构的日子越来越不好过，一度被迫停工。由于亏损严重，卢立强不得不开始以抵押等多种方式向银行融资，此外，还大量面向社会集资	卢立强名下6家企业在2010年总产值还不到1亿元，但债务已高达4.2亿元，其中向金融机构贷款2.4亿元，民间借款1.72亿，另外对外担保0.7亿元	2011年5月20日，卢立强因不堪债务重负在台州灵湖自杀

续表

危机企业及时间	危机成因	危机事件	危机结果
乔金岭 黄河实业集团 2003 年	在 20 世纪 80 年代初期与乔金岭创业的一个合伙人,在脱离黄河实业集团后,于 1986 年以他和乔等 4 人的名义在郑州注册成立了一家公司,并以这家公司的名义在辽宁借款 1 亿元到海南进行房地产开发,但后来遭遇海南房地产泡沫破灭,这 1 亿元借款打了水漂	辽宁方面的债权人愤而起诉该公司,经过审理,辽宁省高院判决该公司偿还 1 亿元债务。而在这家公司的 4 位股东中,其他 3 位均已倾家荡产,只有乔金岭依托黄河实业集团拥有数亿财富。倒霉的乔金岭因此被法院判决偿还这 1 亿元债务,加上滞纳金,或高达 2 亿多元,而这一切据说乔金岭事先并不知情	2003 年 9 月 7 日,拥有 10 亿元身家的前"河南首富"、河南黄河集团董事长乔金岭,在他位于河南长葛市的别墅内自缢身亡
张树鸿 佛山利达玩具有限公司 2007 年 8 月	美泰玩具召回事件:2007 年 8 月 2 日,美泰突然发布召回声明,宣布旗下的费雪公司以"部分产品的油漆金属铅超标"为由,向美国消费品安全委员会提出自愿召回约 96.7 万件儿童玩具,这批玩具主要在中国生产。此后,美泰公开点名,佛山利达玩具厂就是这批玩具的代工厂商	利达不仅要承担被召回的近百万件玩具的生产成本约 3 000 万元,还要附带相应的赔偿费用 随着召回事件的发展,国家质检总局暂停了利达玩具的出口,利达的日常生产遭受严重打击,当时公司仓库内积压了至少几千万的产品无法交货,同时,利达的大批集装箱货柜也被扣押在港口	2007 年 8 月 11 日,张树鸿在自己的厂房一角上吊自杀 在张树鸿死后,召回事件的"罪魁祸首"被归结于利达的油漆供应商 9 月 23 日,美泰公司行政副总裁汤姆逊在与中国质监部门的会晤中表示,被"召回"的玩具绝大部分是因为产品设计缺陷所致,并向受到影响的中国玩具制造商道歉
裘祖贻 安徽华源生物药业有限公司 2006 年 8 月至 10 月	"欣弗"事件:山东、广东、浙江、黑龙江等多个省份相继发生安徽华源产"欣弗"注射液严重不良反应病例	2006 年 8 月 3 日,国家药监局发出紧急通知,要求各地停用安徽华源生物药业有限公司生产的药品"欣弗"。在通知发出当日,安徽华源即被责令停产整顿,2 000 多名员工回家等待消息。从这时开始,安徽华源一直在处理药品召回和善后事宜,裘祖贻还亲自前往青海等地调查情况。至 9 月底,安徽华源已从全国回收及就地存封 277 万多瓶"欣弗"	10 月中旬,国家药监局公布"欣弗"不良事件处理结果,认定安徽华源在生产"欣弗"的过程中违反规定,灭菌时间和温度不够,所生产"欣弗"按劣药论处。在被宣布的 5 名直接责任人中,裘祖贻被撤职,理由是"质量安全意识淡薄,疏于对企业管理,对'欣弗'事件负有主要责任"。2006 年 10 月 31 日,裘祖贻自缢身亡

危机企业及时间	危机成因	危机事件	危机结果
赵庆斌 辰能哈工大高科技风险投资有限公司 2005 年 1 月	高山银行诈骗案：2005 年 1 月 4 日，中国银行黑龙江分行哈尔滨河松街支行曝出客户存款被卷包大案，松街支行行长高山，伙同北京绿洲世纪公司董事长李东哲等人，将支行客户的巨额存款总计 6 亿多元转移到国外，并且已在案发之前潜逃到加拿大	在被卷走钱的客户中，包括赵庆斌任总经理的辰能哈工大高科技风险投资有限公司，损失存款高达 3 亿元	2005 年 1 月 13 日赵庆斌跳楼身亡
赵恩龙 山西鑫龙集团 2004 年	盲目的多元化：鑫龙集团一度拥有 4 家控股公司，4 家关联公司，涉足电解铝、餐饮、制药、房地产、酒店、生物技术等众多行业。急速的扩张需要大量资金 国家的宏观调控：2004 年，中国经济出现过热势态，为实现经济软着陆，国家开始推行稳健的财政政策。国务院要求严格控制过度投资，尤其明确提出要制止钢铁、电解铝和水泥行业的过度投资。随后，货币信贷调控加强，银监会开始对钢铁、水泥、电解铝三大行业的信贷资金进行专项检查，银行开始收紧银根，上调利率	鑫龙集团总资产为 2 亿元左右，但银行贷款本息已高达 4 亿，还不包括赵恩龙从朋友处借来的钱。2004 年宏观政策改变后，拥有几亿银行贷款的鑫龙集团很快面临资金链断裂的窘境，各路债主开始纷纷上门	2005 年 1 月 1 日，赵恩龙跳楼身亡
魏东 "涌金系"：北京涌金财经顾问公司、上海涌金实业公司、湖南涌金投资（控股）有限公司 2008 年 4 月 29 日	魏东患严重的抑郁症	2008 年 4 月 29 日，魏东在其位于北京紫竹院附近的居所坠楼身亡，年仅 41 岁	自魏东离去后，无论是在风险投资层面的接连受挫，还是民生银行、广汇股份等系列股权的抛售，以及国金证券控股权转让传闻的不绝于耳，都已经在或明或暗地预示着魏东去后，"涌金系"必将面临的变革阵痛
徐凯 陕西金花集团 2005 年 1 月	徐凯一生有过 3 次婚姻，且均以失败告终。频繁的感情危机对徐凯打击颇大。此外，徐凯身患多种慢性病，不堪健康问题的困扰，也可能是其厌世的原因之一	2005 年 1 月 7 日，徐凯在西安某酒店上吊自杀	其巨额遗产的继承问题导致数位亲人与金花集团反目，一度闹得沸沸扬扬

7.4.4 由于外界环境变化而导致的危机

外界环境变化有许多，主要有法律政策的变化、媒体的负面报道、竞争对手或关联企业的变化、社会环境的变化等。对待这类危机同样需要迅速主动出击，积极与政府、媒体或有关组织沟通，变被动为主动。下面以几个典型案例来说明。

1. 政府政策、行业规则变化而引发的危机

小案例 7-14　　　　　　　**康泰克化解"PPA"风波**

一、背景资料

2000 年 11 月 15 日，国家食品药品监督管理局向全国发出了《关于暂停使用和销售含苯丙醇胺"PPA"的药品制剂的通知》。该通知附件中列出了国内 15 种含 PPA 成分的药品，天津中美史克的当家产品——"康泰克""康得"分别名列第一和第二。

"PPA"又叫盐酸苯丙醇胺，是一种鼻黏膜碱充血剂，一直是治疗感冒药品中的重要成分之一。1994 年，美国耶鲁大学医学研究院开始了一项名为"PPA 与出血性中风的回顾性流行病学相对风险研究"的课题。2000 年，课题组将一份研究报告交给美国食品与药品监督管理局，报告认为"PPA"与出血性中风之间具有关联性，长期服用含有"PPA"的药物可能导致出血性中风。接到这个报告后，美国食品与药品监督管理局于 11 月 6 日发出通知，要求全美药厂停止生产与销售一切含有"PPA"成分的药品。一种使用了 50 年、在全球 37 个国家销售的非处方药突然遭禁。

国内含"PPA"的药品制剂品种名单中，中美史克公司生产的"康泰克""康得"名列第一和第二。

中美史克是由天津制药公司与著名的美国史克公司于 1984 年 4 月共同出资组建的制药企业。该企业 1987 年建成投产，主要生产片剂、胶囊和软膏三种剂型，年生产能力 23 亿片（粒、支）。

"康泰克"是该公司 1989 年研制成功、投入市场的感冒胶囊。到 2000 年 11 月被宣布停止生产和销售为止，已经累计销售 52 亿粒，在国内感冒药市场上占据相当高的市场份额，其广告语——"早一粒、晚一粒，远离感冒困扰"传遍神州大地，"康泰克"也因此成为家喻户晓的著名品牌，自然也是中美史克公司的当家产品和利润的主要来源。"康泰克"被禁生产与销售，对中美史克的打击之严重可想而知。

三九医药集团的老总赵新先更想趁此机会作一个得意明星。赵在接受央视采访时称：三九医药集团有意在感冒药市场大展拳脚。赵抛售的概念是："化学药物的毒害性和对人体的副作用已越来越引起人们的重视。无论在国内还是国外，中药市场前景都被看好。"三九医药集团生产的正是中药感冒药，它不失时机推出的广告用词，"关键时刻，表现出色"颇为引人注目。相比中美史克的危机公关，三九医药集团更类似一个机会公关。

也急于抓住这次机会的还有一家中美合资企业——上海施贵宝，其方式跟众多药厂一样，很传统，但可能也很管用：大量推出广告，宣称自己的药物不含"PPA"。在这些大牌药厂匆匆推出自己的最新市场营销策略的同时，一种并不特别引人注意的中药感冒药——板蓝根，销量大增，供不应求。

武汉同济医学院临床药理研究所教授曾繁典称：感冒治愈最终还是依靠人体自身的免疫力。曾的药方是多喝水。

在"PPA风波"之后，70%的消费者表示感冒后会选择中药，30%的人表示要有选择性地吃西药。

二、中美史克的应对措施

中美合资的中美史克，自然很快就知道了美国食品与药品监督管理局的决定，也十分清楚这个决定对自己的影响。尽管如此，中美史克并没有出于自身利益而对该信息隐而不报，而是主动地向国家食品药品监督管理局报告了所知道的信息。因为该公司明白，这是无法回避的危机，唯一正确的选择就是主动应对，把握时势，化险为夷，渡过难关。

中国国家食品药品监督管理局的通知一公布，中美史克就立即启动了公司的危机处理机制。

11月16日，中美史克公司接到天津市卫生局的暂停通知后，立即组织了多个危机管理小组：危机管理领导小组，制定应对危机的立场基调，统一口径，并协调各小组工作；沟通小组，负责信息发布和内外部信息沟通，是所有信息的发布者；市场小组，负责加快新产品开发；生产小组，负责组织调整生产并处理正在生产线上的中间产品。由10位公司经理等主要部门主管组成危机管理小组，10余名工作人员负责协调、跟进。

16日上午，危机管理小组发布了危机公关纲领：执行政府暂停令，向政府部门表态，坚决执行政府法令，暂停生产和销售；通知经销商和客户立即停止"康泰克"和"康得"的销售，取消相关合同；停止广告宣传和市场推广活动。

16日下午，召回驻扎在全国的50个分公司经理。

17日上午，针对所有员工已经通过媒体了解到中美史克"康泰克"产品的危机而产生的波动和担忧，公司高层召开全体员工大会，总经理亲自出面解释，并书面承诺在此期间决不裁减员工。为解除员工对生产以及公司前景的担忧，公司在致员工的公开信中解释：公司已经有相应的危机处理策略，替代产品的生产线也将投入生产。最后，在工会主席的带领下，全公司员工合唱《团结就是力量》，从而稳定了"军心"。

在总经理开会的时候，公司副总经理则开始培训召回的50名来自各条战线上的分公司经理。17日下午，50名分公司经理各带着两封公开信迅速返回自己的属地。一封信面对各所在区域医院、药房等终端消费部门，另一封则针对所在区域所有的销售流通网络。这是一张大网，它迅速铺开并保持着一贯的严密，从而保证了各条战线上的稳定，从而波澜不惊。18日，他们带着中美史克《给医院的信》、《给客户的信》回归本部，应急行动纲领在全国各地按部就班地展开。公司向所有客户承诺：不让客户受到任何损失，事件带来的一切损失均由中美史克承担；没有卖出的货可以退回中美史克公司，结果总计8万多箱、价值2亿多元的"康泰克""康得"很快退回了公司。

如果说，到11月17日下午，中美史克公司还是处在防御战的话，到了11月21日，防御战已经彻底结束，并开始进入反攻阶段。

20日，中美史克公司在北京召开了新闻媒介恳谈会，表明不停投资和"无论怎样，维护广大群众的健康是中美史克公司自始至终坚持的原则，将在国家药品监督部门得出关于'PPA'的研究论证结果后为广大消费者提供一个满意的解决办法"的立场态度和决心。

11月21日，由中美史克委托的新华社下属的环球国际公关公司在人民大会堂召开记者招待会，在过去的4天里，中美史克的老总们与环球的公关顾问一起，针对媒体铺天盖地的报道分析其中所有记者可能提出的问题，提炼成题库，然后训练老总们如何有理有据地回答。在会上，作为这个行业的老大，中美史克除了正面回应记者的提问之外，对于媒体的不实甚至是夸张的报道，中美史克一律不予驳斥，只是解释；对于落井下石的竞争者，也决不还去。至此，中美史克把死亡的阴影彻底撕碎。

21日，15条消费者热线全面开通。公司专门培训了数十名专职接线员，负责接听来自客户、消费者的问讯电话，作出准确、专业的回答以打消其疑虑。

9个月后，在同一个地点，中美史克宣布不含"PPA"的康泰克重新上市，在没有更改这个品牌的情况下，"康泰克"感冒药又收回了它原来的市场。

三、中美史克的成功之处

1. 主动迎战危机。中美史克成立了由总经理、副总经理、销售总监、市场总监以及各个部门主管等组成的危机应对小组。

2. 及时与外部沟通，表明公司对待这次事件的态度。11月20日，也就是"康泰克""康得"被国家食品药品监督管理局叫停后的第四天，中美史克公司在北京国际俱乐部举行了记者恳谈会。面对咄咄逼人的媒体，公司总经理杨伟强开诚布公，代表公司表示：国家药品监督管理部门的一切决定，中美史克都无条件接受，不管公司受到多大的损失，也要将消费者的健康放在第一位；同时也通过媒体向全社会通报，中美史克在接到国家食品药品监督管理局通知的第二天，就停止了"康泰克""康得"的生产与销售。中美史克公司总经理杨伟强在回答记者提问时说："中美史克在中国的土地上生活，一切听中国政府的安排。"

但是杨拒绝回答大家更关心的诸如中美史克将损失多少、库存数量以及替代药何时上市等问题。比较中美史克与其母公司美国史克必成的表现——史克必成仅由市场部发言人Nancy Lorre宣告停售，其他信息均无。英国与日本政府有关方面，没有宣布禁用。中美史克总经理杨伟强说:"我可以丢了一个产品,不能丢了一个企业。"

3. 妥善处理与客户、大股东的利益关系。由于"康泰克"与"康得"的高知名度,其在全国的销售商有几万家。可以说,是这些销售商与中美史克共同创造了"康泰克""康得"的市场辉煌。在危急关头,要恰当处理与合作伙伴的关系。经销商得到了中美史克公司明确的允诺,没有返款的不用再返款,已经返款的以100%的比例退款,中美史克在关键时刻以自身的损失换来了经销商的忠诚。为了说服公司的大股东恢复对公司的信心,继续向公司投资,中美史克高层把股东请到了生产地点,让他们看到企业的员工都保持着高昂的士气;同时,还从英国和美国的研究总部调来专家论证抗感新药的可行性。另外设计出一套完整的解决方案,让总部知道公司将如何处理这些棘手的问题,需要总部提供什么资源,而这一切都有科学数据做支持。总部在这一番科学论证中,看到了重新获得的商机,同意继续追加投资。股东的信心、充裕的流动资金和良好的商业信誉使得中美史克在整个过程中并没有出现严重的财务危机。不仅扛住了销毁"康泰克"所造成的7亿元的直接经济损失,而且还有后续资金进行新药的研发,2001年9月重新上市的"新康泰克"用"PSE"(伪麻黄碱)代替了"PPA",并且用环保性能更好的水溶媒代替了有机溶媒,而中美史克为此买进的新缓释技术和配套的生产设备总共花费1.45亿人民币。

4. 保障职工利益,争取职工支持,共渡难关。国家食品药品监督管理局的通知公布之后,媒体开始相继报道,公司面临的压力越来越大,员工们的疑虑开始积累,担心企业的生存和自己的就业安全。针对这样一种局面,公司在11月17日召开了全体员工大会,介绍了事件的起因和来龙去脉;同时公司向全体员工表明:公司不裁员,不会让任何一个员工因"PPA"事件下岗。为此,公司还以《给全体员工的一封信》的形式,将公司对员工的承诺书面化。公司的坦诚相待和对员工利益的周到考虑,赢得了全体员工的支持。企业的做法感动了公司的全体员工,许多员工纷纷表示:一定要与企业共渡难关,如果企业需要,可以扣减自己的工资。中美史克公司的产品除"康泰克"和"康得"以外,还有"芬必得""泰胃美""史克肠虫清",为了保证这些产品生产的正常进行,公司必须竭尽全力稳定人心。

当然,被动地应付是不够的。面对危机,中美史克的管理层更多的是考虑如何化险为夷,变被动为主动。他们认为,绝不能让公司7年来精心培育的品牌在这次危机中倒下,只要决策正确、方法得当,危机也可能转变为机遇。他们首先决定在最短的时间内,以最快的速度拿出让人们信得过的新型感冒药,填补"康泰克""康得"停止销售后留下的市场空白,并且就将新药命名为"新康泰克"。事实证明,这个决策是正确的。"新康泰克"不仅利用了"康泰克"形成的高知名度,而且又向人们表示了中美史克"康泰克"产品的革命性进步——不含"PPA",也表示了公司高度的自信心——公司不会因为"PPA"事件而一蹶不振。

2. 由于社会环境的变化而引起的危机

社会环境变化莫测，给企业带来的危机多种多样。这包括自然环境的变化、资源的枯竭、环保要求的提高；社会公共卫生、安全事件的发生；社会舆论的变化、谣言的攻击等。对这类危机，预防更重要，即积极防范社会危机给企业带来负面影响，同时，积极参与社会拯救危机的行动，树立良好的公益形象。

小案例7-15   抗震救灾中的企业

一、万科——在沸腾、火热的语境中，高调展示理性

2008年5月12日，汶川地震发生的当天，万科向地震灾区捐款200万元。由于此前万科公布的2007年年报显示，万科销售额排名内地房地产企业第一，已超过523亿元，净利超过48亿元，网友们认为，万科此次捐赠的善款不足其净利润的万分之四，缺乏诚意。

5月15日，针对网民的质疑，万科董事长王石在博客中撰文"解释"，他说"万科捐出200万是合适的"，并规定"普通员工限捐10元，不要让慈善成为负担"。此后，网民的质疑、抨击、嘲讽遍布各大网络论坛，诸多相关评论也在平面媒体上刊登。

"这是万科一贯的做法。第一，我们不会采用立台募捐的方式；第二，我们也不会自己决定拿多少钱，要由股东大会决定。"王石告诉《中国企业家》记者：万科股东大会批准每年可为慈善捐助1 000万元。今年特殊，年初的雪灾就捐了300万，再加上其他公益项目，今年只剩下200万元的额度了。这是所有规范企业，包括外资企业的做法。但这种理性在全民火热的情绪中受到挑战。

5月15日晚，王石已来到四川，寻找对灾区最有价值的努力方向。

5月20日，万科发布公告称：在遵道镇为重灾区临时重建、灾后恢复与重建工作为纯公益性质，不涉及任何商业性包括微利项目的开发。万科为该项工作的净支出为1亿元人民币。

5月21日19点43分，王石接受媒体采访时表示，"随着时间推移来反省这件事情，感到非常非常不安"，并正式向网友道歉。此时，距离地震已过去221个小时。

二、新希望——自救并救人

5月12日下午，在贵阳饭店的一间小会议室里，新希望集团董事长刘永好、几位高管正在与当地技术人员讨论某项目方案。

15：00，刘永好打通了身在北京的集团公司副总裁王航的电话，决定成立救灾小组，刘永好、王航任组长，并作出5点指示：

1. 集团员工在保证人身和财产安全的前提下安排上班，并听从政府指挥；

2. 统计各下属企业有无人员伤亡和财产损失，重点是华融化工、绵阳和广汉饲料厂等企业；

3. 及时慰问安置受灾员工及家属；

4. 重大情况立即电告北京办事处；

5. 集团应急办公室暂设在北京办事处。

13 日凌晨 3 时，新希望救灾物资到达都江堰第一中学，新希望是灾后第一家向重灾区送达捐赠物资的企业。针对公司生产的食品出现的非正常抢购现象，公司紧急部署并下达通知：对外销售价不得高于 5 月 11 日的价格，并优先满足政府用于救灾的采购。

三、中国人寿——削减开支弥补损失

中国人寿董事长杨超同许多企业家一样：5 月 12 日地震，13 日晚赶到成都，14 日到灾区分支机构视察。

14 日下午 6 点，杨超即代表中国人寿在成都正式对媒体和公众宣布：中国人寿所属的"国寿慈善基金会"将为在此次地震灾害中失去父母的孤儿提供成长到18 岁的基本生活保障。

中国人寿将为此次地震支付人民币 5 亿～10 亿元的理赔金，并拖累该公司业绩下降 1%～2%。中国人寿针对此问题提出"要把年初预算费用力争削减 10%"的目标，比如，取消原计划在首都机场做的 2 000 万元广告，取消每年一度的各险销售表彰大会（估计此一项可节省 600 万元以上），同时加大发展费用水平较高的业务。

四、Wiki——提供有价值的信息

汶川地震发生 9 个小时之后，译言网发出邮件，号召译言团队成员为帮助灾区献计献策。他们认为，中文互联网上系统、全面的权威救援资料很是缺乏，于是便启动了相关的翻译计划。

在美国国家紧急救援局（FEMA）的网站上找到一份《地震搜救手册》。5 月13 日下午，他们把手册放在了译言刚刚推出两个多月的 Wiki（一种多人协作的写作工具，可以由多人，甚至任何访问者维护）平台上，并号召团队成员共同翻译。5 月 14 日凌晨 5 时，《地震搜救手册》翻译完成。两个小时后，PDF 版本制作完成，并被放置在文件下载服务器上供网友下载。后来他们又翻译了《地震安全手册》《灾后防疫分析》等。

从 2008 年 3 月推出到地震发生时，译言网的活跃用户也就那么十几个。商业化模式走不通的路，却在公益活动上迎来一个大爆发，这也让志愿者们经历了一次心灵上的洗礼。至 5 月 22 日 19 时，参与翻译的志愿者已经接近 600 人，而且仍在不断增加。他们翻译的三本手册下载次数总计接近 10 万次，出现的页面数为1 447 个。

不少慈善基金、扶贫机构和出版社也在线下跟译言网有所接触，希望能以某种形式达成长期合作。

五、其他国内企业

神舟电脑公司董事长吴海军发出"要求没有向灾区捐款的神舟员工离职"的

批示。

唐山大地震孤儿、天津市荣程联合钢铁集团有限公司董事长张祥青在中央电视台募捐晚会现场捐款 1 亿人民币。

生产王老吉饮料的香港加多宝集团在第一时间捐出 1 亿元。

5 月 12 日下午，三一重工应急预案马上启动。13 日下午说服重庆已付定金的客户腾出设备救灾。14 日上午，1 500 万元的起重机等重型设备全部开赴灾区。

六、外资企业

6 月 19 日消息，近日沃尔玛、谷歌等 11 家企业承诺捐款未到位的消息引起社会的广泛关注，同时引起了各界的广泛争议。外企纷纷发表声明，资金未全部到位是因为正在寻找合适项目；找到合适项目之后，也要对受捐者进行资格审查，显示出捐赠的制度化、规范化。

谷歌发表的声明如下：

关于用户对谷歌承诺捐款未到位的误解和传言，说明如下：

首先，谷歌捐款之初即明确指出捐款的不同用途，一方面，员工捐款和帮助全球募款的公司广告投入，已经到位合计 500 万人民币；另一方面，200 万美金赈灾捐款也非常明确表示用于震后儿童项目，这笔款项在谷歌内部已经全面划拨、专款专用。

其次，在震后重建的儿童项目上，公司早已委派专人专门监督。目前整体项目已经进入实质性实施阶段，这包括诚信、可靠、有实际运作经验的第三方组织的接洽、选择，款项用途的具体落实、重建项目的具体实施。但是，必须指出的是，这是一个分步骤、需要谨慎落实和推进的整体工程，款项支付只是做好整个项目中的一个环节而并非全部。只有打好坚实的基础才能保证项目的成功。

最后，谷歌是一家说到做到的公司，我们的承诺从来没有改变，谷歌欢迎媒体监督，但是，也呼吁媒体认真分析、理性对待，不能对问题简单化处理——用简单买卖的交易关系取代一个项目管理的整体工程。我们希望谣言止于智者。

目前网络上出现的部分错误报道和传言已经对谷歌公司品牌造成一定的负面影响，我们在此郑重澄清，谷歌认为，赈灾不是攀比，目前已经进入项目踏实、谨慎落实的阶段，灾后重建是一个相当长的过程，需要长期持续的关注和投入，我们仍在积极探讨、参与更多有益、有效的志愿者行动，为赈灾作出更多并且长期的贡献。

7.4.5 由谣言而导致的危机

面对谣言传播造成的公关危机，企业必须从战略的高度认识和对待。事实证明，无论是采取对谣言不闻不问、视而不见的"鸵鸟"政策，还是任由事态发展的"等着瞧"政策，都会错过最佳处理时机。一般而言，企业可采用的应对方式有：司法介入；广告反击；公关控制。这三者都有各自不同的功能。一般来说，相应的危机管理以公关控制为主、以其他两种方式为辅，以相互结合、综合治理为上策。

谣言传播的初期阶段一般容易为企业所忽视，或者自认为身正不怕影子歪而置之不理。但企业应当在"风乍起，吹皱一弯春水"时就引起警惕，并寻找谣言的来源、影响范围、造谣者的意图背景，以便对不同类型的谣言进行有针对性的控制。

减少谣言进一步扩散的重要方法之一是尽可能向公众提供其关心问题的相关信息，并通过扩大信息量的方法来防止歧义产生，以消除公众对企业相关问题的神秘感。因此，在谣言"山雨欲来风满楼"的时候，应确保企业信息畅通无阻，并尽可能让外界了解企业关切公众的态度。此时，最重要的一点是保持信息传播口径一致。在具体信息内容上，应注意从两方面入手：一是"拨乱"，即尽快拿出事实给谣言传播者以迎头痛击——因为谣言最怕事实。此外，还要注意发挥舆论领袖的作用，如企业最高领导人、行业协会、政府等，利用他们独特的权威性消除谣言的影响。二是"反正"，即从正面阐述真相，并在必要的情况下适时对公众作出必要的承诺。另外，尽量避免重复谣言本身，以防公众只获取信息中的谣言片段而强化对谣言的信任。

同时，要针对谣言传播做广告反击。广告反击应注意以下几点：第一，以阐述事实为主，必要时可采用严正声明的形式，以正视听；第二，广告的目标是遏止谣言进一步蔓延，因此应在谣言传播的高潮期或此前开始投放；第三，广告的投放地域应以谣言的主要密集区为主，注意拿出科学证据和事实；第四，不要重复谣言信息本身。

司法介入是重要的步骤。司法介入主要用以追究造谣者的法律责任，以防止其再次成为谣言传播的源头，同时对其他公众起一种警告和威慑作用。

谣言危机过后，企业仍需要处理谣言所带来的长期负面影响，修复谣言给组织形象造成的破坏。同时，还可以利用谣言传播危机创造的机会宣传组织的正面形象，以求与公众重建互信关系。

小案例7-16　　　　阿里巴巴抗震救灾中如何处理谣言

2008年5月12日地震当天，阿里巴巴集团总裁马云就在第一时间个人捐赠100万元。次日上午，阿里巴巴集团就将第一期捐款495万元（包括以集团名义捐款200万和员工捐款）交由壹基金调拨使用，但一篇名为"马云在此次地震中仅捐款一元钱"的文章还是在几天后出现在各大网络论坛。文中称，马云对此次震灾发表了"对那些荧光灯下的慈善捐款，我觉得每次捐1块钱就够了"等言论。一时间，网民对马云的声讨漫骂之声铺天盖地。

阿里巴巴集团声明：大难当前，谣言需止

发表时间：2008-05-20　　00：21

汶川地震，举国哀痛，正当9 000名阿里巴巴集团的员工与全国人民一起，在尽自己的一切努力来帮助灾区人民时，竟遭受到大规模有组织的谣言攻击。这次攻击，不仅伤害了每个阿里巴巴员工的心，更是利用了全国人民的爱国热情，伤害了所有用一颗热心赈灾救灾的企业和人民。对此阿里巴巴集团声明如下：

截至 5 月 19 日，阿里巴巴集团为汶川抗震救灾捐款和筹款为 4 744.7 万元。其中公司及员工捐款 594.7 万元，公司设立灾后重建基金 2 500 万元，通过阿里巴巴集团平台募集资金 1 650 万元。马云在国外得知地震信息当晚即号召全集团为灾区救助和恢复竭尽全力，并于 5 月 12 日当晚即委托家人个人捐款 100 万元。而一篇《马云为汶川捐款一元钱》的假新闻却在各大网站上流传，用马云先生在 2006 年一次采访中的旧话，断章取义，冒充马云先生对此次地震灾难的公开表态，对马云先生个人及阿里巴巴集团进行肆意诬蔑和攻击。

在巨大的天灾面前，我们选择与全体人民一起承担，并最早展开实际行动，我们认为这些都是我们应当做的，与那些在地震现场出生入死、救死扶伤的人相比，我们所做的是微不足道的，因此，我们一直没有向社会公布我们所做的一切。而在 5 月 19 日出台并在各大网站流传的假新闻中，积极努力的阿里巴巴员工却成了逃避责任、只捐一元的罪大恶极之流。大自然的灾难给灾区同胞和全国人民造成了巨大的创伤和痛苦，灾后重建还面临重重困难，安置灾民任务十分紧迫，救灾任务特别艰巨。在这样的紧要关头，我们不希望看到谣言惑众者不负责任的传言，干扰和破坏抗震救灾的大局，打击善良人民的信心！因此，我们强烈要求政府有关部门彻底调查此次假新闻出台和传播的情况，严肃抗震救灾新闻报道的公正和真实性。

阿里巴巴集团

2008 年 5 月 19 日深夜

浙江企业灾后重建倡议书

四川汶川大地震，是国家之大灾、国民之大殇、人类之大难，遇难者数万，受灾者众多。那一刻全国鸣笛，那一刻全民默哀，我们刻骨铭心地体会到了失去同胞的哀痛，也刻骨铭心地感受到了同胞血浓于水、患难与共的巨大力量。

国家有难，匹夫有责。作为浙商的一员，我深刻地感受到，哪里需要有人承担社会责任，哪里就应该有富有社会责任感的浙商群体。短短几天来，我们纷纷捐款捐物、奉献爱心，以实际行动担当责任、回报社会，践行自己的庄严承诺！

当下，抗震救灾已经到了最危急的时刻和最紧要的关头。对浙商而言，捐款捐物只是支援灾区、为国分忧的开始。以各种形式支援灾区，参与灾后重建，将抗震救灾进行到底，是政府的号召，也是我们全体浙商的应尽责任。在这里，我郑重呼吁：

浙江人民和灾区人民心连心！浙商将和浙江人民一起，在省委、省政府的领导下，积极参与援建汶川地震灾区行动，把灾区当成自己的家乡，为灾区人民的经济和社会发展提供最大的资金、市场和技术支持，让灾区早日从废墟中崛起，让灾区人民早日拥有更加美好的家园！早日过上好日子！

马云

2008 年 5 月 20 日

复习思考题

1. 什么是危机？危机管理有哪些步骤？
2. 企业如何进行危机预测？怎样制作危机档案？
3. 什么是危机处理的"雄鹰"政策？怎样实施"雄鹰"政策？
4. 论述不同类型危机的沟通策略。

案例分析一

中国乳业危机

2013 年，新西兰出口中国的奶粉的全年配额开年第一个月就已用完；2012 年的配额是在前两个月用完的。年轻妈妈们越来越相信洋奶粉，各种洋奶粉海外代购应运而生，以致新西兰、澳大利亚、荷兰、德国、美国等奶粉生产国及中国香港和澳门地区都实行奶粉限购政策。国内乳企生存艰难。这一切都源于 2008 年的"三聚氰胺"事件，该事件成为中国乳业的分水岭。

"三聚氰胺"事件首先在三鹿集团爆发，并迅速波及整个奶粉行业。

河北石家庄的三鹿集团，前身是 1956 年成立的"幸福乳业生产合作社"，是集奶牛饲养、乳品加工、科研开发为一体的大型企业集团，是中国食品工业百强、农业产业化国家重点龙头企业。1983 年，三鹿集团率先研制生产母乳化奶粉（婴儿配方奶粉）。三鹿奶粉产销量连续 14 年全国第一，酸牛奶全国第二，液体奶全国前四名。"三鹿"是中国 500 个最具价值品牌之一、最具市场竞争力品牌、中国驰名商标。三鹿集团先后与 30 多家企业进行控股、合资、合作，盘活资产 18 亿元以上，使 3 万多人再就业，集团企业个个盈利，均为当地利税大户。自"七五"以来，企业主要经济指标年均增长 30% 以上。2006 年 6 月 15 日，三鹿集团与全球最大的乳品制造商之一——新西兰恒天然集团——的合资公司正式运营，恒天然认购三鹿 43% 的股份。经中国品牌资产评价中心评定，三鹿品牌价值达 149.07 亿元。

中国婴幼儿奶粉高端市场常年被多美滋、美赞臣、惠氏等国外奶粉品牌占据着，中低档市场主要以国内品牌为主，三鹿、伊利、完达山占据前三位。

2007 年 12 月以来，三鹿集团陆续接到消费者关于婴幼儿食用三鹿牌奶粉出现疾患的投诉。

从 2008 年 3 月开始，南京鼓楼医院泌尿外科孙西钊教授陆续接到了南京儿童医院送来的 10 例泌尿系统结石样本。经国内先进的结石红外光谱自动分析系统分析，这是一种极其罕见的结石，而且都发生在尚在喝奶粉的婴儿身上。

三鹿奶粉在南京地区的代理商称："我们跟医生也沟通过，医院并没有诊断出这些小患者得病是因为服用了我们的奶粉。小孩子生病是有多种原因的。"

7月16日，甘肃省卫生厅开始调查部分婴儿泌尿系统结石病因。当日，当地一家医院通过电话向卫生厅报告，称当年该院收治的婴儿患泌尿系统结石病例明显增多，经了解均食用了同一品牌的配方奶粉。甘肃省卫生厅接到医院婴儿泌尿系统结石病例报告后，随即展开了调查，并报告卫生部。

9月8日，记者简光洲的报道《甘肃14名婴儿疑喝三鹿奶粉致肾病》引起强烈反响。此前湖北等地有媒体早就进行多次报道，但是当说到患肾病婴儿所喝奶粉的生产企业时，都是说"某企业"。甘肃省卫生厅介入调查，国家质检总局表示高度关注。其后在湖南、山东、安徽、江西、江苏等地都有类似情况发生。

三鹿集团经过检验，在2008年6月份已发现奶粉中非蛋白氮含量异常，后确定其产品中含有三聚氰胺。三鹿集团传媒部相关人员接受记者采访时表示，公司对此事非常关注，已派人赶赴相关地区了解情况，并积极配合相关部门进行调查，有最新的进展一定会及时向社会发布。

国家卫生部9月11日晚指出，近期甘肃等地报告多例婴幼儿泌尿系统结石病例——目前被称为"肾结石事件"，经调查发现，患儿多有食用三鹿集团生产的三鹿牌婴幼儿配方奶粉的历史，奶粉受到一种叫作"三聚氰胺"（在业界被称为"假蛋白"）的化学品的污染。

三鹿集团11日晚发布产品召回声明，称经公司自检发现，2008年8月6日前出厂的部分批次三鹿婴幼儿奶粉受到三聚氰胺的污染，市场上大约有700吨。为对消费者负责，三鹿集团公司决定立即对2008年8月6日以前生产的三鹿婴幼儿奶粉进行召回。

9月12日，到三鹿集团总部来"讨说法"的受害婴儿家长，前后有上百人。在厂区的另外一侧，工作人员一直在为购买三鹿产品的消费者进行退货登记。

9月12日傍晚6点，三鹿集团董事长田文华回到企业。13日她接受新华社采访，承认："我们在这次事件发生之前，已在内部检测出了相关的问题，我们也就检测结果跟有关部门进行过汇报。"但是，对于在内部检测之后为什么没有采取紧急的补救召回措施，田不愿意做进一步解释。"这次的事情，是原料奶的收购过程中有人在牟取非法利益，我们检测非常严格。"她再三声称自己与企业是清白的。

三鹿的奶源绝大部分由集团下属的奶场供给，这部分奶源由三鹿专门的技术人员和管理人员负责，质量可以控制；同时，三鹿还有小部分奶源来自奶农。这部分奶源有的直接由奶农交送三鹿，有的经由"奶霸"转交厂家——奶源质量无法控制的正是经由"奶霸"转交的部分。三鹿集团从生产到收购是一个"奶农—收奶员—奶站—生产厂"的链条。奶农在向收奶员卖奶的过程中，可能会添加各种物质，以增加原料奶的重量和色泽。而在这两种情况中，主要还是增加重量，直接加水会让原料奶变得稀薄，一看就看出来了，但是水和三聚氰胺一混合，就可以调和出奶的色泽和质地，这看上去就像我们搅拌石灰粉的感觉。而奶农的奶交到奶站后，奶站向生产厂出售的时候，同样有可能发生此类情况。

三聚氰胺的最大特点是含氮量很高，达66%；在植物蛋白粉和饲料中，每增加 1 个百分点的三聚氰胺，会使蛋白质测定含量虚涨 4 个多百分点。而其成本很低，"有人估算过，在植物蛋白粉和饲料中使蛋白质增加 1 个百分点，用三聚氰胺的花费只有真实蛋白原料的 1/5"。三聚氰胺的初端产品价钱很低廉，而其添加又能带来莫大的表面蛋白虚高效果，自然有各种渠道向农民推荐。"有的农民可能知道实情，但有的可能使用过，却并不清楚有害无害"。

"这是全行业的一个'脓包'，这次很不幸，被我们三鹿给挤破了。"在记者的再三追问下，三鹿集团奶粉事业部的一位员工终于说了这么一句话。这位员工说："绝对是奶源出的问题，我们收购奶源的渠道非常广，收上来的奶源的质量也许会参差不齐。"

随后，国务院启动了重大食品安全事故（Ⅰ级）应急响应。

9 月 14 日，因三鹿重大食品安全事故被刑事拘留的 19 位犯罪嫌疑人中有 18 人是牧场、奶牛养殖小区、挤奶厅的经营者，河北警方正全力彻查。同日，为方便消费者退货，三鹿集团有限公司委托保龙仓集团和国大集团代理退货。

9 月 16 日，三鹿集团向患儿及家属致公开信道歉。

9 月 17 日，石家庄分管农业的副市长张发旺因三鹿奶粉事故被免职，同时免去石家庄市畜牧水产局局长孙任虎的职务。由于对奶源质量监督不力，石家庄市食品药品监督管理局局长、党组书记张毅，石家庄市质量技术监督局局长、党组书记李志国 16 日也被上级主管机关免去了党内外职务。此外，河北省委常委扩大会议还同意石家庄市委的决定，责成中共石家庄市新华区委免去田文华三鹿集团党委书记的职务。中共石家庄市新华区委已任命赵路新担任三鹿集团党委书记一职。

在 16 日晚结束的三鹿集团董事会会议，按照董事会章程及程序，罢免了田文华董事长一职，解聘其总经理职务，选举张振岭担任董事长并被聘为总经理。

国家质检总局紧急在全国开展了婴幼儿配方奶粉三聚氰胺专项检查，多家企业被查出有问题。问题奶粉企业纷纷发表向消费者的致歉信，采取召回、下架、退货等措施。

9 月 17 日，国家质检总局发布公告，决定从即日起，停止所有食品类生产企业获得的国家免检产品资格，相关企业要立即停止其国家免检资格的相关宣传活动，其生产的产品和印制在包装上的国家免检标志不再有效。国家质检总局也发出公告，鉴于石家庄三鹿集团发生重大食品质量安全事故，决定撤销石家庄三鹿集团生产的三鹿牌婴幼儿配方乳粉、乳粉、灭菌奶免检产品资格和名牌产品称号。同时，对全国液态奶三聚氰胺进行专项检查，并定期公布。

同日，河北省委决定免去冀纯堂石家庄市委副书记等职。

9 月 17 日，各地奶粉事故患儿达 6 244 例，158 人患急性肾衰竭。

9 月 17 日，公安机关经过连续多日对三鹿集团婴幼儿奶粉污染事件的深入调查，根据《中华人民共和国刑法》第一百四十四、一百五十条和《中华人民共和国刑事诉讼法》的有关规定，决定对三鹿集团原董事长、总经理田文华刑事拘留。

9 月 22 日，鉴于河北省委常委、石家庄市委书记吴显国对三鹿奶粉事件负有领导责任，对事件未及时上报、处置不力负有直接责任，经党中央、国务院批准，免去吴显国河北省委常委、石家庄市委书记职务。国家质检总局监管缺失，对此，局长李长江负有领导责任，同意接受李长江引咎辞去国家质检总局局长职务的请求。

国务院专门成立处理三鹿牌婴幼儿奶粉事件领导小组。9 月 26 日，全国 31 个省（区、市）都成立了由分管副省长（副主席、副市长）任组长，由农业和畜牧兽医等有关部门厅局级领导为成员的清理整顿领导小组，统一指挥清理整顿行动。同时，要摸清奶站底数，将奶站 100% 纳入监督管理范围，规范奶站经营秩序，并建立奶站监督管理长效机制。

9 月 18 日，专项检查重点抽查检验了产品市场占有率达 70% 以上的蒙牛、伊利、光明、三元、雀巢等知名企业生产的液态奶是否含有三聚氰胺。检验结果：蒙牛、伊利、光明、三元及其他 406 家企业生产的 847 批次的液态奶产品未检出三聚氰胺。

受"问题奶粉"事件影响，伊利、蒙牛、光明等三只乳业股遭受重挫，市值损失累计高达 214 亿元。奶农亏损严重，各地发生倒奶事件。

9 月 30 日，石家庄市政府副秘书长、新闻发言人王建国沉痛检讨，并透露，8 月 2 日，石家庄市政府领导接到三鹿集团《关于消费者食用三鹿部分婴幼儿配方奶粉出现肾结石等病症的请示》，称"怀疑三聚氰胺来源可能是所收购的原料奶中不法奶户非法添加所致，恳请市政府帮助解决两个问题：一是请政府有关职能部门严查原料奶质量，对投放三聚氰胺等有害物质的犯罪分子采取法律措施；二是请政府加强对媒体的管控和协调，给企业召回存在问题产品创造一个良好环境，避免炒作此事给社会造成一系列的负面影响"。由于市政府缺乏政治上的敏感性，只就请示提出的问题作了处理：立即责成公安机关组织精干力量，对奶站、奶厅涉嫌非法添加三聚氰胺行为进行调查，并由主管副市长带队，组成工作组，赶赴三鹿集团，帮助企业进行事故处理，但直到 9 月 9 日，才向河北省政府报告。8 月 2 日至 9 月 9 日，石家庄市政府虽然也及时采取了一些措施，如对反映三鹿集团问题的患者进行走访和调查，对因使用三鹿产品造成疾病的患者给予帮扶救治；督促三鹿集团投资 500 多万元进口了专用检测设备进行专项检测，督促企业派出 400 名员工，对挤奶、储奶、运奶、交奶进行全程监控；回收市场上的三鹿婴幼儿配方奶粉，到 9 月 10 日，累计收回奶粉 8 210 吨，封存 2 176 吨，约占市场总量的 90%。然而，由于市政府向上级机关迟报信息，导致该起重大食品安全事故的影响蔓延全国，对在国内外造成重大不良影响负有责任。

三聚氰胺事件给整个乳制品行业以重大打击。2008 年除三元略有盈利之外，三大乳业巨头亏损接近 30 亿元：伊利亏损 16.8 亿元，蒙牛亏损 9.5 亿元，光明亏损 2.86 亿元。此后多年，国内奶粉市场深受三聚氰胺事件影响，在最低谷时，市场销量不到事件发生前的 50%。

讨论题：

（1）三鹿有挽救危机的可能吗？如果有，请为其策划一个危机管理方案。

（2）其他企业的救市措施为何效果甚微？危机中受株连的企业应怎样作为？

（3）政府的措施得力吗？该吸取哪些教训？

（4）该危机事件的启示有哪些？从企业、政府、行业协会等角度来分析。

案例分析二

"标准门"之争　谁的危机①

前言

2013年5月，北京的农夫山泉桶装水消费者王先生被告知，不能送水了，农夫山泉宣布退出北京市场。原来自4月10日以来，农夫山泉与《京华时报》进行了一场针锋相对的媒企之争，争论焦点在于农夫山泉生产的天然水是否低于国家饮用水标准。农夫山泉愤然宣布退出北京桶装水市场。这场媒企之争引发水行业的又一次"地震"。

一、农夫山泉公司发展历程

农夫山泉股份有限公司（以下简称公司）原名千岛湖养生堂饮用水有限公司，成立于1996年9月26日，2001年6月27日改制成为股份有限公司。公司注册资本为14 700万元，为中国饮料工业"十强"之一。

农夫山泉目前占据全国8大水源地，并在水源地周围建立了近20座饮用水和饮料生产基地。生产设备引自瑞士Netsal、法国Sidel、德国Kister和Krones等公司。公司自有铁路专线，产品运输快捷、安全，运能大，是中国目前唯一拥有专用铁路线的饮用水公司。

根据尼尔森市场调研报告，农夫山泉瓶装水市场占有率已经稳居第一。

（一）公司发展大事记

• 1996年9月，千岛湖养生堂饮用水有限公司（农夫山泉股份有限公司前身）成立，位于国家一级水资源保护区千岛湖畔。

• 1997年4月，公司第一家工厂开机生产，推出"农夫山泉有点甜""我给孩子喝的水"等广告。1997年底，"农夫山泉"饮用天然水550ml运动装上市。

• 1998年，公司赞助世界杯足球赛中央五套演播室，搭上了世界杯的"快车"而迅速成为饮用水行业的一匹黑马，广告语"喝农夫山泉，看98世界杯"深入人心。

• 1999年4月24日，因纯净水对人体无益，农夫山泉宣布不再生产纯净水，

---

① 本案例入选2014年第五届"全国百篇优秀管理案例"。案例在采访企业董事长及董事会秘书的基础上写作而成。为充分了解行业情况，笔者访问了饮用水行业协会；由于涉及媒体采访的相关制度，笔者还访问了两家传统媒体的数名记者；同时笔者搜集与本案例有关的媒体报道、企业官网信息、主要论坛等间接资料。从2013年4月10日事件爆发至今，笔者一直跟踪事件的发展经过，对这些素材尽量运用内容分析法进行解读。本案例只供课堂讨论之用，并无意暗示或说明某种管理行为是否有效。

转而生产天然水，推出"我们不生产水，我们只做大自然的搬运工"等广告语。

● 2000 年 4 月 22 日，公司宣布全部生产天然水，停止生产纯净水。同年，公司被授予"中国奥委会合作伙伴"荣誉称号和"北京 2008 年奥运会申办委员会热心赞助商"荣誉称号。"农夫山泉"饮用天然水被中国奥委会选定为"2000 年奥运会中国体育代表团比赛训练专用水"。"农夫山泉有点甜"被评为中国跨世纪十大策划经典案例。

● 2001 年 6 月 10 日，公司整体变更设立为股份公司，公司正式更名为"农夫山泉股份有限公司"。

● 2002 年，全球最大市场研究机构 AC 尼尔森公布中国消费品市场中最受欢迎的六大品牌，"农夫山泉"是唯一的民族品牌。

● 2003 年，在吉林长白山发现优质天然水源"错草泉"。1997—2003 年，公司相继在国家一级水资源保护区千岛湖、吉林长白山矿泉水保护区、湖北丹江口建成现代化的饮用水及果汁饮料生产工厂。2003 年 9 月，"农夫山泉"瓶装饮用天然水被国家质检总局评为"中国名牌产品"。

● 2004 年年初，公司取得国家质检总局颁发的全国工业产品生产许可证，成为饮料行业首批取得食品质量安全市场准入认证的企业之一。

● 2006 年，公司在万绿湖投资建设中国最大的饮用水基地、华南最大的景点式旅游工厂。10 月 17 日，国家工商总局商标局认定"农夫山泉"为中国驰名商标。

● 2007 年 4 月，中国商业联合会、中华全国商业信息中心授予农夫山泉股份有限公司荣誉证书。全国大型零售企业商品销售调查统计显示，"农夫山泉"牌瓶装饮用水连续 5 年（2002—2006 年）荣列同类产品市场销量第一位。

● 2009 年，农夫山泉"寻源"活动全国推广，消费者实地到公司的水源地和生产基地考察。自 2006 年至今，公司已累计邀请 200 家以上媒体、几万名消费者实地参观水源地和生产工厂。

经过中国民营企业联合会、中国统计协会、中国管理科学研究院的综合评定，农夫山泉公司入选 2009 年度"中国民营 500 强"企业。

● 2012 年，据 AC 尼尔森公司调研数据，农夫山泉瓶装饮用天然水市场份额跃升全国第一。

农夫山泉公司崇尚"三大理念"：环保理念——农夫山泉从不使用城市自来水，每一滴农夫山泉都有它的源头；天然理念——坚持水源地建厂、水源地灌装；健康理念——天然的弱碱性水，不添加任何人工矿物质。

农夫山泉还有"水溶 C100"、无糖茶饮料、打奶茶、"尖叫"、"力量帝"维他命水、"农夫果园"混合果汁等系列产品，但以天然水为主。

（二）公司创始人介绍

公司创始人、现任公司董事长兼总经理钟睒睒，生于 1954 年，早年在浙江省文联从事基建管理工作，后在浙江省日报社当记者，1991 年下海经商，1993 年创办健生堂有限公司，推出健生堂龟鳖丸、朵而胶囊等品牌，1996 年在杭州投资创立农夫山泉股份有限公司，自此踏入水行业。

钟睒睒很有个性，只做自己认为该做的事情，不惧怕说真话得罪人，也不怕因此引发的争论，在水行业有"独狼"之称。他曾说，"在中国，最懂水的，是农夫山泉，不是专家也不是什么协会"。他不参加企业家协会，绝少结交企业家朋友，几乎不陪政府的官员吃饭，报纸上也几乎没有他个人的报道。他对自己的孤傲和自负毫不掩饰："我就是一个独来独往的人，同行们在干什么、想什么，我根本不管。"当有记者问及他怎么评价自己企业的内部管理时，他说："我认为我的团队在任何一个民营企业当中一定是最强的。如果有问题的话就出在我身上。过于自负可能就是我的问题。但是这个性格因素啊，很难去改变它，我就不善于倾听。"当被问到"在饮料行业，你面对的对手是国际巨头，要打败一个国际巨头，你有信心吗？"钟睒睒的回答是："没有信心就不会坐在这了。我在布局设这些水厂的时候，就占据了中国最好的水源地。占据这些资源，就是为了占据有利地形，但是有一个问题大家要明白，你不能盲目去打，你要看到没到时候，比如说打水战的时候，要到了时候，你才能发动战争……谋取这种战略定位，还是要"生孩子"。饮料企业，不是看它的"孩子"有多少，要看它的"孩子"是不是别人没有生过的，营销学上永恒的定理：早比好更重要。"①② 这样的个性也注定农夫山泉的营销和管理不拘一格。

钟睒睒认为商人才是强人。"以前太可怜了，可怜自己那种莫名其妙的自尊与清高，对所有商人都不屑一顾，这实在是太浅薄。商人中的能人才是真正的强人，文人中的能人只是半个强人。"他自此选择了做真正强人的从商道路。但钟睒睒又有文人的特性，有下属夸"他很有点儒家文人的抱负。有时聊着聊着就会热泪盈眶"。记者的从业经历让他认识到媒介的力量，他说"企业不会炒作，就是木乃伊。但炒作不是夸张或者作秀，而是运用商业智慧的自我宣传，产品的质量内涵始终是任何企业长久发展的最终支撑点。选择适合你的才是你最想要的。但企业在炒作过程中应该保持清醒的头脑，不能被商业炒作制造出的表面辉煌所迷惑，进而使自己的商业思维简单化，一味追求新闻效应。同时，还要注意扬长避短，在通过炒作获取巨大关注后，将这种关注内化为对企业品牌、价值观以及企业精神的认可，实现从知名度到美誉度的转化，这才是炒作的终极目的。"③

农夫山泉擅长差异化的营销，在口感上推出"农夫山泉有点甜"，使用运动包装，提出"天然水"和优质水源地"源头活水"的概念；通过体育营销和事件营销，赋予其产品全新的富有亲和力和生命力的品牌内涵，打造高品质、高品位的中国饮用天然水"冠军"的形象。

农夫山泉公司建立了现代企业管理制度的基本组织架构，如图7-4所示④。

---

① 吕明合. "饿狼"农夫，"独狼"钟睒睒 [N]. 南方周末，2013-05-23.
② 佚名. 养生堂总裁钟睒睒做客央视《对话》栏目 [EB/OL]. [2016-11-26]. http://news.sohu.com/20050413/n225171265.shtml.
③ 刘小艳. 农夫山泉董事长记者出身，称企业不炒作就是木乃伊 [N]. 第一财经日报，2013-05-10.
④ 周帆. 广告强势后续乏力 农夫山泉渠道有点涩 [N]. 第一财经日报，2005-07-14.

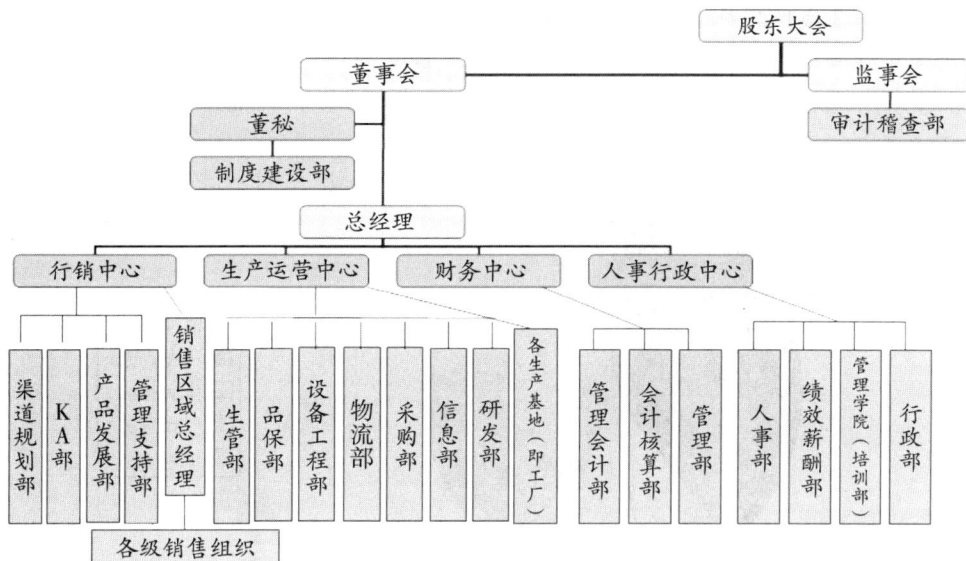

图 7-4 农夫山泉的基本组织架构

二、竞争激烈的水行业

(一) 水行业市场格局

21 世纪网提出中国最具发展前景的十大产业排序中，制水产业排在第六位，市场容量每年在 1 000 亿元以上。瓶装饮用水行业以 40%左右的占比高居各类饮料之首。近 20 年是中国矿泉饮料业发展迅猛的时期。中商情报网研究显示，2009年，国内的矿泉水企业大约有 1 200 多家，而生产能力在万吨以上的企业仅占其中的 10%左右。2000—2006 年，我国矿泉饮料业迅猛发展，工业总产值持续快速上涨，年均增长率为 33%，复合增长率为 26.23%[①]。据 2007—2009 年近 3 年的统计，中国矿泉水市场每年都以近 20%的速度递增。2009 年中国瓶装饮用水的产量达到了 3 160 万吨，同比增长近 30%；2005—2009 年中国装饮用水产量的年均复合增长率达到了 23%左右。瓶装水行业的这种高速增长趋势在 2010—2015 年依然得到持续，我国瓶装水行业在 2010—2015 年的复合增长率将维持在 10%以上。但由于企业数量大，竞争激烈，全国 1 000 多家水企业 70%效益下降，效益好的不到 20%[②]。水企业的产品功能、质量、规模大小和资金实力都决定其竞争地位。中国瓶装水行业集中度非常高，寡头垄断趋势非常明显。娃哈哈、康师傅、农夫山泉、怡宝是全国最大的四家瓶装饮用水生产企业，这四家企业瓶装饮用水产量均居全国前 4 位，娃哈哈和怡宝以纯净水为主要产品，农夫山泉以天然水为主要产品，康师傅以矿物质水为主要产品。以强大的媒体广告尤其是电视广告为主的攻势和有奖让利促销相结合去争夺消费群是瓶装饮用水企业采用的主要营销手法。同时，全国性

---

① 国家市场调研中心.2009—2012 年中国饮用水市场调研与发展前景预测报告 [R].2009-07.
② 佚名.2010—2015 年中国瓶装饮用水市场调查预测及投资前景咨询报告 [R].2010-04.

品牌企业和区域性品牌企业在各区域市场大力争夺经销商，大多采取价格战和通路加大投入（如送礼品、折扣、大回赠、销量提成奖等）的方式竞争。

市场研究公司 AC 尼尔森的数据显示，截至 2012 年，包装水市场销售份额如图 7-5 所示。

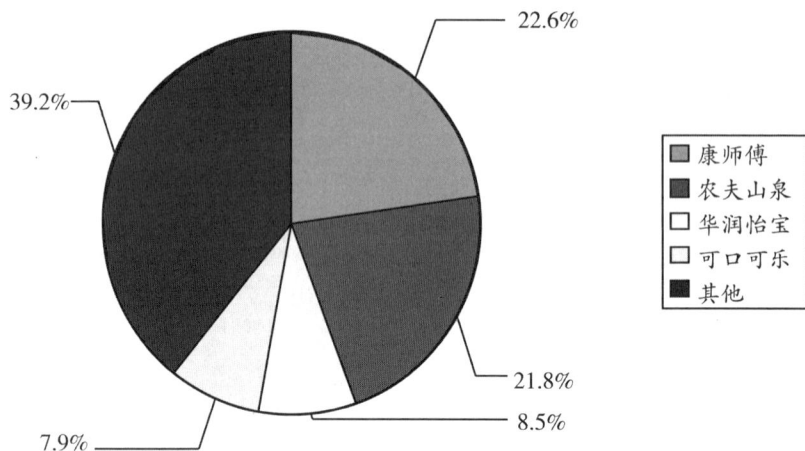

图 7-5　2012 年包装水市场销售份额图

（二）饮用水行业协会

涉及这次"标准门"事件的行业协会有中国饮料工业协会、健康饮水专业委员会、北京市桶装饮用水销售行业协会。

中国饮料工业协会是饮料行业及相关企业、事业单位自愿参加的非营利性、全国性社团组织，是经民政部批准的国家一级协会，成立于 1993 年，协会服务的饮料范围包括十一大类：碳酸饮料类、果汁和蔬菜汁类、蛋白饮料类、饮用水类、茶饮料类、咖啡饮料类、植物饮料类、风味饮料类、特殊用途饮料类、固体饮料类和其他饮料。现有会员单位 500 余家，其饮料总产量占全国总产量的 85% 以上。农夫山泉于 2003 年加入中国饮料工业协会并担任副理事长职务。在"标准门"的纷争中，饮料工业协会作为最大的协会，未对事件进行表态、说明情况，至 5 月 6 日才在官网上发布《包装饮用水标准与质量谈》。

中国民族卫生协会健康饮水专业委员会成立于 2010 年 3 月 22 日，是经卫生部人事司征求卫生监督局、疾病预防控制局等相关司局的同意，由卫生部批准成立并在民政部合法注册登记的非营利性社团组织。活动地域为全国，业务范围涉及全国饮水安全与健康领域，是目前卫生部系统涉及饮水安全与健康领域的社团分支机构。目前该协会有不到 100 家会员，农夫山泉、帕米尔、康师傅、阿尔山等都曾是会员。2013 年 4 月 19 日，《京华时报》报道，中国民族卫生协会健康饮水专业委员会秘书长表示，协会多次沟通农夫山泉一事，但农夫山泉态度傲慢，在网上公开指责该协会是"莫名其妙的协会""信口雌黄"。因此，协会作出决定，将农夫山泉从协会除名。

北京市桶装饮用水销售行业协会成立于 2010 年 7 月 13 日，主管单位为北京市社会建设工作办公室，业务范围包括开展政策宣传、行业调研、行业协调、专业培训、咨询服务等。该协会成员有雀巢、娃哈哈、乐百氏等知名桶装水品牌，以及众多水站和多家饮用水厂。农夫山泉不是会员。北京市桶装饮用水销售行业协会 2013 年 5 月 2 日发布《关于建议北京市桶装饮用水行业销售企业对"农夫山泉"品牌桶装水进行下架处理的通知》，通知中写道："自本通知发布之日起，北京市桶装水饮用水各企业即刻对'农夫山泉'桶装饮用水产品做下架处理。"但后来面对"协会无权下架"的质疑又表示，"协会网站路由器遭到攻击，现在换了另外一个路由器，还没有恢复过来，路由器已经被警方带走调查"。5 月 9 日，北京市桶装水销售协会常务副会长袁军在接受《证券日报》采访时表示，协会要求农夫山泉大桶水下架的事情属于媒体误读，"我们没有资格让他们下架，只是建议卖水点和会员单位停止销售"。

三、包装饮用水标准

包装饮用水指采用瓶、桶包装的饮用水，按食品管理。GB 10789《饮料通则》对包装饮用水做了分类，根据水的来源、加工方式等特点，将饮用水分为饮用天然矿泉水、饮用纯净水、饮用天然泉水、其他天然饮用水、饮用矿物质水、其他包装饮用水共 6 类。

我国包装饮用水标准都是在《中华人民共和国食品安全法》颁布实施前制定的，涉及国家标准、地方标准，既有食品质量标准，也有食品卫生标准。

国家标准有 4 项，分别是：

GB 8537《饮用天然矿泉水》，规定了饮用天然矿泉水的质量和卫生要求，属于卫生标准。

GB 17323《瓶装饮用纯净水》，规定了瓶装饮用纯净水的质量要求，属于质量标准。

GB 17324《瓶（桶）装饮用纯净水卫生标准》，规定了瓶（桶）装饮用纯净水的卫生要求，属于卫生标准。

GB 19298《瓶（桶）装饮用水卫生标准》，2003 年制定，规定了除瓶（桶）装饮用纯净水之外的其他包装饮用水的卫生要求，属于卫生标准。2008 年 1 月 17 日和 2008 年 9 月 28 日，国家标准化委员会先后两次下发修改单，对该标准中的浊度、砷、镉、总 α 放射性标准进行修改，并增加了溴酸盐限量标准。

以上国家标准的卫生安全要求基本涵盖所有包装饮用水。

地方标准：按照相关法律规定，没有国家标准或者行业标准的，各地可以制定地方标准。各地对除天然矿泉水和饮用纯净水之外的其他包装饮用水类制定了部分地方标准。如浙江省地方标准 DB 33/383-2005《瓶装饮用天然水》，属质量标准。

通常，地方标准的指标限值不得宽于国家标准。但由于一些原因，浙江省地方政府没有及时对浙江《瓶装饮用天然水》的个别指标进行修改，从而导致了该标准中砷、镉、溴酸盐等指标低于国家标准的现象，但这并不意味着企业实际执行标准低于国家标准。

我国包装水存在"质量标准"与"食品卫生（安全）标准"并存的局面。

卫生（安全）标准是强制性标准，不论是否在产品上标注，均须无条件执行。质量标准则为标注后执行。企业执行多个标准时，如标准之间存在不一致的情况，企业从严者执行。通常，企业仅在产品包装上标注质量标准。标注质量标准不意味只执行质量标准。

具体到农夫山泉，其在包装上标注了浙江省地方质量标准《瓶装饮用天然水》，但同样必须无条件执行卫生（安全）标准 GB 19298《瓶（桶）装饮用水卫生标准》，且从严者执行。因此，浙江省地方标准《瓶装饮用天然水》个别指标没有及时修订，并不会影响农夫山泉实际的执行标准。

实际上，大型包装水生产企业都在水标准基础上进行研发，开发出自己的标准，形成企业的核心竞争力。2005年接受《中国经营报》的采访时，钟睒睒也说道："我认为我有许多许多的优势，第一个是天然水的概念，它已经定了一个非常非常高的标准，也就把很多不适合生产的地方、不适合生产的厂家都拦在门外了。行业的标准是以后展示竞争力的，那我相信，这个标准目前尽管还是浙江省的标准，但经过若干年的努力一定会成为一个行业标准，或者一个国家标准，老实说有些很低的标准是必须废止的。"而且，大型企业的标准影响行业标准。

我国标准总体数量多，且存在标准间矛盾、交叉、重复，个别重要标准或重要指标缺失，部分标准科学性和合理性有待提高的问题。因此，国家卫生计生委全面启动了近5 000项食品安全类标准以及行业标准的清理工作，于2015年底前完成现行食品标准整合工作。

四、农夫山泉"标准门"事件始末

持续时间长达近两个月的农夫山泉"标准门"事件，大致分为三个阶段。第一个阶段，2013年3月22日—4月18日，《京华时报》与农夫山泉进行了激烈交锋，《京华时报》质疑农夫山泉水标准，农夫山泉四复《京华时报》，并在其他媒体上激辩。第二阶段，4月19日—5月5日，《京华时报》继续用28篇报道质疑农夫山泉执行的标准，并报道农夫山泉桶装水被下架。而该阶段农夫山泉没有直接公开回应《京华时报》的质疑，认为《京华时报》预设立场，不论农夫山泉如何回复，都不会进行客观报道。此外，4月20日发生了雅安地震，全国新闻焦点迅速转移；农夫山泉向灾区捐赠了500万现金和500万饮用水，希望用慈善转移关注。同时，农夫山泉在其他媒体上做澄清广告。第三阶段，5月6—8日，农夫山泉在北京召开新闻发布会，对"标准门"事件进行绝地反击，引起全国媒体、公众的广泛关注。

（一）3月22日—4月18日

3月22日，华润怡宝推出"中国饮用水之殇"网页和广告，列数了中国近10年来的所有水污染事件，进而指出"大自然搬运过来的水，你还敢喝吗"。农夫山泉回应，华润怡宝广告语矛头直指农夫山泉广告语"大自然的搬运工"。

4 月 8 日，21 世纪网报道农夫山泉自订产品标准允许霉菌存在——农夫山泉的产品标准并不严格。农夫山泉现执行的产品标准为 DB 33/383-2005《瓶装饮用天然水》，是浙江省的标准，但农夫山泉却在广东生产和销售。《食品安全地方标准管理办法》规定，广东省内的食品生产企业应当依照广东的地方标准进行生产。此外，相比旧的浙江标准以及广东省标准，该标准放宽了对部分有害物质的含量要求，并允许霉菌和酵母菌存在，而其中的有害菌种可能对人体健康造成影响。农夫山泉没有回应。

4 月 9 日，华润怡宝联合中国饮料工业协会、新华社共同举办"2013《中国瓶装水企业责任倡议书》发布会"活动，主要内容涉及饮用水企业的水源保护责任和水源必须符合生活饮用水标准。《京华时报》记者参与此会。下午 5 时 20 分，《京华时报》向农夫山泉发去采访提纲，提纲未涉及其标准不如自来水的问题。农夫山泉于当晚 7 时左右简单回复了该采访："您仔细看看，两个标准的名称和定义相同吗？"

附：《京华时报》4 月 9 日发给农夫山泉的采访提纲

（1）浙江省的 DB 33/833-2005 与广东省的 DB 44/116-2000 所说瓶装饮用天然净水定义相同，为什么农夫山泉在广州万绿湖取水点不采用广东省的标准，而采用浙江省的标准，对媒体质疑违规行为，企业怎么看？

（2）2005 年浙江地方标准进行了修改，对 2002 年制定的瓶装引用天然水地方标准做了调整，如对霉菌和酵母菌，新标准都降低了要求，作为新的标准制定方，当时为何要降低浙江省的地方标准？

（3）对最近报道出的多个农夫山泉的质量事件，有何评价？

（4）对农夫山泉此次的事件，公司是否认为有竞争对手幕后所为？

4 月 10 日，《京华时报》发表"农夫山泉被指标准不如自来水"的报道，称农夫山泉饮用天然水执行的是浙江省的 DB 33/383-2005《瓶装饮用天然水》，对比浙江省和广东省的两个标准发现，农夫山泉执行的标准中关于有害物质的限量甚至宽松于自来水的标准。

4 月 11 日，农夫山泉通过微博公开发表声明，指出农夫山泉高于任何国家饮用水标准，针对农夫山泉的一系列报道是竞争对手怡宝推动的。

4 月 12 日，农夫山泉再发声明，称农夫山泉是天然水，同时满足 GB 5749-2006《生活饮用水卫生标准》（即自来水标准）、GB 19298-2003《瓶（桶）装饮用水卫生标准》、DB 33/383-2005《瓶装饮用天然水》。因此，根本没有所谓农夫山泉执行标准低于自来水标准之说。声明对比几个标准，指出《京华时报》近日连发两篇报道指农夫山泉标准不如自来水、浙江标准低于广东标准或者国家标准，是不严谨、不科学的。"农夫山泉的产品品质远高于现在的国家标准、行业标准和地方标准"。而对于前期 21 世纪网针对农夫山泉的一系列负面报道，农夫山泉称是"蓄意策划的，隐藏在幕后的就是国有控股饮用水企业——华润怡宝"。

4 月 11—18 日，《京华时报》用 14 篇报道继续质疑农夫山泉使用的水标准，并引用对中国民族卫生协会健康饮水专业委员会 10 名专家的采访内容来佐证。

对此，农夫山泉借助媒体做了大量澄清工作。首先，分别于 4 月 14、15、16 日在公司官网刊登"二复"、"三复"、"四复"《京华时报》。"二复"提出农夫山泉瓶装水高于任何国家标准；"三复"针对《京华时报》质疑农夫山泉作为浙江省地方标准的主要制定者，制定低于国标的饮用天然水标准问题，农夫山泉回应，制定的标准不能只有一两家企业达到，指出《京华时报》拿整套标准中的几个指标就判定饮用水标准的高低，不仅无知，而且强词夺理，使消费者迷失方向。"四复"公布企业 106 项检测指标和 31 项内控指标，这 137 项指标的检测报告本属于企业机密，尤其 31 项内控指标是企业核心技术，为洗刷冤情，为了自救，不得不公布。公告还指出《京华时报》"就拿几个数据，由一个莫名其妙的协会信口雌黄几句话，是不可以判定饮用水标准高低的"。而且，《京华时报》记者未曾采访农夫山泉就发出《农夫山泉标准被指不如自来水》如此可以一击毙命的批评文章，是不负责任的。其次，农夫山泉在新浪微博刊登所有澄清事实的说明，以及相关质量检测报告的全文（浙江省质监局出示的三份证明农夫山泉合格的文件）。4 月 18 日，在中央电视台《东方时空》报道，农夫山泉在四年间接受浙江省质监局 19 次抽检，产品全部合格。最后，在全国 100 多家主要平面媒体（如《北京晚报》《新民晚报》《羊城晚报》《潇湘晨报》等），整版刊登针对该事件的澄清内容以及相关产品质量检测报告数据，同时在电视、广播等媒介投放大量广告进行持续的澄清。

这一阶段，农夫山泉的竞争对手华润怡宝（国有控股企业和上市公司）于 4 月 11 日回应抹黑事件，表示保留对农夫山泉采取法律行动的一切权利，并发表声明称"我司从未以任何方式对农夫山泉声明中所提到的做法予以任何形式的参与""我们敢做就要敢认"。

第一阶段农夫山泉与《京华时报》争议点见表 7-2。

（二）4 月 19 日—5 月 5 日

4 月 19 日，《京华时报》再用 9 篇报道质疑农夫山泉，除继续质疑标准问题外，进一步质疑质量问题，如水源地垃圾问题、试纸门、黑色不明物、自定标准允许霉菌存在，并报道农夫山泉"一日之内两次成被告"；中国民族卫生协会健康饮水专业委员会秘书长表示将农夫山泉从协会除名等。

4 月 20 日—5 月 6 日，《京华时报》除了报道标准问题外，还报道北京桶装水协会通知相关企业下架农夫桶装水，北京多数水站下架农夫山泉桶装水，农夫山泉桶装水因标准问题停产，消费者起诉农夫山泉，律师要求杭州立案调查农夫山泉。《京华时报》还报道称，北京质监部门介入调查，暂时禁止委托公司生产农夫山泉桶装水，调查后将出台处理办法①。

---

① 北京质监局接受《新京报》采访时否认介入对农夫山泉的调查，称知道停产之事，正在核实。引自郑道森，刘溪若，张玉学. 农夫山泉称起诉媒体索赔 6000 万 [N] . 新京报，2013-05-07.

表 7-2   第一阶段农夫山泉与《京华时报》争议点

时间	《京华时报》	农夫山泉
4 月 10 日	农夫山泉被指标准不如自来水（第 048 版：财经·动态）	
4 月 11 日	饮用水标准不是橡皮筋（第 003 版：声音） 浙江质监局为瓶装水正名（第 050 版：财经·动态）	官方微博发表声明：农夫山泉高于任何国家饮用水标准；系列报道是竞争对手怡宝推动的
4 月 12 日	协会确认农夫山泉标准不及自来水（第 049 版：财经·焦点）	首复《京华时报》
4 月 13 日	农夫山泉回应质疑避谈有害物质指标宽松（第 034 版：财经·动态）	
4 月 14 日		二复《京华时报》
4 月 15 日	浙地方政府被指袒护农夫山泉（第 045 版：财经·焦点）	三复《京华时报》
4 月 16 日	饮用水标准不可任人玩弄（第 002 版：声音） 标准面前谁也跑不掉（第 037 版：财经理财） 上海检测报告佐证农夫标准宽于国标（第 042 版：财经·焦点）	四复《京华时报》
4 月 17 日	较真水标准关注健康权（第 002 版声音） 农夫山泉一日之内两次成被告（第 048 版：财经·焦点）	
4 月 18 日	标准不透明 "山泉"澄而不清（第 002 版：声音） 农夫执行更高标准（第 053 版：财经理财） 10 位专家联名敦促农夫执行更高标准（第 054 版：财经·焦点） 多数品牌使用国标和企标 仅农夫山泉使用地标 专家称"看不懂"（第 054 版：财经·焦点）	

在该阶段，农夫山泉没有直接公开回应《京华时报》的质疑。农夫山泉认为，《京华时报》预设了立场，因此不论农夫山泉如何回复，《京华时报》都不会进行客观报道。4 月 20 日发生了雅安地震，全国新闻焦点迅速转移。农夫山泉第一时间向灾区捐赠了 500 万现金和 500 万饮用水，公司全力投入抗震救灾，不愿与《京华时报》继续做无谓的论战。

4 月 28 日，农夫山泉向北京市中级人民法院提起诉讼，要求《京华时报》赔偿其名誉损失。

5 月 2 日下午，农夫山泉官方微博公布美国国家测试实验室 164 项全套检测报告，称产品品质全面优于美国 FDA 瓶装饮用水质量标准（标准号：21CFR165.110（b））。

第二阶段农夫山泉与《京华时报》争议点见表 7-3。

表 7-3 　　　　　　　　第二阶段农夫山泉与《京华时报》争议点

时间	《京华时报》	农夫山泉
4 月 19 日	国家标准既出　地方标准废止（第 001 版：头版）	该阶段农夫山泉未直接公开回应，认为《京华时报》预设了立场，不论如何回复都不会进行客观报道，同时在其他媒体刊登澄清广告
	农夫质量问题屡被媒体曝光（第 001 版：头版）	
	与其谩骂媒体不如直面标准（第 001 版：头版）	
	国标既出　地标废止（第 054 版：农夫山泉"标准门"）	
	农夫标准低　不如自来水（第 056 版：农夫山泉"标准门"）	
	协会批农夫执行低地标（第 057 版：农夫山泉"标准门"）	
	避谈标准低　农夫惹众怒（第 058 版：农夫山泉"标准门"）	
	评点标准事　谆谆促自省（第 059 版：农夫山泉"标准门"）	
	质量问题屡有曝光（第 060 版：农夫山泉"标准门"）	
4 月 20 日	请农夫山泉对着国标照镜子（第 002 版：声音）	4 月 20 日雅安地震发生，新闻焦点转移。农夫山泉捐赠 500 万现金和 500 万饮用水
	严正声明（第 003 版：农夫山泉标准门）	
	浙江地标不适用省外生产水（第 003 版：农夫山泉标准门）	
	羊晚：农夫拒媒体采访难以理解（第 004 版：农夫山泉标准门）	
4 月 22 日	解决"标准门"应回归法律正途（第 041 版：财经理财）	

4 月 25 日	农夫山泉 "标准门" 是一面镜子（第 045 版：财经理财）	
	专家：农夫山泉应立即整改（第 046 版：财经·动态）	
4 月 26 日	消费者起诉农夫具有标志意义（第 049 版：财经理财）	
4 月 28 日		农夫山泉向北京市中级人民法院提起诉讼，要求《京华时报》赔偿其名誉损失
5 月 2 日	农夫山泉标签陷入 "三重门"（上）（第 004 版：京华聚焦）	农夫山泉官方微博公布美国国家测试实验室 164 项全套检测报告，称产品品质全面优于美国 FDA 瓶装饮用水质量 标 准（标 准 号：21CFR165.110（b））
	农夫山泉标签陷入 "三重门"（下）（第 006 版：京华聚焦）	
5 月 3 日	卫生计生委要求食品地标清理年内完成（第 004 版：京华聚焦）	
	北京桶装水销售协会通知下架农夫桶装水（第 006 版：京华聚焦）	
	农夫山泉承认瓶装水应以自来水标准为底线（第 006 版：京华聚焦）	
	律师要求杭州立案调查农夫山泉（第 006 版：京华聚焦）	
5 月 4 日	北京多数水站下架农夫山泉桶装水（第 001 版：头版）	
	"标准门" 善后还须监管者出手（第 002 版：声音）	
	包装饮用水国标将整合统一（第 006 版：京华聚焦（一））	
	北京多数水站下架农夫山泉桶装水（第 007 版：京华聚焦（一））	
5 月 5 日	水标准要统一还要落地（第 002 版：声音）	

(三) 5月6—8日

5月6日，农夫山泉在北京就产品标准问题召开新闻发布会。除了上百家媒体外，农夫山泉还邀请了数十名自媒体意见领袖参加新闻发布会，并进行了全程网络直播。《京华时报》也被邀请，在发布会上与农夫山泉激辩。

新闻发布会的内容：（1）水标准的澄清。农夫山泉董事长钟睒睒首先就标准问题全面阐述农夫山泉的观点，介绍国家标准和浙江省标准以及农夫山泉企业标准，称"农夫山泉执行地标，不等于只执行地标"，公司同时执行瓶装水国标GB 9298、浙江地标 DB 33/383，并同时受自来水国标 GB 5749 的管理，当同一指标有不同限值时，按最严格的标准执行；称自己的水标准高于任何国家标准和地方标准。为澄清问题，农夫山泉不惜公布了企业研究多年的代表自己核心竞争力的水标准，包括137项指标。（2）揭示《京华时报》对农夫山泉的舆论暴力。发布会对"农夫山泉标准不如自来水事件"过程进行回顾，称《京华时报》自4月10日至5月6日关于农夫山泉的67篇报道，开创了自改革开放以来一家媒体批评一家企业的新闻记录。（3）愤然宣布退出北京桶装水市场。钟睒睒表示，农夫山泉绝对不向舆论暴力低头，也不会为令自己失去尊严，宣布将停止现有在北京的桶装水生产线，并表示不会再在北京开工厂生产。"因为这样的环境不可能让一个企业正常生产。"

农夫山泉新闻发布会再次引起该事件的报道高潮，在5月7日的新闻报道中，"农夫山泉"出现 3 860 次。新闻报道中有较多倾向支持农夫山泉。新闻发布会也引起网民关注，当日在线观看直播人数最高时达到 10 万人，相关视频点击收看数达到数千万，仅新浪财经视频《农夫山泉新闻发布会8问8答》的点击数就达到150 万。从该日开始，网上出现较多的支持农夫山泉的舆论。

《京华时报》记者接到发布会邀请后前往参加，期间数次打断农夫山泉发言，并进行了激烈争执，会场一度混乱。5月7日，《京华时报》再用6个版（包括头版）10 篇报道抨击农夫山泉新闻发布会。《京华时报》记者称从2013年4月16日到2013年5月6日，农夫山泉在全国10多个省市数十个渠道刊登含有谩骂《京华时报》内容的公告，1个月内超过 120 个版面。农夫山泉的公告内容包括：《京华时报》报道不严谨、不科学；《京华时报》不仅无知，而且强词夺理，使消费者迷失方向；《京华时报》信口开河，置事实于不顾，颠倒黑白，信口雌黄，成见在心，不分青红皂白；还指责《京华时报》缺失"新闻道德良心"。

5月8日，《京华时报》再发2篇报道，但指向监管问题。

第三阶段农夫山泉与《京华时报》争议点见表7-4。

五、农夫山泉"标准门"事件的影响

(一) 对农夫山泉的影响

2013年5月10—24日：农夫山泉退出北京桶装水市场，30%用户选择退桶；桶装水退出影响瓶装水销售，导致至少2/3以上的销量下滑；农夫山泉处理北京工厂的善后工作；退出北京市场殃及其他城市销售，南京的销量明显下滑，而云南、

表 7-4　　　　　　　　第三阶段农夫山泉与《京华时报》争议点

时间	《京华时报》	农夫山泉
5月6日	农夫山泉桶装水因标准问题停产（第005版：京华聚焦） 瓶装水标准图解（第006版：京华聚焦） 厘清"标准"事还国标尊严（第007版：京华聚焦） 农夫山泉"标准门"始末（第008版：农夫山泉"标准门"）	农夫山泉在北京就产品标准问题召开新闻发布会，将这一事件推向高潮。在发布会上实证其标准严苛于国家标准、地方标准，是目前国内执行最高饮用水标准的企业之一，指出已经向北京市中级人民法院提起诉讼，要求《京华时报》赔偿名誉权损失6 000万元
5月7日	农夫拒绝弃用低标准（第001版：头版） 执行标准绝不可含糊（第003版：京华聚焦） 依法依规舆论监督　暴力大帽请勿乱扣（第003版：京华聚焦） 北京欢迎负责任的企业（第003版：京华聚焦） 请与我们一起追求更严标准（第003版：京华聚焦） 农夫山泉避无可避的八大质疑（第004版：京华聚焦） 农夫山泉水源水标准宽于自来水水源水标准（第006版：京华聚焦） 一个水N种"标准"　企业或"浑水摸鱼"（第007版：京华聚焦） 新华社："山泉"概念误导消费者（第007版：京华聚焦）	新闻发布会后，舆论较多指责《京华时报》 2013年6—10月，农夫多次组织上百家媒体、5 000多名消费者到其水源地探访
5月8日	"农夫"员工对记者高喊"滚出去"（第008版：京华聚焦） 食品标签名不副实即立案查处（瓶桶装水也在整治之列）（第001版） 食品监管重在完善标准和准入（第002版）	

海南等地都有部分超市将农夫山泉下架。11月，农夫山泉称，经会计师事务所等第三方评估机构评估，受"标准门"事件影响，从4月份到5月底农夫山泉的销售损失约为20亿元，损失的利润为2个多亿。受"标准门"事件影响，农夫山泉包装水市场份额下降明显，由事件爆发时的27.6%下滑至24%，夏季正是饮用水的销售高峰，而农夫山泉受受"标准门"事件影响，市场份额持续下滑，至2014年5月仍只有22.8%，相比事件爆发前下滑4.8个百分点。图7-6根据第三方专业市场调研公司的"全国包装水主要品牌市场占有率变化数据"绘制。

　　近年来，包装饮用水行业一直保持着18%左右的增长率。"标准门"之前，农夫山泉的增长率一直高于行业水平。"标准门"之后，增长率直线下降并低于行业

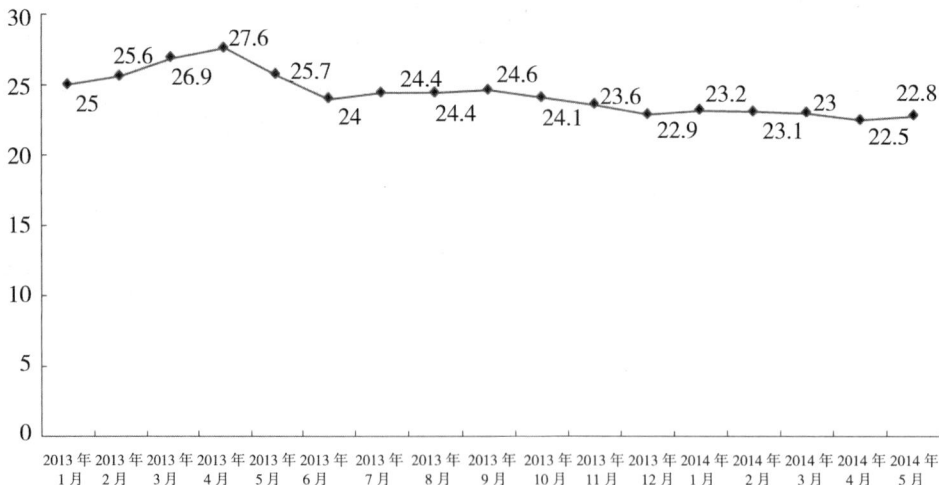

图 7-6　农夫山泉市场占有率变化数据

水平，下降趋势一直未得到有效遏制。

"标准门"事件还连累山泉水企业，一家广州花都的山泉水企业称其也卷入到"致癌门"谣言，导致不少大型订户"掉单"。原来每月桶装水销量约 45 万桶，但 4 月起已约有 20 家大型单位提出要"换水"。

（二）对《京华时报》的影响

2014 年 2 月 28 日，京华时报社举行 2013 年度总结大会，"标准门"报道被评为最佳公共事件新闻，主力记者胡笑红等荣获"2013 年度最佳记者"称号。

农夫山泉新闻发布会后，舆论发生了倾向性的改变，有较多媒体和网络对《京华时报》进行批评。

六、尾声

2013 年 4 月 28 日，农夫山泉向北京第二中级人民法院提起诉讼，据当时已产生的损失向《京华时报》索赔 6 000 万元。此后，农夫山泉把起诉标的提高到了 2.1 亿元。《京华时报》在朝阳区人民法院反诉农夫山泉，称农夫山泉在公开声明中说《京华时报》"信口开河"，侵犯了《京华时报》的名誉权。两起诉讼合并到一起，朝阳区人民法院已经受理①。

农夫山泉"标准门"事件引发思考：媒企之争，到底带给谁危机？

---

① 农夫山泉起诉书称，2013 年 4 月 10 日至 5 月 7 日期间，京华时报社在其主办的《京华时报》和"京华网"上发布系列不实报道，降低了农夫山泉的社会评价，严重侵犯了其名誉权，给其造成了巨大的经济损失；要求判令京华时报社停止侵犯农夫山泉名誉权行为，删除相关系列报道，在《京华时报》和"京华网"连续 30 日书面公开赔礼道歉并赔偿经济损失 2 亿余元。京华时报社起诉书称，2013 年 4 月《京华时报》刊登了有关农夫山泉适用标准的系列报道，农夫山泉即于 2013 年 4 月 12 日至 4 月 19 日在新浪微博和全国各大媒体发布消息，称京华时报社报道失实、缺失"新闻道德良心"，该行为严重侵害了京华时报社的名誉权；要求认定农夫山泉发布的信息公告侵犯了其名誉权，判令农夫山泉在各大媒体及门户网刊道歉声明，为其恢复名誉、消除影响，赔偿经济损失 1 元等。7 月 23 日和 8 月 6 日，朝阳区人民法院分别受理了京华时报社诉农夫山泉股份有限公司和农夫山泉股份有限公司诉京华时报社两起名誉权纠纷案。引自佚名. 农夫山泉与京华时报互诉名誉侵权案合并开庭审理［EB/OL］．［2016-11-25］．http：//news. xinhuanet. com/legal/2013-11/29/c_ 125782461. htm.

思考题:

1. 农夫山泉可以预防这次"标准门"事件吗?从"标准门"事件总结,农夫山泉要采取哪些措施预防类似的危机再次发生?

2. 农夫山泉"标准门"事件中,企业在各个阶段是怎样进行危机管理的?这些措施对化解危机起到什么作用?

3. 农夫山泉"标准门"事件中,有哪些利益相关者?他们在事件中起什么作用?

4. 新闻发布会后,你认为农夫山泉还要采取哪些策略以修复品牌形象?

第8章 跨文化沟通

学习目标

学习本章后，您应该可以：

- 了解不同文化之间的差异
- 培养跨文化沟通及多元文化包容意识
- 掌握与不同文化背景企业沟通的方法
- 理解并运用文化融合理论及技巧

引例 　 耐克"广告门事件"

2004年11月下旬，耐克广告片"恐惧斗室"在央视体育频道和各地方电视台播出。11月26日，《华商晨报》以《耐克广告"中国形象"被击败》为题报道了耐克广告涉嫌侮辱民族风俗一事，文章刊出后，耐克遭到声讨。

该广告内容显示NBA球星勒布朗·詹姆斯在一个电脑游戏的背景里，陆续接受不同对手的挑战，先打败一个身穿古代长袍、施展中国武术的长须老者，接着又一举粉碎了两名穿中国传统服饰（类似敦煌壁画上飞天仙女）的女子，以及两条中国龙。

针对质疑，11月30日，耐克公司发表声明称"恐惧斗室"广告宣扬了一种积极的人生态度，其中运用的各种元素都是一种比喻形式，坚持不撤回广告。

12月3日，国家广电总局发出《关于立即停止播放"恐惧斗室"广告片的通知》。对此，耐克公司表示，他们不会因此撤掉这则广告，他们想努力跟消费者沟通，希望大家能理解广告的原始创意。

该广告在亚洲各民族间也引起了轩然大波。新加坡当地的华裔联名向政府请愿，要求对耐克的这则广告进行"严打"。在国家广电总局发出停播耐克广告片"恐惧斗室"的通知后5天，耐克作出书面致歉，表示耐克公司对"恐惧斗室"广告在部分消费者中所引起的顾虑深表歉意。耐克无意表达对中国文化的任何不尊重。自1982年进入中国市场以来，耐克公司一直非常重视中国消费者。"恐惧斗室"广告的创意是借助包括香港20世纪70年代功夫片等不同电影的风格并融合当今青少年文化的时尚元素。

资料来源　陈晨. 耐克公司为问题广告书面致歉［N］. 京华时报，2004-12-09.

为何耐克意欲鼓励年轻人树立积极人生态度的广告，在中国消费者看来成了对中国文化的侮辱？

世界经济一体化，加快了文化交融的步伐。跨国企业越来越多地进入中国经济的各个领域；越来越多的中国企业到世界各地投资，成为跨国公司。企业文化融合及跨文化沟通成为企业管理的重要问题。实际上，中国很多公司办公室已有"联合国"形式，聚集了世界各国的员工。很多跨国企业将"尊重不同能力和背景的人"作为员工考核的一个重要指标。在中国企业的跨国兼并重组和跨国投资中，文化融合已成为与战略决策同等重要的问题。有许多研究成果表明了文化融合和跨文化沟通的作用。

8.1　文化及其分层

广义的文化是指人类在社会历史发展过程中所创造的物质财富和精神财富的总和。狭义的文化主要是指意识形态所创造的精神财富，包括宗教、信仰、风俗习惯、道德情操、学术思想、文学艺术、科学技术、各种制度等。

我们可以从文化的分层来理解文化的内涵。广义的文化可以分为四个层次：一是物态文化层，由物化的知识力量构成，是人的物质生产活动及其产品的总和，是可感知的、具有物质实体的文化事物。二是制度文化层，由人类在社会实践中建立的各种社会规范构成，包括社会经济制度、婚姻制度、家族制度、政治法律制度、家族、民族、国家、经济、政治、宗教社团、教育、科技、艺术组织等。三是行为文化层，以民风民俗形态出现，见之于日常起居动作之中，具有鲜明的民族、地域特色。四是心态文化层，由人类社会实践和意识活动中经过长期孕育而形成的价值观念、审美情趣、思维方式等构成，是文化的核心部分。

小案例 8-1　　　　　　　沃尔玛为何败走德国

沃尔玛集团是全球最大的零售企业，其年销售额比第二大零售企业法国"家乐福"年销售额的两倍还多，与麦当劳一道被视为全球化资本主义的象征。

德国是欧洲最大的零售市场之一，作为全球销售额最大的零售商，沃尔玛自然不会错过这个市场。它希望借助进入德国市场的机遇向整个欧洲扩展。1997 年 12 月，沃尔玛以收购拥有 21 家商场的韦特考夫（WERTKAUF）连锁店的方式进入德国零售市场。1998 年又从施帕尔贸易公司手中收购了 74 家大卖场。

沃尔玛试图在德国推行它在美国的成功经验，却遭到了失败。2002 年，沃尔玛在德国的销售额仅 29 亿欧元，只占德国零售市场 1.1% 的份额，在德国零售业中名列第 13 位。进入德国市场后，沃尔玛年年亏损巨大，于是断断续续地关闭了一些店。2006 年 2 月，沃尔玛再次宣布关闭三家商店，使其在德国的零售店数量减少到 85 家。什么原因导致在美国经营非常成功的沃尔玛在德国经营却损失惨重呢？

消费文化的冲突

美国文化属于典型的适度开放文化，而德国文化则属于保守文化，这使得他们的交流方式有很大不同。偏向开放文化的人们在交流过程中会频繁地使用身体接触、眼神交流、肢体语言和面部表情等形式，而偏向保守文化的人们在交流过程中常使用沉默来表达他们的情感与意见，音调也相对平稳。此外，服务质量及顾客的满意程度也具有明显的文化倾向。英特尔公司的调查显示，在德国只有 38% 的消费者认为"与商场营业员的沟通"十分重要，而在美国，这一比例是 66%。同时，美国消费者更加重视"能否得到营业员的帮助和回答问题"。因此，沃尔玛的"三米微笑"对德国消费者的作用大打折扣。德国营业员的态度一贯严肃认真。德国商会主席卡尔·施密特说，德国人与美国人的友谊观不同，在德国通过朋友关系进行销售是很难行得通的。在德国，顾客仍然只是那个付款的人，因为德国的消费者在购买之前主要通过自我学习去了解一个产品，因此顾客和销售人员之间的互动是很少的。与南美和远东的习惯不同，德国人做生意不需要花几个月或几年的时间去与对方发展关系，也不需要宴请。"三米微笑"对美国的消费者是有效的，美国式的服务是非常友好的，服务人员尽量对顾客表现亲切。而在德国，人们对服务的厌恶是他们几个世纪以来对精湛工艺和出色质量的极力推崇的反面结果。他们追求使用价值，不崇尚高档名牌产品，倾向于买简装实用产品。第二次世界大战结束后，低收入的德国人需要低价格的商品，折扣店以毫无虚饰、可靠的销售服务迎合了他们的需求。德国的 Aldi（阿迪）是沃尔玛在德国的主要竞争对手，它实行顾客自带购物袋政策，顾客要用推车还要付租金。环保意识很强的德国人也乐于用自己的购物袋，对沃尔玛提供的免费塑料袋和装袋服务并不领情。

沃尔玛的市场法宝——"总是最低价"的 heavy dumping 战略，通过该战略取得的销售额和利润要占全球总销售额的 65% 和总利润的 87%，沃尔玛也以此无情挤垮竞争对手，这一通常在其他市场都奏效的"侵略战略"在德国却行不通。而且，对沃尔玛构成最大威胁的不是拥有 Real、Metro 等大型超市和考夫豪夫老百货的德国最大零售企业麦德龙，而是创立于 1913 年的老牌家庭企业、廉价小型超市连锁店 Aldi。相比沃尔玛的 15 万种货品，阿迪的货架上只卖区区 700 种商品，全是"少得不能再少的生活必需品"，比如卫生纸只有两种牌子。南北两家阿迪中，北方阿迪甚至在几年前还没有普及激光价格扫描系统，全靠售货员强记所有货品的价格。但相对以折扣促销著名的沃尔玛，阿迪货品的定价却比沃尔玛还低。它的顾客也不全是穷人，在巴德洪堡这样的法兰克福富人区同样也有阿迪，在阿迪的停车场上能看到宝马、保时捷等各种豪华车。从 1976 年起，阿迪在北美市场的扩张同样成功。科隆著名企业咨询公司 MPEG 的市场分析专家彼得森说，其实阿迪的目标市场与沃尔玛相同，做的一样，但却更早。美国商业周刊大胆预测，代表欧洲传统资本主义风格的阿迪可能成为新的沃尔玛。

美国顾客习惯于一周一次、一次买齐的购物方式，而德国消费者更习惯于一周多次购买，并在各专卖店买各类产品。因此，沃尔玛为美国人量身打造的经营模式在德国并不受欢迎。其中一个简单的例子就是沃尔玛惯于出售包装好的冻肉，但德国消费者则习惯于去鲜肉档买鲜肉。

由于文化保守，德国人不喜欢借贷，避免举债，将信用卡看作电子支票本而不是可循环使用的信贷。在德国，欠款一词含有罪恶的意思，他们认为，信用卡购物会增加成本，德国的法律甚至禁止有关信用卡的推销活动。因此，在德国只有1%的购买额是使用信用卡付款的，而在美国这一比例达18%。沃尔玛为加快信用卡付款不惜花巨资打造自己的卫星系统。因文化保守，德国人在购买低价品时也表现得十分谨慎。德国的消费者也许是欧洲对价格最敏感的消费者，但价格并不是决定性因素，他们更注重产品质量，他们所期望的低价是在保证商品质量的前提下。联合利华还发现，德国人愿意为环保无害的清洁剂支付较高的价格。

管理方式的文化冲突

德国人有强烈的民族自豪感和种族优越感，严肃、认真、表里一致、讲信用，有较强的组织性和纪律性，秩序高于一切，喜欢安静，排队购物都静悄悄的。美国人喜欢自由、轻松、愉快的工作环境，"吹着口哨工作"是沃尔玛的文化，而德国人认为工作是严肃的事情。沃尔玛在美国风行的企业文化，如员工早上工作前一起做的"沃尔玛欢呼"等，令德国雇员觉得荒唐而幼稚，最后也被迫取消。

德国文化崇尚稳定。如果一个企业的人员流动性太大就会对内对外造成很不好的印象和影响。例如，沃尔玛在购买当地的两家零售连锁店后，关闭了其中一家的总部，并计划把其雇员转到新的部门，但很多员工，包括若干高管却为此愤而离职。在美国，这种重组及员工流动相当普遍，在德国却行不通。

与工会的冲突

德国的工会力量强大，它们和公司结合密切，对工人的影响力很大。沃尔玛不了解这一点，对工会采取漠视的态度。在领略到工会的强大之后，却视工会为共产党组织予以歧视，根本不想和工会打交道，导致企业内部劳资关系很僵，极大地影响沃尔玛的效率和竞争力。

在劳工问题上，沃尔玛一直被本土劳工组织批评为缺乏员工利益保障，美国联邦机构对沃尔玛雇用非法劳工的调查也未结束。在有着严格劳动法的德国，沃尔玛的境遇更可想而知。2002年7月，因沃尔玛拒绝与德国服务业工会集体协议并拒绝加入德国雇主协会，爆发了1 000多名员工参加的罢工。英国《经济学家周刊》2011年4月的评论指出，劳工矛盾已经使原本堪以抵消企业官僚主义的沃尔玛员工文化陷入危机。

2005年2月，沃尔玛德国公司依照美国总部做法在德国74个分支公司贯彻《沃尔玛员工行为及道德规范》，要求员工不能接受供应商的馈赠，即使是小礼品如打火机等；员工之间不许有不正当亲密关系；发现任何违反本条例的行为，可向主管，或通过匿名电话，或直接向行为条例执行办公室举报。沃尔玛的这些管理措施在美国是合情合理的。据美国 2002 年颁布的《萨班斯–奥克斯利法案》，经营者建立内部控制体系是上市的必要条件之一。纽约证券交易所上市公司手册第 303A 条明确规定，上市公司应建立适应于所有员工的行为道德规范，而不仅仅限于财务部的高级职员；一旦公司有所违反，其上市资格被取消。而这项条例在德国引起强烈争议。按照《德国企业章程法》，如果雇主没有事先与企业委员会就员工管理相关内容商讨而直接实施的话，违背了"共同决策权"，企业委员会可以向法院起诉。企业委员会果然将沃尔玛德国公司告上法庭，法院判决企业委员会有对其中十项规范事先参与决定的权力。

沃尔玛要求员工之间举报的规定显然没有顾及德国的文化。沃尔玛的做法触动了德国人心灵深处的伤痛，德国媒体评论，沃尔玛要求员工之间相互举报的制度，动摇了第二次世界大战后德国的民主基础，应坚决抵制。

沃尔玛对德国的相关法律了解甚少。德国严格的劳工法禁止企业随意任用和解雇员工及营业时间过长，这与沃尔玛一贯的做法格格不入。所以，它为了形成竞争优势，明知故犯，多次触犯德国当地法律条例，造成了很坏的影响。另外，德国的土地开发要求严格，沃尔玛很难建立它在美国的那种超级大店，影响它形成传统的规模优势。因此，这个巨无霸竟然在德国成了小矮人，根本无法和本地零售业巨子争锋。

资料来源　朱翊敏，周素红，曾觉春. 文化冲突：沃尔玛的德国遭遇［J］. 中外企业文化，2008（6）. 尹一丁. 沃尔玛的德国"盲点"［N］. 21 世纪经济报道，2011–05–12.

沃尔玛败走德国的案例引人深思，沃尔玛的竞争优势就在于其优秀的企业文化。为何有着优秀的管理文化的世界顶尖企业在跨国经营中犯下一些低级错误？很多评论认为，是大公司的傲慢导致的。编者认为，也许大公司在跨国经营中，永远面临一个难题：本土化和标准化的问题。在跨国经营中，大公司既想保持公司的统一制度和规范，不使公司的管理制度及文化遭到太多的破坏，同时又要尊重本土文化，适应本地文化。这不是一个容易找到答案的难题，需要跨国企业在异域经营中不断探索完善。

中外比较 8-1　　　　　　　　　　东西方沟通文化的比较

- 东方重礼仪，多委婉；西方重坦诚，喜直接。
- 东方重心领神会，多自我交流；西方重沟通交流。
- 东方和谐重于说理；西方说理重于和谐。
- 东方重情感沟通；西方重事实沟通。
- 东方喜中间人调停；西方喜直面冲突，以竞争解决冲突。
- 东方喜欢谦虚；西方喜欢赞美。

● 东方喜欢以拉家常开始沟通；西方喜欢直接切入主题。

8.2　文化维度的比较与沟通

文化维度（Culture Dimension）是荷兰国际文化合作研究所所长霍夫斯塔德（Geert Hofstede）及其同事在对文化因素进行定量研究时采用的概念。霍夫斯塔德从对 IBM 公司分布在 40 个国家的 116 000 名员工的问卷调查中得出结论，不同国家和民族文化中最大的差别表现在以下几个价值层面上：

8.2.1　权力距离

权力距离是人们对组织或机构内权力较少的成员对权力分配不平等这一事实的接受程度。权力距离大的文化成员视权力为社会的基本因素，强调强制力和指示性权力，而权力距离小的文化成员则认为权力的运用应当合法，重视专家或合法性的权力。在权力距离大的文化中，员工对上司专制式的管理方式采取较为宽容的态度，而在权力距离小的文化中，组织中上下级关系表现较为亲密、融洽。

小案例 8-2　　　　　　　　　权威比真理重要吗？

某企业母亲是董事长，儿子是总经理，周二董事长要总经理安排一位部门经理在下周一之前完成一项任务，结果，当董事长在规定时间找到部门经理询问任务的结果时，发现部门经理没有做，问原因被告知"总经理没有告诉我，我不知道"，董事长的回应是"总经理不可能不告诉的"，双方还发现了争辩，董事长便立刻叫来总经理，要总经理决定解雇该部门经理。事后，母亲对儿子说："其实，我清楚肯定是你忘记了，但在当初那种情况下，你必须这样做，因为你是总经理，你不能错，要树立你的权威。"

案例中的母亲，看似很荒唐，但她的行为不是个案，在不少企业都存在。如果将该案例放入民营企业交接班的大背景中分析，更容易找到相似行为。

根据郑伯埙等的研究[①]，华人企业中存在三环文化结构。居于大型家族企业最高的所有层和经营决策层的，是和企业主关系最近的人，主要是他的家人及少数和他有亲信关系的"自己人"；居于中级管理层的，主要是可以作为企业主心腹的"自己人"，而较少有家人；在基层，则是和企业主没有特殊社会关系的普通职工，即"陌生人"或"外人"。这种亲疏关系和他们所称的三种企业文化，即"情感

---

　　① 郑伯埙，林家五. 差序格局与华人组织行为：台湾大型民营企业的初步研究 [J]."中央研究院"民族学研究所集刊，1998（86）：29-72.

（责任）取向的家族文化"、"恩义（人情）取向的差序文化"和"工具（利害）取向的制度文化"相对照。家族文化在所有层和经营层重叠，差序文化在经营层和管理层重叠，制度文化在管理层和执行层重叠。这三种文化环环相扣，形成"三环文化结构"，如图 8-1 所示。

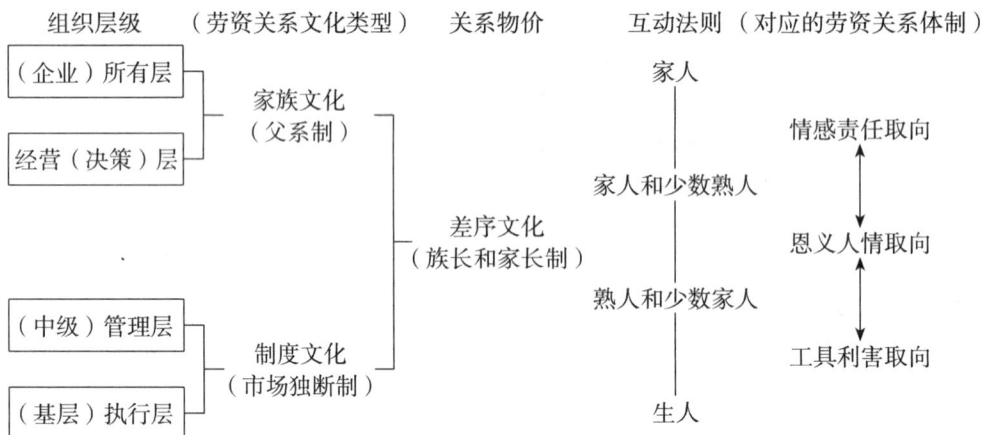

图 8-1　华人大型家族企业内的三环文化结构图

权力距离还会影响社会或组织的法治程度。在权力距离大的组织中，人治比较有空间，而在权力距离小的组织中，人治的空间小，法治程度高。

| 小案例 8-3 | 万科销售主管的辞退 |

万科某分公司营业总额占整个公司的 20% 以上，分公司总经理、副总经理、销售部经理均为总部派出的骨干人员，顶着巨大压力、不辞劳苦为公司业务奔波，利润指标完成极好。1997 年，销售部经理与一位本地销售主管（他的下级）因为工作问题发生了激烈的冲突，工作无法继续开展下去，销售部经理当场表示要辞退该名主管。当天下班之后，销售部经理向分公司副总经理汇报这个员工不服从领导，很难继续共事下去。万科《职员手册》规定：当上司与下属因工作发生冲突，无法达成共识时，下属应该首先服从上司的决定，遵照执行，由此而带来的风险和后果由上司承担，但下属保留越级上诉的权利。而该名主管不服从安排，造成工作无法继续，违反了公司的制度，造成了公司利益的损失，应该予以辞退。副总在征得分公司总经理的同意后，决定辞退该名销售主管。该名主管收到了公司发出的辞退决定，觉得不可接受，飞抵深圳找到公司总部投诉。

公司总部人力资源部开始调查此事。分公司坚持认为该员工不服从管理，应该予以辞退，销售部经理也表示，如果总部要撤销辞退决定，他立刻辞职。人力资源部认为按照规定，基层管理者如果在工作上犯了错误，首先应该是降职，如果降职后仍然表现不好，才将其辞退。仅凭这位主管因工作问题与上司发生冲突，并不足以将其辞退。另外，公司《职员手册》明确规定，要辞退一个员工必须先征得分公司老总和总部人力资源部共同同意、并征询职工委员会意见方可进行。所以分公司的做法不符合程序，但考虑到已经出了公告，为了维护管理层的权威和尊严，决定维持原判，但说明下不为例，并将此意见反馈给职工委员会。职工委员会收到事件调查报告后提出异议，认为既然《职员手册》是公司的规章大法，为什么不遵照执行？如果开了这样的先例，是不是今后任何一个部门经理只要对员工不满都可以随意辞退？员工的利益还如何得到保障？职工委员会对辞退该名员工表示反对，认为这样的先例不能开。

人力资源部和职工委员会的意见分歧集中汇总到集团的最高决策层——集团总经理。总经理经过研究，认为《职员手册》的制定就是为了使公司步入更规范的管理模式中，既然该分公司没有按照《职员手册》办事，处理方法明显不妥，总部就有责任来对此进行修正。总经理最终裁定：撤销辞退决定。销售主管返回公司上班，并受到了降职降薪的处分，而过后不久销售部经理就辞职离开了公司。

资料来源　黄铁鹰．商道——北大案例课堂［CD］．北京：中国科学文化音像出版社，2011.

附：万科的职工委员会

一、职工委员会（以下简称"职委会"）

1. 职委会是代表全体职员的利益并为之服务的机构，其工作宗旨是"维护员工合法权益、倡导健康文体生活、促进企业顺利运行"。职委会的委员分布在集团各所属单位，由职员投票选举产生。

2. 集团职委会由一名主席、七名执行委员组成，均为兼职；设专员和秘书各一名，负责日常工作。专员办公室设在集团总部。

3. 集团所属单位组建的职委会作为集团职委会的分会。

4. 职委会的基本职能是：参与、沟通、监督。

（1）参与——参与公司有关职工利益的制度或政策的制定。

（2）沟通——在公司内部、管理层与员工之间、集团总部与一线公司间发挥沟通管道的作用，使一些行政渠道不能够及时准确传递的信息，通过职委会的沟通得到传达。

（3）监督——作为广大员工的代表，有权对违反国家和公司规定而侵害职员权益和公司利益的行为进行监察、批评，并监督改正。

5. 集团职委会的日常工作主要包括：

（1）受理职员申诉，维护职员利益；

（2）收集职员意见，向公司管理层反映；

（3）开展经常性的文娱体育活动，丰富职员业余生活；

（4）管理"万科职员共济会"；

（5）管理"万科职员证券投资互助会"；

（6）管理"万科职员公积金"。

二、万科职员共济会

1. 由集团职委会在集团范围内发起成立，其宗旨是"居安思危、同舟共济；人人为我、我为人人"，对遭遇重大困难的共济会会员提供经济援助。

2. 共济会自愿入会，有意加入共济会的员工，转正后可向所在单位的职委会委员（或职员代表）索取申请书，填写后交本单位委员，统一报送集团职委会，集团职委会统一制作会员卡、收取入会费和会费。

3. 员工入会后即具有获得共济会援助的资格（入会满6个月后罹患重大疾病时才可申请重大疾病援助）。共济会根据会员申请援助的实际情况和共济会章程规定，向符合相关条件的会员提供援助。

三、万科职员证券投资互助会

1. 公司规定，员工在上班时间不能买卖股票。为增加员工的投资渠道，帮助员工更好地做好家庭理财，于1994年底成立万科员工证券投资互助会。

2. 互助会由万科职员自愿加入，是以深沪交易所上市证券和债券发行市场作为投资对象的自发性职员内部投资互助组织。

万科追求规范管理的案例成为典范。实际上，每个企业都想实行规范管理，但受文化的影响，很多企业在规范管理与人治之间摇摆，使得规范化管理的路走得很艰难。

8.2.2 个人主义与集体主义

这种文化价值取向主要是指，在对待个人与集体的关系上，是较为重视个人还是比较重视集体，即以人为本还是以社会为本；就企业内部管理而言，是强调个人能动性的发挥还是强调员工对企业的忠诚。

中外比较 8-2   **个人主义还是集体主义——中美比较**

中国文化重集体，西方文化重个人。中国是一个传统的农业社会，小生产以家庭为单位，中国人对家庭特别看重，出了事情，一大家子人都可以来帮忙。因此，家庭稳定了，就能给个人带来安全感；家庭稳定了，社会就稳定，国家就稳定，人们的生活就有了一个安定的环境。所以中国人非常强调对集体和社会的义务、责任，经常有人告诉我们应该做什么，却没有人告诉我们自己有什么权利。在企业内部，中国员工"以厂为家"，重视对组织的忠诚和服从，重视组织对他的支持和保护，对组织有很强的依赖心理。因而，中国员工一旦遭到解雇或处罚，其安全感和归属感会强烈受挫，处理不当，很可能会走向极端。西方是一种崇尚个人主义的文化，特别是美国人，强调以个人为本，以自我为核心，注重个人的权利而不太讲究义务，重视个人主观能动性的发挥和自我价值的实现。当西方人的个人利益与公司利益发生矛盾时，或者当他发现自己在公司没有前途时，他们会毫不犹豫地选择离开公司，并积极主动地寻求新的发展空间，以实现自我价值。因此，美国人对公司的忠诚度就不如中国人高。

对待集体与个人的不同文化，与人伦文化紧密相连。中国以家族为本位的宗法集体主义文化与人伦关系相辅相成。中国文化是在半封闭的大陆性地域、农业经济格局、宗法与专制的社会组织结构三大条件下产生的，在这个相互影响、相互制约的环境下形成稳定的生存系统和与之相应的伦理型的中国传统文化。社会学家费孝通先生在其著作《乡土中国》中，将中国传统社会结构描述为"差序格局"[①]："社会关系是逐渐从一个一个人推出去的，是私人联系的增加，社会范围是一根根私人联系所构成的网络""好像把一块石头丢在水面上所发生的一圈圈推出去的波纹"；网络的中心是"己"，根据血缘、地缘等线索波纹不断向外扩大。而且这个网络具有伸缩性，网络的大小根据中心即"己"的势力决定。所以有"一人得道，鸡犬升天""树倒猢狲散"。西方现代社会的结构是"团体格局"，像"一捆一捆扎清楚的柴""谁是团体里的人，谁是团体外的人，不能模糊，一定分得清楚。在团体里的人是一伙，对于团体的关系是相同的，如果同一团体中有组别或等级的分别，那也是先规定的"。

小案例 8-4　　　　　　　　　　　　**招聘风波**

徐总是一家从事软件开发的私营企业的一把手。近年来公司业务发展很好，因此吸引到了许多名牌大学的优秀毕业生。公司具有一套严格的招聘制度和程序，保证了业务部门能够招聘到合格的人才。按照公司人力资源委员会的规划，今年只招收软件工程和市场营销两个方向的人才，其他管理类的毕业生暂时不招收。在一个偶然的场合，徐总的大学同学向他推荐了一位管理专业的应届大学毕业生。虽然徐总觉得不能违背公司制订的进人规划，但希望由人力资源委员会的成员来作出具体的决策，便将被推荐人的资料转给人力资源委员会。

委员会的5位成员开会讨论这位被推荐人的申请。起初大家都不发表意见。过了一会儿，其中一位委员说："徐总从来不为部门推荐人。这次他一定是觉得这位大学生很出色才推荐。徐总的眼光不会错，我们应当给予申请人面试机会。"其他4位委员一致认为他的分析有道理，最终委员会决定给这位本不在招聘范围内的申请人面试的机会。面试后的讨论会上，另一位委员说："这位申请人知识面很宽，尽管对于管理实践不太熟悉，但她应当很有潜力。"其他人纷纷赞成，最终决定录用她。

不久，被推荐人到公司来上班，并到徐总办公室来道谢。徐总很惊诧，为什么人力资源委员会违背刚刚制定的进人政策，将一位素质平平且公司不需要的人招进来。委员会几位成员开始指责那位首先发言的委员，而这位委员则说："我看你们

①　费孝通. 乡土中国［M］. 上海：上海人民出版社，2005.

在会上都不发言，而我还要去主持另外一个会，而且我们既然开会就要达成共识、作出决策，所以我才率先说出那样的话。如果我的想法不对，你们怎么没有一个人站出来提出不同意见呢？"

资料来源　张志学. 招聘风波和"阿比勒尼悖论"［J］. 北大商业评论，2005（5）.

8.2.3　对不确定性的回避

每个民族对风险的承受能力都有显著的强弱差异，在风险承受力较强的文化中，人们往往具有冒险精神，而在风险承受力较弱的文化中，人们则竭力避免所面临的不确定性危险。

知识链接 8-1　　美国人与日本人在制定政策方式上的对比

制定政策时的交流程序	美国的方式	相应的美国文化因素	日本的方式	相应的日本文化因素
最后决策者	利用个别领导的指导能力，个人承担责任	个人主义对事态的独立控制	利用一群领导人的能力，共同分担责任	集体主义，相互依靠，群体倾向
初步意见的提出和协商	从上至下，利用专家的信息，很少讨论	权力竞争，依靠自己，让事情做起来	由下（或中层）至上，事先征求意见，经常讨论	从属合作，和谐，参与转变
时间倾向	计划在前，迅速决策，决策后慢慢实施	重视将来，直线式思维，争分夺秒意识，个人主义	适应于变化，经过诸领导圈阅，较慢作决策，决策后立即实施	重视当前螺线式思维，逐渐形成群体忠诚
最后作出决策的方式	在多种方式中作出选择，平等地表达，按程序办事	个人决定，多数人决定，在不同意见中作出决策	一致意见	接受已作出的选择，认可并尝试已提决策
评判决策的标准	分析能获得多少物质利益	"合理性"实践中的"经验主义"	直觉的群体的和谐	整体性，精神上的约束
交流的方式	直接争论	理性的实用主义、竞争文化	间接同意	感情上体谅周围的人

8.2.4　长期与短期目标导向

这一层面所反映的是不同文化背景的民族对待长期利益与短期利益的价值观。如在重视长期利益的文化中，人们一般较强调过去和现在，注重社会责任，尊重传统。

中外比较 8-3　　　　　　美国人眼中的中国商人和日本商人

美国学者哈里斯和莫兰1991年专门论述了美国经商人员和中国大陆做交易时要遵守下列准则：

（1）外国商人不应把注意力集中在个人身上，而是应把注意力放在参与特定项目的整个班子上。如果某个中国人被单独认为具有超人的能力，会使该人感到十分窘迫。

（2）访问中国人时，行为举止上不应盛气凌人。中国人有受过西方帝国主义欺侮的历史。

（3）一般来讲，与中国人谈判时，应避免大量使用"我"的"自我中心"式的会谈，中国人讨厌突出个人，因为中国人更注重集体。

（4）中国人比北美人更倾向沉默。中国人较谨慎、害羞，不如美国人善于交际，不愿意在公开场合暴露自己的感情。关系不是很亲密的两个人谈话时，人际距离一般比西方人要远。

（4）中国人是不喜欢彼此触摸的，在这方面他们像北美人。他们也不喜欢高声说话，吵吵嚷嚷。如果外国商人说起话来咄咄逼人，嗓门很高，就会处于困境。

哈里斯和莫兰论述了日本商人和美国商人洽谈贸易时需要处理的文化差异，认为美国人应该记住以下几点：

（1）在与日本人做买卖时，要考虑到给他面子和达成和谐比获得高销售和高盈利还要重要。

（2）第三方的介绍非常重要，日本人比较喜欢这种间接途径，也就是说谈判成功或破裂之前，你都可利用一个中间人或仲裁人来传递意见。

（3）无论你接受日方组织中的哪个人，都要最大限度地与其接近。你所接触的第一个人也应该参与谈判。

（4）避免直接谈论钱财问题，把这个问题留给中间人或下级官员去和对方交换意见。

（5）千万不要把日本人逼入必须承认失败或无可奈何的境地。

（6）不要夸奖自己的产品和服务，让你的文献材料或中间人表明。

（7）使用印有头衔的商务名片，最好用日文和英文两种语言印制。

（8）与日本人接触，光靠逻辑的、认知的或者理智的方法是不够的，情感层次的交流极为重要。例如，对待一个熟知的商务伙伴和对待一个陌生者就完全不同。

（9）在资深行政人员参加的会议上要带翻译。会议越是重要，资深的行政人员越是要参加。

（10）对会谈前期的品茶和无关问题的闲谈要有耐心。

资料来源　哈里斯，莫兰．跨文化管理教程［M］．关世杰，主译．北京：新华出版社，2002.

跨文化沟通首先需要管理者树立文化包容的理念，这样才能尊重不同文化背景和价值观的人。其次，需要具备多元文化知识，了解不同文化的差异，熟悉不同文化背景的历史、政治、经济、社会及风俗习惯。最后，掌握不同文化的语言，包括语言和非语言工具。

8.3　企业文化融合与沟通

8.3.1　企业文化融合概述

文化融合指外部文化和内部具有的不同特质的文化通过相互接触、交流进而相互吸收、渗透、融为一体的过程。文化融合的过程：①接触。两种文化由传播而发生接触，这是文化融合的前提。②撞击和筛选。每种文化都具有顽强地表现自己和排斥他种文化的特性，两种文化接触后必然发生撞击。在撞击过程中进行社会选择，即选优汰劣。③整合。以原来的两个文化体系中选取的文化元素，经过调适整合融为一体，形成一种新的文化体系。

经济全球化使企业并购成为必然的经常的现象。全球已经历 5 次并购高潮，现在正在经历第 6 次并购高潮。大量研究表明，在并购的实际操作中，企业管理层往往只注重财务状况、市场定位、技术水平等问题的考虑，对双方企业的文化差异及今后的整合问题则缺少周密考虑，最终因文化冲突而造成并购效率不佳甚至是失败。美国 Hewitt 研究机构对美国 218 家知名企业的调查表明：有 69% 的企业认为，文化融合问题是并购企业面临的最大挑战。克普尔和莱布朗德通过对 100 家知名公司 CEO 的调查发现：在并购成功的贡献因素中，良好的企业文化融合排列第三，而在并购失败的决定因素中，管理风格和企业文化的差异所引发的冲突（或文化不兼容）则被列为首要因素。还有的研究提出，文化融合不当而产生的管理失败占所有企业失败的 1/3。2004 年的全球并购交易中，亚太区是增长最快的地区，而中国则位居亚太区跨境并购对象的榜首。研究表明，我国企业并购的成功率仅30% 左右①。

因此，企业并购中，文化融合是决定并购成功的关键因素。企业文化融合是指企业在并购过程中使相异或矛盾的文化特质在相互适应、认同后形成一种和谐、协调的文化体系。西方学者 Berry 根据并购双方企业文化的变化程度及并购方获得的企业控制权的程度，提出了四种模式，它们是：①注入式文化融合模式，即并购方的企业文化完全取代被并购方的文化，被并购方完全放弃了原有的价值理念和行为假设，全盘接受并购方的企业文化，使并购方获得了完全的企业控制权。②渗透式

---

① 陈春花，刘晓英．企业并购中的文化整合［J］．中外管理，2002（5）．

文化融合模式，即并购双方在文化上互相渗透，都进行不同程度的调整。③分离式文化融合模式，即被并购方的原有文化基本无改动，在文化上保持独立，由此获得较大的企业控制权。④消亡式文化融合模式，即被并购方既不接纳并购企业的文化，同时又放弃了自己原有的文化，员工之间的文化和心理纽带断裂，价值观和行为也变得混乱无序，从而处于文化迷茫状态的整合情况。①

不管哪种形式的文化融合模式，沟通都在其中起着重要作用。沟通可以加速企业文化融合，消除冲突，缩短并购的阵痛期，形成新的团队。

小案例 8-5　　　　阿斯利康企业并购沟通案例

20 世纪 90 年代末期以来，跨国大企业间的并购似乎成了一股不可逆转的潮流。这些昔日的竞争对手为了占尽技术、资金、市场等方面的先机，或娶或嫁，以各种形式实施强强联合。1998 年 12 月 9 日，世界两大制药公司阿斯特拉和捷利康宣布合并，成立阿斯利康公司，合并后的公司成为世界上第三大制药公司。这两大药业巨子之间的合并步伐异常迅速，仅仅用了 80 个工作日新公司便告诞生，打破了船大难调头的传说。

合并后的企业并非总是皆大欢喜，据统计，75% 的企业在合并后的前 4~8 个月中生产全面下滑。那么出现这种问题的症结在哪呢？对财富 500 强中 45 家近期进行过并购的公司的 CEO 的调查表明，"人的问题"是致使企业陷入困境的最关键因素。企业的分分合合给员工带来的冲击是可想而知的，这些有着不同背景的人带着疑惑和忧虑走到了一起，如果不能让他们同心同德、齐心协力，企业发展势必受到影响。由此可见，如何在企业合并的关键时期建立员工之间的信任感，使他们尽快了解新企业、熟悉新环境、投入新工作成了企业传播部门的当务之急。

合并期间存在着诸多不确定因素，上至总经理、下至普通员工所关注的是与自己切身利益息息相关的"涉我事宜"（Me issues），如我是否失业，我的薪金是否受影响，我的新老板是谁等一系列问题，这些问题天天萦绕他们的脑际，容易动摇军心，从而影响整个公司的生产效率。另外，他们还急切地想了解新公司生产、营销、管理、财务等方面的策略和信息。这类信息的匮乏会使员工感到组织缺乏管理和方向，影响着员工对新公司未来的信心。

为减少合并对阿斯特拉和捷利康两家公司日常业务的干扰，合并速度是另外一个挑战，这就要求内部沟通的工作不仅要准确详尽，还要保证速度及效率。虽然两公司产品非常互补，公司文化也有很多相似之处，但作为两家在国际制药行业均颇有建树的巨子，它们又分别有自己独特的工作方式和文化。正如公司文化的整合成为很多合并案例的"瓶颈"那样，如何整合阿斯特拉和捷利康的公司文化又是摆在企业面前的一个严峻课题！阿斯利康公司制订了严密的内部沟通计划，保证了公

---

①　范征. 并购企业文化整合的过程、类型与方法 ［J］. 中国软科学，2000（3）.

司合并的顺利进行。

沟通目标：

- 确保合并期间内部沟通的一致性和连续性；
- 争取沟通工作对合并进程的最大贡献；
- 在员工心目中建立起新公司的公司形象；
- 为新公司的内部沟通工作打下坚实基础。

沟通策略：

- 迅速成立沟通工作组（Communications Taskforce），小组成员由两家公司的相关员工共同组成，确保正式沟通渠道的建立；
- 确立各合并阶段（前期、中期、后期）的沟通主信息，并依据员工反馈及时作出调整；
- 争取管理层对内部沟通的最大支持，明确传播小组和其他行动小组间的协作关系；
- 根据各阶段不同的沟通需求，确定最有效、迅速的沟通渠道和工具，如e-mail、致员工信、录像、快递、员工活动及通讯等；
- 评估两家公司之间文化相似及差异之处，传播新公司文化。

具体实施：

1. 迅速成立沟通工作组，任命小组负责人，在两家公司中任命五名工作组成员。沟通工作组组长和其他小组，如销售、市场、人力资源等一同向中国区各合并办公室负责人汇报。因工作组成员来自两家公司不同的业务部门，首先确保工作组成员内部的良好沟通和合作精神。

2. 沟通工作组制订了合并期间的对内、对外沟通计划书。内部沟通计划书包括：沟通使命、小组成员结构、对内对外沟通主信息及工具、"最终产品"（final products）和期限、对每个"产品"是否成功的定义以及可能出现的主要问题与挑战。

3. 为充分取得管理层对沟通工作的支持，沟通小组组长争取到中国区第一次合并会议上第一个发言的机会。在会上组长将沟通计划书发送到其他小组组长手中，征求他们的反馈。

4. 合并会议后，根据各小组反馈意见设计了"沟通责权表"（Communications Interdependency Chart），明确每个小组在沟通方面的职责和相互依赖关系，使沟通成为每个经理人的重要职责。

5. 除了配合其他沟通工具，如e-mail、定期沟通公告外，沟通小组编制《快递》，每两周一期，用这一透明的传播手段遏制了不确定消息的产生。随着合并的深入，沟通小组更加丰富了《快递》的内容，出版了《阿斯利康通讯》。

各个小组组长参加《阿斯利康通讯》编辑委员会，既表示了他们对内部沟通的支持，又为他们亲自投入这一重要工作创造了机会。不论是《快递》还是通讯，沟通小组做到了信息发布准确及时，在关键的时刻发挥了关键作用。

6. 建立内部沟通日志（Internal Communication Diary）。为确保公司合并在中国的顺利进行，阿斯利康采取了与世界其他地方不同的做法，就是建立双重领导机制（dual leadership），分别保留了双方公司总经理的职务，两位总经理的背景和阅历对公司的成功运作都是很有价值的。但也提出了一个挑战：两个总经理间的有效沟通，以确保他们的意图得到贯彻。建立内部沟通日志的目的即是明确两位总经理在内部沟通中的角色和主要任务。

7. 积极进行员工反馈活动。途径之一：随各期《阿斯利康通讯》附上反馈条，并针对员工的反馈，设立"问与答"专栏。途径之二：鼓励沟通小组成员和不同部门员工接近，面对面地了解他们合并期间的切身感受。途径之三：调动各小组的积极性，让他们收集和反馈本部门员工的意见，预见本部门沟通方面遇到的问题。途径之四：组织对员工的采访，将采访结果发表在《阿斯利康通讯》上。

8. 策划并组织新公司内部"上市"活动——阿斯利康生日活动。利用两公司员工第一次面对面的机会有效地传播新公司的企业文化。具体活动如下：选择 6 月 1 日作为新公司的生日（"六·一"象征蓬勃、朝气、活力和光明的前途）。

生日活动在公司三大主要业务城市无锡、北京、上海举行。该活动邀请了公司亚洲地区合并办公室负责人参加，以表明中国市场在亚洲的强有力地位。生日活动会上，两家公司的员工首次坐到了一起，并穿上了印有新公司标识的 T 恤，并且两家公司的员工交叉入座，使大家有机会与新同事交流。活动还特意为两位总经理定做了特别的 T 恤衫，在他们 T 恤的胸前绣上了中国国旗和"1999 年 6 月 1 日"的字样，以表彰他们为公司发展创下的辉煌业绩。两位总经理非常感动，表示非常珍惜这件 T 恤，会留作永久纪念。

生日活动会上，员工们聚集在一起观看了全球总裁讲话的录像；在中国区合并办公室负责人悠扬的小提琴伴奏下（因工作繁忙已有 25 年没有拉小提琴），在现场全体员工齐声高唱的《生日快乐》歌声中，两位总经理共同切开了印有阿斯利康新标识的硕大生日蛋糕，生日活动推向了高潮；两公司员工举杯庆祝这一具有里程碑意义的庆典，并通过这一严肃又活泼的庆典深刻地感觉到新公司的企业文化。生日活动后，现场录像带寄到全国各办事处，使那些因工作而无法到现场的员工也感受到了生日活动的气氛。

9. 在阿斯利康生日活动会上，还宣布了新公司中文名称征集竞赛活动，使员工们通过参与竞赛活动增强对新公司文化的理解。沟通小组负责人还将此项活动推广到亚太区所有用中文名称的国家，使这一活动在广度和深度上都得以加强。为了鼓励员工反馈，每个参与者都获得一份鼓励奖，这份奖品是将他们的生活照印在公司的杯子上，每次倒入热水时照片便会显现出来，这给大家的工作增添了情趣。最终获优胜奖的两位员工得到了特别的奖品——形如公司标识的纯金链坠及胸针。这一活动非常具有感情色彩，使大家感受到新公司如大家庭般的温暖。

10. 高层管理层任命后，传播小组立即组织了对他们的采访。新管理层针对员工反馈和提出的问题作出了相应回答，并展望了上任后本部门的发展策略等。

当然，沟通工作只是整个合并进程的一部分，但是发挥了至关重要的作用。亚洲地区合并办公室负责人评价说："中国的沟通计划是所有阿斯利康亚洲国家中最严密、实施最有效的一个！"各个反馈渠道收集的反馈信息表明：员工对有幸经历世界制药史上最大合并案之一，并成为世界著名制药公司中的一员而感到骄傲。中国合并办公室负责人说："有效的内部沟通是加快两家公司融合最好的催化剂，我们很幸运在中国做到了这一点。"

资料来源 阿斯利康中国有限公司.阿斯利康企业并购内部传播案例［J］.国际公关，2005（3）.

思考：阿斯利康为何在并购期间增强了内部沟通的工作？

8.3.2 跨文化沟通的步骤

有学者研究①，跨文化沟通的步骤包括：

第一，进行文化分析。对企业中存在的两种或多种文化进行分析，找出文化特质，以便在管理中有针对性地采取措施。减少文化冲突和矛盾，推进文化融合。可以借助文化维度等工具进行文化分析。

第二，进行文化特质对企业管理的各项职能的影响分析。文化特质决定了企业管理者的价值观体系，从而决定了他们的经营理念和管理模式。这种经营理念和管理模式必然渗透到管理的各项职能中去。同时，不同的文化背景导致员工对待企业管理各项职能的态度不同。

第三，找出双方文化中的共同点（交叉点），作为文化整合的基础。

第四，调查不同文化背景的员工对于外来文化的容忍度。

第五，根据企业特点，决定企业采取哪种方式进行文化整合。影响文化整合方式的因素很多，最重要的是文化特质的差别大小和文化特质所代表的管理模式高效与否。文化特质差别大，则应减少文化冲突，整合初期采取保留型的文化融合方式。在企业运作一段时间后，再转向其他文化整合方式。文化特质差别小，则必须考察哪种文化特质所代表的管理模式在市场经济中更高效。

第六，确定企业文化整合的目标———跨文化企业的经营理念（在文化融合之后）。在确定以哪一种文化特质所代表的经营理念和管理模式为主进行文化整合以后，应该根据双方文化的共同点，及员工对对方文化的容忍度，确定双方都能接受的企业经营理念和管理模式。

第七，将第六步所确定的经营理念和管理模式贯彻到企业管理的各项职能中去，建立独特的跨文化企业的管理文化。文化整合后的企业经营理念，不仅要从制度上成为企业运作的准则，还应该通过各种激励、约束手段，使之内化为员工的价值观念和行为准则，这样企业就会形成独特的企业文化，实现对员工的软管理。

第八，设立反馈系统，检验文化整合后的企业经营理念和管理模式是否高效，

---

① 张德茗，甘晓路.企业并购后的文化整合与跨文化沟通［J］.湖南社会科学，2006（4）.

是否能提高企业竞争力，并提出修改意见。宏观的反馈系统可以通过对新的企业文化的认同感的测量和评价来进行。微观的反馈系统可以通过员工对跨文化沟通满意感的测量和评价来进行。通过反馈不断地修正文化整合的具体实施环节，促进文化融合。

复习思考题

1. 什么是文化及其分层？
2. 如何理解文化维度的差异并进行有效的跨文化沟通？
3. 企业文化融合有哪些方式？沟通对企业文化如何起作用、起什么作用？

案例分析　　　　　　　　**联想并购 IBM 个人电脑部门**

2012 年第三季度，联想超越惠普成为全球第一大 PC 厂商（按出货量计算）。杨元庆说："如果当初没有实施并购，很难想象联想会在短短 5 年多的时间里由 30 亿美元成长为 150 亿美元的公司，进而基于这个规模来获得几亿美元的利益。"

2004 年 12 月 8 日，联想集团有限公司召开新闻发布会，宣布收购 IBM 公司 PC 业务部门。此次联想收购 IBM 公司的 PC 业务部门的实际交易价格为 17.5 亿美元，其中含 6.5 亿美元现金、6 亿美元股票以及 5 亿美元的债务。联想将通过公司内部现金和向银行贷款来筹集现金。在股份收购上，联想会以每股 2.675 港元，向 IBM 发行包括 8.21 亿股新股，以及 9.216 亿股无投票权的股份。本次收购完成后，联想将成为全球第三大 PC 厂商，年收入规模约 120 亿美元，进入世界 500 强企业行列。新公司管理层的安排是 IBM 高管沃德出任联想集团 CEO，杨元庆任董事长，柳传志退居幕后。新联想总部设在美国纽约，员工总数达 19 500 人（约 9 500 人来自 IBM，约 10 000 人来自联想集团）。在北京和罗利（美国北卡罗来纳州）设立主要运营中心。新公司的股权结构为中方股东、联想控股将拥有联想集团 45% 左右的股份，IBM 公司将拥有 18.5% 左右的股份。

联想集团简介

发展历史

1984 年由中国科学院计算机研究所投资 20 万元成立。

1988 年在香港成立"香港联想科技有限公司"并实现了 1.2 亿港元的营业额。

1989 年正式命名为"联想集团公司"，拥有北京联想和香港联想，6 月份在深圳成立深圳联想公司，建成低成本的生产基地，从此开始批量生产和出口主板。

1990 年分别在美国洛杉矶和法国德斯多夫设立分公司，开始跨国经营。

1992 年初在美国硅谷设立实验室，以便及时获取电脑最新技术情况与信息。

1993 年国际 PC 巨头纷纷抢滩中国市场，大批国内电脑生产厂商处境艰难。

1994 年 2 月联想在香港挂牌上市，标志着公司已经正式成为一个集研究、生产和销售于一身的大型企业，开始以市场为导向，改变管理体制，精减人员，改直销为分销，一举扭转了联想的颓势。

1997 年北京联想和香港联想合并为中国联想，柳传志为董事局主席兼总经理。同年以 10% 的市场占有率居国内市场首位。

2000 年联想集团分为"联想电脑"和"神州数码"，由联想集团控股公司作为母公司。

2001 年杨元庆出任联想总裁兼 CEO。

2004 年，联想公司正式从"Legend"更名为"Lenovo"，并与国际奥委会签署合作协议，宣布成为第六期国际奥委会全球合作伙伴。

联想文化

联想的管理风格强调"管理三要素"，具体内容是搭班子、定战略和带队伍。"管理三要素"建立在两个前提之上：一是班子里的人是最重要的，是企业的发动机；二是队伍只是而且必定是这个班子借以实现战斗任务的手段。联想的奉献精神一直被摆在一个很高的位置，在联想，当班子、战略和队伍都布置停当以后，剩下来的就是通过口号、思想动员等形式，来激发每个个体的战斗力。联想向来以严格和强调执行力而著称，下级对于上级的命令要严格执行，而且上级对于下级的干涉也比较多。联想将员工个人追求融入联想长远的发展之中，联想强调的是员工对公司价值观的认同。联想内部竞争激烈，优胜劣汰，经常裁人[①]。

并购背景以及动因

（1）国内个人计算机市场遭遇瓶颈。由于国外厂商的进入，国内个人电脑市场容量虽然增加，但是随着竞争的加剧和 PC 产业的成熟，售价逐渐降低，并且幅度很大，利润空间大幅降低。

（2）为实现国际化发展的抱负，并购成为联想国际化路径的首选。联想在 20 世纪 90 年代就有国际化品牌的发展思路，但是树立品牌、打通渠道靠一己之力很难。

（3）发展品牌、技术、营销渠道的需要。联想缺乏核心技术和自主知识产权，在全球市场上品牌认知度不高，缺乏销售渠道。而 IBM 拥有覆盖全球的强大品牌知名度、世界领先的研发能力以及庞大的分销和销售网络。

IBM 公司简介

IBM 是"国际商业机器公司"的英文简称，1911 年创立于美国，是全球的信息技术和业务解决方案公司，她曾列为美国四大工业公司之一，被称为"蓝色巨人"。该公司创立时的主要业务为商用打字机，然后转为文字处理机，最后才转到计算机和有关服务。

IBM 目前仍然保持着拥有全世界最多专利的地位。自 1993 年起，IBM 连续 17 年出现在全美专利注册排行榜的榜首位置。

---

① 邓沛然. 联想并购 IBM PC 文化整合研究 [J]. 河北师范大学学报：哲学社会科学版，2009（6）.

公司的业务可分为全球服务、硬件、软件、全球融资和企业投资及其他总共五大部分。IBM 是计算机产业长期的领导者，在大型／小型和便携机（Thinkpad）方面成就瞩目。其创立的个人计算机（PC）标准，至今仍不断被沿用和发展。另外 IBM 还在大型机、超级计算机、UNIX 操作系统和服务器方面领先业界。在软件方面也是软件界的领先者和强有力的竞争者。

但是，全球计算机需求量出现下滑，经济萧条导致各个企业开支缩减，IBM 增长率下降，面临危机。IBM 的 PC 业务拖累其整体业绩。IBM 的服务业务收入金额和占比在 1994—2004 年间呈上升趋势，软件业务占总收入的比例维持在 15% ～ 18% 之间，且利润贡献率达 33%，但 PC 业务 2001—2004 年上半年期间累计亏损 9.65 亿美元。从战略发展来看，IBM 的市场战略已经与 PC 业务之间的距离越来越远。IBM 要全力争夺的是 IT 服务以及服务器等高技术含量、高利润、高附加值的领域。

IBM 的文化

IBM 的价值观，即"沃森哲学"，具体包括三条准则：尊重个人、竭诚服务、追求优异。它指导着 IBM 公司的一切经营活动。尊重人是尊重职工和顾客的权利和尊严，并帮助他们自我尊重；信任是信任职工的自觉性和创造力；追求卓越就是尽力以最优的方式达成结果。卓越不仅指突出的工作成就，而且要最大限度地培养追求杰出工作的理想和信念，激发出为企业尽忠竭力的巨大热忱。

在将近 50 年的时间里，没有任何一位正规聘用的员工因为裁员而失去 1 小时的工作。IBM 公司和其他公司一样也曾遭受不景气的时候，但 IBM 都能很好地计划并安排所有员工不致失业。也许 IBM 成功的安排方式是再培训，而后调整新工作。IBM 公司有许多方法让员工知道，每一个人都可使公司变成不同的样子，在纽约州阿蒙克的 IBM 公司里，每间办公室、每张桌子上都没有任何头衔字样，洗手间也没有写着什么长官使用，停车场也没有为长官预留位置，没有主管专用餐厅，总而言之，那是一个非常民主的环境，每个人都同样受人尊敬。IBM 公司有晋升职位时，永远首先在自己公司员工中挑选。IBM 最有名的是"接班人计划"，公司的专业学院很早就开始发掘"明日之星"，并通过工作的轮换实现接班人计划。

IBM 要求，无论顾客有任何问题，一定在 24 小时之内解决，如果不能立即解决，也会给予一个圆满的答复，如果顾客打电话要求提供服务，公司通常都会在一个小时之内就派人前去。公司要求对任何事物都以追求最理想的观念去对待，无论是产品或服务都要永远保持完美无缺。在 IBM 公司里，每个人都不可以自满，都要力争上游。每个人都认为，任何有可能做到的事都能做得到。

并购过程

从 2003 年 12 月起，联想开始着手对该项收购进行尽职调查，聘请麦肯锡为顾问全面评估并购的可行性。2004 年春节过后，联想又聘请高盛作为财务顾问，开始了与 IBM 长达一年的艰苦谈判。

联想进入战略转型的时候，先实施了两次战术准备，即全球改换标识和加入奥运 TOP 计划，因此，此次收购 IBM 的 PC 业务是联想实施国际化的重要标志，而不是起点。

双方为本次交易能够顺利通过美国政府的审查做了充分的准备。IBM 曾邀请包括前国家安全顾问在内的政要出面游说政府部门。联想方面积极配合美国政府部门调查，并作出让步：不寻求获得 IBM 美国政府客户的名单等。审查最终于 2005 年 3 月 9 日通过。

联想与 IBM 公布了合作的消息后，双方在各方面工作都快速稳步地开展起来。2005 年 2 月 4 日，联想公布了由联想和 IBM PC 业务现任高级管理人员组成的管理团队。2 月 23 日对外宣布了联想中国 2005 财年的策略。2 月 28 日在 IBM 一年一度的合作伙伴大会上，IBM 隆重推出并介绍了联想，这是对两家公司长期战略合作伙伴关系承诺的表现。联想的产品在本次合作伙伴大会上的亮相也吸引了来自全球 IT 产品销售商的眼球，并得到高度赞赏和评价。3 月 2 日，新联想改革与转型委员会近 30 名成员在拉斯维加斯召开了为期两天的第一次会议，在了解彼此的业务、人员和文化的同时，为新公司战略和文化建设开始筹划。3 月 9 日，美国外国投资委员会（CFIUS）提前完成对联想收购 IBM PC 业务的审查，为交易的继续进行铺平了道路。

联想和 IBM 的股份分置状况如图 8-2 所示。

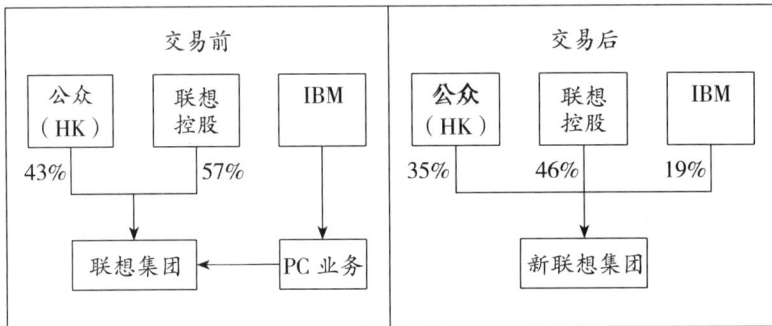

图 8-2　联想和 IBM 的股份分置状况

新公司的品牌管理为期 5 年，分成三个阶段。

2004 年 12 月—2006 年 5 月，联想在合作中只能使用 IBM 原品牌以及旗下的 Thinkpad 系列，IBM 将继续销售贴有其品牌的电脑。

2006 年 5 月—2008 年 3 月，IBM 与联想合作开发新的品牌。

2008 年 4 月—2009 年 12 月，联想的品牌 Lenovo 将成为双方合作中的主要品牌，IBM 将以标签的形式注明其在品牌中的贡献。

业务整合包括：

（1）IBM 的全球 PC 业务全部交给联想管理；

（2）IBM 向联想提供范围广泛的 3 年期过渡服务；

（3）IBM 向联想提供策略性融资和资产处置的 5 年服务；

（4）联想委托 IBM 进行 5 年期维修服务和质保服务；

（5）IBM 向联想提供 5 年期市场支持服务；

（6）联想向 IBM 出售作为内部使用的 PC，为期 5 年。

2008 年，杨元庆在并购 3 年后谈此次并购时表示，第一年，联想为保留住原 IBM PC 业务的客户与员工作出了巨大牺牲，即"不惜牺牲了以前的发展速度、效率、降低成本的速度"。第二个阶段即第二年，联想的目标是，最大力度地调整与变革，很快实施了重组与裁员，大幅缩减了成本。他认为这是真正融合的开始，围绕着组织、流程变革，联想内部的碰撞多起来。其中文化取舍的矛盾尤为突出，并延续至今。联想整合的第三个阶段则是文化融合阶段。"我们需要在跨国团队中建立更多信任，让其他文化理解这家源自中国的企业，当然，我们也会吸引本地具有国际视野、能力的人才"。

2009 年 1 月 8 日，联想正式公布了重组计划，其中包括取消亚太区的机构设置，将亚太区与大中华兼俄罗斯区合并为"亚太兼俄罗斯区"，由联想原大中华兼俄罗斯区总裁陈绍鹏担任总裁，现任亚太区总裁麦大伟离职。联想同时还宣布，2009 年第一季度将裁员 2 500 人，占公司员工总数的 11%，并对高管团队降薪 30% ~50%。2 月 5 日，联想再次宣布高层人事变动：柳传志重新出山，担任集团董事局主席；杨元庆重新担任 CEO，威廉·阿梅里奥则离职；在联想供职 3 年多的罗里·里德担任新设立的总裁兼 COO（首席运营官）一职。

各界反应

此次并购并非一帆风顺。2005 年 1 月 26 日，美国众议院军事委员会主席邓肯·亨特（Duncan Hunter）、国际关系委员会主席亨利·海德（Henry Hyde）、小企业委员会主席唐·曼祖罗（Don Manzullo）3 位大牌共和党议员对联想收购 IBM PC 交易提出质疑，要求商务部外国投资委员会审查此次交易是否存在对美国国家安全的威胁。并购也因此一度陷入夭折的处境。随后，联想与美国政府签订一系列的协议，想方设法使美国 13 个部门的条件和利益得到满足，虽对联想有所限制，但也保住了 IBM 原有的客户。戴尔的一位销售人员 Chris 为拉拢原 IBM 客户，在发给对方的电子邮件中称："要知道，联想公司是一家中国政府控制的企业，最近刚刚收购 IBM PC 业务。尽管美国政府已经批准了联想的收购，大家必须明白一点，现在客户们每买 IBM 1 美元的产品，都是直接支持和资助了中国政府。"

2006 年 3 月，联想获得向美国国务院提供 1.6 万台台式机及相关设备的订单。美国国会担心中国政府在计算机中安装监视装置，5 月 19 日，美国国务院宣布修改采购流程，宣布将采购的联想电脑只用于非保密的系统，并对所采购的电脑系统进行严格的审查。为此美国国务院又重新进行安排，把其中一些机器分配给不太敏感的项目使用。

联想公布收购 IBM 的 PC 业务之后，投资者对此次收购的反应截然不同。

2004 年 12 月 8 日上午，联想宣布以 12.5 亿美元（现金加股票）全盘收购 IBM PC 业务。美国东部时间 12 月 8 日 16：00（北京时间 12 月 9 日 5：00），IBM

（NYSE：IBM）股票在纽约证券交易所报收于 96.65 美元，较开盘价上涨 0.55 美元，涨幅为 0.57%，成交量为 5 310 700 股。

12 月 9 日，联想集团在宣布收购 IBM 全球 PC 业务后在香港联交所复牌首日交易，开盘股价上涨 6% 并一度提升至 2.875 港元之后，联想股价出现大跌，最低达到 2.475 港元，跌 7.5%。股价报收于 2.575 港元，跌 0.1 港元，跌幅 3.738%。当日成交量 1.39 亿股，成交金额 3.62 亿港元。

从收购后的股市反应情况看，市场对联想此举的前景并不乐观。新联想的主要竞争对手戴尔公司董事长迈克尔·戴尔得知联想与 IBM 的合作之后表示："在 IT 这个领域里成功的并购已经是多少年以前的事情了。"可见戴尔公司对自己应对此次并购带来的威胁充满信心。一些分析人士也指出，如果联想最终成功收购 IBM 的 PC 部门，IBM 原先的 PC 客户可能短期内不会认同联想这个品牌。美国 Bancorp Asset Management 公司的投资商简·斯诺莱克（Jane Snorek）表示："对于大多数西方公司领导人来说，他们对联想的品牌还不熟悉，这种局面将给联想在欧美市场保留 IBM 原有 PC 客户及发展新客户带来不利影响。"Enderle 集团的高管罗勃·恩德勒（Rob Enderle）则认为，联想收购 IBM 的 PC 部门后要保持 IBM 现有的零售渠道十分困难。恩德勒表示，目前索尼、惠普以及 Gateway 等公司都在为争夺零售渠道而激烈竞争，尽管这些厂商在业界早已是声名赫赫。他说："收购 IBM 的 PC 部门的确可以增强公司自身的实力，但是可以预见的是，不论哪家厂商收购成功，它都将失去 IBM PC 部门的大部分业务。要想从收购中获益，该公司需要重建零售渠道。"对于新联想来说最致命的是戴尔与惠普很有可能会利用客户对新联想未来的不确定性的担心，将 IBM 的原有客户划归到各自名下。2005 年 2 月，IBM 原来的大客户通用电气就宣布不再从 IBM 订购台式电脑，转而从戴尔公司订购。新联想刚诞生不久就遭遇了一个活生生的沉重打击。还有的人认为，IBM 和可口可乐一样，是美国最具代表性的企业，一个代表着高科技企业，一个代表着美国生活方式，都太有文化内涵了，太有精神寄托作用了，所以联想整合它的难度太大了。

联想的整合还在进行，我们期待她的成功。

讨论题：
（1）联想并购中的文化冲突有哪些？
（2）你认为联想该如何进行文化融合？
（3）请为联想设计一个文化融合的沟通计划。

第9章

有效演讲

学习目标

学习本章后，您应该可以：

- 学会准备一场演讲
- 掌握演讲准备的基本内容，并能在平时演讲中运用
- 能正确驾驭演讲的材料提炼和结构安排，提高演讲的效果
- 通过熟练运用演讲过程的心理技能，克服演讲过程的恐惧与焦虑，提高快速反应能力，优化自我形象
- 把握即兴演讲的构思技巧

引 例　　　　　**刘强东演讲：风来了　猪摔死得更快**

京东涉足电商应该算是互联网行业里面比较晚的。2004 年，中国互联网电商阵营已经很庞大，那时当当拿到 C 轮融资，卓越卖给了亚马逊，易迅、淘宝等公司都已经成立。

此前我们做了 6 年传统商业，带着对传统商业的思考进入了互联网。做了 12 年，我发现互联网并不是和传统行业无关，传统商业的价值和经济规律完全适用于互联网。

风来了，猪摔下来死得更快

这段时间中国经济有下行压力，再加上最近几年互联网很热门，大量的传统企业老板纷纷找我合作，尤其是我们投资了永辉超市之后，有一大堆的超市找我们，希望能跟京东合作，他们说一定要和互联网有关系。

我很好奇：为什么一定要和互联网有关系？有个中欧国际工商学院的校友跟我说了实话，他们感觉跟互联网接上关系，连猪都可以飞起来。

互联网领域有个很普遍的说法：风来了，猪都会飞。我认为如果你是一头猪的话，就两种选择。第一个选择你使劲吃，使劲睡，抓紧最后的日子，享享福得了。

第二条路，你就每天少吃，多走路，锻炼身体，把自己弄瘦一点儿，让养你的人晚杀你几天。你干吗非要飞起来？猪飞起来有什么结果？你是头猪，飞到天上去，是疯狂了十几秒，但摔下来死得更快。

我给大家讲一个真实的故事。去年年底有个互联网公司业务模式发生变化，以前老的业务不想做了，老板不想开除这些兄弟们，因为要赔偿一笔钱。他跟30多个兄弟们商量说："兄弟们，你们出去创业吧，我给你们投150万人民币。"这帮兄弟真就信了，拿了150万人民币去创业了。

到今年3月份见面，本来以为这些兄弟和公司没关系了，从此算是解套了，结果3月份兄弟们告诉他，已经拿到了A轮500万美金的投资，他之前投的150万占了70%的股，最近B轮融资追过来，估值2个亿美金！

原来兄弟们在手机上做了个卖二手车的APP，我问卖了几辆车，他告诉我最多只卖了两辆车，还是员工自己买的。

中国估值10亿美金企业已超50家

12年以来，我在互联网行业经历了三次谷底，最近一年正在经历第三次行业谷底。整个中国互联网拿到5 000万美金融资的几十家企业，估值超过10亿美金，到今天没有一家上市的，但在私募市场，估值过10亿美金的企业，中国已经超过50家。我认为，任何时候，行业一旦疯狂起来就会出问题。

互联网没有违背经济规律，我们看到中国互联网行业发展到今天也就不到10家企业被记住。任何一个行业只要存在3家以上的巨头，这个行业都不健康，全世界互联网都是这样，全世界互联网第一名占了80%的利润。

其他互联网企业死掉了，是什么原因？我们也琢磨了很长时间。最后结论就是任何一种商业模式都要符合传统经济规律，所以我们对互联网的看法，总结起来就是：任何一种互联网商业模式，如果不能够降低行业的交易成本，不能够提升行业交易效率的话，那么最后注定会失败的。

到今天中国所有的互联网企业，能够连续5年市值超过50亿美金的，大概只有3家。能够连续5年市值过2亿美金的，也就十来家。如果把它们视为成功者的话，今天所有活下来的互联网企业，都给行业带来了成本的下降和效率的提升。电商就是能带来便利，这种便利的背后是交易成本的下降，是消费者对此付出更少的时间。

中高端消费者90%都在京东购物

那么有人问，京东的价值是什么？中高端消费者90%都在京东购物，家里吃喝拉撒所有东西都在京东买，这就是我们客户的习惯。京东的价值是品质保证，京东送货快，价格便宜，这都是大家从消费者层面看到的。

我们做过6年传统行业，所以我们做电商跟纯电商企业的思路是不一样的，此前当当、阿里都在做纯互联网模式，所谓轻资产模式，大家都说这种模式最聪明。而京东是重资产的模式，我们有超过166个库房，全国2 043个区县，连三沙都有京东自营的品牌，有将近10万员工。

京东为什么这么做？这背后真正的商业价值，不仅是考虑用户体验，我们也看到了一个机会，中国社会化物流成本奇高无比。2014年，国家公布的社会化物流成本占GDP总值的17.8%。

什么意思？整个中国制造业的利润都没有 17.8%，而我们整个社会化物流成本达 17.8%，这个数字欧盟是 7% 到 8%，日本是 5% 到 6%，我们高出了 10%。

为什么？因为中国的商品搬动次数太多。2007 年设计京东商业模式的时候，我们发现了这里有个巨大的机会，去中关村电脑城买电脑，当中要搬运五次。例如，联想不零售，它会找神州数码，神州数码不接触终端用户不零售，会找代理商代理，代理商不零售，会找柜台零售。

电脑从联想工厂搬出来之后，先搬到神州数码的库房里面，从神州数码的库房再搬到北京市代理商的库房里，再从北京代理商的库房里搬到经销商库房里，从经销商库房又分到每个柜台的库房里，最后再卖给消费者。大家记住，商品的每次搬运都是需要成本的，都是有损耗的。

京东商城设计商业模式的时候，决定自建物流，坚持走自营为主的商业模式。过去整个中国商品的平均搬运次数是 5～7 次，我们要减少一半以上的搬运次数，所以我们设计全国物流体系的时候口号就是"减少物品的搬运次数"，这就是京东物流的愿景。

京东商城的模式是降低成本，提升交易效率

京东商城的绝大部分电子产品跟厂商直接合作，如从联想的工厂大门生产出来，第二天就进了京东在全国的七大库房，所以大家在京东商城买电脑到货速度很快。

我们希望减少物品的搬运次数，目前京东内部在设计新的模式，我们的终极目标是只搬运两次。当工厂还没有生产出来产品的时候，我们就把客户找到了，产品出工厂大门之后，不再经过京东的库房，只经过京东物流直接送到消费者家里，连库房都不用去了。

所以京东商城的商业模式能不能成功要看我们能不能继续降低成本，提升交易效率。

……

这就是我的思路，围绕京东集团做的所有的事情，包括我们过去 12 年做的所有事情，我们都会问这几个问题：我们做这件事情，有没有利用互联网工具？有没有利用互联网属？能不能使行业的交易成本下降？能不能带来整个行业的交易效率的提升？

能，我们就做。不能，不管有多赚钱，我们都不做。

资料来源　常迅雷．京东创始人刘强东：风来了 猪摔死得更快［EB/OL］．［2016-11-25］．http://www.qianzhan.com/people/detail/269/150923-f03dd85c_2.html.

这是刘强东 2015 年在公司内部的一次演讲，清楚陈述了公司的发展思路，使听众理解公司的发展战略和核心竞争力。

9.1 演讲概述

在人类文明史上，作为一种社会实践活动，演讲可谓源远流长。早在殷商时代就有了盘庚迁都的著名演讲；而在古希腊，演讲的风气更盛，演讲被誉为"艺术之女王"。在现代社会，演讲成了一种普遍的口语交际形式，在交际及促进个人事业成功等方面创造着奇迹。实践表明，进行演讲训练可以锻炼演讲者在大庭广众下讲话的胆量，提高有声语言的张力，把握表达技巧，增强口头表达能力及思维能力。

9.1.1 演讲的含义

演讲者、听众、现实背景构成演讲的三个前提条件，既强调有声语言又强调体态语言，是演讲区别于其他口语表达形式的关键，劝说鼓动听众是演讲的主要目的（在古希腊，演讲曾被称作诱动术）。鉴于此，我们可以将演讲的定义表述为：演讲者在特定的现实背景下，运用有声语言和体态语言的表达手段，对听众发表意见、抒发情感，以达到感召听众的目的的一种带有艺术性、技巧性的社会实践活动。

9.1.2 演讲的方式

在正式场合发表演讲，演讲方式的选择非常重要。演讲者要根据不同的场所、听众、性质、目的，选择不同的演讲方式。常用的演讲方式主要有：

1. 读稿式演讲

读稿式演讲就是演讲者根据已经写就的演讲稿向听众宣读。这种方式适应于政策性强、法定性强或内容重要、场合严肃的演讲。其优点是，从观点到细节在演讲稿中都做了预先的设置，演讲时很少会出现临时搜索词汇、组织措辞和说漏嘴的情况；在限定时间的演讲中，这种方式也能通过预先设定演讲稿长度的方法使自己在规定的时间里讲完预定的内容。而其缺点也是十分明显的。演讲者一味读稿，缺乏与听众的交流；听众有可能对演讲失去兴趣，场面会冷淡枯燥；演讲中偶尔出现小小失误，听众就会怀疑演讲稿是否由别人代写，甚至对演讲者的能力产生怀疑。

2. 背稿式演讲

背稿式演讲就是演讲者记忆预先写就的演讲稿，在正式演讲时依靠背诵演讲稿进行演讲。这种方式适合准备时间比较长、演讲稿比较短，又追求现场效果的演讲。如果是一个演讲稿多次使用，这种方式对演讲者更为有利。应聘时的自我介绍、新工作岗位的就职演说均可以采用这种方式。除了具有读稿式演讲所具有的优点外，由于它解放了演讲者的双手，故可以以手势语言增强演讲效果。其缺点是：由于听起来像是背书，听众可能不太乐于接受；演讲者要记忆演讲稿的全部内容，思想压力较大；在演讲过程中一旦遗忘某一措辞，就有可能因惊慌失措而影响演讲效果。

小案例 9-1　　　　　　　　　　竞聘校科研室主任的演讲

各位领导、各位同志：

　　大家好！

　　参加竞聘之前，我一直在想：我应不应该参加这次竞聘？思索再三，我想，我愿意把这次竞聘当成争取多尽一份责任的机遇，更愿意把这个竞聘过程当作我向各位老师学习，接受各位评判的一个难得的机会。因此，我是鼓着十二分的勇气，来参加竞聘的。（开宗明义，点明竞聘的目的，而且谦虚得体）

　　我知道，要成为一名合格的科研室领导不容易，要成为转型期的科研室干部更不容易。我之所以鼓起勇气参加科研室主任的竞聘，首先缘于我对教育科研事业的热爱和执着。我相信，一个人，只要他执着地爱自己的事业，他就一定能把他的事业做好。当然，也如各位所知，我也有过一些科研管理工作经历，积累了一些工作经验。有人说，经历是一笔财富，而我更愿意把自己的经历当作一种资源，一种在我今后的工作中可以利用、可以共享、可以整合的资源。当然，我更清楚，成绩也好，经验也罢，它只能说明过去，并不能证明未来。（对优势与成绩的阐述，简单而又不乏说服力，给听众留下不炫耀、不浮夸的好印象）

　　假如我能竞聘成功，我将努力扮演好以下几种角色：

　　一是以身作则，当好科研兴校的"领头雁"……

　　二是立足本职，当好领导决策的"参谋者"……

　　三是脚踏实地，当好教师科研的"服务员"……

　　四是与时俱进，当好学校科研的"管理员"……

　　五是甘为人梯，当好青年教师的"辅导员"……

　　（对今后工作角色的总结体现出务实的态度和求实的精神，颇具感染力和说服力）

　　说到这里，我想起了阿基米德的一句名言："给我一个支点，我可以撬起整个地球。"但在这里，我不敢高喊这类豪言壮语，我只想表达一个愿望，那就是：给我一个舞台，我会为学校的发展尽一份责任。（结尾处充满激情和号召力，为竞聘演讲画上了一个圆满的句号）

　　资料来源　吴言明. 竞聘校科研室主任的演讲［J］. 演讲与口才，2004（12）.

3. 提纲式演讲

　　不使用演讲稿演讲，而是将要演讲的主要内容和结构安排列出提纲，演讲者根据提纲进行演讲。为了避免读稿式演讲和背稿式演讲的弊端，演讲者可以将原来的演讲稿精简为提纲，然后按照提纲进行演讲；演讲者临时决定或被安排做演讲，在允许的时间内来不及写出讲稿时，也可以采用这种方式。这种方式的最大优点是它的机动性。如果发现听众对某一内容不是很理解，演讲者可以作出解释；如果发现听众对某一内容表现出厌烦情绪，演讲者则可以对演讲内容或结构进行调整。它还能减轻演讲者记忆演讲稿的负担，容易形成自然的、自发的演讲风格。其缺点则是演讲者可能会磕磕绊绊地寻找合适的词汇，影响演讲的连贯性。不过，这一缺点是可以通过预先的排练来克服的。

4. 即兴演讲

即兴演讲一般是指在特定的背景和未做充分准备的情况下为实现自己的表达意愿或现场需要而临时组织语言的演讲。这种方式又有两种情形：一种是没有外力邀请或督促的主动演讲；另一种是在外力的邀请或督促下的被动演讲。酒会、讨论、自由发言、评论时经常要即兴演讲。由于它具有现场性、即兴性、灵活性的特点，因此被认为是口语表达的最高形式。迅速选择话题，确立观点，组织思路，言简意赅是一次成功的即兴演讲的前提。

即兴演讲包括传递信息的发言、引荐发言、颁奖词、欢迎词、祝酒词和口头报告等。

（1）传递信息的发言。有许多场合需要发言者向听众传递信息，如向顾客介绍企业的新产品、向员工介绍一项新规定等。这种短时间讲演的目的是要向听众提供他们原本不知或知之甚少的信息，因此演讲者必须清楚听众对信息的了解程度，这样才不至于说得太多或太少。为了更清楚与直观地说明问题，一张示意图将会给演讲者极大的帮助。

（2）引荐发言。引荐发言就是引导激发听众去听发言人的讲话。引荐发言的目的是让听众去听发言人的演讲而不是听引荐人的讲话，因此引荐发言一定要短小。如果将引荐发言做得过于盛大或太长就会使演讲者感到尴尬。引荐发言一定要引起听众听演讲者讲话的兴趣，可以谈演讲者的成就，也可以谈话题与听众的关系。如果引荐发言者能够了解演讲者与听众的兴趣并设法找到听众的兴奋点，或将双方背景中令人感兴趣的问题提取出来，效果将会更好。需要注意的是，引荐发言一定要具体而有针对性，避免琐碎而无效的信息。

（3）颁奖词。有时单位的管理者要向某个人或团队颁发奖品，这时管理者要对受奖者的成就、荣誉以及颁奖的意义作出评价，这就是颁奖词。致颁奖词要注意以下三个方面的问题：一是要言简意赅，向受奖者表示诚挚的认可但不必溢美和冗长；二是一定要明确该项奖励或奖品；三是要恰当收尾，做好总结。

（4）欢迎词。当人们参观企业时，东道主就要发表欢迎词。在欢迎词中要认可参观者的成就或职务，表达出东道主的友善和愿意提供必要帮助，还要列出参观者应当遵守的规则。但表述这种规则时一定要以礼貌的方式进行，要让参观者感觉到你的建议是为了维护他的利益和安全。

（5）祝酒词。参加宴会的人员构成比较复杂，因此很难给出一个统一的模式来指导人们去如何做好这类发言。有些人喜欢简洁而幽默的发言，而另有一些人则准备提一些敏感的问题。赴宴者的目的可能大不相同，所以对发言者来说，事先弄清来客的期待是非常重要的。在祝酒词中，开场白应该轻松，话题的引出要自然，接下来的讲话不仅要体现敬重和感谢之情，还要简要地强调关键思想。

（6）口头报告。口头报告是就一个论题向听众简要介绍一个计划好的或正在进行的项目或活动。它又可以分为指示型口头报告、信息型口头报告和总结型口头报告三种类型。指示型口头报告主要是对这项计划或安排的执行情况作出总结，向有关方面汇报，其内容一般包括执行过程、取得的成绩、存在的问题及解决方案、以后的设想等方面。

小案例9-2   马云演讲：2016 年我们坚持再活过去！

大家下午好！坐在那儿本来我不想发言，广昌说你来了，一定得跟大家分享、交流一下。我坐在下面，应该讲受益匪浅，听了经济学家的讲座，听了各位的交流。因为这是从经济学家开始的，我还得说几句经济学家的问题。

其实这一年大家活得都不容易。但不管怎么说，我们都活下来了，年底这么忙，大家可以在这儿花一个下午的时间，说明我们都过来了。商场如战场，在战场上活着的人，是成功的，企业也一样。在商场上年底还能站在那儿听讲座，还能交流，还能发奖金、工资，那就是不错。做企业的第一要素，就是不死，跟战士一样，上战场的第一要素，有时候不是为了赢，而是活着。

2015 年最后一天，我们都没倒下，这是非常值得庆贺的！

我们每年都把未来的一年想得非常艰难。尽管我知道，第二年肯定有很多人做得比我们好，我们公司未必能做得更好，我们公司可能会有很多不可预期的困难出现，看清楚未来的灾难，仍旧为之，这才是真正的乐观。所以我觉得我们做企业要脚踏实地，其实未来的 3 到 5 年经济情况并不容乐观，但是未来 5 到 15 年，中国的经济还是很有机会的。

在经济好的时候赚钱的企业家，不能称为真正的企业家。股市是牛市的时候，街上买菜的老太太都能赚钱，你不能把自己称为投资者，只能称为炒股者。经济不好的时候，你才能成为优秀的企业家。好企业，基本上都经历过几段悲惨的经历，或者是自己的原因造成的，或者是经济的原因造成的，所以我觉得，在危急关头，能熬过去的企业才有"抗体"。

最近有很多经济学家讲，在短期以内中国经济有下滑压力。我个人认为，中国经济的下滑压力是长期的，是持久的，是永久性的。我们不可能回到 9%、12% 的水平了。我们要学习适应 5% ~6% 的增长水平，甚至在未来 20 年，我们能保持 2% ~4% 的增长就已经很了不起了。因为我们已经是世界上第二大经济体。你继续保持 15% 的增长，这是要出问题的。所以不是短期有压力，而是长期我们要学会适应 2% ~4%，其实 2%、4%，已经非常了不起了。即使是 2%、4%，有的企业依旧能达到 200%、300% 的成长，而有的企业即使面对再好的经济形势，也做不好。其实经济形势好坏，与你自己做得好坏没有多大关系。所以，不要因为说你的企业做得不好，你就"归功于"经济不好，经济不好也有好企业，经济好的时候，不好的企业有的是。

　　总体来讲，过去的一年中国还是有很多有意思的事情：二胎开放了，人民币进了篮子。2015 年其实很不简单，很多事情我原本以为这辈子可能看不见的，都发生了。但是我们企业家就是要把握那些可能超越我们期望和预判的东西，我自己有时候想，人家现在把阿里巴巴看得挺神，其实阿里巴巴就是一个很普通的公司。16 年以前，我们说出要成为世界十大网站之一，那个时候我们公司排名可能在 200 万名以外，说这句话很狂妄，但是稀里糊涂地居然做到了这个目标。这不是因为我们多厉害，而是我们处在一个很有意思的独特的时代。这不是虚话，我们确实感谢这个国家，感谢整个改革开放，我们确实感谢互联网，感谢所有年轻人。没有这些，阿里巴巴所有的梦想真是一个空想。

　　今天全世界变化最大的国家，可能就是中国。中国正经历着巨大的变革，转型也好，升级也好，创新也好，各种各样的变革，都非常之大。特别是作为第二大经济体，中国包括现在在座的所有的企业家拥有的机会，可能是人类社会在一个时代极其罕见的。我们是第二大经济体，但是企业的质量、数量、规模、品质，跟第一大经济体美国比，跟欧盟比，跟欧洲比，跟日本比，还有非常大的差距。今天，我们能够参加"世界杯足球赛"的中国国家企业队，其实就像中国足球队一样，我们能进去也是捡漏进去的，我们实力远远不足。但是作为第二大经济体，中国未来一定会诞生很多世界级的企业。

　　中国改革开放 30 多年了，请问中国有多少企业活过了 30 年？要想成为一个持久的经济体，大概需要 50 年，很多企业只有跨过 50 年的历程，才能称为一个坚强的企业。这 50 年历程内至少有 5 到 10 次灾难，要经历国家、国际形势和企业内部的灾难。任何一次打击，对我们来讲都是一次机遇。

　　大家今天讲得最多的就是创新，中国的这个时代也是千年不遇的。几千年来有哪个国家、哪个时代真正消灭贫困？但是我们这代人正在努力实现。互联网是一场前所未有的技术革命，我们是否能把握、掌握？

　　作为一个优秀的企业家，我们要理解这个时代，要读懂这个国家，我们企业家只有真正了解自己有什么、要什么、放弃什么，企业才会走得久。刚才周会长的一番话，让我觉得周会长是在反思自己有什么、要什么以及学会放弃什么。我们的知识越多，越知道自己要什么，但是缺乏智慧，因为智慧告诉你什么是你不要的。

　　这也是一个真正的商业变革的时代。每个人对机会的判断是不一样的，有的人把机会看作灾难，有的人把灾难看成机会，有人把好好的机会做成了灾难，而很多人又把灾难做成了机会。其实机会在没有形成机会的时候，才是真正的机会，形成机会以后，往往是灾难的开始。所以今天的雾霾，已经形成了雾霾，抱怨有什么用呢？这时候是我们做企业的巨大机会，如果你改变了这个雾霾的现状，改变了中国的环境，你有可能是未来 30 年最了不起的企业。创新，企业家的职责是创新，创新的主角是企业家，企业家是社会发展过程中的科学家，企业家是稀缺资源，我们可以培养职业经理人，但是不可能培养企业家。所以这一点希望大家记住，我们企业家就是野生动物，我们就是原生态。我们对很多问题的反思和思考，是跟别人不一样的，所以我们对创新的理解也是不一样的，创新不是讲故事。如果你觉得靠概念可以成功，那么你最后得到的还是一个概念；如果你觉得讲故事能成功，最后你剩下的只是一个故事而已。

大家要记住，创新是逼出来的，没有人可以在顺利的情况下做好创新。创新是要付出巨大代价的，刚才王新奎教授讲的我非常同意，企业家是个状态，创新是有时间的。马云的创新，可能就三年五年，但是为了创新付出的巨大代价、压力是超过想象的。创新的时间有限，如果你在乎许多外界的东西，就会失去人生中最宝贵的那一刻。65岁，你只能在自己家里做一些儿孙满堂的创新了。

创新也是有巨大风险的。传统银行机构在风险处理上比我们互联网创新要做得好。其实我们看问题的角度不一样，传统金融的创新可能是把防弹衣做得越来越厚，越来越好，而我们的创新是让杀手根本不可能靠拢你。我们想的是完全不同的风格，你是把防弹衣做得更强还是让杀手没有可能出现在这个场地上？思考的深度广度，都是我们值得创新、反思的地方。

我们企业家一定要想明白另外一个问题，就是：到底什么是成功？我个人也讲点哲学，我们有时候讲，成在自己，功在后代。如果没有把功传给别人、社会，没有传承下去，让你的员工、客户、家人、所有认识的年轻人能得到那个功，你并不是很成功。

中国最怕的就是"首FU"。有好几种"FU"：一种是富有的富，在中国当首富是个灾难；也应该是负责任的"负"；还有就是负债最多的"负"。但是我希望"首FU"是"首福"，福气最好的人，有安稳的结局。千百年来做企业做得大的多少人有好的结局？我们不能决定我们出生在哪里，但是可以决定我们怎么死，企业更是如此。我们要为自己的企业、自己的员工、自己的后代找到一个很安稳的、平稳的福气，你的家人、企业、员工、客户都得到好的、圆满的结局，才是我们要的首福。福气的"福"，可能来得更好。

我们现在不知道从什么时候开始，中国的企业学会了埋怨。其实真正的企业家，是不埋怨的，成功的人，永远在检查自己的问题。台上的嘉宾都是在讲，自己如何反思过去的一年，但是不成功的人总是在怪别人，实体怪虚拟，都是别人没有做好，事实上是不是这样？其实实体经济也好，虚拟经济也好，今天都是个婴幼儿，两个孩子打架，都说对方不好。其实任何一个企业，永远面临着未来的挑战，永远面临着被别人淘汰，或者被自己淘汰。刚才讲过剩产业，中国有过剩能力吗？没有，是落后经济的能力过剩。中国制造业下滑了吗？制造业从来没有下滑，世界上有苹果、特斯拉，那些创新的就没有下滑。中国零售行业做得不好吗？零售行业做得很好，是你的零售行业做得不好。20年以前，你是怎么把那些小商小贩，国有体制的落后的、不能引领和把握未来消费需求的商场给灭掉的？你活了20年，这20年，你专注在房地产上，没有专注在客户体验上，今天互联网把你给淘汰了，也是天经地义的，因为互联网企业也一样，没有几家企业真正能活好三到五年。如果真正看一下，互联网企业的死亡率比传统企业好不到哪去，甚至更为残酷。

我们今天看到的这些问题，也是我们的机会。中国经济不管怎么调整，不管浙商企业会面临多大的挑战，有一点是肯定的：如果我们浙商群体过不去，中国没有一个商都过得了，如果我们跨不过，谁能跨得过？中国有几个商都每年会找一天聚在一起学习讨论半天时间？有多少商会能这么组织起来，这么研究和学习，反思自己、学习别人？我们做不好，谁能做得好？所以我们对自己还是要有信心。

都说我们浙商的鼻子很灵，哪儿有商机，哪儿就有浙商。世界上任何一个角落，有可口可乐的地方，就一定有浙商，没有浙商的地方，好像没有可口可乐。所以，浙商今后不仅要擅长发现需求，还要创造需求，不仅要善于追赶需求，还要引领需求；我们不仅要找到外在的需求，更要发掘内在的需求。所以，我觉得我们浙商未来最大的机会，在于整个国家需求品质的提升，消费品质的提升。我认为马云很难复制，因为我自己也复制不了，也不知道怎么走到今天了，没想过，从没想过自己会做企业，走到今天，是纯粹的巧合、偶然。但是很多人以为自己能复制，那麻烦就大了。你只能超越，不能复制。而且规模、速度并不决定你有多成功，决定你成功的，不是你多大多快，而是你多好、多有舒适感。中国经济一样，7%、9%，不重要，中国经济什么样的比例最舒适，这是最重要的。只有舒适度，才是最好的。有舒适度，你不会有这种压力，会调整自己。企业也一样，不要光看到别人有30%的增长的一天，别人也有负30%增长的一天，只有把自己做好最重要。

经济速度放缓，有什么不好？其实水平好坏，在于慢速度，而不在于快速度。在快的过程中，一定会出错。如果你想快，就会慢，因为我们这个年龄的人要懂得放慢脚步，要懂得建立机制，要懂得用最好的人、最好的管理方式、最好的技术来提升、创造最好的产品，而让年轻人去提升速度，不要跟年轻人比速度，也不要跟年轻人比技术和产品的创新。

最后，我也想提醒大家，2016年并不好过。过好了，你就当马云说错了，过得不好，你要相信，其实大家过得都不好，挑战只会越来越大。互联网对大家的冲击，是远远超过你们在座各位所想象的。组织的变革、人才的变革、文化的变革、技术的变革，刚刚开始。

所以预祝大家2016年不是活得好，而是2016年我们坚持再活过去！因为阳光总是在那儿，希望能够照到我们身上。

谢谢大家！

资料来源　马云.2016年我们坚持再活过去！　［EB/OL］.［2016-11-25］.http：//edu. sina. com. cn/bschool/2016-02-11/doc-ifxnzanh0657549. shtml.

9.2　演讲的准备与构思

演讲或传达信息，或鼓舞听众，或沟通思想。经理人的演讲目的性强，需要精心准备，以实现既定目标。

9.2.1　演讲的特点

学习与准备演讲的前提是了解演讲的特点。作为一种特殊的口语表达艺术，演讲具有以下四个显著特点：

（1）鲜明的目的性。

（2）动人的说服力。演讲的另一个特点是以理服人、以情感人，具有极强的说服力。一方面，演讲者面对听众发表意见，或对事件作出评价，或对现象展开剖析，或指出问题引人深思，或描述理想催人奋进，都着眼于说理，讲究以理服人。离开了说理，即使故事再生动、辞藻再华丽，演讲也不能深入人心；另一方面，演讲也不是一般的说话，不是简单的表态，它不仅要以理服人，还要以情感人。

（3）吸引人的艺术性。演讲要有内容，有文采，有抑扬顿挫的语言艺术，有体语、服饰等表演色彩。

（4）高度的综合性。演讲的内容无所不包，演讲的听众各色各样，演讲的目的各个不同，为了达到预期的效果，演讲者需要使用多种表述技巧。演讲内容、演讲听众、演讲目的、演讲手段的多样性，决定了演讲的综合性。

例如，在一篇关于矿工的演讲中是这样表述的："在徐州的百里煤田，有大量的薄煤层，许多矿工在不足 0.8 米的薄煤层摸爬滚打！""0.8 米，大家可以想象到这个实在称不起'高度'的高度，它还不及这话筒架高度的 1/2，上是岩石，下是岩石，就在这岩石的夹缝中我们的矿工在那里采着煤炭。""一镐一镐地开采着煤炭。那里没有鸟语花香，更难享受阳光普照，大自然甚至剥夺了他们坐直歇息一下的权利，他们的膝盖上、胳膊肘上都磨出厚厚的老茧！"演讲者对矿工的感情流露自然会感染每一位听众，增加演讲的效果。

9.2.2　演讲的准备

"只要按照正确的方法，做周密的准备，任何人都能成为演说家。反之，不论年龄多大或者经验多么丰富，如果没有适当的准备，都有可能在演讲中露出窘态。"

——戴尔·卡耐基

1. 演讲准备步骤

（1）了解听众。演讲不同于交谈。交谈是双向交流，而演讲是以演讲者为中心，偏重于话语的交流，听众很少能说话。所以演讲者必须事先调查研究听众，了解听众的心理特征、意愿要求和成分构成，不然演讲是难以获得听众的认可的。

①了解听众的心理特点。听众心理主要有以下四个特点：一是对信息具有选择性。听众只对与自己利益相关和兴趣爱好一致的信息感兴趣，只接受那些与自己意见一致或自己认同的观点。二是听众心理是独立意识与从众心理的矛盾统一。一方面，听众是一个头脑冷静、比较理智的人，对演讲者的观点有自己的看

法；另一方面，听众在听演讲时，有与其他听众相互刺激并相互强化情绪和行为的反应。演讲中经常出现的数人鼓掌而皆鼓掌、数人笑而皆笑的现象就是从众心理的结果。三是"名片"效应与"自己人"效应。"名片"效应与"自己人"效应就是由于交流双方存在相似性和共同点，因此使各自的信息容易被对方接受，交流双方容易彼此沟通。"名片"效应主要指双方观点一致；"自己人"效应不仅是观点一致，而且增强了亲密感，信息传播者对接收者的影响更大。四是首因效应与近因效应。首因效应是指第一印象在人际知觉中所具有的主导性质。因为在人的潜意识中，总认为第一印象是正确的。近因效应是指新形成的印象对人际知觉所具有的重要意义。

②了解听众的意愿要求。演讲者还必须事先了解听众的意愿要求以便有针对性地做好确定主题、选择材料等准备工作，只有这样才能有成功的演讲。听众参加演讲的意愿要求一般有五种：慕名而来、求知而来、存疑而来、欣赏而来和不得不来。慕名而来者一般抱有潜在的崇拜心理，不太注意演讲者水平的高低；求知而来者为获取知识与能力而来，如果演讲的内容充实、条理清楚，这类听众一般不会过分挑剔演讲者的演讲技巧；存疑而来者对自己想了解的演讲话题非常感兴趣，他们只要求你把演讲内容交代清楚，并不在乎演讲者的身份、地位；欣赏而来者在潜意识中隐藏着对高水平演讲者的崇拜和学习演讲的欲望，他们不在乎演讲的内容而在于学习、欣赏演讲技巧；不得不来者往往是由于纪律约束或出于礼貌而来，他们对演讲内容并不关心，反应冷漠。

③分析听众的构成。演讲者一般要从以下几个方面分析听众的构成：第一，听众的人数。听众人数越多，越容易接受"群体影响"的支配。第二，听众的性别。男性多还是女性多？男女比例的变化，一般决定演讲用语和声调的变化。第三，听众的年龄。年龄不同，价值观念和思维方式都有很大的不同。第四，听众的教育程度。演讲者的语言和词汇应该适应听众的教育水平和以前所受的学校教育。第五，听众的职业。了解大多数听众的职业常常可以预测他们关心的主题，对演讲者同样是有益的。

（2）确定目的与主题。作为一种沟通方式，演讲的目的归纳为以下五类：教育、鼓励、说服、报告情况和娱乐。教育性演说的重点在于传授特定的技巧或知识，对他人进行技能培训和开发；报告性演讲的重点在于向对方提供资料（如产品、服务、制度等），并说明情况；鼓励性演说的目的在于唤起听众起来行动的自然欲望和热忱，如为了提高员工的士气，或提高组织的凝聚力，通过鼓励性演说激发员工的工作积极性；说服性演说的重点在于说服听众接受你的观点或建议，从而采取相应的行动，如说服顾客产生购买行为；娱乐性演说通常在宴会之后，主要运用幽默和轻松活泼的语言来影响听众的态度和行为，气氛通常轻松愉快。

（3）处理材料。能够证明观点、表达主题的事实或理论叫作材料。材料有两种：一种是事实材料，包括具体事实、概括事实、现实事实、历史事实及统计数据

等；另一种是理论材料，包括公理、定理、名人名言、格言警句及各种学科的理论
成果。如果说主题是演讲的灵魂，那么，材料就是演讲的血肉。材料形成主题，证
明或揭示主题，只有占有充分的材料在演讲过程中才能游刃有余、左右逢源；否则
就会捉襟见肘、穷于应付。处理材料的过程包括三个方面：收集素材、筛选素材、
使用材料。

2. 不同类型演讲的准备

根据不同的目的，演讲者应组织相应的演讲内容和信息组合方式。

（1）报告式。如果你的演讲目的是报告或描述，你应该了解听众目前的知识
水平和认识水平。具体应考虑以下几个问题：

①使用适当的语言，并考虑是否使用术语，如果受众对术语不了解，则要对这
些术语的含义给出解释。

②使用轶事、实例和生动的说明。

③运用演绎和归纳的逻辑方式，安排时间和空间顺序，仔细推敲用词以准确形
容事物。

（2）解释式。如果你演讲的目的是教育性或解释性的，则应当集中精力于知
识面的宽度和广度，以及解释的逻辑性，并借助于图表或演示。具体要考虑以下
问题：

①演讲内容的思维逻辑，要由浅入深，层层递进。

②要解释事物是如何发展的，如何执行其程序和进度，要解释事物的原因和方
式，以及一个过程中如何采取相应的步骤。

③选择自己的文字制成清晰的文字图片或视图，以使听众能够领会。

④要充分利用演绎、归纳等逻辑推理方式，强化演讲的条理性。

⑤要侧重于准备最新的理论、思想和方法，给听众以最新知识的熏陶。

（3）激励式。如果你演讲的目的是激励或说服，则应集中于思考如何改变听
众的信念、态度和行为。为此，你的目标在于解决好四个关键问题：一是如何吸引
听众的注意力；二是了解听众的需要和兴趣；三是如何能够满足听众的需要；四是
如何激发听众给予适当的反应和赞同。具体从四个方面入手：

①深刻地感染听众，通过引证听众的利益和事实支持你的观点，如统计资料、
可靠的观点、别人的经历，但这些依据必须是准确的、有关联的。

②避免泛论和夸张及带有感情色彩的语言。如果你的观点是基于假设的，就应
该解释这些假设。

③通过演示案例来赞同或反对一个结论。这些案例可以是正面支持，也可以是
反面佐证，如通过案例来反映某种观点的缺陷。

④结构必须有严密的逻辑性，以归纳的方式增强你的说服力。

（4）娱乐式。如果你演讲的目的是娱乐性的，这种演讲最有艺术性。这种演
讲的一般准则是：

①具有感召力和鼓动性，能调动活跃的气氛。

②要简短，运用适当的幽默，比如引用别人的幽默故事。

③讲话时要适应听众的口味和场景，别具一格。

9.2.3　演讲的构思

完成对材料的处理之后，就要考虑如何布局谋篇，合理构思演讲稿的结构。构思的内容包括如何开头、如何结尾、如何进行层次安排、段落之间如何衔接与过渡、何处详写何处略写以及大纲的拟定等内容。

1. 开头

在演讲中，开头又被称为导语。一个优秀的开头对演讲的作用是极大的。它为演讲确定了基调，不但能够吸引听众的注意力，还能揭示主题或主要内容，引导理解路径。在演讲稿中，常用的开头方法有以下几种：①利用举例；②展示题目的重要性；③概述主要内容；④提出问题；⑤使用引用语；⑥发布惊人信息。文无定法，开头的方法也不止这几种，但无论采用哪种形式，都要注意开头要力求简洁，一定不要太长。另外，还要周密计划，不要将所有的内容都在开头中讲出来，使演讲失去了解释悬念的过程，使听众失去继续听讲的兴趣。

以下列举一些开头实例：

例1：提问

"我想问一下在座的诸位：哪位知道过去24小时里在中国有多少孩子出生？"

"我想知道：如果我现在告诉您，您的计算机在购买时就已经过时了，您有何感想？"

例2：事实陈述

"今天我市又有30个孩子的父亲因公殉职——这类死亡本可以得到预防！"

例3：提及

"今天，这里的每一位或许都不会忘记，我们得知唐山大地震时的那种震惊和悲痛的心情。"

例4：主题

"我今晚要给您讲述令人激动的XR5多种程序，然后告诉您这种电脑将会如何改变您的经商模式。"

例5：引用

"一位伟人说：'每个人的经历远远超过他的想象范围。'不过正是经验而不是想象，才影响人的行为。"

例6：感染情绪

"好心的人们，您只要掏五角钱，就可以使这个孩子活下去，直到下年的收获季节，那时他就可以养活自己。"①

西方人的演讲喜欢用幽默开头。例如：

---

① 申明，郭小龙. 管理沟通［M］. 北京：企业管理出版社，2002：285.

2008 年 4 月澳大利亚总理陆克文访问中国时，在问候"女士们、先生们"之后，又加了个"学生们"，然后"无厘头"地问："你们为什么不去上课?"场下学生笑倒一片。他接着说："校长说我说普通话很流利，客气了，我的汉语是越来越差。中国有句话叫天不怕，地不怕，就怕老外说中国话。"陆克文的一句调侃，让本来活跃的气氛更是轻松，同学们又一次对他报以热烈的掌声。说到北大历史，他说，"贵校的历史比澳大利亚联邦的历史还要长 3 年"，"北京大学是中国最有名的大学，别告诉清华大学"。陆克文再次赢得同学们的掌声。

2. 层次的安排

层次就是一个意义单元，也可以理解为一个段落。层次安排就是决定哪部分内容先说哪部分内容后说，它表示的是演讲者思路展开的先后顺序。如果是事迹性演讲，其层次安排一定要符合事件发展的基本规律，即按照发生、发展、高潮、结局的顺序安排结构；如果是说理性演讲或说明性演讲，其层次安排一定要符合人类认识事物的基本过程，即按照提出问题、分析问题、解决问题的顺序安排结构。安排层次的具体顺序有：(1) 时间顺序法；(2) 空间顺序法；(3) 原因—结果顺序法；(4) 问题—解决方法顺序法；(5) 逻辑顺序法等。结构层次的表现形式则主要有总分总式、并列式、递进式和正反对比式四种。层次安排的目的是使演讲条理清晰，便于理解、记忆。

3. 过渡与衔接

段落与段落之间要有自然的连接。当段落与段落之间意义变化较大时，由总说到分说或由分说到总说时，表达方式发生变化（如由叙述到议论或由议论到叙述）时，都应该注意使用过渡。过渡的方法有单独设立过渡层、关联词过渡、序数词过渡、过渡句过渡、自然过渡等，只有恰当地使用过渡，才能使段与段之间衔接自然，整个演讲才能水乳交融、浑然一体。

4. 主次与详略

演讲者还要注意在演讲中何处详说，何处略说。演讲的目的、时间长度能够决定详略，演讲的听众状况也能够决定详略。不同的演讲文体，也要有不同的详略安排，事迹演讲中的事实就要详说，但如果在论述性演讲或说明性演讲中用事实作为论据，这一事实就不必详细叙述，只要表述梗概就行。合理的主次详略能够使演讲主题鲜明而不至于旁生枝蔓。

5. 结尾

写文章讲究凤头、猪肚、豹尾，演讲也是如此。如果说一个精彩的开头能够引起听众的注意力的话，那么，一个成功的结尾则能够起到言已尽而意无穷的感觉，给听众留下深刻的印象，或提出问题令人深思，或深化主题加深认识，或总结观点揭示主题，或激励士气促使行动，或抒发感情感染情绪，或运用幽默在听众的笑声中说再见。结尾的方法同开头一样，并没有固定的模式，但成功的结尾必须达到使听众把握演讲的主题、明晰解说事项、提供行动动力的目标。草草收兵、画蛇添足、套话废话是结尾的大忌。

6. 提纲的拟订

在写作演讲稿之前一定要拟订一个写作大纲。演讲者在大纲中要规划好开头、腹文、结尾三大部分中要讲哪些内容，将演讲的题目、中心论点、分论点、分论点下面的子论点用文字准确地写下来，确定每一个论点使用哪些材料，最后还要规划一下每个部分的大致字数。拟订大纲是使演讲主题集中、避免主题游移和写作无计划以及记忆演讲稿的最好方法。

7. 演讲稿的写作与修改

写作大纲拟订好之后，写作就成了一个用材料充实论点的过程，一个将每个意义单元自然衔接的过程，一个锤炼语言使演讲稿通畅表达的过程。演讲稿完成之后，还要不断地修改，以期达到更好的效果。

8. 演练演讲

准备演讲的最后一步工作是记忆演讲稿后进行演练。通过演练，检查演讲稿的内容是否符合你的设想，能否在规定的时间内完成，并想象听众存在，检查一下你的表达是否清晰和有条理。大量的演练是提升演讲效果的保证。

以上八个方面是准备演讲的八项工作，其排序并不是代表着准备演讲的先后程序。也就是说，这八项准备工作是可以循环往复的。

小案例 9-3   祭舜帝文

2009 年 9 月 8 日，湖南公祭舜帝大典在九嶷山举行，祭舜帝文如下：

祭舜帝文

湖南省人民政府省长　周　强

维公元二〇〇九年九月吉日，湖南省人民政府省长周强谨代表全省六千八百万人民，以三牲清酒之奠，爰祭于中华圣祖舜帝有虞氏之陵前。其辞曰：

伏惟舜帝，伟哉圣祖！继唐尧之鸿业，开文明之新途，耕历山而让畔，渔雷泽而让居。孝感愚顽，万众皆讥瞽叟；德昭天地，兆民不附丹朱。和为贵，善为珍。使民以爱，执政以仁。政通人和，风清俗淳。远谗慝，亲贤人；修法制，顺人心；兴礼乐，睦四邻。垂衣裳而天下治，歌《南风》而四海春。巡行天下，足历洞庭。情系北国，魂托零陵。伟哉舜帝，民无得而称！

湖湘文化，源远流长；上承虞舜，中嗣屈贾，下接朱张。近代以来，英才辈出，兰蕙芬芳。三湘儿女，勇于担当。时逢盛世，争奔小康。秉科学发展之理念，创中部崛起之辉煌，建"两型社会"之佳境，谱日新月异之华章。芙蓉灼灼，湘水汤汤，舜帝有灵，增其辉光。灵其来格，伏惟尚飨！

祭祀舜帝自夏朝开始

自夏朝开始，历代帝王 3 年一小祭，5 年一大祭，经久不辍，遂成定制。据《史记》载，大禹、秦始皇、汉武帝都曾望九嶷而祭舜。秦汉以来，经南北朝、隋、唐、宋、元、明、清，祭舜香火不绝。明太祖朱元璋制御祭文，遣翰林院编修雷燧到九嶷祭舜。此后遣官祭舜，渐成定制。明代御祭 12 次，县令代朝廷每年二祭。朝廷命官致祭时，由府、州、县等地方官陪祭。清承明制，据不完全统计，御祭 43 次。民国时，湖南省地县三级祭舜 9 次。20 世纪 90 年代以后，湖南省政府参事室祭舜 1 次。2000 年 9 月，永州市政府举行公祭典礼。2004 年 9 月 25 日，世界舜裔宗亲联谊会和湖南省九嶷山舜帝陵基金会联合举办了公祭始祖有虞氏大典，来自泰国、新加坡、菲律宾等世界各地的舜裔宗亲代表及各界人士近 2 万人参加了祭典。2005 年 9 月 15 日，湖南省人民政府举行了全省公祭舜帝大典，是新中国成立以来的第一次全省公祭舜帝大典。

资料来源　唐群雄，喻玲. 湖南省举行公祭舜帝大典　周强省长主祭诵读祭文［N］. 长沙晚报，2009-09-09.

　　这是一篇精心准备的演讲稿。由于演讲主题严肃，场合正式，演说内容特殊，因此，演说结构紧密、逻辑清晰、语言精练且符合主题。

9.3　有效演讲的技巧

　　演讲技巧指的是在正式演讲过程中所运用的一些吸引听众、提高演讲效果的方式。要做一次有效的演讲，首先要选择一个合适的话题和表述角度，并围绕这个话题和角度选取材料，形成演讲稿；然后还要记忆演讲稿的框架和内容，并了解听众、分析听众、熟悉演讲环境。为了熟悉演讲稿、避免在演讲过程中出现失误，在正式演讲之前，还要进行演练，做好充分的准备。这些都是做好一次演讲不可或缺的前提，但这并不意味着就能进行一次有效的演讲。除此之外，在演讲过程中，还要注意一些技巧的运用。

9.3.1　演讲的心理技能

1. 提升演讲资格，优化自我形象

　　如果在演讲之前，你非但没有树立起良好的形象，而且听众早就构成了对你的成见和怀疑，他们怀疑你是否有诚意，是否够资格站在他们面前发言，他们是否值得花费宝贵的时间和精力来听你的长篇大论，这时你应该采取什么样的应对策略来提升你的形象？

　　（1）谈谈你对所讲专题所做过的调查和研究，列举一些你在这方面的经验和成就。最好有一个较有名望、成就或权力的人，在发言前讲几句有利于树立你演讲资格的话。

　　（2）选择柔和自然、大方得体的服装，避免穿戴奇特、耀眼，与演说内容不协调的服饰。

（3）发言前和听众聊聊天，表示友好和谦逊；适当地赞赏听众，或者寻找共同点，引起心理共鸣，从而缩短心理距离。

2. 控制紧张情绪，克服怯场

面对陌生的演讲环境，演讲者常常因为紧张而怯场。研究表明，有21%的美国人害怕在陌生人面前表演；有10%的大学生对公众演讲有巨大的恐惧。紧张使得演讲者心率加快、手心出汗、膝盖发抖、嘴唇发干、语无伦次，预先的构思往往会被打乱。这种情绪不仅会影响普通演讲者，还会影响专业的音乐人士、教师、演员和商人。20世纪著名的政治家、演说家丘吉尔第一次演讲时竟然紧张得昏死过去。对紧张的研究中，在公众中演讲被认为是产生紧张情绪的第一因素。如何克服紧张情绪，是有效演讲的第一步。

（1）熟悉讲稿。要克服紧张情绪，首先要熟悉讲稿。确定自己熟悉、感兴趣、有材料可写的选题，形成讲稿后要由框架到细节加以记忆、背诵。如果一面对听众就紧张，则应在脑海里迅速回忆演讲大纲，以缓解紧张情绪。

（2）确立自信。想象自己是做得最好的，既然我来演讲，我就是这方面的专家。其余的演讲者水平肯定不如我。有些演讲者在演讲之前信心不足，总是想别人肯定比自己强，这种自己打击自己信心的做法不足取。

（3）使用积极的心理想象。演讲者可以把自己想象成有关演讲话题的绝对权威，而听众只不过是一些对此话题一点都不了解的人。听众不是来挑刺的，而是来倾听你的演讲的。在演讲之前，你还可以想象你在演讲时神采飞扬，听众洗耳恭听，积极配合；演讲结束后听众掌声雷鸣，你获得了空前的成功。

（4）做一些有益的动作。实践表明，进入演讲场所后，微笑着环视听众和四周的环境，向你认识的听众点一下头，与身边的人小声说一两句话，做一下深呼吸等动作都可以使你紧张的神经得以放松，恢复一种宁静的感觉。

（5）一种安慰。以下两个事实足以使紧张者得到安慰。一是除了极少数病态性紧张的人需要专业人员帮助其克服演讲恐惧外，绝大多数只有普通紧张的演讲者自己总能找到至少一种方法来克服紧张；二是大多数听众并不知道演讲者紧张，这就意味着你可能是唯一知道自己紧张的人。

9.3.2 把握有声语言的运用技巧

声音是演讲稿的载体，演讲要依靠声音传递给听众。作为一种强有力的沟通手段，声音又是连接演讲者和听众的桥梁。声音的表达力度要比演讲稿中词汇的表达力度强得多，声音的高低、快慢、抑扬顿挫都是表达信息的一部分。听众对演讲者的不满通常表现为清晰度差、语速太快、听起来不自信和表达欠充分。这些都是有声语言运用方面的问题。演讲依靠有声语言来传达思想感情。一次成功的演讲还需要把握有声语言的运用技巧。

1. 发声技巧

演讲者要使用正确规范的普通话，发音要清晰，吐字要清楚。演讲者的声音要洪亮，要使每个角落的听众都能听得到。特别是在公共场所演讲时，演讲者要通过询问后排听众是否听清或查看其非语言信号（如向前探身）的方法来了解。如果后排听众有听不清的表示，则意味着要加大音量，一般地讲，响亮的中低音比较受听众欢迎。演讲者在演讲时的语速也要适中，一般以每分钟 150 字左右为宜。

2. 巧用重音

演讲过程中有意强调某一音节，与其他音节形成对比，这种技巧就叫重音。重音在演讲中占有重要的位置，它可以突出强调某一词、词组、句子，以满足表情达意的需要，而不同的重音设置又会表述不同的意思。重音的设置一般要根据演讲的目的，演讲者的理解、心境、感情，以及演讲稿的内容（一般将演讲稿中的观点表述部分设置为重音）而定。重音的处理方式在于咬字的音量和力度，一般说来，重音区读得要比其他音节重一些。但有时将重音区读得比其他音节轻也能起到突出强调的作用。设置重音时一定要注意两个方面的问题：一是数量要适度，滥用重音实际上等于没了重音；不用重音则使得演讲平铺直叙。二是设置的位置要恰当，否则就会使得演讲表意错误、过分夸张、喧宾夺主。

3. 停顿的技巧

停顿指的是演讲过程中语音上的间歇。停顿在演讲过程中经常出现，它不仅仅可以满足演讲者换气润喉的需要，还可以给听众整理思路、体会感情的时间；使演讲内容的展开与推进具有层次性；体现设问和暗示作用，引起听众的好奇、注意、体味和共鸣；合理的停顿设置还能使演讲产生抑扬顿挫的韵律美。演讲中的停顿一般有三种，即语法停顿、逻辑停顿、心理停顿。语法停顿是指演讲稿中的标点符号表示了句子的语法关系，有标点符号的地方一般要有适当时间的停顿。逻辑停顿是指依照句子的逻辑结构进行停顿，如长句子的语法成分分界线（主语与谓语之间、复杂修饰语与中心词之间）。心理停顿则是根据演讲者的需要有意识地安排的，停顿的时间一般比前两者长，也更能体现停顿的作用。停顿虽有如此重要的意义，但是不可以滥用，过多的停顿会使演讲过程缺乏连贯性，会使听众不安，怀疑演讲者是否熟悉讲稿、把握主题，进而怀疑演讲者的能力。

4. 把握节奏

节奏指的是为适应演讲内容和表达感情的需要，演讲者造成的叙述过程中的抑扬顿挫、轻重缓急的对比关系。它包括语速的快慢、语句的长短、语调的刚柔，以及重音、吐字、停顿等内容。演讲的节奏固然取决于演讲者的气质、性格以及听众的情绪，但主要还是取决于演讲的内容、演讲目的以及演讲背景。为了增强演讲效果，演讲者应据此选择恰当的节奏。在致欢迎词、宴会致辞、友好访问以及其他较为随和的演讲场合，宜选用轻快型的节奏；理论报告、纪念会发言、会议开幕词、工作报告等演讲场合，宜选用持重型的节奏；在紧急动员报告、声讨发言等演讲场合，宜选用紧促型的节奏；在具有哀伤气氛的演讲场合，宜选用低抑型的节奏；在誓师会、动员会等演讲场合，则应选用高昂型的节奏。

5. 语气语调技巧

语气与语调可以表达丰富的感情色彩。一次演讲往往因为有了恰当的语气语调才具有了形象色彩、理性色彩、感情色彩和风格色彩。在演讲中，气徐声柔可以表达爱的感情，气粗声硬可以表达憎的感情，气沉声缓可以表达悲的感情，气满声高可以表达喜的感情，气提声凝可以表达惧的感情，气短声促可以表达急的感情，气促声重可以表达怒的感情，气细声粘可以表达疑的感情。演讲者要善于选用不同的语气来表达不同的感情色彩。语调技巧则是通过语调的升、降、平、曲四种调式来表达演讲者不同感情的技巧。一般说来，升调多用于疑问句和祈使句中，表达惊叹、疑问、号召等语气；降调多用于感叹句和陈述句中，表达感慨、赞叹、肯定等语气；平调多用于陈述句中，表达严肃、平淡、叙述等语气；曲调多用于句意复杂的长句子中，表达讽刺、暗示、欢欣、惊讶等情感。在实际演讲过程中，随句子和表达的需要，语调也要不断变换。需要说明的是，演讲一般有一个相对稳定的语气与语调——基调，但在演讲过程中，随着演讲内容和演讲者情绪的变化，语气语调也应随之变化。不过，这种变化不是装腔作势和矫揉造作。

小案例 9-4　　　　　　　　　**斯大林卫国战争演讲**

1941 年 6 月 21—22 日是苏联最难忘的两天。那两天，德国军队突破了苏联边境，之后五六天，德军深入苏联国土 150 ~ 200 公里。

这期间，斯大林发表了几个令俄罗斯人永远难忘的全国讲话——

"同志们！公民们！兄弟姐妹们！我们的陆海军战士们！我的朋友们，我在向你们讲话！"（他通常这样开头，没有华丽辞藻，姿态是朋友和领袖，描述了所处的困境，每个字句都迸发出不可动摇的决心）

"这一群丧尽天良、毫无人格、充满兽性的人恬不知耻地号召消灭伟大的俄罗斯民族，消灭普列汉诺夫和列宁、别林斯基和车尔尼雪夫斯基、普希金和托尔斯泰、格林卡和柴可夫斯基、高尔基和契诃夫、谢切诺夫和巴甫洛夫、列宾和苏利科夫、苏沃洛夫和库图佐夫的民族！德国侵略者想对苏联各族人民进行歼灭战，他们就一定会得到歼灭战！我们的任务就是把他们一个不剩地歼灭掉，决不留情！"

这些充满斗志的话"唤醒了人民的民族自尊心和顽强的俄罗斯天性"，特别是在武装部队中"唤起了巨大热情"，一位将军写道："我们一下子感到强大了许多。"斯大林铿锵有力的语音语气更增强了演说效果。

马丁·路德金的著名演讲《我有一个梦想》，充分运用了演讲的所有艺术，而且激情澎湃，是演讲练习的最佳学习案例。练习者可以通过反复观看其演讲视频并模拟，体会演讲的语音语气等演讲艺术。

小案例 9-5	我有一个梦想

......

回到密西西比去吧；回到亚拉巴马去吧；回到南卡罗来纳去吧；回到佐治亚去吧；回到路易斯安那去吧；回到我们北方城市中的贫民窟和黑人居住区去吧。要知道，这种情况能够而且将会改变。我们切不要在绝望的深渊里沉沦。

朋友们，今天我要对你们说，尽管眼下困难重重，但我依然怀有一个梦。这个梦深深植根于美国梦之中。

我梦想有一天，这个国家将会奋起，实现其立国信条的真谛："我们认为这些真理不言而喻：人人生而平等。"

我梦想有一天，在佐治亚州的红色山冈上，昔日奴隶的儿子能够同昔日奴隶主的儿子同席而坐，亲如手足。

我梦想有一天，甚至连密西西比州——一个非正义和压迫的热浪逼人的荒漠之州，也会改造成为自由和公正的青青绿洲。

我梦想有一天，我的四个儿女将生活在一个不是以皮肤的颜色，而是以品格的优劣作为评判标准的国家里。

我今天怀有一个梦。

我梦想有一天，亚拉巴马州会有所改变——尽管该州州长现在仍滔滔不绝地说什么要对联邦法令提出异议和拒绝执行——在那里，黑人儿童能够和白人儿童兄弟姐妹般地携手并行。

我今天怀有一个梦。

我梦想有一天，深谷弥合，高山夷平，歧路化坦途，曲径成通衢，上帝的光华再现，普天下生灵共睹。

这是我们的希望。这是我将带回南方去的信念。有了这个信念，我们就能从绝望之山开采出希望之石。有了这个信念，我们就能把这个国家的嘈杂刺耳的争吵声，变为充满手足之情的悦耳交响曲。有了这个信念，我们就能一同工作，一同祈祷，一同斗争，一同入狱，一同维护自由，因为我们知道，我们终有一天会获得自由。

到了这一天，上帝的所有孩子都能以新的含义高唱这首歌：

我的祖国，可爱的自由之邦，我为您歌唱。这是我祖先终老的地方，这是早期移民自豪的地方，让自由之声，响彻每一座山岗。

如果美国要成为伟大的国家，这一点必须实现。因此，让自由之声响彻新罕布什尔州的巍峨高峰！

让自由之声响彻纽约州的崇山峻岭！

让自由之声响彻宾夕法尼亚州的阿勒格尼高峰！

让自由之声响彻科罗拉多州冰雪皑皑的洛基山！

让自由之声响彻加利福尼亚州的婀娜群峰！

不，不仅如此，让自由之声响彻佐治亚州的石山！

让自由之声响彻田纳西州的望山！

让自由之声响彻密西西比州的一座座山峰，一个个土丘！

让自由之声响彻每一个山冈！

当我们让自由之声轰响，当我们让自由之声响彻每一个大村小庄，每一个州府城镇，我们就能加速这一天的到来。那时，上帝的所有孩子，黑人和白人，犹太教徒和非犹太教徒，耶稣教徒和天主教徒，将能携手同唱那首古老的黑人灵歌："终于自由了！终于自由了！感谢全能的上帝，我们终于自由了！"

9.3.3　合理运用体态语言

演讲是一种语言艺术，但绝不仅仅是语言艺术。一次成功的演讲，除了要运用好有声语言外，还要重视体态语言这一表达手段。体态语言通常包括表情、眼神、手势、站姿等内容。体态语言能够引起听众的注意，使用动作的演讲者比那些站着不动的演讲者可能吸引更多的注意；它能够配合有声语言，强化演讲效果，有人曾经列出这样一个公式：感情传达＝7％的言辞＋38％的声音＋55％的面部表情，对一次演讲虽然不能进行如此准确的量化分割，但它确实反映出体态语言的表意作用。

1. 表情技巧

首先，演讲者在表情上要表现出充分的自信，这样会使听众更容易接受演讲。其次，表情要与演讲的内容相协调，不要出现表情错位。再次，表情的运用要自然，拘谨木然、呆板僵硬、精神紧张、手足无措、恐慌不安只能削弱演讲效果。最后，演讲的表情还不能过于夸张以至于矫揉造作，自作多情，这样只能使听众感到虚假。

2. 眼神技巧

眼睛是心灵的窗户。它的表情达意功能在演讲中起着至关重要的作用。演讲者可以通过眼神表达出自己的喜怒哀乐，听众也可以通过演讲者眼神的变化把握其思想感情。演讲过程中运用眼神的方法通常有前视法、环视法、点视法和虚视法四种。前视法即演讲者目光向前，面对前方观众发表演讲，这样有利于演讲者保持庄重的姿态，选择传达信息的主要方向。环视法即演讲者环视全场，这样有利于控制气氛，调动听众情绪。点视法是指有重点地选择不同方向的几个视点，与反映强烈的听众实现交流，这样有利于达到"他在向我演讲"的现场效果。虚视法是将目光投向远方，一般在表达憧憬、回忆等内容时使用，这种方法有利于将听众导入演讲者所营造的气氛中。总之，演讲者要看着听众讲话，要与听众的目光有实质性的接触，还要根据演讲者的情绪、演讲的内容、听众的态度以及演讲环境等因素而变换使用多种眼神，以强化演讲效果。

3. 手势技巧

演讲过程中，手势的运用要大方自然，矫揉造作和过于夸张只能使听众感到不舒服。手势的种类、幅度、方向要与演讲的内容、演讲者的感情、现场气氛相协调一致。手势一定要与口语同步进行，切忌说完话后再补手势。手势还要与民族文化及听众的习惯相适应，使听众易于理解和接受，在演讲中总是重复一种手势，缺乏变化固然不足取，但手势过多只能使听众眼花缭乱，听众还会怀疑演讲者在掩饰自己的紧张情绪。

4. 站姿技巧

演讲时一般采用站姿。优雅的站姿令人赏心悦目。演讲过程中正确的站姿是，站稳脚跟，昂首挺胸，表现出良好的精神面貌。脚或者微呈八字叉开状自然站立，或者采用丁字步站法，两腿应该并拢。手可以自然下垂于体侧两旁，也可以交叉于胸前，还可以双手握稿置于胸前。采用正确的站姿能使演讲者全身轻松、呼吸自然、发音畅快，宜于慷慨激昂的演讲。当然，演讲有时也可以采用坐姿，这比较适合时间长或拉家常式的演讲。演讲者无论采用哪种姿态，都不要做过多的无意义和过于夸张的动作，否则，就会被认为浅薄、狂妄、胆怯。

5. 着装技巧

在你走上讲台时，听众还会注意你的着装。因此，除了以上四点外，演讲者还要注意自己的穿着打扮。与演讲内容、演讲氛围、时令、演讲者年龄相适应的服装，可以增添演讲的色彩。如果演讲者穿了一件文化衫或广告衫作演讲，听众的注意力就有可能用到破译服装上的文字或图案意义上。这就是说，演讲者不要穿令听众分心的服装。

9.3.4 处惊不慌 灵活控场

应当讲，演讲者在演讲之前都做了充分的准备。但是由于演讲环境比较复杂，听众成分不一，演讲者自身失误，都可能使演讲出现意外。因此演讲过程中，演讲者要善于捕捉演讲环境及听众的变化，处变不慌，准确判断，并采取适当的措施予以处置。由此看来，要取得良好的演讲效果，还必须掌握一定的控场技巧，以灵活地处置演讲中的偶发事件。

1. 发现内容多、时间少时的处置方法

演讲者有时会发现，在规定的时间内根本不可能完成演讲。遇到这种情况时，有些演讲者要么拖延时间，犯了演讲的大忌；要么惊慌失措，提高语速，使得演讲前松后紧；要么删除原演讲稿中的某一部分或某些部分，使得表意不完整，有虎头蛇尾、草草收兵之嫌。正确的处置方法是：压缩内容，删除事例和详细的分说；妥善使用概括语，将原文中的详细论证、说明、描述进行概括。需要注意的是，概括和压缩都要以不破坏原演讲稿的体系为前提。

2. 演讲过程中记忆中断时的处置方法

这时演讲者切忌惊慌，应该采用各种方法予以弥补。弥补记忆中断的主要方法有三种：一是插话衔接法，即临时插话，对上面的内容加以发挥、阐释、例释；二是重复衔接法，即加重语气，重复最后几句话；三是跳跃衔接法，即通常所说的后话先说、前话后补。通过以上三种方法，赢得时间，使自己尽快回忆起忘却的内容。如果确实不能回忆起，则可以使用概括语替代。如回忆不起某一要点，你可以说"对于这个问题我们还可以从其他的方面进行论述，限于时间，在此不能一一详述"加以掩饰。如果是无关大局的内容，则直接可以略去，千万不要停下来冥思苦索。总之，保持叙述的连贯，句间、段间、部分之间的衔接自然流畅，是演讲者的重要目的。

3. 演讲者讲话失误时的处置方法

当演讲者不小心发生讲话失误时，可以用反问法加以掩饰。如可以说："我这样说对吗？显然是不对的！因为……"这样做的好处是，听众根本察觉不到演讲者的失误反而会认为演讲者是在树立靶子，以加深听众的印象。

4. 听众缺乏配合时的处置方法

有时会场上会出现一些演讲者不愿意见到的情况，如听众会显得很疲惫，喧哗而不注意演讲内容，冷漠而不积极配合。这时，演讲者应当迅速冷静地分析出可能的原因，或根据实际运用悬念法、幽默法、穿插法等对症下药，调整演讲内容，或运用举例法、故事法、提问法，围绕演讲中心把听众散漫的注意力拉回来。

小案例 9-6 　　　　　　　　　　　**布什幽默解尴尬**

美国前总统小布什曾就读于耶鲁大学，由于学习成绩不好，差点未能毕业。其母校邀请他在一次毕业典礼上演讲："我当年从耶鲁大学毕业……"话未说完，台下就有人接着说："Barely（几乎未能）。"顿时全场发出一阵哄笑。小布什一怔，接着说："我要对今天以优异成绩毕业的同学们说，干得漂亮！而那些成绩稍差的，你们也不要气馁，说不定某一天你们也可以成为总统。"全场一片笑声，并报以热烈的掌声。布什停了一下，接着说："不过能够毕业的和毕不了业的差别可大呢！毕不了业的话也许只能当到副总统。"

资料来源　郭春霞. 小布什幽默解尴尬［J］. 演讲与口才，2009（4）：9.

5. 听众对演讲者的观点持反对态度时的处置方法

如果听众中有人对演讲者的观点提出反对意见，演讲者首先应该环视全场，然后面向持反对意见听众的方向，用亲切温和的态度设法消除对立。如你可以说："对于这个问题，有人有不同的看法，这是正常的，他们的观点也不能说没有道理，但是……"这时，演讲者就可以用进一步阐发自己的观点的方法来平息对立了。

6. 遭遇干扰和尴尬时的处置方法

在演讲，如果会场外有噪音，演讲者应当稍停片刻，等噪音消失以后再讲；如果会场内有听众说话，演讲者可以停下来，看着说话的听众，用眼睛制止他们；假如仍不奏效，演讲者也千万不要动怒，应使用委婉劝说或突然提问法加以解决。演讲过程中还可能出现一些意想不到的尴尬，演讲者也应设法解除。有一位演讲者上台时不小心被话筒线绊倒，他灵机一动，对听众说："我为广大听众的热情所倾倒！"这种幽默处置法既为自己解了围，又使演讲增色。

9.3.5 即兴插说的技巧

在演讲实践中，由于心理和环境的影响，演讲者不大可能像录音机一样播放事先的录音。在实际的演讲中，演讲的内容有可能与原先的演讲稿不完全一样。这种变化最为突出的就是即兴插说。所谓即兴插说，就是指在演讲过程中，演讲者根据主观心理状态以及客观环境的变化，临时插入一些话语。即兴插说插入的这些话语是演讲稿中没有的，但又与演讲有关。优秀的即兴插说可以克服记忆演讲稿的紧张心理，有效地应对演讲过程中的记忆中断。不仅如此，它还具有充实内容、强化情景、活跃气氛、启迪思维等积极作用。作为一种演讲的表现手法，即兴插说的形式是多种多样的。

1. 联想

会议或活动的特定时间、空间背景，会场的布置，现场的插曲，别人说过的话都可以引起演讲者的联想。1945 年 5 月 4 日，昆明各高校在云南大学操场举行"五四"纪念大会，恰逢大雨，秩序混乱。闻一多在演讲中马上联想到历史上武王伐纣时天降大雨，被人称为"天洗兵"的典故，号召青年大学生以"天洗兵"的精神风貌去发扬"五四"精神。这个插说，由此及彼，借题发挥，可谓联想巧妙，意味深远。

2. 举例

在演讲中，经常要用到举例。无论是叙事还是说理，都需要用一些例子来展开详细的描述和对概括的结论进行阐述，以增加文章的感染力和说服力。因此，演讲者一般都要在演讲稿中使用一些典型的事例。不过，在演讲过程中，举例的范围却往往可以突破演讲稿的局限，假如演讲者能够敏捷地从现场或听众中或与听众相关联的事物中捕捉或搜索到一些事例进行插说，不失为一种增强演讲效果的有效方法。

3. 比喻

在演讲过程中，运用比喻的方法进行即兴插说，容易收到良好的表达效果。

4. 设问

设问不仅是一种修辞方法，还是演讲中的一种演讲者与听众进行交流的途径。在演讲过程中突然对人进行提问每每会引出表现真情实感的回答，因此不失时机地采用这种自问自答的方式进行即兴插说，既可以感染听众的情绪，又可以激发听众去思考。

9.3.6 充分利用直观教具

1. 直观教具的种类

直观教具的种类很多，大致可以分为五种。（1）黑板：这是最为普遍的教具，常被用于关键词、要点的板书与简单的图画。（2）实物：听众很愿意看演讲者正在谈论的或者与演讲话题相关的东西，演讲者可以将其作为直观教具。（3）图表：

包括广告、宣传画、组织图、结构图、挂图、表格等。（4）多媒体：常见的是演讲者预先将演讲稿制作成幻灯片，以传递文字、图形、动画以及音频的信息。（5）散发材料：演讲者分发给听众的有关文字材料。

2. 直观教具的作用

直观教具是帮助演讲者解释要点的装置。它在演讲过程中的作用体现在三个方面：首先，可以抓住听众的兴趣，勾起听众的好奇心，从而吸引听众的注意力。一位日本教授给大学生演讲，开始时场面很乱，教授从口袋里掏出一块黑乎乎的石头，然后说："请同学们注意看看，这块石头非常珍贵，在全日本，只有我才有这么一块。"听众顿时静了下来，教授于是开始了关于南极探险的演讲。其次，可以帮助演讲者清晰地传达信息，显示、佐证、阐释、讲解演讲稿中的要点以及比较抽象的内容。黑板的板书或幻灯片都可以显示演讲的要点、各种图表，可以佐证演讲者的观点，组织结构图有助于演讲者阐释复杂的组织结构和理论体系，模型与挂图则有助于展示、讲解听众难以见到或肉眼不能见到的事物。最后，还有利于听众把握和记忆演讲内容。研究表明，如果仅给听众口头消息，三天后，他们仅能记忆 10%；如果不用语言沟通给听众展示材料，听众将记忆 35%；如果语言和非语言两种信息都提供，听众就能记忆 65%。两种高科技飞速的发展，给演讲者提供了更多更直观更先进的教具，演讲者应学会使用。

大多数会议和演说场所都有现代化的直观教具，如投影、幻灯等，要注意这些工具的使用技巧。幻灯片的制作要求如下：

- 浅底深色字或深底浅色字。
- 简洁明了，标题是短语而非句子，逻辑性强。
- 标题 44 或 50 号字；副标题 32 号；正文 28 号。
- 每张包含 3~5 个观点。
- 多用总结性图片。

知识链接 9-1　　　　　12 种能使听众喜欢我们的办法

- 受到邀请演讲是件光荣的事，应当表达出来！
- 真诚地赞赏你的听众。
- 只要可能提几位听众的名字。
- 贬低自己而不是高举自己！
- 要说"我们"，而不是"你们"。
- 不要皱眉头和用谴责的语调来演讲。
- 要谈听众感兴趣的事
- 高高兴兴地演讲。
- 不要道歉。
- 诉求听众更高尚的情绪。

- 欢迎批评。
- 做昆提兰所说的"一位善于演讲的好人"。

资料来源　摘自卡耐基培训资料。

自我测试 9-1　　　　　演说技能自我评估

评价标准：

非常不同意/非常不符合（1分）不同意/不符合（2分）

比较不同意/比较不符合（3分）比较同意/比较符合（4分）

同意/符合（5分）

测试问题：

（1）我在整个演讲过程中眼睛同听众保持接触

（2）我的身体姿态很自然，没有因为紧张而做作

（3）我能运用基本的手势来强调我的要点

（4）我运用停顿、重复和总结来强调我的观点

（5）我每次演说前都会确定具体的目标

（6）我会对听众的需求、忧虑、态度和立场进行分析

（7）在组织思路时我会先写下几个主要的论点

（8）我会特意准备一个颇具吸引力的开场白

（9）我演讲的结尾会呼应开头，且必要时能要求听众采取行动

（10）我制作的投影片简明扼要，有助于达到演讲目标

（11）我的论点、论据之间有内在的逻辑联系，有助于支持我的主张

（12）我会把紧张、焦虑转换为热情和动力

（13）我会清楚地叙述我的观点对听众的好处与利益

（14）我会热切、强烈地讲述我的观点

（15）我会事先演练，以免过分地依赖讲稿，而集中注意听众的反应

（16）我的演讲稿只写关键词，以免照本宣科

（17）我会预测听众可能会提的问题，并且准备相应的回答

（18）我的声音清楚，语速适中，富有感染力

（19）我会有意识地运用语音、声调和语速来表示强调

（20）演讲前我会检查场地及相应的设施

（21）准备演讲时，我会估计将会遭到的反对意见

（22）整个演讲过程我会充满自信

（23）演讲前我会检查我的衣着打扮是否得体

9.4 会议沟通

会议是管理工作得以贯彻实施的中介手段。

——安德鲁·格罗夫

会议是企业商务的一个重要部分，全球每天要举行数百万次会议。会议有很多种，谈判型、通告型、商讨型、决策型、交流型、收集意见型等。

9.4.1 明确会议目的及规模

会议的主持人和参会者越明确会议的目的，会议的效率就越高。

在准备会议前，应提几个问题：是否有比开会更好的方法？会议能否达到既定的目的？需要解决问题的关键人物是否能到会？现在的时机是否适合召开会议？

会议的目的有很多，归类来说，有透露信息或提供意见；发布指示；提出商议和仲裁；作出决定或贯彻决定；激发意愿，鼓舞士气。

每个参会人都要考虑会议的目的及自己的目的。例如，你要达到什么结果，你需要作什么陈述？可能的反对意见会怎样？你怎么应对？你可能对议程上的某些项目特别感兴趣，你要清楚你愿意接受什么样的结果，然后可以开始做相应的准备。

会议目的不同，会议的规模就不同，如表9-1所示。

表9-1 会议规模

会议目的	参考与会人数
决策制定和关键问题解决	5
问题识别或头脑风暴	10
研讨会和培训班	15
信息分享会	30
正式报告会	不限

9.4.2 确定与会者角色和职责

会议主席（主持人）的角色主要是会议控制、会议引导、宣布会议结果。

会议控制包括：决定会议主题；明确会议范围；确保人们围绕主题依次发言；尽可能做到公正，尽全力避免与会者的争论；确保其他成员了解会议进展情况。

会议引导包括：识别问题与主题的关系；促进参会人交换和讨论不同意见；评价不同方案；处理不同意见——对争论双方或各方的观点加以澄清；分析造成分歧

的因素；研究争论双方或各方的观点，了解协调的可能性；将争论的问题作为会议的主题之一，展开全面的讨论，以便把会议引向深入；若分歧难以弥合，那就暂时放下，按会议议程进入下一项。

最后，作出会议决定，宣布会议结果。可以根据会议目的来对比会议结果。

自我测试 9-2　　　　　　　　　　　**会议主席自我评估**

通过对表 9-2 中的项目进行打分，你可以了解自己是否适合扮演会议主席的角色。

表 9-2　　　　　　　　　　　　　　　　主席自我评估表

准　备		
1. 目的	1 2 3 4 5 6 7	1. 目的
我知道这次会议要实现的目的		我不知为什么举行会议
2. 会议议程		2. 会议议程
我至少在会前两天发出会议议程		我在会上发放会议议程
3. 与会者		3. 与会者
我选定或影响对与会者的选择		我让与会者的各部门代表决定
4. 会议地点和布置		4. 会议地点和布置
我检查会议室及其布置情况		开会时我才去看看
主持会议		
1. 总结	1 2 3 4 5 6 7	1. 总结
讨论中我概括总结相关要点		我让他们自己作出总结
2. 打断		2. 打断
我不打断会议进程		我经常打断会议进程
3. 提问		3. 提问
我提清楚的问题		我问无关的问题
我问公开的问题		我提保密的问题
4. 感受		4. 感受
我感到轻松且精力集中		我感到紧张且难以放松

与会者的角色也要把握好，首先决定是否需要出席会议，如果出席，就要作准备并准时与会；如果有发言任务，就要对自己的议程负责，给出信息时，力求精确切题，就某些疑点或模糊问题征询清晰解释；仔细倾听他人发言，反对他人观点要有理有据，对事不对人；确保公平参与，以能提高团队绩效的方式行事。

自我测试 9-3		**会议参与自我评估**

通过对表9-3中的项目进行打分，你可以了解自己的参与状态如何。

表9-3   **会议参与自我评估表**

准 备		
1. 目的	1 2 3 4 5 6 7	1. 目的
我清楚我开会要实现什么		我不知道为什么要举行会议
2. 文书工作		2. 文书工作
我在会前已看了议程和附件		我开会时才看
3. 与会者		3. 与会者
我与其他与会者交流了对主要议程看法		我在会上了解他们的看法
4. 事先告知		4. 事先告知
我已告诉主席我支持议程上某个议题		我在开会时告诉主席
进 程		
1. 发言	1 2 3 4 5 6 7	1. 发言
我讲话清楚简洁，相关联		我随意漫谈进行无谓评论
2. 打断		2. 打断
我不打断会议		我经常打断会议
3. 提问		3. 提问
我提清楚的问题，我问公开的问题		我提无关的问题，我问保密的问题
4. 创造性和革新		4. 创造性和革新
我提出解决问题的新方法		我只关心自己的事
5. 感受		5. 感受
我感到轻松且精力集中		我感到厌烦紧张，难以放松

9.4.3   会议管理流程

1. 会议准备

（1）明确会议目的。确保会议是达到小组目标的最佳方法；至少以一个短语确定会议主题。

（2）准备有效议程。明确会议时间（开始时间、结束时间）和地点；会议目的；会议议题的顺序；明确与会者可能要涉及的内容；为每项议程作时间规定。

（3）通知与会者。用通知单、邮件、会议记录复本等多渠道通知，重要会议甚至用电话确认；阐明与会者的角色；列出行动目录。

2. 会议进程

所有与会人员都要遵守会议议程。会议的基本规则是"与会者必须有备而来""与会者必须对议程负责"。此外，会议形式不同，会议的规则就不同，如头脑风暴不同于说服型会议。"头脑风暴"法会议有四条原则：不互相批判，无人身攻击；自由发言；欢迎提出大量的可行性方案；每个人在提出自己的方案时都要善于结合别人的意见。说服型会议要求仔细倾听信息，分析理解信息，适度反馈质疑，消除疑虑等。

3. 会后总结

会后总结是开会的必然环节。要整理会议记录并传递给与会者；会议中如果有问题没有得到满意答案，会后必须再花时间寻找正确答案；联系有关人员，告诉他们接下来应该做的事；向与会者写信致谢；清算会议费用；送一份会议简报给会议决议有关的人员。整理会议记录也是很重要的会后总结，包括会议的举办地点、开始时间、结束时间、主持人姓名，会议中讨论的议题以及达成的决议，会议后的指定工作（各项工作的指定负责人名单、工作完成期限等等），下一次开会（如果有的话）的日期、时间和地点。

图 9-1 列举了某家公司的会议流程。

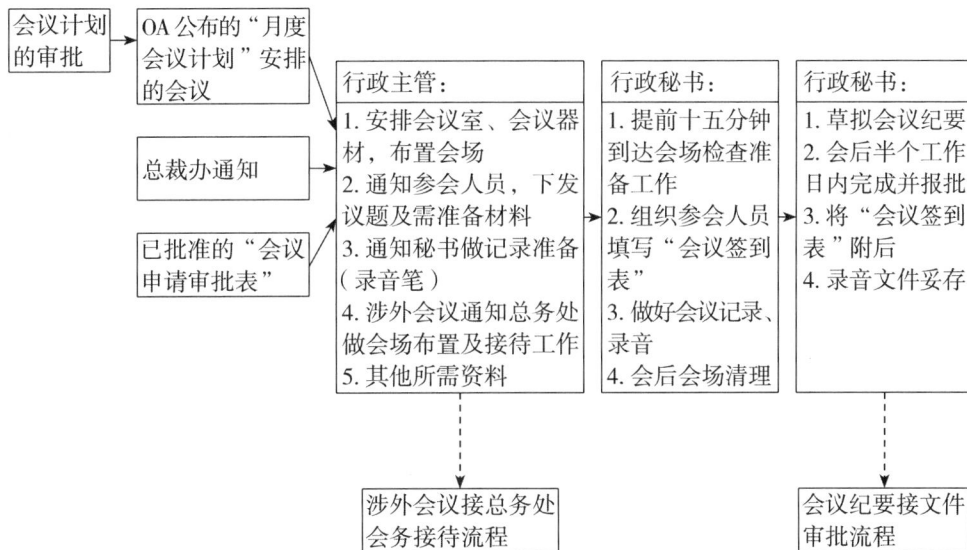

图 9-1 某公司会议流程图

总之，会议之所以效率不高，有许多原因。绝大部分原因是对会议不够重视，事先没有足够的准备和分析。例如：组织不当，会议组织不周密，致使会议偏离既定目标，或对会议的进行失去控制能力；分析不够，以为与会者都已经阅读并理解了会议前散发的有关资料，对会议目的清楚明了，继而以为会议上传递的信息可为全体与会者快速接受；备忘录失误，由于前一次会议的备忘录内容不够准确，因而在本次会议上需花大量时间重新考虑有关问题，并达成一致意见；议程安排不当，谈论的话题混杂多样，造成与会者思想混乱；会议主持人没能控制好会议，鼓励自由讨论却又无法适时收住，对会议的目的和即将产生的结论模糊不清，听任少数人在会上夸夸其谈，致使大多数人无法发表自己的意见。纠正这些引起会议低效的问题，会议效率就会提高。图9-2总结了会议积极的行为和消极的行为以及二者产生的不同影响。

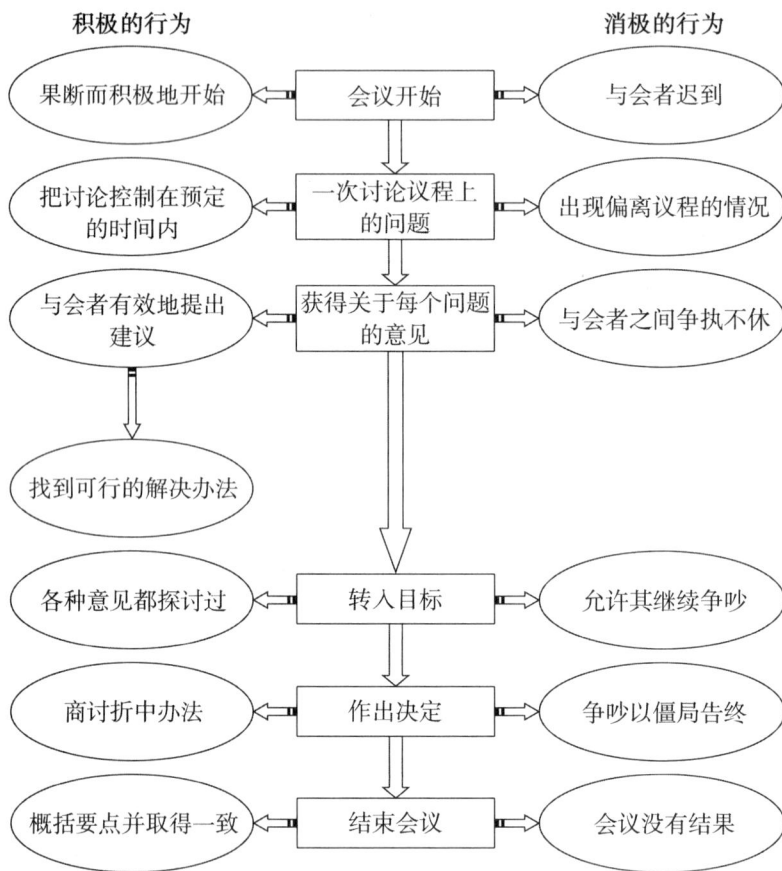

图9-2　会议积极行为与消极行为

小案例 9-7　　　　　　　　某公司技术工作规划会议

一、会议内容及目的

主要工作内容是对上半年的工作进行总结，对下半年要做的工作进行通报，初步确定2012年的科研工作。为了今后更好的工作，在会上大家：（1）要针对技术工作上的薄弱环节——管理工作和"技术部2011年的工作规划（含2010下半年的工作计划）"多提意见和建议（提建议和意见时，尽可能地开拓思路）；（2）个人打算怎样做，要具体，要从工作和态度两方面来谈。我们将收集好的建议和意见，形成规章制度，指导我们的工作，使我们的工作氛围更加和谐，工作效率得到进一步的提高，大家能愉快、高效地工作。

二、参加会议的人员（约 40 人）

（1）技术部全体人员（即产品所、工艺所和科管室的全体人员，不得缺席，请假要主管领导 Y 总批准）。

（2）分公司领导：H 总、Y 总。

三、会议地址

会议地址另行通知。

四、会议议题

（1）2012 年的技术工作规划。

（2）技术部部长，产品所所长、副所长，工艺所所长的主要工作是管理还是技术？针对现在的技术工作，我们要怎样分工、协作，怎样组织，怎样控制，怎样指导，怎样监督，即怎样提高技术工作管理水平，怎样贯彻执行领导的工作思路？

五、会议议程

9：38　会议开始

9：40　前言

9：45　科管室通报上半年科研计划的完成情况，下半年要完成的科研计划项目。（15 分钟）

10：00　研究所汇报上半年的工作情况，下半年的工作计划（20 分钟）

10：20　工艺所汇报上半年的工作情况，下半年的工作计划（20 分钟）

10：40　2011 年技术工作的规划和 2010 年下半年工作计划（30 分钟）

11：10　分公司分管领导发言（当前技术工作存在的问题及解决问题的方式方法和今后技术工作及管理工作的方向）（40 分钟）

11：50　对上午的会议进行小结

12：00　午餐

14：00　议题讨论：2011 年科研规划，如何提高管理水平，我打算怎样做。（要求每个人都发言 3～4 分钟，要有电子版本，电子版本 8 月 1 日前交主管领导审阅，不符合要求的退回重写，再由科管室汇总，具体的发言顺序请田工安排）

16：50　分公司领导提要求（15 分钟）

17：05　收集意见的整理、通报（科管室）

17：30　晚餐

六、会议文件

上班 3 天后整理会议纪要，一星期后将会议的意见和建议形成管理条款进行公告。

七、会议准备及要求

（1）向分公司申请会议经费。

（2）向分公司申请派车。

（3）到分公司的营销公司领取酒水。

（4）准备相机和投影仪。

（5）安排汽车的路径。（本市员工8点在公司科技园集合上车，到长途汽车站接本省外地的员工）。

（6）会议结束后，外地员工的住宿安排。

（7）到会人员一律穿工装（没有工装的穿与工装相似的衣裤），带笔记本。

主持人：技术部部长。

其他与会人员：总经理，分管副总经理，技术部全体员工。

时间地点：2010年8月4日，某生态农庄酒店。

会议主题：（1）结合技术系统运行现状谈2011年规划；（2）技术领导岗位管理职责的讨论；（3）"十个怎么办"展开讨论，各抒己见，旨在统一思想认识，提升技术系统管理水平和执行力。

八、会议纪要

（一）技术系统存在问题及改进建议

1. 技术部人力资源不足，造成疲劳、被动工作，基础管理工作欠账，与分公司的发展不相宜

改进建议：注重人才储备和培养，目前产品所需增加1~2名审图人员，5名设计工程师，工艺所需增加5~6名有经验工艺员，1名定额员。考虑制订因人而异培训计划和导师制。

2. 基础工作和项目欠账

改进建议：管理工作关键是"计划周密、忙而不乱"，可以成立分公司项目组，在2011年4月完成前清理，补上所欠账款。

3. 人员思想境界落伍

改进建议：加强各级领导对直属工作的督察和关心，和谐工作，端正态度，调整心态，作好小事、成就大业。

4. 非标产品牵扯人力太多，造成工作过于被动

改进建议：尽量减少TC7030以下的非标准产品销售，成立计算小组，一方面提升专业技能，另一方面进行专业化分工，让技术负责人有更多的精力运筹有竞争力和有影响力产品（630tm~800tm）的开发；

5. 工艺流程不够清晰，工艺标准不完善，工艺信息不能共享

改进建议：希望工艺资料室有一套完整产品图纸，利于工装设计，统一工装编号，建议在9月份开通工艺所和产品所的专用电话，并将使用说明书放到印刷厂专业印制。

6. 工艺与生产、质量部门的沟通服务意识不强，产品质量有所下降

改进建议：加大产品工装、专机投入，稳定产品质量，编制工艺规范和作业指导书，加强工艺对外协厂家的指导和管理，如工装的统一设计和资料管理，争取在2010年年底建立ERP，CIMS数据库3~5个产品资料共享，树立工艺在制造过程中的权威性。

7. 包装运输工艺创新

改进建议：成立专业包装班组，在2010年完成《产品吊、装、包、运防护方

法规程》的编制，重点解决产品长途运输问题，提升客户满意。

8. 产品定额成本分析、测算不完整

改进建议：从 TC7052 产品着手，制订计划，逐个产品完成定额、成本分析，积累基础资料，为决策层提供依据。

9. 技术部领导职责的明确分工

改进建议：分公司要有长远规划和滚动计划，技术领导要明确分工范围，加强工作的标准化、规范化、模块化，减少重复劳动，理顺管理程序。

10. 加强沟通，营造和谐氛围，注重人文环境的建设

改进建议：加强信息双向沟通和能力互补，营造互相尊重、互相学习、愉快的气氛，特别是部门领导，要多些指导和鼓励，激发员工的激情。

11. 技术输出文件因编制人员不同，格式不同，部件重码问题

改进建议：多人完成的工作应当安排审，统一格式，审查标准。

12. 工艺总体规划和思路不够明确

改进建议：分公司的发展规划应与职能部门沟通制订，以便在技术资料、统一步调上有心理准备，目标明确，主动按计划开展工作。

13. 文件输出设备的准备

改进建议：C 分公司资料输出目前是借助 A 公司设备，由于 A 公司年底计划搬迁，建议尽早考虑资料输出设备，以免影响公司的正常产出（由工艺所在 8 月底前提交报告，含机型和预算）。

14. 标准化的宣贯和培训相关标准（汇编）的购买

改进建议：由于科管部为各分公司主要提供电子版本的标准，技术人员查阅不方便，建议新标准和与分公司发展有关的标准，可以采购一部分（《技术文件资料管理办法》Q/ZLJQ206001 第 4.5 条已有规定）。

（二）分管领导会议总结

今天起重开了一个史无前例的成功的技术沟通交流大会，很多同志都在思考问题，看到了每位同志的态度和能力。要讲管理和制度，要细化工作，公司在成长壮大，面临问题怎么办？

（1）人力资源不足怎么办？要有员工个人培训计划，有教材并建立导师制。

（2）制度不完善怎么办？制度是运行的保证，要按制度办并在运行中不断改进，制度建设是多方面的。

（3）工艺意识和工艺纪律贯彻难怎么办？在生产过程中工艺服务意识要加强，基础工作要抓起来，要用科学的数据来说话，生产管理也要有意识宣传执行工艺纪律，当生产工人感到"工艺纪律的确是生产过程的保证"，工艺的威信就建立起来了。

（4）产品型谱不合理怎么办？型谱的重叠增加了管理难度，今后要逐步理清并在新产品开发时对型号进行论证。

（5）产品系列不全怎么办？要"巩固中型，发展大型"立足民建型向大型、专业型发展，要善于向行业标杆学习。

（6）成本数据和分析不完整怎么办？基础成本数据缺乏造成管理决策难，成本核定要从 TC7052 逐步覆盖整个产品系列。

（7）产品质量下降怎么办？要针对暴露出的质量问题进行分析，近期主要是对质量会上的技术问题及时解决并回复，处理过的问题要有预防性。

（8）基础工作欠账怎么办？整理技术欠账，制订工作计划，组织人力打歼灭战。

（9）中、大型塔竞争性下降怎么办？重点针对 6517、6020、5518、5023、7035、7030 利润较高的产品，汲取同行业产品优点，改进我们的产品，以提升用户满意率实现市场竞争力。

（10）认证工作紧急、工作量大怎么办？GB5144-2006 强制标准今年 10 月 1 日实施，认证工作要结合国家标准一起落实到人。

今天的会议很成功！达到了预期目的，特别是统一了工作重点——从技术向管理方面转化的认识，为提升管理工作，建设一个"有计划、严管理、高效率、重改进"的运行体系做好了组织准备，我们将迎来一个崭新的局面。

思考题：请草拟一份总经理的总结讲话稿。

复习思考题

1. 演讲的特点和形式有哪些？演讲的准备应该从哪几个方面入手？
2. 演讲构思的内容有哪些？
3. 应该如何克服演讲紧张情绪？
4. 如何提高演讲效果？
5. 会议沟通有哪些策略？如何提高会议效率？

演讲练习

组织一次全班的商务演说活动。要求演说者作 5 分钟的商务演说，选出评委点评每个同学的演说。其余同学及老师都充当匿名评委，在设计好的评议单上打分，并给演说同学提出演说的优点和需要改进的地方。同时，摄像机将每位同学的演说过程后拍摄下来，之后制作成文件，将各自的演说文件发给同学。演说同学对照录像和同学、老师的评议单，反思自己的演说。一学期如此反复四次，检查每次演说的进步。评议单见表9-4。

注意事项：

（1）演讲主题应该为商务沟通交流，如离题，扣30分。

（2）演讲时间为5分钟，每超过1分钟（不足1分钟按1分钟计）扣10分。演讲时间不足3分钟不计分。

如果是团队演讲，评议单如下：

表 9-4 　　　　　　　　　　演讲比赛评分表

序号	评分标准	分值	得分
1	亮相得体	5	
2	开场白吸引人	5	
3	准备充分	10	
4	主题明确	5	
5	条理清晰	5	
6	重点突出	5	
7	语音清晰	5	
8	语调抑扬顿挫	5	
9	语气恰当	5	
10	情感投入	10	
11	台风	5	
12	目光交流	5	
13	手势	5	
14	与听众参与互动	5	
15	信息接收	5	
16	感染力	5	
17	视觉工具运用	10	
18	总得分		

赞美的话：_____

改进建议：_____

演说人：_____

得分情况：

（1）团队合作情况（满分25分）：_____

（2）信息内容（满分25分）：_____

（3）演说技巧（满分25分）：_____

（4）仪容仪表（满分25分）：_____

总得分：_____

赞美的话：_____

改进建议：_____

第 10 章

有效面谈

学习本章后，您应该可以：

- 了解面谈的含义与特征；与普通谈话的区分
- 制订良好的面谈计划，有效管理面谈
- 有效实施面谈，掌握面谈进程
- 掌握不同类型的面谈所需要的技巧

引　例　　　　　　　　怎样与打私人电话的张代表面谈

　　某集团公司是一大型机械制造公司，在公司内部的年末审计中发现一销售代表张先生私自打了 5 000 元的私人电话。这位张代表是位老员工，能力强、业绩突出，在销售人员中威信很高，公司副总李明很器重他，准备提升他为销售副总。他在工作中，在顾客和社区中结识了许多重要的有影响力的人物，这之中不乏重要的客户，其中有一重要客户（占公司销售总量的五分之一），表示只和他做生意。

　　对张代表打私人电话的事，员工们认为以他的表现和贡献，这点私人电话算不了什么；也有的认为不管贡献大小都应该公私分明；还有人不相信张先生是这样的人，是不是公司审计搞错了。

　　张代表听到关于他的年末审计消息后，情绪变动较大，明显地影响了工作，在工作中明显出现抵触情绪。

　　公司总裁要求李明快速处理此事，尽快地与张代表进行一次面谈，既要申明公司的纪律，又不能影响个人工作情绪和工作热情。李明在查阅了公司相关文件后发现只有些原则规定，对于个人利用公司电话打长途也没有明确的界定，对此类事件也没有一个明确的条款，李明感到压力较大，不知道如何进行这次面谈。

　　如果你是李明，你如何进行这次面谈？你需要准备什么？用什么样的面谈策略？

10.1　面谈概述

企业的工作离不开上下、横向等多维的面对面沟通，面对面沟通也是最有效的沟通方式。掌握面谈基本知识及技巧有重要意义。

10.1.1　面谈的概念和特征

面谈是指任何有计划和受控制的、在两个人之间（或更多人之间）进行的、参与者中至少有一人是有目的的，并且在进行过程中互有听和说的谈话。面谈既可以是沟通者和沟通对象之间一对一进行的，也可以是以一对多、多对一的口头沟通形式进行的，它是人际沟通的重要形式。

面谈具有以下几个特征：

1. 目的性

参与面谈的一方或双方有明确的目的。

2. 计划性

面谈是管理中一项正式的活动。因此，要根据面谈的目的，制订面谈的实施预案，确定谈什么（what）、在何处谈（where）、何时谈（when）、与谁谈（who）、如何谈（how）。对每一次面谈的准备、实施与总结，都要求严密组织、有计划地进行。

3. 控制性

至少有一方处于控制地位，或者由双方共同控制。面谈是一个互动的过程。在这一过程中双方担当的角色是不同的，因此他们的地位也就不同。一般情况下，面谈通常由参加面谈的某一个人组织、控制并实施，他在整个过程中处于主动地位，可以称其为主人（面谈者，招聘面试中又称为面试者）；面谈的另一方处于被动地位，被称为客人（被面谈者，受试者，招聘面试中又称为应聘者）。被面谈者通常拥有更多的信息，面谈中面谈者通过适当的方式引导与激发对方将信息展示出来。

4. 双向性

面谈必须是相互的，而不是单向的教训和批评。面谈者提出问题、被面谈者回答问题是面谈的主要内容。在双方的互动交流中达到收集与发布信息、解决问题等目的。

5. 即时性

面谈一般要求沟通双方即时对沟通信息作出反应，反应速度快。

根据上面五个特征，我们能把面谈与闲聊、打招呼、谈话区分开来。一是面谈作为特殊的交流形式，是与工作有明确的目的相关性的。二是面谈要制订计划和策略。三是面谈较笔头沟通有更高的技巧性要求。面谈作为面对面的口头沟通，在信息组织和表达（信息编码技巧）方面，与写作沟通相比，更有技巧性。这一方面是由于面谈的即时性特征，它更需要快速的反应，灵活的信息组织技巧、及时的受众分析技能；另一方面，是因为在我们日常的沟通中，口头沟通的可能性和发生频率要比笔头沟通大得多。

10.1.2　有效面谈的原则

作为一项正式的管理活动，有效的面谈应遵循以下原则：

1. 遵守并合理利用时间的原则

不论你处于何种地位，遵守时间的人总是会给对方留下一个良好的印象，尤其是你处于面谈者的地位时，把握时间的分配往往是成功面谈的前提。

2. 坦诚面对对方的原则

坦诚是相互交流的前提，彼此间信任与和谐的关系是使信息交流畅通的"润滑剂"。

3. 充分准备的原则

俗话说："不打无准备之仗。"匆忙上阵必然手足无措。因此，要进行成功和高效的面谈，必须做好大量的基础准备工作。

10.2　有效面谈步骤

有效面谈是一个有计划有控制的过程，面谈双方都应把握这些基本规律。面谈作为有目的的沟通活动，它不是"自然发生"的，成功的面谈是参与者一方或双方认真计划和准备的结果。好的面谈者和被面谈者是训练出来的，而不是天生的。面谈技巧的练习使得他们看似随意的面谈却能得到极好的沟通效果。在面谈过程中，表面上自然放松，背后是他们事先有意识地分析、准备，并在面谈过程中小心地加以控制的结果。

10.2.1　面谈准备

由于面谈的目的很明确，面谈准备越充分，面谈的效率越高。

1. 确立面谈目的

任何有计划的沟通活动，首先要清晰地确定面谈的目的。你若要成功地进行某个面谈，或者使自己成为一个有效的沟通者，在每次面谈之前要通过以下问题来检验你的目的：（1）为什么谈；（2）想要达到什么结果；（3）你需要什么样的信息：是新的信息、劝说、提供建议还是对对方的业绩作评估；（4）如何处理与被面谈者之间的关系。这些问题解决了，你才可能解决面谈的策略、时间、地点等问题。

刘易斯·卡洛尔（Lewis Carroll）在其名著《艾丽丝漫游奇境记》中有这样一段对话：

"请您告诉我，在这里我应该走哪条路？"艾丽丝问。

"这完全取决于你要到哪里去。"卡特说。

"我根本就不在乎到哪里去。"艾丽丝说。

"那你走哪条路都无所谓。"卡特说。

这段话给我们的启示就是"凡事要先确定目标"。面谈的目的往往是非常具体的，Nicky Stanton（1998）提出了面谈的四个基本目的：

（1）信息的传播。如消息的传播就有好的消息和坏消息之分。

（2）寻求信念或行为的改变。如改变对某个客观事物的看法。态度的形成或改变，难度较大；行为的改变相对较容易些。

（3）解决问题和对策。如招聘面试、绩效评估、看病、劝告、申诉、父母与教师讨论孩子的学习问题。

（4）探求与发现新信息。如学术团体、社会团体对个例的调查，市场调查，民意测验，学术讨论和记者调查等。

2. 问题设计

问题来源于你的目的，它是在面谈中获取信息的根本手段。任何访谈者都会提问，只有精心准备的访谈者才能提出有效的问题，从而获取他们所需的信息。在准备问题时，很重要的一点是根据被访问者的特点组织语言，要用对方能懂的语言，加强相互之间的有效沟通，准确传达你的信息。

（1）开放式问题，是没有标准答案和回答范围的问题，目的是让被访者感到谈话过程轻松，有利于发展面谈双方相互之间的关系。但开放式问题很难控制面谈进程。开放式问题适用场合：了解被访者优先考虑的事情；找出被访者喜欢的结构；让被访者无拘束地讨论他的看法；明确被访者的知识深度；弄清被访者表述能力怎样。

（2）封闭式问题，是有标准答案和明确的回答范围的问题，目的是控制被面谈者，得到特定的信息。封闭式问题适用场合：节省时间、精力和金钱；维持、控制面谈的形势；从被访者处获取非常特定的信息；鼓励被访者完整描述一个特定事件；鼓励腼腆的人说话；避免被访者泛泛而谈。

（3）中性问题与引导性问题。中性问题中不含有任何有关面谈者偏好的暗示，因此被面谈者的回答比较真实，所获信息也比较可靠，如"你对这个问题怎么看"。引导性的问题是指面谈者的提问带有一定的倾向性，常常有意无意地将被面谈者的反应导向自己期望的方面，如"你同意我刚才的观点，对吗"。在面谈中，使用该类问题进行提问应非常慎重，避免造成信息的扭曲与偏差。

（4）引诱性问题。此类问题比引导性问题具有更强的诱导性，从表面上看这种问题的提问很正常，但对被面谈者具有一定的欺骗性，通常被用在需要了解被面谈者情绪与情感的场合，面谈者通过这类问题配以适当的语气向被面谈者施加一定的压力迫使其表露内心情感。该类问题只适合于特定的面谈，如对需要较强的抗压能力的岗位应聘者进行面试时使用。

（5）追踪性问题。追踪性问题通常是基于被面谈者对前一个问题的回答而提出的，目的是更多地了解被面谈者在前一个问题回答中涉及的细节。它有助于面谈者对被面谈者加深认识，也有助于进一步了解被面谈者对问题的观点，有时也可以帮助面谈者辨别被面谈者回答问题的真实性。

在提问的过程中，面谈者可以利用重复与停顿作为暗示被面谈者继续详细展开回答的信号。此外，面谈者还可以利用辅助语言、身体语言等非语言工具进行沟通，以强化沟通的效果。

3. 安排面谈结构

确定了目的、设计好问题后，面谈准备的下一个步骤就是确定面谈内容的结构。为此，要考虑三件事：面谈指南、提问和过渡。面谈指南是一份关于你想涉及的话题和子话题的提纲，通常在每个标题下列举一些特定的问题。

当你在构思面谈指南的时候，还需要注意问题的顺序，亦即它们将怎样结合。最常见的两种提问顺序是"漏斗型顺序"和"倒漏斗型顺序"。漏斗型顺序从一般性问题开始，然后移向特定性问题。倒漏斗型顺序颠倒了这个次序，从特定的问题开始，然后移向更开放的问题直到结束。

面谈结构还可以分为结构化面谈和非结构化面谈。结构化面谈也称定向面谈，是指按预先确定的问题次序对面谈者进行提问。非结构化面谈也称非定向面谈，是指在面谈中随机提问，无固定程式。

4. 选择面谈环境

面谈地点会对面谈的气氛和结果产生较大影响。如果在你办公室或单位会议室进行面谈，创造的是一种正式的氛围。如果在一个中立的地点（如餐馆）进行面谈，气氛就会轻松些。环境的选择取决于面谈的目标。最重要的一点是在所有可能的情况下，你应当努力在一种有助于实现你所寻求的交流的环境中进行面谈。

5. 预期问题并准备回答

当你准备面谈时，你应当考虑：你可能遇到哪些问题；被访者可能怎样回答你的提问；他或她会提出什么异议或问题；被访者的个性以及在面谈中的地位（支配地位还是被支配地位）；预计需要多长时间提问等问题。每一次面谈都会遇到从未有过的问题，如果你能对这些问题做些安排，在实际面谈时其结果就会比仓促上阵要好得多。

知识链接 10-1　　　　　面谈的 5W1H

面谈者在面谈准备工作中，要认真计划为什么谈（why）、和谁谈（who）、何时谈（when）、在何地谈（where）、谈什么（what）、怎样谈（how）等问题。下面就从"5W1H"来讨论面谈的准备工作。

为什么谈（why）：

（1）面谈的主要类型是什么？

（2）究竟希望实现什么？

（3）你寻求或传递信息吗？如果是，那么是什么类型的信息？

（4）该面谈寻求信念和行为的转变吗？

（5）要解决问题的性质是什么？

与谁面谈（who）：

（1）他们最可能的反应/弱点是什么？

（2）他们有能力进行你所需要的讨论吗？

何时何地谈（when、where）：

（1）面谈在何地进行？在你办公室还是他们办公室？还是其他地方？

（2）它可能被打断吗？

（3）在一天的什么时间进行？

（4）面谈前可能发生什么？

（5）你在这件事中处于什么位置？

（6）需要了解事情全貌，还是只需提示一下迄今为止的最新情况？

谈什么（what）：

（1）确定需要包括的主题和提问；

（2）被问问题的类型。

怎样谈（how）：

（1）如何能实现你的目标？

（2）你应如何表现？

（3）以友好的方式开始或直接切入主题，哪种效果好？

（4）你必须小心处理、多听少说吗？

（5）先一般性问题再具体问题，还是先具体问题再一般性问题？

（6）如何准备桌椅？

（7）如何避免被打扰？

资料来源　STANTON N. Mastering communication ［M］. London：MacMillan Press Ltd，1996.

10.2.2　面谈过程控制

1. 营造和谐气氛

面谈的氛围是指面谈的语气和面谈中总的气氛。无论哪种面谈，在面谈组织过程中，必须仔细策划面谈的开始方式。尽管面谈开始的方式可以多种多样，但要坚持两个原则：一是尽量开诚布公；二是尽量以"建立和谐的关系"开始。面谈应当是一种建设性的相互影响，参与者感觉能自由准确地交流。作为访谈者，要在整个面谈过程中不断分析面谈的氛围。当你感到气氛已经不再融洽时，应适当地把话题从实质性内容暂时引向其他相关的、轻松的话题，除非面谈的目的就是向被面谈者传递压力的情况。

引子是建立和维持一种支持性交流的氛围的常用方法。面谈者可以不急于切入正题，可以利用几分钟的时间互相问候、探讨没有争议的社会话题等。问候之后，你需要鼓励被面谈者乐意参与面谈。通常的方法是请求被面谈者的帮助，或者告诉被面谈者为什么会选择与他面谈或以他作为信息的来源。引子部分应当包含对整个面谈的定位。你应当告诉被面谈者：（1）面谈的目的；（2）他或她将怎样有助于达到那个目的；（3）将怎样利用面谈中获得的信息。引子部分结束时应当以一个过渡进入面谈的主体部分。使用一个过渡性陈述，如"现在，让我们从……开始吧"或"既然你知道在接下去的几分钟内将会发生什么，那我们就转到问题上去吧"，告诉被面谈者真正的面谈即将开始。

2. 提问与回答

前序工作完成了，面谈就进入实质性步骤——提问与回答阶段。面谈的主体部分应该用来提出和回答问题，寻求问题的答案，努力说服被面谈者接受你的观点或产品。面谈主体部分的时间安排，由于不同的面谈目的、类型和时间限制，是各不一样的。

在非结构化面谈中，面谈者只要简单考虑面谈的目的，对可能涉及的问题或领域作一些思想准备。这种面谈比较适合于交流性、劝告性的面谈。在非结构化的面谈中，容许被面谈者成为面谈的主导者。

在一般结构化的面谈中，要准备好计划和要回答的主要问题的框架。若需要进一步了解情况，则要准备一些进一步的问题。在结构化的面谈中，面谈者必须支配和控制进程。

在高度结构化的面谈中，所有的问题都是事先安排和准备好的。这些问题以完全相同的方式提给每一位被面谈者。有些问题可能是不受限制的，但这类面谈主要采用限定性的问题。

小案例 10-1　　　　　　　　　　**问得好，让沟通更有效**

赵东升是上海电视台的一名记者。在他刚开始做记者时，曾采访过一名华裔英国女运动员，由于了解到她的老家在北京，所以在采访时赵东升连续问道："您父亲是北京人吗？""您这次打算去北京吗？""您准备去看望在北京的亲戚吗？"面对记者提出的一连串问题，运动员只简单地回答了"Yes"或"No"。

为了能了解更多的信息，他不得不转换提问方式，问道："您准备怎样把北京亲戚的问候带到英国去呢？"面对这个问题，运动员滔滔不绝地谈了起来。赵东升这才如愿地了解到了她的很多想法，对这名运动员有了一个比较全面的认识，这次采访也因后一种恰当的提问方式而获得了成功。可见，问得好，可以让沟通更加有效；问得不好，就会造成沟通障碍，甚至是沟通中断。

资料来源　崔佳颖.360度高效沟通技巧［M］.北京：机械工业出版社，2010.

即使面谈者明确了面谈的目的，也对面谈的过程做了精心准备，在实际沟通过程中，仍要注意克服以下一些问题：（1）没有把握住面谈时间，时间过长，缺乏效率，也缺乏时间控制技巧； （2）把大量时间放在讨论细枝末节的问题上；（3）面谈者（或被面谈者）说得过多，不让另一方插嘴；（4）面谈没有取得预期的效果，使你感到不满意，并表形于色；（5）当你就问题与对方进行的面谈结束时，对方仍不知面谈的真正目的是什么。

3. 结束面谈

面谈的第三阶段是得出结论。当你结束面谈时，你应当达到四个目的：首先，你一定要明确表示面谈即将结束。说一些如"好吧，我的问题就这些"或"你帮了很大的忙"之类的话，这使得被面谈者知道如果他或她有什么问题，应该现在就问。其次，试着总结一下你得到的信息，用来检查一下刚刚得到的信息的准确性，如果有误，被面谈者能纠正你的印象。再次，让被面谈者知道下一次将干什么，如你们需要再次会面吗？你要写一个报告吗？最后，通过对他或她拿出时间并仔细回答表示谢意，确保你们继续建立良好的关系。

结束面谈后，应及时检查自己是否记录了所有重要的信息。尽管你可能很好地计划了这次面谈，提出了所有正确的问题和深究性问题，但如果你不能准确地记住得到的信息，这次面谈不能说是成功的。因此，你一定要在面谈结束后立即写出总结，你还可以使用面谈指南作为总结的基础，回顾面谈的问题并写出被访者的回答。

记住信息的一个更好的办法是在面谈中做些笔记。一定要告知被面谈者你要做记录。做记录要尽可能不引人注目，不要让被面谈者感到不安。要学会怎样在做笔录时仍然保持目光与被访者接触。这是一个很难掌握的技巧，但你如果能熟练地运用这一技巧，将极大地帮助你取得成功。

10.3　不同面谈类型及技巧

10.3.1　信息收集面谈

信息收集面谈是组织中最常见的一种面谈，也是最像谈话的一种面谈。当你需要收集关于某个话题的事例或在能解决问题的情况下需要帮助时，你可以进行这类面谈。信息收集面谈是与信息有关的面谈，有关信息的主题在数量上占了绝对多数的比例。这种形式的面谈，通常与以下内容有关：数据、事实、描述、评价与感受等。

管理人员运用面谈收集信息的例子通常包括市场调研面谈、事故之后的调查面谈、员工离职面谈、工作计划跟进与复查面谈、员工恳谈面谈、部门冲突处理面谈等等。

信息收集面谈的结果常常包括报告或研究文件，它们可能用于指明主要组织变革的范围，如新的人事政策、新的组织设计，同时回顾组织变革的过程，指出变革的必要性，并把其作为有效变革管理的第一步。由此可以看出，信息收集面谈通常是组织变革起始步骤中的关键一环。

信息收集面谈的过程一般可分为以下四个阶段：

1. 收集背景信息

信息收集面谈不像招聘面试那样具有竞争性，它对面谈者的基本要求是把握节奏，充分利用时间收集背景信息。收集背景信息可以帮助面谈者树立关于所需信息的概念性认识，这个初始阶段包括建立一个基本的、实用的框架，用以回答"是什么""怎么样""谁"等问题。它可能包括组织图表、生产记录和一系列文件，所有这些都可以作为背景信息。

2. 准备阶段

在这个阶段，要决定在面谈中需要获取何种信息并如何获取这些信息。这需要回答如下问题：（1）需要获取哪些方面的信息？（2）提问一些什么样的问题？如何展开提问以获取这些信息？（3）被面谈人是谁？他在沟通方面有什么特点？（4）面谈将在哪里进行？需要多长时间？（5）面谈经过将如何记录？

3. 面谈阶段

由于信息收集面谈的宗旨在于获取大量需要的信息，这就要求面谈者熟练运用各项面谈技巧。获取信息的质量不仅取决于提出的问题，而且取决于提问的方式。一个老练的面谈者，将在会谈中运用一些开放性问题和沉默等技巧，并掌握说话的时间与会谈的时间。在面谈中，建立彼此间的和谐与相互信任关系，按照一定的程序提问，将有助于信息收集面谈的顺利进行。

例如，一位在前台服务的员工受到顾客的投诉，主管在同员工的面谈中按下面的顺序提问。

主管：小刘，你认为造成此次顾客投诉事件的主要原因是什么？

员工：我认为主要原因是……

主管：你认为这种事件会给顾客造成什么损失？

员工：会使顾客……

主管：你认为这种事件会给公司带来什么后果？

员工：会使公司……

主管：你认为作为员工，今后在工作中应怎样做才能防止类似的事情发生？

员工：个人应该……

主管：……

4. 分析阶段

面谈以收集信息为目的。会谈结束之后，将经过整理的面谈记录交给被面谈者核对，这不仅是对被面谈者的一种尊重，也会提高信息收集的准确性。另外，分析所得到的信息，总结面谈过程，对于提高今后面谈的效率也是十分必要的。

10.3.2 招聘面谈

招聘面谈用来帮助现有的组织成员挑选新的成员。在招聘面谈中，访淡者试图评价求职者是否适合进入本组织以及他们是否具有从事该项工作的合适技能。另外，访淡者通常还应试着向求职者宣传自己的组织。招聘面谈中的问题涉及四个一般性话题：

- 以前的工作经历；
- 教育和培训的背景；
- 面谈对象的个性特征；
- 面谈对象参加过的相关活动以及对方的兴趣。

其中，访谈者要根据工作的性质和求职者的个性，来决定哪些话题应该是交流的重点。

| 小案例 10-2 | 管理者素质不可忽略 |

S 公司是一家连锁加盟企业，正在招聘一名分店经理。在招聘中发现 A 除了满足岗位的基本要求外，还具备丰富的业务知识和财务知识，存在的一些问题也可以通过公司培训得到解决。A 经过公司的培训后到分店任职。在 A 任职后不久，分店的员工开始辞职，最后分店的资深员工也辞职了，分店经营业绩越来越差。公司于是派了两名"神秘顾客"去探个究竟。"神秘顾客"回来报告：分店士气已经极度低落，他们离开分店时也和分店员工一样沮丧。问题的关键在于公司招聘 A 的面谈重点集中在 A 的专业知识和技术方面，忽略了管理者素质方面的面谈，如团队建设能力、管理冲突处理能力、顾客服务能力。

对于招聘面谈，根据问题依据的不同，一般可以选择以下三种信息渠道：
- 运用工作描述来系统陈述那些涉及与任务有关的技能和个性特征的问题。
- 运用评价表，根据组织对成员的一般标准来设计问题，从而评价求职者的特征。
- 运用求职者简历来系统阐述那些有关求职者的特殊技能和以前工作经历的问题。

首先，为了更好地通过工作描述，来评价此人所具有的技术上的技能和经验，以及该人是否具有适应组织现行环境的个性素质，在设计问题时，要避免一般性咨询问题。

其次，在根据公司已经设计好的评价表来评价未来的雇员时，所提问题一般应围绕评价表上的话题，但问题的询问方式可以较为灵活。如可以通过设计一些特别的话题（而这些话题又是围绕关键问题的），来考查面谈对象的特征。

最后，在根据面谈对象的简历来提问题时，要仔细阅读这些材料，如果两次工作经历中有时间间隔，可以向求职者询问间隔期间的有关情况。如果简历上的信息太笼统，可以提些问题以了解详细情况。还有一些引申问题，如"设想一下5年之后你会做什么"（考查应聘者对自己的规划和价值判断），"讲一讲你职业经历中最骄傲的事"（考查应聘者的成就感），"当你不在办公室的时候别人会怎么说你"（考查应聘者对自己的客观评价）。

知识链接 10-2

微软的选人标准

选对人比培养人更重要——要选择什么样的人

- 迅速掌握新知识的能力
- 仅需片刻思考即可提出尖锐问题的能力
- 可以在不同领域的知识中找出它们之间的联系
- 扫视一眼即可用通俗语言解释软件代码的能力
- 关注眼前的问题，不论是否在工作中都应如此
- 非常强的集中注意力的能力
- 对自己过去的工作仍然记忆犹新
- 注重实际的思想观念，善于表达、勇于面对挑战，快速反应

松下幸之助的用人标准

1. 不忘初衷而虚心好学的人。初衷就是松下公司的经营理念，能够不忘初衷又能虚心向别人学习的人，才是企业所需要的第一要件。

2. 不墨守成规而经常出新的人。

3. 爱护公司、和公司成为一体的人。有公司意识，与公司同甘共苦。

4. 不自私、能为团体着想的人。有团队精神。

5. 能作出正确价值判断的人。

6. 有自主经营能力的人。

7. 随时随地都是一个热忱的人。热忱是一切行动的前提，事情的成功与否，往往是由做事情的决心和热忱的强弱决定的。

8. 能够得体地支使上司的人。支使上司就是提出自己所负责工作的建议。

9. 有责任意识的人。

10. 有气概担当公司经营重任的人。有这种品质的人必然会有以上各种能力的有机结合，不仅需要勇气、自信，而且需要具备一种仁爱和献身精神。

注意，大多数人在设计简历时有一个非常明确的目的——能通过招聘官的面谈。因此，简历表中所提供的信息可以说是总结了沟通对象迄今为止的职业中所有好的方面，而且所有的信息可以说都是用热情洋溢的语句写成的，此时，你就需要

考虑如何透过这些语句来获得准确的信息。例如，假定你在 A 的简历中看到这样一行字——"我有多年在领导岗位工作的经验"，显然，为了知道更多具体信息，你会问求职者"几年""是什么岗位""你的具体领导责任是什么"等问题。

小案例 10-3　　　　　　　小 A 的面试过程及分析

小 A 到一家大型集团公司应聘招聘主管一职，下面是主考官和小 A 的一段对话，我们根据对话分析面谈技巧。

面试一般分为关系建立阶段、导入阶段、核心阶段、确认阶段、结束阶段等五个阶段。

一、关系建立阶段

目的是创造自然、轻松、友好的氛围，一般采用简短回答的封闭式问题，约占面试过程的 2%。

主考官：你是看到广告来的还是朋友推荐来的？

小 A：我一直敬仰贵公司，这次是从广告上看到而来的。

（分析：这是封闭性问题。它要求应聘者用非常简单的语言，对有限可选的几个答案作出选择。封闭性问题主要用来引出后面的探索性问题，以得出更多的信息。）

二、导入阶段

这一阶段主要问一些应聘者有所准备、比较熟悉的题目，最好方式是开放性问题，约占面试的 8%。

主考官：请你介绍一下你的经历，好吗？

小 A：……

（分析：这是一个开放性问题。它是让应聘者在回答中提供较多信息的面试问题，这种题目不是让应聘者简单地回答"是"或"否"，而是要求应聘者用相对较多的语言作出回答。在它的基础上可构建许多行为性问题，而行为性问题能够让我们得到对应聘者进行判断的重要证据。）

三、核心阶段

这一阶段主要收集关于应聘者核心胜任能力（岗位胜任特征、素质模型）的信息。

主考官：请问当你与用人部门的主管对某一职位的用人要求有不同意见时，你是怎样处理的？（开放性问题）

小 A：我想我会尽量与用人部门的主管沟通，把我的想法和理由告诉他，并且询问他的想法和理由，双方来求同存异，争取达成一致意见。

主考官：那么你能不能举出一个你所遇到的实例？

小 A：好吧。有一次保安部门有一个保安人员的职位空缺，用人部门的经理要求找到的人必须身高在 1.8 米以上，体重在 80 公斤以上。

（分析：这是一个行为性问题。它要求针对过去曾经发生的关键事件提问，根据应聘者的回答，探测应聘者对事件的行为、心理反应（行为样本），从而判断应聘者与关键胜任能力（素质模型）拟合程度。）

主考官：为什么？

小A：因为他认为身材强壮的保安人员对坏人具有威慑力。

（分析：这是一个探索性问题。它通常是在主考官希望进一步挖掘某些信息时使用，一般是在问完其他类型的问题后做继续追问。）

主考官：那后来怎么样了呢？（探索性问题）

小A：我向那个部门经理解释这并不是必要的条件。因为对于保安人员来说，忠于职守、负责任、反应敏捷、良好的自控能力才是最重要的，而对身高和体重则不必提出那么高的要求。

主考官：那么你是怎么做的呢？（探索性问题）

小A：我对他说，如果你能够拿出一些统计数据表明保安人员的身高和体重确实可以阻止坏人的犯罪企图，那么我就接受这条要求；否则的话，提出这种要求就是没有道理的。

主考官：那接下去情况怎么样了？（探索性问题）

小A：接下去那位部门经理收回了他的意见，到现在为止，那个职位还处于空缺的状态。

主考官：那么你和那位部门经理这次意见不一致是否影响了你们之间的关系？（封闭式问题）

小A：没有。

四、确认阶段

主考官进一步对核心阶段所获得的对应聘者关键胜任的判断进行确认，约占面试过程的5%。这一阶段最好用开放性问题。

主考官："刚才我们已经讨论了一个具体的实例，那么现在你能不能谈谈招聘的程序是怎样的？"

小A：……

五、结束阶段

结束阶段是主考官检查自己是否遗漏了关于那些关键胜任能力的问题并加以追问的最后机会，约占面试过程的5%，可以适当采用一些基于关键胜任能力的行为性问题或开放性问题。

主考官：你能再举一些例子证明你在招聘方面的专业技能吗？（探索性问题）

小A：……

一次良好的面试不但要有充分的准备工作，而且在面试过程中要充分发挥面试的技巧。一次成功的面试不但是对应聘者的考验，更是对主考官选择合适的人到合适的岗位的能力的考验。

资料来源　佚名. 面试技巧如何运用于面试中［EB/OL］.［2016-11-27］. http://www.365zhaosheng.com/html/2010/03/20100318184606322291.shtml.

10.3.3 绩效评估面谈

绩效面谈即绩效考核面谈，是指绩效考评结束后，管理人员在规定的时间内将绩效结果反馈给下属。绩效面谈的目的，一方面是双方对考核结果达成共识，另一方面是共同探讨工作中存在的问题并提出改进措施。面谈的内容主要包括：对考核的结果形成一致的看法；回顾被考核者在某一特定考核期内的表现；指明被考核者的优点与存在的不足；对下一阶段工作的期望达成一致，制定其个人业绩目标；讨论并制定双方都能接受的绩效改进计划与方法；制定未来的培训与发展目标。

绩效面谈的步骤如下：

1. 进行准备

预先通知。有效的绩效评估是一次双向讨论过程，而不是评估人员搞"一言堂"的场合。这就是说，评估人员和评估对象必须进行准备，而只有预先通知评估对象，他们才能做好准备工作。

对前一段时间内的绩效进行回顾，是必不可少的准备工作。评估人员要翻阅评估对象的岗位职责描述，并且确定岗位职责描述是不是反映了最新的情况；评估人员要查阅评估对象的个人档案；评估人员要向其他有关人员了解评估对象的工作情况；评估人员还要查阅前一次评估记录以及回顾在评估期间进行的谈话记录。

2. 关注事实依据

对绩效进行讨论而不是对个性进行讨论。绩效评估不是一种治疗，评估人员也不是精神科大夫。评估人员要关注评估对象的实际表现，对评估对象表现不错的方面进行表扬，从而进行激励；与评估对象讨论今后如何对他们表现不太理想的方面进行改进，帮助他们提高和发展。

讨论事实而不要纠缠于观点和看法。实事求是，对具体事实进行批评，这样才能帮助批评对象在今后作出积极的转变。这一规则也同样适用于对某人进行表扬。站在表扬对象的角度上，告诉他在哪些具体的方面干得不错，就会让他感到这种表扬是发自内心的、真诚的。

3. 对行动计划达成一致

正视问题。成功的评估人员不仅要对评估对象表现不错的方面进行表扬，还要针对评估对象绩效欠佳的领域提出意见。对其他人进行批评，尤其是批评那些与我们共事的员工，是一件不讨好的工作。我们很容易碍于面子回避棘手问题。

4. 建设性批评的六大法则

（1）在某人犯了错误之后，要迅速与犯错误的人私下进行面谈。如果员工犯了错误，要当即指出问题所在，不要等到绩效评估的时候再指出他们曾经犯了哪些错误。

（2）就所犯错误的事实达成一致。必须让评估对象认识到他们犯了哪些错误。要做到这一点，首先必须确定实际发生了什么情况。

（3）询问和倾听。为了对事实达成一致，必须与相关人员进行沟通。

（4）对事不对人。这是"关注事实依据"的要点：针对评估对象的绩效而不是他们的个性。

（5）说明某项工作的重要性。这样能够使你的论证更加有说服力。

（6）就补救方案达成一致。在某些情况下，当对方承认他们犯的错误之后，我们会感到非常轻松，但是忘了关键的最后一步：对错误进行纠正。

5. 怎样对错误进行纠正

（1）设定目标。目标设定得越科学，目标被实现的概率也就越高。内容空泛的目标是远远不够的！有效的目标具有以下几个特点：Specific（目标要具体）；Measurable（目标是可以衡量的）；Agreed（目标是双方商定的）；Realistic（目标是可以实现的）；Time based（目标要在规定的时间内实现）。当然，有许多重要的目标是无法用数字进行"衡量"的。在这种情况下，评估人员和评估对象要对衡量标准进行讨论，并且加以确定。

（2）确定培训需要。在绩效评估过程中确定评估对象需要在绩效的哪些方面进行改进，绩效评估从回顾过去变成了提高和发展。通过确定培训需要，避免仅仅把目光放在正式培训这一种学习方式上。

（3）安排定期回顾会谈。绩效评估没有取得成效的一个主要原因在于，评估人员把绩效评估视为一项一年一次的活动。但是你可以设想一下，在 12 个月以前设定的目标常常会显得过时。随着情况发生变化，如果要保持绩效评估的有效性和针对性，必须在绩效评估过程中反映出最新发生的变化。员工期待从经理人处得到的支持，大大超过一次会谈可以提供的。

小案例 10-4　　　　　**关于个人评估的疑问与上司的沟通**

某跨国公司中国上海公司进行绩效评估面谈后，下属 Landy Lu 对评估结果不满，给上司和面谈者发了一封邮件。

Dear Cindy,

昨天你和休假中的 Sandy 以及两位常务（副总）就我的个人评估进行了沟通谈话，我表示非常感谢！

就评估中我不足的地方，很高兴你们能指出。但有些地方我是有不同意见的，沟通的时候我就口头提出过，但没有获得明确的回答，所以我书面提交出来与你沟通，希望得到答案。

评估认定我不足的地方主要有：沟通方式不当，不倾听他人意见和建议，心态不开放；与一线员工沟通不好，不体恤员工；不尊重个人，对待同事没有微笑；服务意识不够，工作不依靠团队力量等。

以下我谈谈对以上要点的理解。

（1）沟通方式不当，心态不开放，不倾听他人意见和建议。我自认为沟通方式没有什么不恰当的地方，大家都知道我很直率，有问题就提出，即使提交"门户开放"（公司的一项政策：员工如果受到不公正待遇可以越级反映问题）也是符合公司政策的，且是与你和 Sandy 事先沟通过的。所谓不听意见和建议，是否指对包括 HR 道德问题坚持"门户开放"的不妥协？提出了"门户开放"而公司没有及时判断处理甚至没有正面回复，我也受到了打击报复。大家都看到了，我没有因此消沉或者影响工作，心态不开放说得上吗？

（2）与一线员工沟通不好。这不是可以凭空说的！我与员工和管理层没有不能沟通的，包括对我私下有情绪的人我也带着足够的尊重去交流，因为这是我的习性。

"不体恤员工"这个帽子扣得莫须有，错位了。体恤的概念知道吗？是上级领导对下级员工的，应该是你和 Sandy 的义务，我孤家寡人一个，有什么资格去体恤！我也是一名员工，自己辛辛苦苦地工作，没得到公司的公正对待（这也是第一次"门户开放"的原因之一），你和 Sandy 没有体恤过我这个员工吧！有很多员工为了完成工作自觉或不得不加黑班，你们有没有体恤过？按照套用在我的评估上的方法，你和 Sandy 的评估里才应该有"不体恤员工"这项！

（3）不尊重个人，对同事没有微笑。昨天当场问你们我上述的行为表现，你说是 360°调查时，有同事说我开玩笑时有不尊重个人的言语。真是笑话！每个人包括你工作时都开玩笑的，这是过错吗？那你的评估有"不尊重个人"这项吗？我平时一贯尊重同事，包括清洁工人，这是有目共睹、可以调查的，以我的修养不可能去侮辱中伤他人。如果你随意空口说我不尊重个人，不举出信得过的真凭实据，就是对我的不尊重和侮辱！

我和公司同事都是有说有笑的，当然包括微笑，不然你凭什么说我和同事开玩笑呢。那说我没有微笑就太矛盾了，不知将这项作为我的不足的依据何在！你一直说我对 HR 没有笑脸，那是因为 HR 存在的问题被我"门户开放"，你们心虚或者怀恨在心，心态不开放吧。我自己是否笑、怎么笑我知道，反正不会像你们想的那样媚笑以及溜须拍马！

（4）服务意识不够，工作不依靠团队力量。我至今所做的行政工作连你和 Sandy 都没有也无法否定！开业至今我在部门缩编、工作未交接情况下，不要学生工帮助，一直做两个人的工作并随时提高服务水平，还帮助其他部门做分外的工作，却落得个"服务不够"的评估，请问依据是什么？要怎么做才能做到服务合格？请你这个对行政外行的 HR 列举出明细来，便于我更好地追求卓越！

公司很多工作程序是需要团队配合的，特别是工作棘手或者因公司程序无法及时处理时更应该依靠团队力量。但我很多次看到对本职外的工作有人推诿而不依靠团队力量处理，简单举 2 个：当顾客因伤害事故上门要求尽快赔偿，被推诿以致情绪激动以暴力砸总经办的时候，我出面协调，有礼有节地化解矛盾，解决问题；当被政府部门处以行政罚款但公司审批拖沓，店内面临滞纳金及追加处罚以及公司形象利益受损时，我顾全大局再次先行垫付费用，避免不良结果出现……其实这时是应该用团队力量去解决困难的，但那时候这个团队的一些成员包括你们在承担什么职责？团队力量你们是如何体现的？我个人去做这些工作，是把个人的力量融入团队去达到利于公司的工作结果，为什么得到的评估是不依靠团队？这些工作你们有没有依靠团队力量去做，还是自己推诿不作为却对别人说三道四，你这方面做得比我好吗？

在谈到我的评估分数3.2（5分为满分）的高低水准时，你和Sandy说是公正的，分数属于HR的中等……但我询问了很多同事，知道这个分数对于我的工作表现来说显然是不公正的。

昨天谈论时，你有个说法我觉得用于解释我的评估可能有点依据：你说我的"门户开放"伤害到你了，包括Sandy也有同样的说法，想来这才是你们借评估对我实施又一次打击报复的根本动机。难为你们编了那些牵强的问题套在我身上。下面我对"门户开放"到底谁伤害谁做些探讨。

第一次"门户开放"，我投诉公司存在薪资不平等现象，HR部门涉嫌整体利用职权谋取不当利益、违反公司"诚实、公平、正直"的道德规范等。公司既没肯定也没否定，至今没有明确处理，但这些都是大部分员工、管理层心照不宣的，我想我没有对你个人进行伤害，倒是代表资方的HR伤害到我以及大部分员工的利益。

第二次"门户开放"，Sandy凭个人开心与否要我离开公司以及你们俩在行政交接时的双簧配合，实质上又一次伤害到了我的利益。而我反映你们的情况是没有虚构的，包括你们午间超过1小时用餐时间去饭店庆祝生日。公司是否有规定许可S级管理层用工作餐不受1小时限制、营运时间用餐可以不用轮换以免岗位无人值守而全体参加个人宴席？是否可以挎着对讲机做自己的事情（参加宴席或休闲娱乐）作为其正在为公司工作的表现？请你们将相关程序规定指引分享给我，好让我和员工受些教育，有所提高。如果没有相关规定许可此项特权，我想我就没有冤枉你和Sandy，对你们的伤害抹黑就是你们编织出来报复的理由和动机。

再看行政缩编方面。昨天Sandy有新的惊人论调：行政缩编减少人员是因为行政工作本来只要一个人就可以了！这个说法我和行政部门的同事从来没有听到过，公司一直也没有这种观点。不知Sandy是个人观点还是公司哪些上级授意的。那样的话，公司目前对行政的调整以及工作交接的安排都可以改变，按照Sandy的规定去执行吧。我觉得这是Sandy个人对公司政策的歪曲和对整个行政部门同事的不尊重，我会向公司报告并分享给每一位行政同事，要求公司对此明确表态及处理。

不管我是否在意在公司升职加薪的发展前景，我都不容许有人对我作出不公正的评论和行为，尤其是这些评估被提交给公司总部白纸黑字记录着，肯定会歪曲公司对我工作和人品的判断。

因此，我希望你和Sandy能就我评估的依据及公正性作出书面明细解释，我的不足之处怎么才算合格，并且对我"门户开放"如何伤害你们举出你们的证据。

公司政策规定"门户开放"不会受到打击报复，而且有总部高级管理层多次向我邮件、电话及当面承诺过。

如果你们的行为是属于打击报复的，我会再次报告给公司要求主持公道。同时这次行为已经实际伤害到我的人格、名誉和利益，我保留通过法律途径维护自己的合法权益的权利。

为避免因沟通存在差异和误解影响我们各自的行为，所以我先把自己的观点提交给你们，希望得到你们合理有据的解释。

请在今天下午百忙之中回复，因为 Sandy 休假，你也可以代为解释。如果得不到及时答复，我会按照自己的理解判断进入下一个程序——将此情况向公司提出投诉。

谢谢！

从这封邮件分析，此次绩效评估面谈存在哪些问题？

10.3.4　裁员面谈

裁员是企业永远的痛，刚性裁员、柔性执行，所以，要尽量让裁员面谈化解冲突、缓和阵痛。

裁员面谈的步骤如下：

1. 选择正确的时间

向员工宣布裁员决定的时间要选择在一天和一周的开始，最糟糕的时间是在周末和假期开始之前。当然，具体时间依据企业的具体情况而定。

2. 准备好文件

要在宣布对某员工的解雇决定之前就准备好所有的文件。如工资及补偿，包括其他方面的收入以及员工还没享受过的假期，这些都应该及时处理好。这不仅体现了良好的公司制度，而且也涉及法律问题。

3. 简明扼要传达裁员决定

首先感谢员工对企业的贡献，然后传达裁员决定。只能说你必须说的话，要表达清楚，言简意赅。拖长谈话时间会让员工以为这是在进行一次讨价还价的谈判。

4. 告之补偿及其他政策

告之补偿、再就业辅导及企业的其他帮助政策；告之离职程序和离开公司的时间。

5. 寻求反馈

给予被裁员工适当时间反馈。如果反馈激烈，面谈者只能洗耳恭听，不要辩驳。但要告之员工，裁员决定是不能更改的。对个别情绪异常的员工要在面谈后观察，如有情况，迅速启动应急预案。

某公司战略裁员，事先没透露任何消息，员工和外界都不知情，只有责任经理知道。面谈时，面谈者首先肯定被裁员工过去的成绩，然后解释战略裁员的决定及原因，告知支付的补偿金数额，递上所有已经办好的材料，最后让他在解除劳动关系合同上签字，平均每个人 20 分钟。

小案例 10-5　　　　　　　　**某公司裁员面谈六部曲**

一、相关部门的准备工作

- 相关部门主管要认识到裁员的必要性，和公司站在同一战线上
- 人力资源部准备好离职核对单等文件
- 人力资源部门核算好员工的赔偿费用
- 相关部门主管陪同 HR 通知员工解除合同
- 相关部门主管陪同员工到人事部办理离职手续
- 网络管理部门或者行政部门准备好更换公司大门及电脑的安全密码
- 相关部门主管、经理确保员工在办理离职过程中不发生串岗，不与他人交头接耳甚至发生冲突
- 相关部门主管陪同员工到更衣室、车棚等地，确认员工安全离厂
- 准备好急救中心和安全部门的电话，必要时请助理或秘书留心紧急情况的发生

二、裁员面谈注意事项与步骤

1. 通知员工
- 尽量不要在电话里通知员工"请到人事部来一趟"，以免造成紧张感
- 尽量避免周末、假日或者员工的重要纪念日当天通知员工
- 使用会议室、休息室等，尽量不要用经理办公室这种"正式的、严肃的"地方

2. 切入正题
- 不要假意避重就轻谈一些天气或者其他轻松的话题
- 员工一进会议室（或你选择的其他场所），待他坐好后就直接告诉员工公司的决定

3. 描述事实
- 用几句话描述为什么公司要作出裁掉他的决定
- 切记：重事实而非攻击员工的人格
- 重点强调这个决定已经作出是不可更改的，管理层已经批准等
- 辞退面试不要超过半小时（否则就成了体力上的较量）

4. 倾听
- 被裁掉的员工如反应激烈，不要和他辩论，而是积极地倾听
- 用开放式问题与其谈话，重复他的最后的话语，点头或用短暂沉默配合员工的阐述，直到他可以稍微冷静地接受这个事实

5. 沟通赔偿条款
- 跟员工仔细讲述一遍赔偿的支付金额、具体算法、福利等
- 不要在已经商定好的条款上当场承诺增加任何内容

- 不要承诺会调查一下事后给予答复，这样会把辞退程序复杂化，弄到难以收拾

6. 明确下一步流程

被辞退的员工也许不确定下一步该怎么做，给员工离职流程图，并告诉他一步一步如何做，越详细越好

离职流程：

- 出勤情况汇总并请员工签字确认
- 支付情况签字确认
- 合同解除协议书一式两份签字确认
- 工作服、更衣箱钥匙等归还至 HR

小案例 10-6　　　　　　　　**雅虎裁员的经验分享**

2008 年 12 月 10 日，雅虎裁员谜底大揭晓的日子。经历 50 天折磨后，1.43 万名雅虎员工中谁是那倒霉的 "10%" 水落石出。凌晨 3 时，一份指导雅虎管理层如何更富技巧地宣布裁员事宜的内部机密——Yahoo's secret layoff doublespeak revealed 出现在 Valleywag. gawker. com 网站上，该文件提出经理们裁员时 "十项该做和十项不能做" 的指导。

十项该做的：

- 保持谈话的专注性，坚持谈话目的和决定；
- 谈话控制在 15 分钟之内；
- 提供业务上的理由；
- 谈话要清晰、简洁并尊重对方；
- 要注意倾听，使沟通继续下去；
- 允许员工回应；
- 要参考员工补偿内容条款；
- 解释被裁员工接下来要走的流程以及整理属于雅虎和个人的财物；
- 清楚被裁员工下一步流程以及对最后工作日的提醒；
- 指导被裁员工与 Right Management 的咨询师进行沟通。

十项不能做的：

- 不要谈论任何个人问题，直切主题；
- 不要试着去回答被裁员工 "为什么被裁的是我" 这样的问题（公司为节约成本瘦身裁员）；
- 不要去支配员工的感情；
- 不要谈论其他员工或者进行比较；
- 不要说你不赞成这项决定；
- 不要谈论员工个人的工作表现或者过去的问题，不要暗示他/她可能会在将

来回来工作；

- 不要说"你将可以有时间去度假"或者"谁知道我会在雅虎待多久"之类的话；
- 不要和员工就对遣散补偿进行协商，或者企图推翻补偿决定；
- 不要说员工的工作不重要；
- 不要提及自己的感受。

此外，还有6条附加指导原则：

- 被裁员工不能使用假期延长离开公司的最后日子；
- 不得对股权授权书进行商讨和修改；
- 当被裁员工签了补充协议后，雅虎将不再要求他们履行退还义务（换岗、签约奖金）；
- 被裁员工在6个月内不能以临时工的身份重新被雇用；
- 那些通过兼并加入雅虎的员工被裁时将按照收购时和雅虎签订的协议办理；
- 对被裁员工在下次应聘正式员工职位时不提供"等待期"。

资料来源 杨琳桦．雅虎温柔一刀：裁员秘密备忘录［N］．21世纪经济报道，2009-01-01．佚名．雅虎裁员指导文件泄露 传仅给予两个月工资补偿［EB/OL］．［2016-11-27］．http：//www.ce.cn/cysc/tech/07hlw/guoji/200812/11/t20081211_ 17638637. shtml.

复习思考题

1. 如何准备面谈？
2. 如何控制面谈过程，避免冲突？
3. 招聘面谈、绩效面谈、裁员面谈的策略有哪些？

案例分析　　怎样面谈更好

凯茜是一个项目团队的设计领导，该团队为一个有迫切需求的客户设计一项庞大而技术复杂的项目。乔是一个分派到她的设计团队里的工程师。

一天上午九点左右，乔走进凯茜的办公室，凯茜正在埋头工作。

"嗨，凯茜，"乔说，"今晚去观看联赛比赛吗？你知道，我今年志愿参加。"

"噢，乔，我实在太忙了。"

接着，乔便在凯茜的办公室里坐下来，说道："我听说你儿子是个非常出色的球员。"

凯茜将一些文件移动了一下，试图集中精力工作。她答道："啊？我猜是这样的。我工作太忙了。"

乔说："是的，我也一样。我必须抛开工作，休息一会儿。"

凯茜说："既然你在这儿，我想你可以比较一下，数据输入是用条形码呢，还是用可视识别技术？可能是……"

乔打断她的话，说："外边乌云密集，我希望今晚的比赛不会被雨浇散了"。

凯茜接着说："这些技术的一些好处是……"她接着说了几分钟，又问："那么，你怎样认为？"

乔回答道："噢，不，它们不适用。相信我，除了客户是一个水平较低的家伙外，这还将增加项目的成本。"

凯茜坚持道："但是，如果我们能向客户展示这种技术能使他省钱并能减少输入错误，他可能会支付实施这些技术所需的额外成本。"

乔惊叫起来："省钱！怎样省钱？通过解雇工人吗？我们这个国家已经大幅度裁员了，而且政府和政治家们对此没有任何反应。你选举谁都没关系，他们都是一路货色。"

"顺便说一下，我仍需要你提供编写进展报告的资料，"凯茜提醒他，"明天我要把它寄给客户。你知道，我大约需要 8 到 10 页。我们需要一份很厚的报告向客户说明我们有多忙。"

"什么？没人告诉我。"乔说。

"几个星期以前，我给项目团队发了一份电子邮件，告诉大家在下个星期五以前我需要每个人的数据资料，而且你可能要用到这些你为明天下午的项目情况评审会议准备的材料。"凯茜说。

"我明天必须讲演吗？这对我来说还是个新闻。"乔告诉她。

"这在上周分发的日程表上有。"凯茜说。

"我没有时间与篮球队的所有成员保持联系，"乔自言自语道，"好吧，我不得不看一眼这些东西了。我用我 6 个月以前用过的幻灯片，没有人知道它们的区别。那些会议只是一种浪费时间的方式，没有人关心它们，人人都认为这只不过是每周浪费 2 个小时。"

"不管怎样，你能把你关于进展报告的资料在今天下班以前以电子邮件的方式发给我吗？"凯茜问。

"为了这场比赛，我不得不早一点离开。"

"什么比赛？"

"难道你没有听到我说的话吗？联赛。"

"或许你现在该开始做这件事情了。"凯茜建议道。

"我必须先去告诉吉姆有关今晚的这场比赛，"乔说，"然后我再详细写几段。难道你不能在明天我讲述时做记录吗？那将给你提供你做报告所需的一切。"

"不能等到那时，报告必须明天发出，我今晚要很晚才能把它搞出来。"

"那么，你不去观看这场比赛了？"

"一定把你的资料通过电子邮件发给我。"

"我不是被雇来当打字员的，"乔声明道，"我手写更快一些，你可以让别人打印。而且你可能想对它进行编辑，上次给客户的报告好像与我提供的资料数据完全不同，看起来是你又重写了一遍。"

凯茜重新回到办公桌并打算继续工作。

讨论题：

（1）交流中的问题有哪些？

（2）凯茜应该怎么做？

（3）你认为乔要做什么？

（4）凯茜和乔怎样处理这种情况会更好？

第11章 有效写作

学习目标

学习本章，您应该可以：

- 了解写作沟通的类型、特点，以及写作沟通的优缺点及沟通障碍；建立受众导向的写作沟通思路与信息组织原则
- 掌握与运用商务文本写作过程中的语言组织和逻辑、结构；能够根据建议的写作过程去进行写作沟通，学会写作常用商业报告和函件
- 掌握各种商务写作方法

引例

口头传递产生的信息障碍

1. 2016 年 3 月某日，我给新来的总经理助理曹小姐布置了一个任务，要求她向各个部门下发岗位职责空白表格，并要求各个部门在当天下午两点之前上交总经办。我问曹小姐是否明白我的意思，她说完全明白，于是就去执行。

结果到了下午，事情出来了：到了规定的时间，技术部没有按时上交。我问曹小姐："你向技术部怎么传达的？"曹小姐说，完全按正确的意思传达的。我又问为什么技术部没上交，曹小姐说技术部就是没上交，不知道为什么。

我把曹小姐和技术部负责人召集到总经办会议室，问这个事情。技术部负责人回答说当时他没有听到曹小姐传达关于上交时间的要求；而曹小姐说自己确实传达了，因为公司 12 个部门就技术部没听清楚。技术部负责人说确实没有听到。到底是曹小姐没传达，还是技术部没听到？

没有书面的东西，谁说得清楚？

2. 2016 年 3 月某日，本公司外派维修的售后服务工程师陈某电话要求工厂售后服务部门为其在安徽芜湖的维修现场发送一个配件。按规定要求，陈某应当书面传真具体的规格、型号然后要求发货，以保证准确性。但是陈某讲自己干了三年多，都很熟，声称要节省传真费用，且客户很急，要求电话口头报告型号。鉴于这种情况，售后服务部担当人员相信了陈某，按陈某说的型号发去了配件。结果发到现场后，型号错误，又要重发，造成出差费用、运输费用等增加，更重要的是影响了客户生产。

事后处理此事时，陈某一口咬定自己当初报告的就是第二次发的正确型号，而售后服务部担当人员则坚持陈某当初报告的就是第一次错误的型号。

没有书面函件，该相信谁？

11.1   写作沟通概述

写作沟通作为一种传统的沟通形式，一直作为可靠的沟通方式为大家所采用，每一个管理者在工作中都不可避免地要运用文字来沟通信息，正如现在的商业活动中，商务函件、协议、单据、申请报告等，都要以笔头记录的方式加以认同，并成为约束大家行为的手段。"口说无凭，落笔为准"就充分说明了写作沟通在现实生活中的重要作用，而且以文字作为表达方式，是最有效的整理思路、建构严密信息逻辑的手段。

11.1.1   写作沟通特点

写作是写作主体将自己或自己所代表的团体的意志用文字表述出来的一个创造性过程。它包括文学创作和应用写作两大内容。前者强调的是写作主体的个性，后者强调的是团体意志和规范格式。在管理沟通学科范围内，主要研究后者。

写作是一种特殊的沟通方式。写作可以有充分的时间准备，也可以在创作后进行修改，这使得最终的作品正确、完整、清晰；写作的作品可以很容易地实现多向传递，一份通知可以复制多份发送到需要通知事项的单位；写作沟通无须其他辅助条件；写作的意义载体是文字，它可以准确地记录、保存信息，失真性相对较小。

首先，写作沟通具有有形展示、长期保存和可作为法律依据的优点。一般情况下，信息的发送者和接收者双方都拥有沟通记录，沟通的信息可以长期保存下去。如果对信息的内容有疑问，对信息的查询也是完全可能的。这对于复杂或长期的沟通来说尤其重要。

其次，写作沟通更加周密，更具有逻辑性和条理性。把需要表达的内容说出来和写出来是不一样的。写出来可以使人们对所要表达的内容更加认真地进行思考。书面沟通在正式发表之前能够反复修改，直到作者满意为止。作者所要表达的信息能够被充分、完整地表达出来，减少了情绪和他人观点等因素对信息传达进行影响。

最后，写作沟通的内容易于复制，有利于大规模传播。写作沟通可以将内容同时发送给许多人，给他们传递相同的信息。写作沟通的载体形式多种多样。根据沟通渠道的不同，写作沟通可以分为纸张沟通（包括正式和非正式报告、信件、商务函件、备忘录等）、传真沟通、电子邮件沟通和电子会议系统沟通等。其中，前面两种以纸为媒介，后面两种以机器网络为媒介。广泛的载体形式使得书面语言可以不受时空的限制,从一地转到另一地。而只要载体上所印制或储存的文字或其他信息符号能够保存,内容就可以长期保存下来。

但是,不容置疑的是,写作沟通也有缺陷:一是相对于口头沟通来说,写作沟通耗费的时间较长。在同等的时间内进行交流,口头比写作所传达的信息要多得多。花费一个小时写出的内容,用 15 分钟就能说完。二是发送者无法确保接收者对信息的理解是否符合其本意,发送者往往要花费很长的时间来了解发出的信息是否被接收者准确而完整的理解。三是缺乏内在的反馈机制,不能及时地提供信息反馈。不过,对此也应有全面的理解:正是因为写作沟通信息反馈的距离性和拖延性,使得发送者能够按照预定的计划表达自己的感情而不必应付接收者的即时反应。

11.1.2　写作沟通中的障碍

写作沟通的障碍包括语言障碍、知识障碍和人为障碍等。

1. 语言障碍

从传播学的角度讲,信息具有三个不同的层次:语法信息用来表征事物的变化发展状态;语义信息用来表征事物的变化发展意义;语用信息用来表征信息对不同的传播对象具有不同的作用。理解和表达能力的差异,常常使得发送者和接收者在借助语言进行沟通的过程中出现理解与把握上的背离。另外,由于各地风俗习惯和方言不同,在借助方言对书面材料进行解释或再传递的过程中,往往也会影响沟通的效果。

2. 知识障碍

写作沟通涉及的内容繁杂,范围广泛,有经济学、管理学、统计学、市场学、广告学及法学等多个学科,沟通双方对此都应有所掌握。如果知识面不够广,就会构成写作沟通中的知识障碍,从而影响写作沟通的准确性。

3. 人为障碍

在写作沟通的过程中,由于人为因素的影响,经常会出现书面材料内容表述不清、词不达意,因接收者疏忽造成信息遗漏,因书面材料的传递环节过多造成层次过滤,使书面材料的内容发生畸变等人为障碍。

11.1.3　写作沟通原则及适用范围

商务写作要求遵循实用性、真实性、规范性、准确性原则,还要站在读者的角度写作。

比较以下两封书信:

某货运公司致其客户——某食品公司——的一封业务信函

样本 1

敬启者:

目前我公司输送货物的时间大都集中在下午,以致送达业务无法顺利进行,工作人员只好加班加点。贵公司 11 月 20 日送出的 510 件货物,抵达时已是下午 4 点 20 分。不仅贵公司的卡车要浪费时间等卸货物,输送的时间也可能延误。因此,贵公司有大批货物时，能否提前送来，或在上午送一部分来？

经理：×××启

×月×日

样本 2

尊敬的客户：

为答谢贵公司 14 年来的惠顾，我公司将提供更迅速、更有效的服务。贵公司 11 月 20 日下午很晚才送到大量货物，在这种情况下，我们唯恐做得令您不满意。因为货物堆积太多，必然产生混乱，不但贵公司的卡车不能及时卸货，而且可能延误送货时间。

因此，如果可能的话，希望贵公司的货物都能于上午送来。这样，不但贵公司的卡车不浪费时间，货物可随时装运出去，而且装卸人员也能按时回家，品尝贵公司的美味通心粉。

当然，我们并非要求贵公司改变经营方针。无论贵公司何时送货来，我们都将尽快处理。

经理：×××启

×月×日

第二封书信站在客户（即读信人）的角度写，更能被对方接受。

写作沟通的适用范围是：①简单问题小范围沟通（如 3 ~ 5 个人沟通产生最终的评审结论等）；②需要大家先思考、斟酌，短时间不需要或很难有结果（如项目组团队活动的讨论、将复杂技术问题提前知会大家思考等）；③传达非重要信息（如分发周项目状态报告等）；④当谣传信息可能对团队带来影响时，澄清谣传信息。

11.1.4　写作沟通的写作过程

根据玛丽·蒙特的观点，写作沟通的写作过程可以划分为资料收集、组织观点、提炼材料、起草文章、修改文稿等五个阶段。不管你花多少时间或写作的难易程度如何，你都会经历这些阶段，只不过不同的沟通者在每个阶段上花费的时间和精力不同而已，有时也可能在次序上颠倒，但总体过程就是如此。

阶段一：资料收集

资料来源主要有两大类：一类是文献资料；另一类是调查材料。文献资料如以前的信件、文档、文章、数据、财务报告、万维网上下载的资料、CD-ROM 等；调查材料包括与各类人员的面谈、电话访谈、个人自己的笔记或采用头脑风暴法得到的信息等。在资料收集过程中，要训练自己的两个基本功：一是勤做笔记，尤其是当有新的想法和灵感出来时，要尽快记录下来；二是以带问题的方式与人沟通。

阶段二：组织观点

组织观点是最重要也是最困难的任务。如果在起草文章之前能把观点组织好（也就是平时说的打好腹稿），写作的效率将大大提高。尽管在文稿修改过程中可以修正观点结构，但如果有一个系统的观点结构，将非常有利于提高写作效率。组织观点可分为四个步骤：

①分组：以问题和原因、时间和步骤、主要观点和次要观点的思路将相似的观点和事实组合成一体。

②选择观点和素材：根据分组的结果，提出初步的结论和建议。

③归纳标题：将结论和建议归纳成简短明了的标题。

④论据和结论的合理编排：对于不同的报告和沟通对象，要策划相应的编排次序。要根据读者的管理风格确定逻辑推理方式：对关注过程的读者，可以选择从一般到特殊；对关注结果的读者，可以选择从特殊到一般。

阶段三：提炼材料

提炼材料主要包括：①明确文章的主要观点，区别主要和次要观点；②根据不同的对象选择理论性或实证性材料，以提高说服力；③以尽可能快的速度来表达观点，说服对方；④用最精练的词句说明观点，做到惜字如金。

前面三个阶段都属于写作的准备阶段，一般来说是每个人写作之前都要思考的问题。

阶段四：起草文章

在起草文章过程中，建议运用以下四个方面的技巧：

①不断训练用电脑直接写的习惯。在电脑上直接写可以大大提高写作效率，其中最大的好处在于修改方便。

②不要一边写一边改。文章的写作是一个创造性过程，连续的思路比语句的润色更重要。如果在写作过程中去修改，就会局限在细节性问题上，中断你的创造力。

③不要拘泥于写作顺序。你可以从结尾开始写，也可以从中间开始写。总体来说，你应该从自己最有把握的地方开始写。

④不要断断续续地写，最好能够一气呵成。"打补丁式"的写作风格会使你的思路经常中断，逻辑性下降，效率也降低。

阶段五：修改文稿

文稿的修改，要注意时间间隔。当文章写完后，最好放一两天，使得你有时间思考新的观点，或更好地理清你的观点。另外，注意修改的层次性，先从整体上修改文章的观点、逻辑性；再修改文章中的词句，要避免冗长的、啰嗦的语句，要注意文体；最后修改文章的具体措辞、语法和标点符号。在措辞的使用上，要尽量避免"我认为""笔者提出"这样的语气，尽可能使用中性的表达方式。

11.2　写作沟通中的逻辑

写作沟通的语言逻辑、整个文章或报告的组织、信息的结构安排远比口头沟通考究得多。

11.2.1　写作沟通中的逻辑层次

写作沟通的语言逻辑性，表现在三个层次上：

1. 最高层次

整个文章或报告的前后逻辑性要强，要融为一体、一气呵成。一个报告的写作首先要确定文章所要解决的目标。为达到这个目标，要充分收集各方面具有说服力、与主题紧密相关的材料来佐证或论证你的观点。在论据的组织上，要具有说服力。通过提出问题，分析解决问题的逻辑思路，统筹把握整个文章的结构。

2. 中间层次

在整个论证展开的过程中，每一个论点都要有其系统逻辑结构。当你提出一个论点时，就必须对这个论点通过"论点—论据—论证"的结构组织信息。

3. 基础层次

每个完整的句子也要有逻辑性。在一个句子没有表达完整之前，不要轻易断开；一个段落内部不要出现前一个句子和后一个句子完全不同或不相关的情况。

11.2.2　写作沟通中的结构逻辑安排

1. 有力的结构

在公务和商务写作中，结构安排是一个重要的问题。一般安排一个有力的结构。根据听众记忆曲线，在传播沟通开始的一段时间（大约15分钟）和即将结尾的一段时间（大约10分钟）里，听众和读者处于兴奋状态，对传播内容有较高的兴趣。因此，安排文章结构时应将重要内容放在开头，将行动计划放在结尾，如"建议、理由、实施计划"式的结构。"建议"即提出主要观点或所要达到的目标或主要结论；"理由"即支持"建议"的事实和材料，也就是论据；"实施计划"即具体行动方案。这样的结构安排使信息传播更有力。

2. 合理的逻辑

演绎推理和归纳推理在公务、商务写作中经常被运用。

演绎推理即从一般到个别，从大前提到小前提再到结论。比如，本市所有的组织都要被检查（大前提），我们是本市的组织（小前提），所以我们要被检查（结论）。

归纳推理是从个别到一般，通常是罗列出一系列事实或问题，然后提出一个总的结论或解决方案。比如，我们的营销人员允诺的服务，我们目前无法提供；没有人想要我们目前提供的服务；我们的财务状况正在恶化。因此，我们必须开发新的服务项目。

3. 有说服力的论证方式

（1）简单陈述或是对比论证。如果听众或读者对你的陈述是支持的或中立的，也即对这一问题没有争议，可以采用"简单陈述"的方式。如果听众或读者对这一问题有争议或持反对态度，最好采用"对比论证"的方式，带动听众或读者参与讨论、思考、比较，从而说服听众或读者。

（2）支持—反对或是反对—支持。当你要说服听众或读者时，是先论证你的建议还是先对反对这个建议的观点作出反应，这是需要选择的。一般来说，支持或中立的听众或读者想先听到支持的论证，因此，对他们宜采取"支持—反对"的方式。怀疑或敌对的听众或读者在他们的疑虑未被消除之前不太可能关注你的建议，因此，对他们宜采取"反对—支持"的方式，循序渐进地说服他们。

（3）上升或是下降的顺序。上升顺序是将最有力的论点放在最后，下降顺序是将它放在开头。一般来说，一个对话题既感兴趣又熟悉的听众或读者，可能想立即知道你的论点和结论，对他宜采取下降的顺序。这里要注意使后面的论述简洁、不琐碎、处于从属地位，并在最后再次肯定你的论点。一个对话题不太感兴趣或不太熟悉的听众或读者，只有当他的兴趣被唤起之后才会作出反应，接受你的观点，因此，你的开头要引人入胜，抓住他的注意力，然后用大量的论据为你的论点作铺垫，最后提出结论或建议。

小案例 11-1 　 如何安排"总经理办公室功能的调查报告"的结构

公司要你组织一个顾问团队，对总经理办公室管理人员的作用进行评价，于是你访问了总经理、公司职能部门和办公室人员。在起草报告时，你列出这样一个大纲：

第一部分：总体提出报告的目的

第二部分：总经理对办公室管理人员的作用评价

第三部分：各职能部门负责人对办公室人员的评价

第四部分：办公室人员对自己作用的评述

第五部分：结论和建议

现在假设你是公司总经理，你看了这份报告后作何评价？如不满意，又如何修改？

该结构存在以下问题：

问题1：对某一问题的重复性讨论，不能强调你的观点；思路不清楚，表述混乱；读者不能把握报告的核心观点。

问题2：没有站在总经理的角度来安排结构。

针对上述问题，可对大纲做如下修改：

大纲（一）

（1）前言：报告的目的

（2）作用一：总经理的参谋功能

（3）作用二：不同职能部门之间的协调功能

（4）作用三：公司内有关活动的组织者

（5）作用四：职能部门和总经理之间沟通的桥梁

（6）结论和建议

大纲（二）

（1）结论和建议

（2）报告的目的

（3）本报告的调查分析和发现

（4）原因分析

（5）详细对策和建议

11.2.3 选择对受众适度的信息

写作时，要选择对受众适度的信息，具体分析以下三个问题：

1. 受众对于讨论主题知道多少

根据洛克的观点，受众对于主题的了解程度往往很容易被高估，组织以外的人们很可能不了解你从事的工作。即使是曾经在某部门工作过的人，现在也可能已经忘记了从前每天的工作细节，更不要说组织之外的人了。如果你所提供的信息完全是新的内容，就必须做到：①通过下定义、概念解释、举例子等方法将主题表达清楚；②将新的信息与受众已有的常识相联系；③通过分段或加小标题的方式使信息易于理解；④将文件草稿在传递对象的抽样人群中进行试读，看他们是否能领会和运用你所写的内容。

2. 受众对信息主题的常识来自平时的阅读还是个人经验

亲身体验直接掌握的知识往往比间接从书本中学到的知识更实际、更可信。尽管有些人会把这些经验视为例外、谬论或侥幸，我们自己则会视之为将来更好地开展工作的基础。要改变受众对某一信息的认知，必须做到：①在表达的信息中先对受众的早期认知予以认可；②用理论、统计数据说明长期和短期效果之间的差别，或证明受众的经验在此不适用；③在不伤面子的前提下，提示受众情况已经发生变化，态度和方法也要作相应的变化；④要受众支持你的观点，你得知道他们需要你提供哪些信息。

3. 为了弄清楚受众所需要借助的信息背景，要做好三点

（1）用"如你所知"或"正如你记得的那样"的字眼开始提醒对方的有关信息，避免让对方觉得你认为他们根本就不懂你在说什么。

（2）把已为大家所接受的或显而易见的内容放在你的句子中。

（3）需要提示的内容过长时，可以用加小标题、单独成段，或列入文件和备忘录的附录等形式表达。

此外，在写作沟通过程中，还要减少受众的抵触情绪，消除受众的负面反馈可能给沟通带来的困难。这是考虑如何激发受众兴趣的首要切入点，因为如何让消极受众转化为中立受众甚至是积极受众，是沟通中最困难的事情。

首先要考虑的是受众会持哪些反对意见，如有主见的受众通常对变化很反感，为此，要站在受众的立场上给他们提供积极信息。具体策略有：①把好消息放在第一段；②把受众可能得到的好处甚至放在好消息之前；③开头先讲你们之间的共同点和一致之处；④观点要清楚明确；⑤不要使用煽动性言论；⑥减少说明或提出要求等内容的篇幅，若可能，在下次沟通时再提到此类内容；⑦说明你的建议是现有最好的解决办法，当然这也不是十全十美的。

其中，在讲双方之间的一致之处时，不妨向受众提到你们共同的经历、兴趣、目标和价值观，因为一致的感觉有时比文件的内容更能说服对方。具体到在沟通相互之间的一致之处时，有以下建议：①采用生动、短小、有趣的故事谈论你们的共同之处，故事的情节应新颖，不要让人感觉在作报告；②写作风格应尽量友善、非正式；③文章结束语和敬称等要让读者感觉到在这个正式或非正式群体中的归属感。

其次，在信息编辑过程中，要注意受众对文章的语言、结构和格式的偏好。具体到做法上，要考虑以下五个方面的问题：①受众喜欢何种写作风格。根据对受众的了解，选择不近不远、友善的风格。②避免使用激进或禁忌的词汇，以免令受众产生反感。③了解受众所需信息的具体程度。④根据受众个性和文化背景的不同选择直接的或间接的信息结构。⑤根据受众对于表达方式（包括长度、版式、脚注等）的偏好编辑文字。

11.3　常用商务写作

企业常用的商务文书包括报告、信函等。报告又可以分为很多种，信函有致函和回函。

11.3.1　市场调查报告的写作

市场调查是一种收集、记录、整理和分析市场对商品的需求状况以及有关材料的活动，将市场调查得到的材料进行筛选、整理、归纳、分析后形成的文书就是市场调查报告。它是一种专题调查报告，除具有依赖调查的一般特点外，还具有很强的时效性、针对性和实用性。市场调查报告可以及时获取信息，了解情况，发现问题，总结经验教训，为决策提供依据。

1. 市场调查报告的结构

市场调查报告的结构包括标题、引言、主体、结尾四个部分。

标题的拟定方法有两种：一种是文种式，这种标题由单位名称+事由+文种构成，而事由一般由调查的内容构成，如"××新产品消费群体调查报告"。另一种是概括式，即用一个能够揭示分析者的观点或倾向性意见的句子拟题，如"专业户的生命力在于高效率"。

引言部分的写作通常有两种方式：说明式的引言对调查的缘起、目的、对象、范围、内容、调查方法、时间、地点以及简要结果等有关调查本身的情况作一简单说明，使读者对调查的全貌有所了解；结论式引言用简要的语言提出全文的主旨，将调查结论和盘托出，使引言成为全文的纲要。

主体部分显示调查报告的主要内容，由情况、分析和建议三部分构成。情况部分是对调查的归纳，分门别类地叙述调查材料，有时可加图表作辅助说明。分析部分表述的是写作者对调查情况的看法以及从中发现的问题、得出的结论等。它与情况部分通常放在一起写，边介绍情况边进行分析，这种有事实、有数据、有分析的写法较有说服力。建议部分依据调查材料及分析研究，提出解决问题的方法或应采取的措施、对策等。

市场调查报告的结尾没有固定的格式，有的归纳全文，进一步深化主题；有的由调查的种种事实引出简要的结论；有的提出存在的问题及建议、意见；有的发出呼吁，提出令人深思的问题或观点，写出总结式的意见；还有的写完意见与建议就自然收尾，而不另行结尾。供决策参考的市场调查报告还应在结尾处署上作者的姓名，以示负责；如系受托，还要将委托方和调查方分别写清楚。

2. 写作注意事项

写市场调查报告一定要做到实事求是。写作者要认真调查，这是写作的基础；引用的数据要反复核对，保证其准确性；选材时一定要客观全面，不能由着自己的爱好取舍；对情况的分析也要符合实际。市场调查报告要求以叙述事实为主，同时要对调查的事实加以分析、综合，从中引出明确的观点和结论，因此夹叙夹议是市场调查报告的文体特点，也是写作者应注意的问题。市场调查报告的内容广泛，涉及的问题较多，在整理材料以及写作过程中，要根据主题的需要进行剪裁，突出重点，切忌面面俱到。如果涉及的内容太多，可以分专题写成几份报告。写市场调查报告免不了要使用大量的数据，写作时要注意文字与数据的结合，或将数据与文字融合在一起，或将数据分类，或用数据支撑图表，使报告内容表述得更加直观。

小案例 11-2   **SS 产品的市场调查报告**

为了摸清 SS 产品在今后的发展前景、用户的消费心理与承受能力以及今后对于 SS 产品的需求量，我们进行了一次社会调查。经整理分析，其结论如下：

1. 目前 SS 产品在 A 市尚处在起步阶段，发展的高潮尚未真正到来。

2. 2011 年、2012 年两年的需求将分别达到 N 万户和 M 万户左右。

3. 目前 SS 产品的发展重点应放在宣传使用方法和搞好售后服务上，以便为发展高潮的到来打下坚实的基础。

一、移动电话市场概况

……

二、移动电话需求预测

......

三、专家的评价与预测

......

四、对发展移动电话业务的建议

......

五、对本次调查工作的评价

......

资料来源　晓佳.商务文书范本大全［M］.北京：中国言实出版社，2006.

11.3.2　经济活动分析报告的写作

经济活动分析报告是根据计划指标、会计核算、统计报表以及调研材料，对某一时期的经济活动状况进行分析研究、探索原因、提出改进意见而写成的书面报告。它具有分析性、时效性、建议性的特点，是计划、统计、财务会计人员当好参谋的重要工具，有助于企业提高管理水平，是进行科学管理的有效武器。

1. 经济活动分析报告的结构

经济活动分析报告的结构包括标题、引言、分析、意见与建议四个部分。

标题的拟定方法同市场调查报告一样。引言是经济活动报告的开头部分。在引言中，可以扼要介绍基本情况，交代分析的内容和范围，说明分析的依据、方法及目的，揭示分析的简要结果。引言部分的作用在于为下文做好铺垫，使阅读者先有一个总的印象。分析部分通过对指标完成情况或经济效益情况进行分析、比较、说明，总结经验教训，找出带有规律性的问题。这是经济活动分析报告的核心，写作者要运用各种分析方法，解剖各个指标的构成要素，成就与问题、主观与客观、计划与实际、主要与次要、原因与结果都要予以考虑。准确揭示分析对象的全貌是这一部分的目的。为了使分析条理清楚、中心突出，在这部分内容中可以使用序码、小标题和段落主旨句。如果在分析部分主要分析了取得的成就，在意见与建议部分就应该提出如何发展和进一步完善的措施；如果在分析部分讲到了存在的问题，在意见与建议部分就一定要提出改善的意见、建议和可行性措施。

小案例 11-3　　　　　　**A 公司财务成本分析报告**

根据……我厂的具体情况，现将生产、利润、成本三方面的经济活动进行初步分析。

一、经济指标完成概况

1. 工业总产值：完成××万元，为年计划的 n%，比上年同期增长 m%。

2. 产品产量：……

3. 全员劳动生产率：……

4. 产品销售收入：……

......

二、生产任务完成情况分析

......

三、利润指标分析

......

四、成本分析

......

A 公司

××××年××月××日

资料来源　晓佳. 商务文书范本大全［M］. 北京：中国言实出版社，2006.

2. 常用的分析方法

在对数据进行分析的过程中，常常会用到两种分析方法：一种是对比分析法；另一种是因素分析法。对比分析法是将两个或两个以上在时间、内容、项目、条件等方面具备可比性的数据进行对比，根据对比的结果研究经济活动的状况，反映工作成绩和差距，从而找出原因，总结经验教训，并设法保持或改进。反映在数据上，对比分析法通常表现为绝对数与绝对数或相对数与相对数的比较。在对比对象上，通常表现为计划与实际比较、现实与历史比较、本单位与兄弟单位比较。对比分析法的目的是寻找变动指标，发现问题。因素分析法的前提是已经找出变动指标，要分析影响指标变动的因素以及各因素的影响程度。

3. 写作注意事项

材料是经济活动分析报告写作的基础。材料有死材料与活材料之分，前者是指源于计划、报表、凭证、账册等的书面材料，后者指的是源于调查的材料。写作时对此二者应该充分占有，不可偏废。有些人写作经济活动分析报告只罗列材料，缺乏必要的提炼与分析，分析报告无分析是本文体的致命伤。

11.3.3　可行性研究报告的写作

可行性研究报告是对某一项目投资可能采取的方案从各方面进行反复调查、研究、论证，确定其是否可行后写出的书面报告。它是可行性研究工作的总结性报告，具有超前性、预见性和严格的论证性，是决策的重要依据。

可行性研究报告的结构由标题、引言、分析论证、结论、附件五部分组成。

标题的构成比较简单，一般采用文种式。有的由"完成项目的单位+项目名称+文种"构成，如"××公司关于兴建××商场的可行性研究报告"；有的由"项目名称+文种"构成，如"××项目可行性研究报告"。

引言主要是使读者了解报告的来龙去脉以及主要内容，因此这一部分一般包括项目的由来、目的、范围、可行性研究的基本情况和简要结论，以及项目承担者和报告写作者等内容。

分析论证部分是主体部分。从内容上看，它是从与实施该项目有关的各个方面来论证其是否可行的。一般情况下，对项目的分析论证应该从以下十个方面入手：①市场需求分析；②地址选择；③原材料、资源、燃料以及公用设施的配备与供应；④工艺技术；⑤组织机构与人员管理；⑥项目的实施计划与安排；⑦资金数额估算与来源；⑧经济效益与社会效益分析；⑨环境保护措施；⑩项目进行中可能遇到的问题以及解决预案。由于项目的性质不尽一致，因此对于以上十个方面的内容在安排上也应各有侧重，按实际情况灵活处理。这一部分内容多，地位重要，是体现可行性研究报告优劣的关键部分。

结论是一个综合性评述意见。这一部分是对可行性研究报告的内容进行分析之后得出的认识，是可行性研究报告的落脚点。这一部分中要明确回答的问题是该项目可行还是不可行，并据此进行投资方案决策。

一般的可行性研究报告都有附件置于正式论证文字之后。附件的内容包括一些统计图表、设计图纸、实验数据、调查结果、上级机关或主管机关的有关文件和批文以及另外的论证资料等。附件既对于正文有极大的参考价值，能够增强说服力，又使得正文论证中心突出、简洁流畅。

小案例 11-4　　　**关于参股成立碳碳复合材料公司的报告**

总经理：

根据前期我公司与××工业资产管理公司、×××教授等相关方商洽的结果，经过经营管理部实地考察与调研，我部建议与××工业资产管理公司、×××教授等相关方合资成立碳碳复合材料公司。现将项目可行性情况报告如下：

一、项目简介

（一）项目名称

5 000 公斤碳碳复合材料硅晶体生长炉热场系统项目。

（二）项目合作形式

成立股份制公司。

（三）合作方简介

1．××工业资产管理有限责任公司。

2．×××，女，40 岁，××大学教授，"碳-碳航空刹车副的研究与开发"项目团队核心成员，碳-碳航空刹车副制备设备的主要设计人。

3．湖南××集团有限公司。

4．××大学，位于长沙。

5．×××，男，29 岁，大学学历，自动化专业，工程师，5 年软件开发、技术经济管理经验。

6．59 所。

（四）资金来源及股比结构

注册资本 1 175 万元，来源见表 11-1。

表 11-1　　　　　　　　　　　　　　注册资本来源

合作方	出资额（万元）	股比（%）	出资方式	备　注
××工业资产管理有限责任公司	360	30.64	现金	
×××	315	26.81	专利技术使用许可	他的股份有待××大学认可
湖南××集团有限公司	140	11.92	现金	
××大学	135	11.49	专利技术使用许可	
×××	125	10.64	现金	实质是设备等实物资产出资
59 所	100	8.5	现金	
合计	1 175	100		

（五）产品应用领域

主要用于太阳能光伏产业、芯片制造产业、IT 产业等，在军事上具有极高的战略价值，如航空航天和兵器。

二、产品市场前景

该项目头 3～5 年将以太阳能硅晶体生长炉热场系统作为主导产品，在世界各国……比 IT 产业发展还快，专家预测：未来 20 年世界光伏产业有望保持年均 30% 以上的增长速度。目前，世界光伏工业的应用市场和制造市场主要由美、日、德三个国家所主导，三国光伏安装容量约占世界容量的 75%，市场潜力巨大。

我国……估计未来 3～5 年市场保持 35% 以上的年均增长速度。

同时，全球热场系统供不应求，这是导致进口产品供货周期较长的主要原因，这一阶段性供不应求的市场局面为本项目提供了良好的市场机遇。如能利用国内市场树立品牌，打入国外的硅晶体制造产业市场，发展空间将更加巨大。

该产品的销售对象为两类：半导体材料生产厂和硅单晶生长炉制造厂……

本项目生产的是低密度碳碳复合材料，国内市场需求主要集中在太阳能光伏产业，但×××教授表示，只要……应用将更加广泛。

从 2008 年 9 月至今，已有多个有影响力的厂家在使用和试用本项目产品……已与×××教授签订了试用合同，对该项目产品反应积极，市场需求比较急切。

三、产品技术状况

本项目技术来源于××大学和×××教授。目前，该产品的生产工艺已经成熟，性能足以满足客户的需求。2016 年 2 月底，××工业资产公司派员对主要目标客户进行了市场调研，市场对×××的产品反应积极，大部分开始试用其产品。

据 59 所了解，目前国内能够批量生产高密度碳碳复合材料的单位仅××大学一家，××大学校长已表示与中国兵器装备集团公司合作的浓厚兴趣。

四、财务预测

项目的经济效益预期见表 11-2。

表 11-2　　　　　　　　　　项目经济效益预期简表

单位：万元

项目	初始	2014 年	2015 年	2016 年	2017 年及以后
对应产能（kg）	1 200	4 500	9 000	9 000	
销售收入	597	2 312	4 733	4 733	
毛利率（%）	52.5	58.3	52	52	
净利润	-40	516	945	945	
企业现金净流量	-491	221	618	1 049	
股东自由现金流量	1 175	519	178	514	945
内部报酬率（%）	32.58				
投资回收期（年）	4.07				

从表 11-2 可以看出，该项目经济效益可观，投资回报率高，投资回收期短。

五、项目风险

一是产权明晰问题。由于×××和前期合作方存在矛盾，根据×××的介绍和相关法律文件，初步认定前合作方的股权已转让给×××，但最终确认将聘请专业律师判断。

二是市场开拓问题。由于该项目产品尚在市场开拓期，客户对产品的试用是客观存在的，必然存在一个周期，大约在 12 个月以内。因此，取得客户对产品的认同并获得批量订货的订单显得非常重要。

三是上游产品依靠进口。生产 3C 材料的重要原料之一是碳纤维，本项目当前使用的 70% 以上是日本产品，其余由美国 Hexcel、英美 BP Amoco 和中国台湾的台塑三家生产。在大丝束 PAN 基碳纤维方面，则主要由美国和德国的三家公司独占。日本产品品质较高，技术也较为成熟，但是碳纤维属于航空航天必需的重要战略物资，日本对华出口有诸多限制。在现阶段，中日关系不是很稳定，存在禁运的威胁。

六、综合评价

总的来看，该项目拥有国际一流的碳碳复合材料核心生产技术，产品应用领域市场前景良好，并且产品工艺及相关工程化技术已经基本成熟（良品率 97%），产品性能可以达到客户要求。与进口同类产品和石墨产品相比，本项目产品具备较强的性价比优势，有良好的市场发展前景。

七、总结

鉴于该项目有较高的投资价值，且目前市场需求比较紧迫，建议公司投资入股，合资合作开发生产该项目。

以上为项目可行性情况，是否同意与相关方签署合资合作协议，并就相关条款进行商榷，请总经理批示。

湖南×××集团有限公司经营管理部
2016 年 10 月

11.3.4 年度工作报告

经理人员尤其是公司高层经理，每年都会写年度工作报告。

1. 前期准备

年度工作报告可以说是每个公司最重要的正式报告之一，要写出一份好的工作报告，必须要有充分的准备。具体准备工作包括：

（1）思想准备。一般要求提前一到一个半月就为年度工作报告作思想准备，要对报告的写作给予充分的重视。在思想准备过程中，一个重要的问题是弄清楚报告的性质：是阶段性、半年性还是年度报告；是董事长的报告、总经理的报告，还是部门经理的报告。对于不同的报告，要注意不同的写作风格。

（2）材料准备。对于经常写报告的人来说，材料准备已经成为一项基本功。材料准备主要包括两个方面：一是平时要建立自己的信息库。管理者要写出内容充实，论点、论据、论证合理的报告，在平时就要养成良好的收集信息的习惯，要有专门的数据库，把平时积累的信息放在数据库里。这样，当需要的时候，就可以比较方便地调取，为自己所用。二是在写报告之初就有针对性地去收集补充信息。材料准备的技能，概括起来，可以总结为"平时积累、资料收集、建立数据库、归类整理"。

（3）明确受众。此即弄清楚谁来听报告。报告内容、内容组织形式、信息编码方式等都需要根据不同受众的特点来安排，确立受众导向的信息组织策略。

（4）明确目的。如果是秘书写，在正式动笔前就要与领导沟通，听取领导的要求，体会领导到底要讲什么。对于如何明确报告目的，可以总括为"高屋建瓴，领会意图；提炼核心，把握主要思想"。

2. 构筑框架

对于有经验的报告写作者来说，酝酿和写作的时间比例为 1：1。换句话说，如果构思好了整个报告，等于完成了整个报告的一半。

报告酝酿的核心任务是构筑整个报告的框架，并选择合适的素材。整个报告大的框架思路设计一般是：对过去一年的工作进行总结和回顾，发现优点和缺点；确定下一年的工作目标，发扬优点，克服缺点；明确下一年的工作任务，分步落实，贯彻实施。

常见的年度报告一般性框架如下：

第一部分：过去一年的工作回顾。该部分对过去一年的工作要充分肯定成绩，鼓舞士气。在肯定成绩时，要辅以必要的数据。这部分的篇幅约占整个报告的1/3。

第二部分：提出下一年度工作的总体思路。在企业内外部环境分析的基础上，分析目前存在的问题，从而提出下一年度的工作目标和指导方针。

第三部分：确定下一年度的工作目标和工作任务。对于工作目标，要明确具体，简明扼要；对于工作任务，要有条理，思路清晰。第二部分和第三部分的内容约占整个报告的 1/2。

第四部分：明确完成上述目标和任务的措施。这可以从企业各个职能方面来分析。由于要考虑整个公司全体员工的下一年度工作安排，这部分内容要尽量面面俱到。尽管篇幅不多，但对各个部门都应提到。

第五部分：简要总结，发出号召。这部分内容一段即可，不要啰嗦。

3. 提炼完善

在完成框架后，写作过程的主要任务是"填充"，根据主题和标题充实内容。具体如何写，在本章"写作沟通的写作过程"中分别就提炼材料、起草文章、修改文稿三个方面作了分析，这里只补充一些建议。

首先，在内容结构上，可以采用多种方式，如正叙、倒叙、铺叙、演绎、归纳、例证（枚举）、反证（排除）等。

其次，在表达方式上，注意内容与形式的结合。不同的报告有不同的写作风格，即使同样的内容，也可以有不同的表达方式。如前面提到的年度报告的一般写法，也可以改变为"现状分析"、"目标确定"和"措施选择"三部分。

最后，对于要重点突出的观点，可以采用"铺张式"写法；对于一般性内容，则要采用"扼要式"写法。要"惜墨如金"和"挥毫泼墨"相结合。

小案例 11-5   **2016 年××市烟草专卖局专卖管理工作总结**

2016 年是行业改革和落实内部专卖管理监督工作关键的一年，在省局和市委、市政府的正确领导下，我们认真贯彻落实 2015 年全国烟草专卖管理工作会议强调指出的"……"和全省、全市烟草专卖管理工作会议工作任务与要求，继续加大……工作，进一步提高市场净化率，推进内部专卖管理监督，加强专卖管理的组织和队伍建设，切实推动内部专卖管理工作的深入开展，全面完成了 2016 年专卖管理工作目标。

一、建立联合打假长效机制，全方位开展打击制售假冒卷烟违法犯罪活动

1. 认真传达、学习省局打假工作会议精神，切实提高对打假工作的认识。……

2. 广泛开展打假宣传工作，充分发动群众共同抵制与打击制假售假行为，从源头上维护消费者合法权益，营造和谐、安全、放心的消费环境。……

3. 加大假冒卷烟网络的打击力度。……

4. 加大市场监管和清理整顿力度，提高市场净化率。……

5. 进一步完善打假联合机制，强化打假合力。……

二、加大内部专卖管理监督，规范"两烟"生产经营秩序，提高企业管理水平

1. 全面动员、广泛宣传、提高认识，增强全员内部专卖管理监督意识。……
2. 加强领导、健全机构，确保内部专卖管理监督工作落到实处。……
3. 精心组织、突出重点，全面开展内部专卖管理监督。……
4. 认真开展自查自纠和整改。……
5. 积极主动配合省局复查组对我市系统内部专卖管理监督复查。……

三、认真开展"回头看"，迎接国家局检查

为迎接国家局检查，全市系统从 10 月 26 日开始，对自查、复查和整改情况进行了"回头看"。一是各单位、各部门再次组织了自查。二是市局（公司）从全市系统抽调 20 多人组成检查组对 2016 年"两烟"生产经营进行了检查；对自查、复查中查出的问题整改到位情况进行了督查。三是认真收集整理资料，迎接国家局抽查。现已整理迎检资料 40 多本。

四、加大对"两烟"生产经营日常监管，生产经营进一步规范

……

五、完善和建立内部专卖管理监督工作制度与流程

……

2017 年基本思路

一、进一步完善联合打假机制，继续保持打假高压态势

……

二、进一步深入开展内部专卖管理监督，全面提升内部专卖监督水平

……

三、强化县级局专卖管理职能，继续抓好卷烟市场监管工作

……

四、加强专卖执法队伍建设，不断提高依法行政水平

……

继续加大学习与培训力度，加大法制法规宣传教育工作力度，提高干部职工法律意识和法律素质。加强政治思想、行业共同价值观教育，建立一支爱岗敬业、忠于职守的专卖团队。强化技能训练，提高专卖管理队伍的整体素质。加强文化业务知识、烟草专卖相关法规、计算机及相关软件应用、办案能力等方面的培训力度，切实提高行政执法水平和业务工作能力。

资料来源　本案例根据湖南大学 MBA 学员段雪婵作业改编。

11.3.5　商业函件的写作

商业函件简称商函，是企业用于联系业务、商洽交易事项的信函。

1. 商业函件的特征

商函有几个比较明显的特点：一是它的内容单一。商函以商品交易为目的，以

交易磋商为内容，一般不涉及与商品交易无关的内容。即使以董事长、总经理等名义往来的商函，内容也不掺杂交易磋商以外的私人事务或其他事务。商函内容单一的特点还体现在一文一事上，即一份商函只涉及一项交易，而不是同时涉及几项交易。二是它的结构简单。商函因为内容单一，一般段落比较少，篇幅也比较短，整体结构比较简单，看上去一目了然。这种简短明了的结构，便于对方阅读和把握，也体现了商函的实用功能。三是语言简练。商函以说明为主，或介绍业务范围，或报告商品的品种与价格，或提出购买商品的品种与数量，或要求支付货款，或告知有关事项，直截了当，言简意赅。

小案例 11-6　　　　　　　　　史蒂夫·乔布斯的辞职信

2011 年 8 月 25 日，苹果董事会宣布，苹果 CEO 史蒂夫·乔布斯（Steve Jobs）辞职，董事会已任命前苹果 COO 蒂姆·库克（Tim Cook）接任苹果 CEO 一职。乔布斯被选为董事会主席，库克将加入董事会。2004 年，创立苹果的斯蒂夫·乔布斯被诊断出胰腺癌，公司股价一度暴跌。病休期间，乔布斯仍担任 CEO 职务。

乔布斯 8 月 25 日向苹果董事会递交了辞呈，乔布斯辞职信的内容如下：

致苹果董事会及苹果社区：

我曾经说过，如果有一天我不能再履行作为苹果 CEO 的职责和期望，我会是第一个让你们知道的人。不幸的是，这一天到来了。

在此，我宣布从苹果 CEO 的职位上辞职，如果董事会同意，我将担任苹果董事会主席。

针对接任者，我强烈建议执行我们制订的接任计划，提名蒂姆·库克为苹果 CEO。

我相信，苹果的未来将更加光明，更具创造力。我期待未来苹果的成功，也将为此尽自己的绵薄之力。

我在苹果结交了一些人生中最好的朋友，能和你们所有人一起共事这么多年，非常感谢你们。

资料来源　佚名．苹果 CEO 史蒂夫·乔布斯辞职信全文［EB/OL］．［2016-11-27］．http：//tech. sina. com. cn/it/2011-08-25/06585977437. shtml.

---

2. 商业函件的类型

商函有四种类型：联系函、询答函、交涉函以及告知函。联系函用于建立商务关系。原来没有业务往来的商业企业，其中一方发现彼此之间有建立业务关系的必要，就通过发函联系，介绍自己企业的经营范围以及产品特点，表明合作意愿。询答函有问函和答函两种。问函用于一方向对方询问买卖商品的范围或要求对方对商品作出进一步的介绍，或要求对方报价、递价等。答函用于回答问函的询问，即对问函所提的问题作出有针对性的回答，以解决对方的问题和疑点。交涉函用于就商务活动中的某个问题进行交涉以求得问题的解决。告知函用于当企业拓展新业务、搬迁新址或有其他变动时通知有联系的企业或用户。

3. 商业函件的结构

信头一般包括本单位的名称、地址、邮政编码、电话、电挂等。写作商函一般使用本单位的特制信笺，其上方一般已经印好信头，故不赘述。

（1）标题。商函一般是有标题的，设置标题的目的是使对方迅速把握商函的主旨。标题位于信头之下、行文对象之上，居中排列。商函的标题应当准确简洁地概括商函的主要内容，一般格式是事由+文种，如"关于要求支付××货款的函"。

（2）行文对象。商函的行文对象指的是商函的接收者，即发文者要求办理或答复的对方单位。这一部分在表述时在标题之下、正文之上，顶格书写，后面加冒号。商函的行文对象只有一个收文单位，在具体表述时一般是写对方单位的名称，有时写对方单位的领导人，这时一般应该写上其姓名与职务。

（3）正文。商函的正文可以由多个段落组成，也可以由一个或两个段落组成。由多个段落组成时，其结构一般可以分为开头、主体、结尾三部分；由一个或两个段落组成时，结构就比较单一。无论由几个段落组成，从内容或内在逻辑上来说，商函的正文一般可以分为发函缘由、发函事项、发函者意愿三个层次。

①发函缘由。如果是初次给对方发函，在这一部分就可以先作一下自我介绍，使对方对本企业的业务范围或本企业的产品情况有初步了解；如果与收文单位有着长期的合作关系，可以简述合作关系以示亲近；如果双方来往频繁，则可以直截了当地说明发函目的；假如是回答对方的询问，则要引据对方的来函日期和标题或事由。

②发函事项。无论在逻辑上还是在内容上，这一部分都是商函正文的重点。在表述这一部分内容时，应该根据不同的发函目的，或介绍具体情况，或告知有关事项，或说明具体意见，或提出解决问题的方法，或对对方提出的问题进行解答。如果事项比较多，可以分条列项，使表述眉目清楚，便于把握。

③发函者意愿。发函的事项交代清楚之后，要用一两句话表明对对方的希望或要求，如希望对方同意、要求对方周知、要求对方办理等。在语气上，一般商函语气恳切，但有些交涉函和索赔函的语气比较严正。有些商函没有发函者意愿这部分内容，这时往往使用"特此函商""特此函复""务希见复"等结语收束全文。

（4）祝颂语。一般公函是不使用祝颂语的，但商函使用"谨祝台安""此致商安""谨祝财安""顺颂商祺"等作为祝颂语，表示问候、祝愿、赞美之意。

（5）附件。附件指正文所附材料。商函的附件一般是商品目录、价格表、订货单、发货单等。商函如有附件，应在正文之后、生效日期之前注明附件的数量、顺序和名称。

（6）生效标志。生效标志位于正文或附件说明之下偏右位置，内容包括发函单位印章或签署和发函日期。签署是由发函单位领导人在商函上签字或盖章，以证实商函的效用。发函日期关系到商函的时效性，应该完整地写出发函的年月日。

4. 商业函件的写作要求

（1）态度诚恳，平等对话。与国家行政机关公文中的函一样，商函也是一种平行文，因此要以诚恳的态度与对方平等对话。特别是对初次交往的对象，更要创造出友好协商的气氛，以示合作的诚意。即使双方有意见分歧，也要心平气和，耐心磋商，摆事实、讲道理，以理服人，使收文者能够理解、接受，这样才能最终达成交易或解决问题。

（2）内容完整。商函一般是一事一函，要求主旨明确，将一事写完整，即对发函的目的、事项、意愿交代清楚。牵涉到标的物时一定要将其名称、数量、质量、价格、交易条件、时间、地点等要素写明确。

（3）用语讲究。商函的表达方法以说明为主，首先要求语言准确，避免歧义，不使对方产生误解。其次要求语言得体，不同类型的函要使用不同的语言，表达不同的语气。再次要求语言简洁。商函篇幅简短，繁文赘语是写作商函的大忌。最后要求语言典雅。在称呼和祝颂语中使用一些有生命力的文言词语，可以增加商函的典雅韵味。

小案例 11-7　　　　　　　　　　　　催款函

尊敬的湖南省×××公司：

首先对于我公司与贵公司长期以来的友好合作表示祝贺，感谢贵公司对我公司一贯的支持。×××公司与湖南省×××公司友好合作关系源远流长，双方合作的领域从最初的 EWSD 业务扩展到 ADSL、ERX 等各个产品，我们期待与贵公司进一步更紧密的合作。

根据我公司最新统计，截至 2016 年 3 月，贵公司到期应付未付我公司货款为 6 300 万元人民币，占用我公司大量资金，影响了应收账款的正常周转；另我公司现对贵公司下属分公司的借货共约有 5 000 万元人民币，也占用了我公司的大量资金；同时，我公司在去年贵公司××××替换项目中也给予了×××××极大的优惠，给我公司造成巨大的亏损。综述，欠款、借货和替换项目造成目前我公司在湖南的业务非常艰难，对我公司在湖南业务的开展和运作造成非常大的压力。为寻求一个双赢的解决方案，现我公司向贵公司提交一个 2016 年还款方案，望贵公司考虑：

截至 2016 年 3 月到期欠款额：6 300 万元人民币

预计 2016 年 8 月将到期的应付额：5 000 万元人民币

共 1.13 亿元人民币

我们希望贵公司在 2016 年分两次代其下属分公司支付到期货款共计人民币壹亿壹仟万元，每次支付伍仟伍佰万元人民币左右。第一次支付时间在 2016 年 4 月 20 日之前；由于我公司财政年度在每年 9 月份，所以我们希望第二次支付时间在 2016 年 9 月 20 日之前。出于诚意，我们将向贵公司提供 4% 的现金折扣，贵公司可以用现汇或银行承兑汇票的方式支付。

我们期望与贵公司详细商谈还款计划。

××有限公司

2016-3-8

资料来源 根据湖南大学 MBA 学员常灿的案例作业改编。

函复结账清单

××公司：

今接大函及所附一季度结算清单一份，单列各款均相符，总计无误。现奉上银行汇票一张，计￥1 200 000 元，请查收，并请将发票寄我公司，致谢！

××公司（盖章）

×年×月×日

11.3.6 简历和求职信的写作

写作简历前，先关注以下信息：

- 大公司平时每天收到 100 份以上简历，登了招聘广告后就有 10 000 份以上。
- 负责招聘的人员浏览每份简历的时间为 8~30 秒，而且首先是找失误，但通过初试的简历会被面试官复读一遍并就简历中的信息提问。
- 2 页的简历得到的面试机会最多。
- 非正式的求职从入大学那一天就开始了，正式的求职从面试前一年开始。

1. 简历

简历通常包含下列内容：姓名、地址、联系方式、教育程度、工作经历、个人技能、奖励和荣誉、求职意向等。被关注的重点有：同申请职位最相关的工作；优于他人的地方；最近情况的信息。

为了使信息醒目，简历中一般使用标题，纵向排版，适当陈述细节。

简历有两种：传统简历和技能型简历。

（1）传统简历，即时间简历，按照时间顺序列出教育背景及工作经历，强调学历、头衔、荣誉、职位等，一般采用倒叙格式。这种简历的使用条件是：工作经历显示出连续性；教育背景和工作经历与目前申请的工作联系很紧。

（2）技能型简历，即强调所具备的技能的简历。它也列出教育和工作内容，但是从职能角度而不是从工作经历角度组织信息。技能型简历适应的情况有：工作经历不具有连续性，有空白段；频繁更换工作岗位或遭辞退；没有工作经验但有其他相关经验；工作经历（如你的打工经历）与现在申请的工作无联系；想改行。

小案例 11-8 技能型简历

姓名：

地址：

联系方式：

求职意向：

（可以运用管理、项目发展、公共关系和写作技能的事实代表）

个人业绩

管理

选择并培训的销售人员和义务工作者超过 20 人。

管理和批准使用的预算支出超过 600 000 美元。

获"国家健康领域杰出贡献奖"。

项目发展

为三个国家创办了有革新意义的公共卫生教育项目和患者服务项目。

通过"为生命而奔跑"项目为美国之心协会筹集 150 000 美元资金。

公共关系

策划的销售宣传活动使收入在两个月内增加了 75 000 美元。

为 GE、GS 等多家机构设计广告宣传册、海报和传单。

写作（编辑）技能

《公共关系健康报》编辑，发行量 20 000 份。

编写《健康教育义务工作者培训手册》。

开展调查，专用资金超过 50 000 美元。

工作经验

会长助理，美国之心协会。发起并组织了三个国家的社会教育项目。制定并实施预算。为项目筹措资金。管理社会教育项目（2000 年 5 月至今）。

顾问，费城大学学术咨询中心，费城。为遇到学术问题的人提供咨询服务。创办同学咨询项目。发展志愿者培训项目（1998 年 9 月至 2000 年 5 月）。

销售主管，Neman Marcus 商店，加利福尼亚桑尼韦尔。管理 4 个部门，20 名全职和兼职销售人员。培训所有新员工。制定每周销售进展报告。（1997 年 6 月至1998 年 5 月）。

教育背景

商业管理硕士（2000 年 5 月），费城大学。

心理学学士（1997 年 5 月），纽约大学。

2. 求职信

求职信分为盲目投递型和申请职位型。

盲目投递型的写法是：第一段，介绍你是谁，表达你为该公司工作的愿望；第二段，简单强调你与该公司业务领域相关的教育背景和经历，让读者对你的简历感兴趣；第三段，提出面试或回复信件的请求。

申请职位型的写法是：第一段，介绍你是谁，提出申请的职位（可解释信息来源）；第二段，描述你对该职位的理解并表达你的兴趣；第三段，强调你的技能及教育经历是适合该职位的；第四段，提出面试或回复信件的请求。发信几天后去电询问，表达真诚的渴望。

简历和求职信都要遵守诚信原则，很多公司都规定应聘者提供的简历等材料要真实。例如，万科的《职员手册》中规定：

公司提倡正直诚实，并保留审查职员所提供个人资料的权利。请务必保证你所提供的个人资料的真实性。如有虚假，一经发现，公司将立即与你解除劳动合同，不给予任何经济补偿。

复习思考题

1. 写作沟通有哪些优缺点？有哪些因素影响了写作沟通的效果？
2. 商务写作的结构和逻辑应怎样安排？
3. 阐述各种商务写作的策略和方法。
4. 写一份简历。

第 12 章

有效倾听

学习本章后，您应该可以：
- 理解倾听对于管理者的重要性
- 了解倾听的过程，并能有意识地根据六个阶段去理解倾听的含义
- 了解倾听的障碍以及克服倾听障碍的策略
- 把握有效倾听的技巧

引　例　　　　　　　　　　成功管理者应该是最佳倾听者

"在公司里，一个口头信息从管理层传到销售人员那儿会损失80%的内容！"明尼苏达州州立大学听力研究专家莱曼·斯蒂尔博士的研究结果让人触目惊心，"全美国有超过1亿工人，如果他们每个人因听错话而浪费10美元，这样就会损失10亿美元。公文必须重新印，约见要改期，装过的货船也要再装一遍。"

斯蒂尔博士的研究表明，人们每天花在与人沟通的时间中，9%用于写东西，16%用于阅读，30%用于说话，45%用于倾听。然而，很多人并不是好听众。试验表明，在听完一段10分钟的口头陈述后，一般听众当时只能理解并记住一半的内容；48小时内，会从一半内容下降到25%；一周后，只剩下10%的内容或者更少。

新英格兰电话公司的第12分公司发现，接线员转接的电话中，20%由于误听而延迟，平均每次延迟大约15秒钟，每年该公司因此损失了874 800美元。在接受听力培训后，公司估计每年可以挽回50万美元的损失。

有一篇标题为"如果科恩听清楚"的新闻报道，讲的是如果联合电力网当时注意到州电力网的警告，1977年7月纽约市就不会出现大面积停电的事故。在谈话录音中，州电力网的发言人跟一个联合电力网的工人说："你们要减少一些负荷。"那个工人说："你说得对！"有人没听明白，于是拉了电闸。30分钟后，整个纽约市就陷入了一片漆黑。

与听得太少相反的就是说得太多。当你问现在几点时，很多人会告诉你时钟是怎么造出来的。我认识的一个高级经理就是这样，他很聪明，受过良好教育，他来

找我做咨询，那时他深得公司总裁的器重，将被培养成为接班人。

这个人的问题就是他不能停止吹嘘，跟他相处了一段时间后，我发现根本不可能让他了解任何事——他没有原则，总是告诉你很多你不需要知道的事情。最后把你累得任何话都听不进去。

他不停吹嘘就是因为他没有照顾别人的感受，没有倾听，没有观察。他错过了潜在客户的购买愿望，只顾滔滔不绝地讲自己的东西。我不得不告诉他要多听少说，但刚开始的时候，我很难说服他让他承认自己有这样的毛病。最后没办法，我不得不把我们的谈话录了下来。

我向他提了1个问题，他回答了5分多钟。他不但回答了我提的问题，还回答了我没问的其他3个问题，其中2个还不是他的优势。即便在我给他听录像带的时候，他还给了我一大堆借口来解释他当时为什么这么说。于是，我给他看了谈话记录，让他坐下来大声读这份记录。

他一开始读就觉得很尴尬，承认自己确实有这个毛病。然后，我让他用尽量简洁的语言重新回答这些问题。后来，他能用3句话回答，只用了19秒钟时间。

因此，多听少说应该是我们的首要准则。我们大部分人都有点啰嗦，告诉别人的比别人要了解的多，很多人说话爱跑题，喜欢不着边际地胡吹神侃。如果你认识到自己存在这些问题，就应该学会简洁表达，让别人喜欢听你说话，而不是不得不听你说话。如果你老是说的比听的多，你可能就会在与人沟通上受挫，也容易让别人感到厌倦。

12.1　倾听概述

自然赋予人类一张嘴、两只耳朵，也就是要我们多听少说。

——苏格拉底

拉尔夫·G.尼科尔斯和伦纳德·A.史蒂文斯认为："言语的有效性并不仅仅取决于如何表述，而更多地取决于人们如何来倾听。"沟通作为一个双向的行为，不能是一方一味地说个不停，而不注意另一方的意见和反应。相对于书面表达而言，人们在社会活动中的沟通更依赖语言，而语言表述的有效性主要取决于如何诉说与倾听。有资料表明，在听、说、读、写四种沟通形式中，听的时间占了沟通的40%，而说、读和写分别占31%、15%和11%。

12.1.1　倾听的含义及意义

在日常生活中，经常出现这样的情况：很多人在听完别人慷慨陈词之后，还是一头雾水地追问："他刚才说的是什么？"还有人时常抱怨："我刚刚说过的，倾听者为什么不仔细听？"或者"倾听者为什么不听我说？"这说明，在双方沟通的过程中，许多人忽视了倾听的重要性。

对于大多数人来说，倾听由我们听到别人讲话的声音时开始。但是，从学术意义上讲，倾听和听还是有所区别的。"听"是人体感官对声音的一种生理反应，是感官对外界声音的接收。而倾听虽然也以听到声音为前提，但它更多地体现在听话人对所听到的声音的反应上。也就是说，"听"是一种人体感官的被动的接收；"倾听"是人体感官有选择的接收，是指主体行为者通过听觉、视觉等媒介接收、汲取和理解沟通对方（或多方）思想、信息和情感的过程。倾听必须是人主动参与的过程，在这个过程中，人必须参与并理解，并作出必要的反馈。同时，倾听的对象不仅限于声音，还包含对方的语言、手势和面部表情等。所以，我们在倾听过程中，绝不是闭着眼睛听别人的声音，而且要注意别人的肢体语言。

听到是一个生理过程，涉及声波在我们的耳膜上的震动，还有电化脉冲从内耳向大脑中枢听力系统的信号传递。但是，倾听却涉及提高注意力，而且要让听到的内容产生意义。哪怕我们觉得自己是在认真听，通常也只会抓住听到的内容的一半。两天之后，我们只记得其中的二分之一，或者是原来内容的四分之一。正是由于这个原因，倾听才被称为一门艺术。通过倾听，主体行为者不仅听到沟通方所说的话语，而且分辨出话语中不同的重音、声调、音量、停顿等，这些靠倾听者分辨的倾听因素在倾听过程中是不可忽视的，有时是倾听中重要的因素。

在沟通时代，倾听比以前任何一个时代都更为重要。这就是在大部分公司里，有效的倾听者总会占据更高的职位，比不耐心的倾听者更快得到提升的原因。有一位成功的经理人承认："坦率地说，以前我从来都没有认为倾听本身就是一件重要的事情，但现在我意识到了，我觉得我工作的八成依赖于听别人说话，也依赖于听我说话的人。"

具体来说，倾听的重要性主要体现在以下几方面：

（1）倾听可获取重要的信息。交谈中有很多有价值的信息，有时它们常常是说话者一时的灵感，而说话者自己又没意识到，对听者来说却有启发。实际上，就某事的评论、玩笑、交换的意见、交流的信息、各地的需求，都是最快的信息。有人说，一个随时都在认真倾听他人讲话的人，在与别人的闲谈中就可能成为一个信息的富翁。此外，通过倾听我们可了解对方要传达的消息，同时感受到对方的感情，还可据此推断对方的性格、目的和诚恳程度。通过提问，我们可澄清不明之处，或是启发对方提供更完整的资料。倾听可以训练我们以己推人的心态，锻炼思考力、想象力、客观分析能力。

（2）倾听可掩盖自身的弱点。"沉默是金""言多必失"，静默可以帮助我们掩盖若干弱点。如果你对别人所谈的问题一无所知，或未曾考虑，保持沉默便可不表示自己的立场。

（3）善听才能善言。让我们回想一下，在听别人说话时，你是否迟滞发呆、冷漠烦闷？你是否坐立难安、急于接口？我们常常因为急欲表达自己的观点，根本无心思考对方在说些什么，甚至在对方还未说完的时候，就在心里盘算自己下一步该如何反驳。以一种消极、抵触的情绪听别人说话,最终自己的发言也会毫无针对性和感染力,交谈的结局可想而知。

(4) 倾听能激发对方的谈话欲。让说话者觉得自己的话有价值,他们会愿意说出更多、更有用的信息。称职的倾听者还会促使对方思维更加灵活敏捷、启迪对方产生更深入的见解,双方皆受益匪浅。

(5) 倾听能发现说服对方的关键。如果你沟通的目的是说服别人,多听他的意见会更加有效。你能从中发现他的出发点和他的弱点,发现是什么让他坚持己见,这就为你说服对方提供了契机。让别人感到你的意见已充分考虑了他的需要和见解,他们会更愿意接受。

(6) 倾听可使你获得友谊和信任。人们大都与你一样,喜欢发表自己的意见。如果你愿意给他们一个机会,他们立即会觉得你和蔼可亲、值得信赖。作为一名管理者,无论是倾听顾客、上司还是下属的想法,都可消除他们的不满和愤懑,获取他们的信任。

自我测试 12-1　　　　　　　　　　**"倾听"技能测试**

评价标准:几乎都是,5分;常常,4分;偶尔,3分;很少,2分;几乎从不,1分。

测试问题如下:

态度

1. 你喜欢听别人说话吗?

2. 你会鼓励别人说话吗?

3. 你不喜欢的人在说话时,你也注意听吗?

4. 无论说话者是男是女、年长年幼,你都注意听吗?

5. 朋友、熟人、陌生人说话时,你都注意听吗?

行为

6. 你是否会目中无人或心不在焉?

7. 你是否注视听话者?

8. 你是否忽略了足以使你分心的事物?

9. 你是否微笑、点头以及使用不同的方法鼓励他人说话?

10. 你是否深入考虑说话者所说的话?

11. 你是否试着指出说话者所说的意思?

12. 你是否试着指出他为何说那些话?

13. 你是否让说话者说完他(她)的话?

14. 当说话者犹豫时,你是否鼓励他继续下去?

15. 你是否重述他的话,弄清楚后再发问?

16. 在说话者讲完之前,你是否避免批评他?

17. 无论说话者的态度与用词如何，你都注意听吗？
18. 若你预先知道说话者要说什么，你也注意听吗？
19. 你是否询问说话者有关他所用字词的意思？
20. 为了请他更完整地解释他的意见，你是否询问？

12.1.2　倾听的类型

倾听实质上映衬着说话者与听话者的关系，所以倾听同样包含倾听者的主动参与。主动倾听者在倾听过程中会对接收的话语（或其他内容）进行理解、筛选和加工，也会采取不同类型的倾听对所听到的内容进行处理，这些不同类型的倾听就构成了倾听的基本类型。它包括获取信息式、批判式、情感移入式和享乐式四种常用的基本倾听类型，每一种都包含不同的技巧。

1. 获取信息式倾听

获取信息式倾听主要是指倾听者为了了解某种知识、技能或者就某一事物（问题）征求别人意见的学习或沟通的过程。如学生们在课堂上的大部分时间就是倾听以获取信息；营销人员接触顾客也采取获取信息式倾听，尽量了解顾客的购买要求，了解竞争对手的信息。

小案例 12-1　　　　　　　　A 经理用倾听化解客户抱怨

A 是某公司的销售部经理，公司最新推出的一批产品有问题，接到客户投诉的情况特别多。为了能尽快解决这个问题，A 走访了部分投诉客户。在倾听客户的抱怨时，他表示了极大的同情和理解，并且保证在最短的时间内解决目前产品的质量问题。客户感受到了厂家这种真诚的态度，表示继续支持本产品。通过 A 的努力，不但公司的名誉没有受到损害，而且为生产部门迅速解决产品质量问题争取到了宝贵的时间。一个月后，新产品的所有问题都被圆满地解决，公司的销售业绩不但没有下降，反而赢得了"想客户所想，急客户所急"的好口碑。

获取信息式倾听的着眼点首先是识别中心思想，这是贯穿整个内容的基本思想，然后倾听加强中心思想的主要观点，最后倾听支持主要观点的材料。因为所有的主要观点都与中心思想相关联，所以要识别中心思想，它能帮助记忆。

当我们为了获取信息而倾听时，预测接下来的内容有助于我们集中注意力。一旦倾听者听到演讲者的主要观点，就能很自然地预测到一些详细内容。预测往往要设法把观点与倾听者的经验联系起来，这是主动倾听的一项内容。

质疑是主动倾听的一种重要辅助物。在倾听时，由于思维速度比语言快，倾听者有充分的时间考虑文字及一些问题。如果自己不能回答，向说话者提问是很重要的。即使是对问题有自己的回答，倾听者可能还是要问，以便通过说话者的回答来检验自己的理解。

2. 批判式倾听

批判式倾听一般紧随获取信息式倾听，是指倾听者在获取信息式倾听结束后，对所获取的信息进行分辩、明晰、筛选、加工、整理的过程。批评式倾听需要获取信息式倾听的所有构成要素，在批评式倾听中，仍然要识别中心思想，抓住主要观点，倾听者还应该对所听到的内容进行估量和质疑。在理想状态下，所有的沟通中的倾听都应该是批判式的。

在批判式倾听中，首先要弄清对方的动机。当一个朋友设法劝说我们停下学习去购物时，我们也必须问一些问题。他（或她）的动机是什么？结果可能是怎样的？当我们处于被劝说的情景之中时，质问劝说者的动机是一种正当和恰当的反应。在公共演讲中，我们常通过研究演讲者的背景去审视演讲者的动机。演讲者做很长时间的自我介绍，就是为了建立自己的可信度或信任度。其次，作为倾听者，我们听到的更多的是观点而不是事实。所以，作为倾听者，应具备区分事实与观点的能力。

3. 情感移入式倾听

情感移入式倾听是指倾听者受到演说者情感的带动，自觉不自觉地被演说者的演说所牵动，从而在短时间内受制于演说者的演说，失去自己判断能力的现象。

在不同程度下，通过不同方式，我们的倾听能力会受到感情因素的影响。为了感情而倾听的最好方式是利用情感移入式倾听，即设法从他人的观点中理解他人的感受并对其作出相应的反应。作为倾听者，要把自己的感情放在一边，投入到对方的情感中去。为此，要识别说话者的情感，并鼓励其继续表述并解决问题。

识别情感通常是最难的部分，倾听者需要琢磨谈话者的真正含义，即能听出言外之意。要识别情感，就要了解说话者的意图、愿望、观点、价值观等。这里并不需要同意或接受他的观点，只是要尽力去理解他。可以通过复述的方式来证实倾听者的猜测，向说话者暗示倾听者正在努力理解他的话语，同时要尽力揣摩同一词语经不同人使用的不同含义。如果双方没有以同一方式理解，就会呈现出不同的含义。

情感移入式倾听必须倾听说话者要说的内容。在整个叙述过程中，没有必要具体地作出反应，只要集中注意力暗示说话者自己对此感兴趣就可以了。如果倾听者能让说话者讲完整个故事，不做任何评判而给予支持，问题可能全部都展现出来。做到这一点的一种方法是复述，即通过自己的语言重新描述对方的思想和情感。

有时仅仅倾听他人的叙述并让他们作出一些解释就可以在很大程度上解决问题。一个人将自己的烦恼倾吐之后，就会感觉舒畅一些。但有时仅仅倾听是不够的，这时，相信他人有能力找到解决问题的方法是最好的方式。但这并不意味着倾听者要忽视这个问题。情感移入式倾听会给他人找到解决问题的方法的机会，帮助他人找到解决问题的方法。在这个阶段，有一点要记住，倾听者不一定要解决他人的问题。如果倾听者没有办法解决，就会使自己背上一个沉重的包袱。要当事人自己解决问题，倾听者只起辅助的作用，这有助于增强他人自己处理问题的能力。

在很多情形中，情感移入式倾听可能是有用的，比如下属的倾诉、顾客的抱怨等。

小案例 12-2　　　　　　　　　　顾客为何不买汽车了

吉尔顿是一名汽车推销员，通过与顾客长时间的交谈，一位顾客准备买一辆车。在去办理手续的途中，顾客突然取消了购买决定。吉尔顿不知道是什么原因导致一笔眼看要成功的生意失败，就打了顾客的电话："先生，你能告诉我今天我错在哪里吗？也好让我以后改进。"

顾客回答道："你说得对，我本来是要买车的，连买车的支票都带在身上了。可是我在讲到买车的原因时，你竟毫无反应。你知道吗？我儿子刚考上了医学院，全家高兴极了，我买车就是为了送给我的儿子。我说了很多遍儿子，而你却一直说车子。我讨厌与不耐烦倾听他人讲话的人打交道。"吉尔顿恍然大悟，自己没有认真倾听顾客讲话的全部内容，导致一单生意失败。

资料来源　周凌云. 耐心倾听人际关系融洽［J］. 演讲与口才，2009（6）.

---

4. 享乐式倾听

享乐式倾听指倾听在一种轻松、愉快的形式下进行，使得严肃的倾听变成了愉悦的沟通方式。在看电视或者听音乐时，人们都会尽可能放松地听。

享受式倾听可以缓解压力，消除疲劳，调节神经兴奋度，进而提高办事效率。所以，有些公司及公共场所用一些合适的背景音乐来刺激人们倾听。

12.2　倾听的障碍

所有的人在倾听时都不时出现失误，主要原因之一就在于倾听中存在一些障碍，这些障碍的存在极大地影响了倾听的效果。影响倾听的障碍主要有以下几种：

12.2.1　环境障碍

良好的环境对双方的交流很重要，环境干扰是影响倾听最常见的原因之一。交谈时的环境各种各样，时常转移人们的注意力，从而影响专心倾听。来来往往的人、环境的布置等都会分散人们的注意力。几个人谈话，也可能相互干扰。有人做过实验，一个人同时听到两个信息时，他会选择其中的一个而放弃另一个。

具体来说，环境主要从两方面对倾听效果施加影响：一是干扰信息传递过程，消减、歪曲信号；二是影响沟通者的心境。也就是说，环境不仅从客观上，而且从主观上影响倾听的效果。

对于环境的分析，可以从以下三方面因素考虑：

（1）封闭性。环境的封闭性是指谈话场所的空间大小、有无遮拦设施、光照强度（暗光给人更强的封闭感）、有无噪音等干扰因素。封闭性决定信息在传送过程中的损失概率。

（2）氛围。环境的氛围是环境的主观性特征，它影响人的心理接收定势，也就是人的心态是开放的还是排斥的，是否容易接收信息，对接收的信息如何看待和处置等倾向。环境是温馨和谐还是火药味浓，是轻松还是紧张，是生机勃勃的野外还是死气沉沉的房间，这些都会直接改变人的情绪，从而作用于心理接收定势。

（3）对应关系。说话者与倾听者在人数上存在不同的对应关系，可分为一对一、一对多、多对一和多对多四种。人数对应关系的差异会导致不同的心理角色定位、心理压力和注意力集中度。在教室里听课和听同事谈心、听下属汇报，是完全不同的心境。听上司指令时最不容易走神，因为一对一的对应关系使倾听者感到自己的重要性，心理压力也较大，注意力自然集中；而听课时说话者和倾听者是明显的一对多关系，听课者认为自己在此场合并不重要，压力很小，所以经常开小差。如果倾听者只有一位，而发言者为数众多，比如原告和被告都七嘴八舌地向法官告状，或者多家记者齐声向新闻发言人提问，倾听者更会全神贯注，丝毫不敢懈怠。

12.2.2 倾听者障碍

倾听者本人在整个交流过程中具有举足轻重的作用。倾听者理解信息的能力和态度都直接影响倾听的效果，所以，在尽量创造适宜沟通的环境之后，倾听者要以最好的态度和精神状态面对说话者。

小案例 12-3　　　　　**电影《撞车》里的倾听障碍**

背景：一家小店的店主波斯老板认为自己店里的锁坏了，叫来修锁匠修锁。修锁匠完成修锁工作后，开始了与波斯老板的对话。

修锁匠："打扰了，先生。"

波斯老板："你干完活了？"

修锁匠："我把锁换了，但是你的门还有大问题。"

波斯老板："你修好了锁？"

修锁匠："不！我换了新锁！但是你应该把门也修好！"

波斯老板："修好锁就完了！"

修锁匠："先生，听我说，你需要换个新的门。"

波斯老板："我需要一个新的门？"

修锁匠："是的。"

波斯老板："好吧，多少钱？"

修锁匠："我不知道，您得问修门的人。"

波斯老板："你想骗我，是不是？你有个朋友会修门？"

修锁匠："不，我没有朋友修门，老兄。"

波斯老板："那么就去把锁修好，你这个骗子！"

修锁匠："那好吧，你就付我锁的钱，我的工钱不要了！"

波斯老板："你没有修锁就让我付钱？你以为我傻了吗？给我修好锁，你这个骗子！"

修锁匠："我会很感激，如果你叫我的名字。"

波斯老板："那就去给我修好锁！"

修锁匠："我给你换了新锁！你得把你的破门换了。"

波斯老板："你是骗子！"

修锁匠："好，你不用付钱了。"

波斯老板："什么？"

修锁匠："祝你晚安。"

波斯老板："什么？不！等等！你给我回来，把锁修好！回来！把锁修好！"

分析：故事的背景是，修锁匠完成了自己的本职工作——换了把新锁，原本可以结账，完成这次任务，但出于好心，修锁匠建议波斯老板去换个新门。结果，由于他的沟通方式不当，让波斯老板以为他是存心骗他的钱，双方发生争执。最后修锁匠不但没有拿到工钱，连换新锁的钱也没拿到。

细看双方的对话，我们可以看到一个明显的现象，波斯老板在不停地说"去修好锁"，修锁匠则不停地说"我换了新锁，要修门"。双方之间没有根本的利益冲突，但是，由于沟通不畅，修锁匠的一番好意适得其反，给自己带来巨大的麻烦。

在整个沟通过程中，双方一直都在自说自话，而没有认真去倾听对方的话。每个人都只停留在自己的想法当中，对于对方的话经常采用"否定"的方式来反馈，而不是建设性或正面的反馈方式。其实，无论哪一方，如果能够认真倾听对方的意见，那么这个冲突完全是可以化解的。

与此同时，在沟通过程中，"成见"也影响了倾听的效果，歪曲了他人的意图。修锁匠工作之后建议波斯老板修门，波斯老板的理解是修锁匠想多要钱，对修锁匠有着很深的成见。这也许是由于波斯老板曾经有过上当受骗的经历，或是本身对修锁匠这样的人心存芥蒂。这种"刻板印象"影响了波斯老板的沟通，让他在理解对方话语时，处处都往坏处想。

故事发展下去，是波斯老板投诉了修锁匠，在问题得不到解决之后，波斯老板气愤的情绪更加高涨。然而，祸不单行，由于真正的问题的确是波斯老板的门，他的小店被人给偷了，多年的积蓄化为乌有。波斯老板在震惊中达到了冲动的最高点，最后波斯老板采用了非常极端的做法，持枪去找修锁匠算账。与客户间的这次不顺畅的沟通，险些给修锁匠酿成大祸。

资料来源　崔佳颖.360 度高效沟通技巧［M］.北京：机械工业出版社，2010.

1. 倾听者的心理障碍

倾听者的心理障碍包括认知失调、焦虑与控制性倾听。

认知失调是一个运用于沟通的心理学原理，表明一个人如果具有两种或更多的对立态度，他（或她）会感觉到矛盾，人们降低这种失调的方式是通过忽略那些引起冲突的信息来实现的。例如，人们可能觉得自己的一个挚友工作出色，但目前针对他的婚外恋的传言或许是真的。那么当这位朋友被谴责时，这个人就会对自己说："那是不可能的，他是一个有家庭的好男人。"

倾听那些与我们已经固有的信念相矛盾的信息往往产生认知失调，特别是要接收的信息可能使我们与对自己重要的人产生冲突时更是如此。

焦虑是指倾听过程中由于自己知识水平的限制或者其他外界干扰，倾听者无法达到倾听的期望，由于处在一种焦虑的状态中而不能倾听。当倾听者去一座陌生的城市迷了路，行驶很长时间也找不到任何附近城市的路标时，焦虑便油然而生。这时，即便下车问了路，再上车继续行驶，仍然找不到正确的方向，因为刚才倾听者的焦虑程度已经达到了不能倾听的地步。可见，焦虑是影响倾听的一个严重障碍。

控制性倾听指非主动性倾听，也就是说，倾听者不情愿倾听但又出于各种原因必须倾听，这样倾听者就会采取一种自我控制式的倾听。许多人总是不愿意倾听，他们轮流地倾听有时是因为知道别人喜欢这样，但他们更喜欢自己说。控制性倾听者总是寻找一种方式去谈论自己和自己所想的，如果别人谈到某种经历，他们则说出一种更长和更好的经历。

2. 倾听障碍的表现

倾听障碍的表现有如下几种：

（1）急于发言。人们都有喜欢自己发言的倾向。发言在商业交往中尤其被视为主动的行为，而倾听则是被动的。美国前参议员 Hayakawa 曾说："我们都倾向于把他人的讲话视为打乱我们思维的烦人的东西。"在这种思维习惯下，人们容易在他人还未说完的时候，就迫不及待地打断对方，或者心里早已不耐烦了，往往不可能把对方的意思听懂、听全。

（2）排斥异议。有些人喜欢听和自己意见一致的人讲话，偏向于和自己观点相同的人。这种拒绝倾听不同意见的人，不仅拒绝了许多通过交流获得信息的机会，而且在倾听的过程中注意力也不可能集中在讲逆耳之言的人身上，更不可能和任何人都交谈得愉快。

（3）心理定式。人类的全部活动都是由积累的经验和以前作用于我们大脑的环境所决定的，我们从经历中早已建立了牢固的条件联系和基本的联想。由于人都有根深蒂固的心理定式和成见，很难以冷静、客观的态度接收说话者的信息，这也会大大影响倾听的效果。

（4）厌倦。由于我们思考的速度比说话的速度快许多，前者至少是后者的 3 ~ 5 倍（据统计，我们每分钟可说 125 个词，但能理解 400 ~ 600 个词），因此我们很容易在听别人说话时感到厌倦。因为我们在接纳一个人说话的同时还有很多空余的

"大脑时间"，我们很想中断倾听过程，去思考一些别的事情，"寻找"一些事做，占据大脑空闲的空间。这是一种不良的倾听习惯。总有这样一个时候，人们终于顶不住生理和心理的分心，这时人们就会走神，而不是集中在刚刚说的事情上面。毕竟，集中精力是一件需要努力的事情。

（5）消极的身体语言。你有没有习惯在听人说话时东张西望，双手交叉抱在胸前，跷起二郎腿，甚至用手不停地敲打桌面？这些动作都被视为发出这样的信息："你有完没完？我已经听得不耐烦了。"不管你是否真的不愿听下去，这些消极的身体语言都会大大妨碍你们沟通的质量。

（6）生理差异。由于倾听是感知的一部分，它的效果受听觉器官、视觉器官的限制。听觉器官的严重缺陷将使沟通变得很困难，或者几乎不可能；视觉器官的缺陷将使沟通者无法看到对方在交流过程中的手势、表情等身体语言，这会限制有效沟通的进行。所有这些必然会影响倾听效果。

（7）选择倾向。人人都有评估和判断所接收到的信息的天生倾向。我们往往选择那些我们爱听、熟悉、有兴趣、喜欢听的部分，漏掉很多有用的东西。这无疑会影响倾听效果。

（8）听得太费力。有时候，我们听得又太费力了。我们变成了人造海绵，把演讲人说的每一个字都吸收进去，就好像每一个字都同样重要。我们努力记住所有人的名字、所有日期、所有地点。在这个过程中，我们会错过演讲的要点，因为我们将这个要点淹没在汪洋大海一样的细节里面了。人是不可能记住一个演讲人说的所有东西的，有效的倾听者一般只集中精力听主要的思想和论据。

（9）太注重演讲方式与个人外表。甘地看上去是一点也不起眼的人物，他经常穿一身简朴的白棉衣发表演讲。海伦·凯勒从童年时起便又聋又哑，她要吐出明确的字音来很困难。著名物理学家斯迪芬·霍金是个高度残障的人，只有通过声音合成器才能说话。但是，想象一下，如果没有人听他们说话会是什么情景。哪怕你的耐心、宽容心和注意力会受到极大挑战，也不要让一个演讲人外表或讲话的方式产生的负面情绪影响你倾听他们要说的话。另外，如果一位演讲人的外貌特别吸引人，也不要因此而受到影响和误导。人们很容易假定，因为一个人长得很漂亮、谈吐清晰，他或她就一定能够作出流畅的报告。历史上有一些没有道德的演讲人，他们长得极漂亮，讲话的技巧很高，甚至有催眠的效果。

倾向于根据一个人的长相或讲话的方式来判断一个人，就会听不到他真正说了些什么内容。有些人被演讲人的口音和个人外表以及行为习惯扰乱心绪，结果连演讲的内容都没有听到。集中精力看演讲人的演讲方式，或者太注意演讲人的外表，这是演讲交流过程中最主要的干扰因素之一，应该时时加以预防。

试比较以下两段对话：

对话一：

下属：嗨！老板，我刚听说又要更换颜色，我们刚连续生产了 30 分钟，又要把设备拆洗一遍，我和伙计们都不情愿。

老板：Bubba，你和你的伙计们最好别忘了谁在这儿说了算。该做什么就做什么，别再抱怨了！

下属：我们不会忘掉这事儿的！

对话二：

下属：嗨！老板，我刚听说又要更换颜色，我们刚连续生产了30分钟，又要把设备拆洗一遍，我和伙计们都不情愿。

老板：你们真的为此感到不安吗，Bubba？

下属：是的，这样我们得多做许多不必要的工作。

老板：你们是觉得这类事情实在没必要经常做，是吗？

下属：喂，也许像我们这种一线部门没法儿避免临时性变动，有时我们不得不为某个特别顾客加班赶订单。

老板：对了。在现在的竞争形势下，我们不得不尽一切努力为顾客服务，这就是为何我们都有饭碗的原因。

下属：我想你是对的，老板。我们会照办的。

老板：谢谢，Bubba。

12.3　提高倾听能力的策略

倾听能力是可以提高的。提高倾听意识，掌握倾听策略，就能达到较好的倾听效果。

12.3.1　有效倾听的原则

1. 专心原则

专心要求你以积极的态度，真诚坦率地倾听。好的倾听者希望了解到一些东西，他们愿意尽力去听，因为可能从中受益。有效的倾听不是被动地照单全收，它应该是积极主动地倾听，这样你才会更了解说话的内容，更懂得欣赏对方，回答也更能切中要点。比如，大学生们认真听课以取得高分，雇员认真地听上司的指示以获得提升，公司代表认真听取顾客的意见以保住生意。有效倾听的第一步是认识倾听是有价值的信息搜集活动。

2. 移情原则

移情要求你去理解说话者的意图而不是你想理解的意思。好的倾听者知道自己内在的情感、观念和偏见可能会阻碍新思想。在与不同文化背景的人进行沟通时，好的倾听者会努力超越自己狭隘的文化观念。有效的倾听要求对新思想敞开心扉。

3. 客观原则

在倾听时，应该客观倾听内容而不过早地加以价值评判，而且不要以自我为中心。你自己是妨碍自己成为有效倾听者的最大障碍，因为你会不自觉地被自己的想法缠住，而漏掉别人透露的语言和非语言信息。在良好的沟通要素中，话语占7%，音调占38%，而55%则是非语言信息。我们都有这种体会，当听到自己不同意的观点时，会在心中反驳他人所言，但这种行为会带来主观偏见和遗漏余下的信息。有效的倾听应保持客观的态度。

4. 完整原则

完整要求倾听者对信息发送者传递的信息有一个完整的了解。既获得传递的沟通内容，又获得发送者的价值观和情感信息；既理解发送者的言中之意，又发掘出发送者的言外之意；既注意其语言信息，也关注其非语言信息。

12.3.2 倾听策略

1. 创造良好的倾听环境

空间环境影响倾听，进而影响人与人之间的交流。1980 年，社会学者对工程设计院的一项调查表明，由于各种因素的干扰，相距 10 米的人，每天进行谈话的可能性只有 8%～9%；而相距 5 米的人，这一比率则达到 25%。有效倾听的管理者必须意识到这些环境因素的影响，最大限度消除环境对倾听的障碍。

美国学者在一个更为宽泛的意义上提出环境的概念，它不仅包括社会因素，而且包含人的心理、生理因素，他们认为良好的倾听环境应包括：

（1）非威胁环境。在这种环境中，双方有一定的安全感，并有与他人平等的感觉，这种环境可以是非正式的，谈判场所也可以选择非正式的，如在酒吧或咖啡厅中进行。

（2）适宜的地点。必须保证不受打扰或干扰。

（3）反馈和行动。可用眼睛或面部表情来进行。

（4）时间因素。选择适宜的时间，同时保证沟通谈话的次数。

（5）正确的态度。倾听有百利而无一害，拒绝倾听就是拒绝成功的机会。

2. 排除干扰，关注内容

沟通是一个交流的过程，不可避免地会受到来自各方面的干扰。这些潜在的干扰很多，如果不能排除干扰，至少要将干扰程度降至最低，因为干扰影响沟通，尤其是倾听的质量。

在沟通中，我们要尽量排除噪音和干扰，可以通过集中注意力来实现这一点。具体方法如下：

（1）通过做深呼吸避免打断别人，与此同时，深呼吸还会保持大脑供氧充足。

（2）参与的姿势应该是放松而清醒的。要随着说话人的陈述作出反应，保持坦诚直率的方式和姿势。手臂不要交叉，不要僵硬不动，坐时要面向说话人，同时身体向前倾。一个非口头的表现兴趣的技巧是随着说话人姿势的变动来调整自己的姿势。

（3）保持兴趣。不管是谁说话，都要寻找有趣的方面，对那些特别有价值和感兴趣的东西要给予关注。

（4）与说话者保持一定的距离。判断距离是否恰当，要看双方在感觉上是否舒适。如果他向后退，表明倾听者离得太近；如果他向前倾，表明倾听者离得太远。

（5）保持目光交流。倾听者在沟通时注视说话者，不仅有利于倾听者集中注意力，而且也表达了各种思想和感情，表明倾听者对说话者所讲的内容感兴趣。通常在谈到让人高兴的话题时，说话者与倾听者保持目光接触要容易得多。在相反的情况下，双方就会避免目光接触。在后一种情况下，节制目光的接触是礼貌并理解对方情绪状态的表现。如果眼睛总注视对方，可能会引起对方情绪上的气愤。一般情况下，目光接触有助于使说话者感到在与对方交流，而凝视或斜视则会产生不良印象。倾听者应柔和地注视说话者，也可以柔和地移开视线。

排除干扰的目的是关注内容。我们不根据书的封面来评论书，因此也不要受自己对说话者的评价影响而忽略其所表达的内容。

首先，要特别注意不熟悉的题目。因为人接收不熟悉的信息的速度总是比较缓慢。如果想在倾听的过程中获得知识，就要防止说话者讲得过快，让他了解倾听者想知道的内容，尤其是那些对倾听者而言是新内容的部分。大多数说话者比较欣赏好学的倾听者，而且每个人都有表达的欲望，因此会由于倾听者的好学而把自己的想法表达得更清楚。

其次，当倾听别人的谈话时不要详述自己的观点，不要过频地表达自己的思想。倾听并不需要倾听者选择自己的立场，不需要判断对错好坏，不需要评价说话者的思想观点，需要的是将注意力集中于信息本身，让其处于自由流淌的状态，而不要使对话变成争论。

3. 反馈倾听信息

如果想赢得说话者的好感，最好让对方知道自己在听，在认真地听，将倾听信息反馈给说话者，从而将尊重、鼓励说话者的信息传达出来。以下策略可以反馈倾听信息：

（1）用动作、身体语言表示与说话者是同盟者。有必要使自己的身体部位与说话者处于类似的方式，如尽量使自己的肩膀与说话者连成一线。当说话者采取的是一种轻松随便的姿势时，倾听者也不必太拘谨；若这时倾听者很庄重，则表现出一种不想继续的态度。倾听者应令说话者感觉舒服，这样他们才会对倾听者开诚布公。

（2）保持目光交流。

（3）使用非语言暗示。真诚的微笑可以使说话者感觉到倾听者在认真地听，不时地点一下头给说话者以鼓励，但要注意这样的动作不要过频。人的面部肌肉可以创造出5 000多种不同的表情。在倾听时，不要面无表情，拒人于千里之外，也不要躺在椅子里太随便，更不要总是用手去摸头或者托下巴，否则会使说话者感到隔阂。另外，必须根据文化背景和个人风格来理解身体语言和其他非语言沟通。

（4）给对方已理解其观点的信息。在 15 秒之内的"嗯、啊、唔、是这样的"等理解性的低语，会给说话者以鼓励，但要注意适可而止。一旦低语声过频，倾听者就会分散说话者的注意力，而过少则会让他们误认为哪里出了错。

4. 适度提问、复述和沉默

（1）适度提问。让说话者知道倾听者在关注的另一个技巧则是紧随说话者提出问题。提问分为封闭式提问和开放式提问两种类型。封闭式提问一般想使说话者更清楚地说出他所关心的内容，而开放式提问则想从说话者的未来设计中得到更深层次的信息。开放式提问有两种类型：一种是阐述性问题，一般要说话者作出阐述性的回答，这属于积极的问题，有助于说话双方相互理解、相互协调。例如，知道今天的报纸上有什么消息吗？那部电影对倾听者有影响吗？另一种则是辩护性问题，即要求说话者为自己的观点辩解，具有挑战性，很可能使听说双方建立完全对立的关系，站在相反的立场上。倾听者提这种问题时，要注意语气语调，因为目的是鼓励对方进一步说下去，达到有效的沟通，而不是成为对立面。

提问的目的是鼓励说话者以寻求更多的信息，因而要掌握技巧，因人而异，顺势而变，旁敲侧击，使对方有话可谈。

提问应掌握的一些必要技巧包括：

①理解。在理解对方信息的基础上提问。

②时机。应在对方充分表达的基础上提出问题。过早提问会打断对方的思路，而且显得十分不礼貌；过晚提问会被认为精神不集中或未能理解，也会产生误解。

③提问内容。提问就是为了获得某种信息，要在倾听者总目标的控制掌握下，把说话者引入自己需要的信息范围，用范围较窄的问题促成协议。范围较窄的问题给人回答的余地也小，如果你希望用问题引导对方接受你的决定，最好用窄范围问题。如果要用范围较大的问题获取信息，开放式问题可给予对方发挥的余地。

④注意提问的速度。提问时话说得太急，容易使对方感到咄咄逼人，引起负效应；说得太慢，对方心里会着急，不耐烦。

⑤不想要答案时也要提问，以表示对说话者所说内容的重视。

（2）复述。复述是指准确简洁地重新表达对方的意见，这样做不仅可以检验自己是否正确理解了说话者的意图，还可以鼓励对方对他的表述做更为详细的解释，且表现出自己在仔细倾听。复述内容还可以澄清思想，帮助自己跟上说话者的思路，以免误解。

要避免别人的误解，使复述正确，首先是不要打断别人。倾听者必须耐心地听人说完；否则不仅会引起别人的反感，还会打断别人的思路，甚至误解别人的意思。其次，要弄清对方的中心思想。倾听者在倾听时要对倾听的内容加以组织而不是评判对错，当倾听者忍不住把别人的话归入"不正确"之类时，可以先要求对方澄清细节之后再下结论。如果对方提不出所有的实证，不要质问与反驳，那样会堵住所有的交流渠道，尤其是在公众场合更要注意这一点。再次，可以重复几个关键词，总结中心思想。这看似简单却很难做到。尤其是当对方的信息在倾听者看来是直接或隐晦的批评时，很容易反应强烈，以一种防范的姿态来对待这种挑衅，也可能迎上去反对，使形势激化，而结果却并非对方的本意。因此，可以采用委婉的复述来达到目的，弄清对方到底在讨论什么，并让对方明白倾听者的友善，也给对方留有余地来缓和气氛。人们可以在任何情况下使用复述，无论是跟人闲聊还是生意谈话，无论是朋友之间还是陌生人之间，无论是严肃的话题还是轻松的话题。

复述是投诉处理中经常运用的一个环节。

（3）沉默。沟通中的"沉默"可被理解为：①不感兴趣。倾听者如果长时间对说话者的谈话没有反应，且目光游离不定，那么，给人的印象是他对谈话毫无兴趣。②支持和信任。当倾听者沉默不语但保持良好的目光接触且不时点头或以微笑相回应时，说话者的感觉是倾听者对我支持或者信任。③被说话者打动。当倾听者长时间沉默不语，但目光较长时间固定且表情与说话者所要表达的情感相符合时，十有八九倾听者被打动了。沉默就像乐谱上的休止符，运用得当，含义无穷，能达到以无胜有之效。但一定要运用得体，不可不分场合、故作高深而滥用沉默。沉默一定要与语言相辅相成，不能截然分开。

在倾听中适时地运用沉默，可获得如下效果：

①沉默能松弛彼此紧张的情绪。若对方情绪化地说了些刻薄之词，事后往往会内疚、自省，但若你当场质问或反驳他，犹如火上浇油。这时若利用沉默战术，有利于平复双方的情绪，也给对方自省的时间，继而改变态度，甚至聆听我们的话。

②沉默能促进思考。适时创造沉默的空间，有利于引导对方反思或进一步思考，在对方说谎时，此举尤其能引起他的恐慌。此外，沉默片刻能给双方真正思考的时间和心灵沟通的机会。

③沉默可控制自我情绪。在自己心生怒火的时候，开口极容易失言，影响谈话气氛和自身形象，保持沉默可渐渐克制自己激动的情绪。

沉默有诸多有益的作用，但也有消极的作用。消极的沉默可能是因为对方对话题不感兴趣，过于谦让，双方关系不友好或者陌生，说话人多言等。这时倾听者要努力打破沉默，使会谈健康、正常地开展下去。

12.3.3　提高倾听魅力

1. 良好的精神状态

在许多情况下，人之所以不能认真倾听对方的讲话往往是由于肌体和精神准备不够，因为倾听是包含肌体、感情、智力的综合性活动。增强倾听意识，保持良好的倾听状态，这是提高倾听魅力的最关键步骤。

2. 排除外界干扰

在与别人交谈时，要排除有碍倾听的环境因素，如尽量防止别人的无谓打扰及噪声打扰等，尤其要排除倾听者的心理干扰。

3. 与说话者建立信任关系

真诚地相信说话者会带来有价值的信息，并传达这种真诚。

4. 明确倾听目的

你对你要倾听的目的越明确，就越能够倾听。事先的考虑促使我们积极参与人际交流，你的记忆将更加深刻，感受将更加丰富。

5. 使用开放性动作

人的身体姿势会暗示他对谈话的态度。自然开放的姿态代表接受、容纳、尊重与信任。用各种对方能理解的动作与表情表示自己的理解，如微笑、皱眉、迷惑不解等，给说话者提供准确的反馈信息，以利其及时调整。还应通过动作与表情表示自己的感情，表示自己对谈话和说话者的兴趣。

6. 适时适度地提问、复述和沉默

倾听实验　　　　　　　　　　**商店打烊时**

教师用平均语速讲述"商店打烊时"的故事，之后让学生对以下信息作出判断。可以重复讲述两次，学生做两次判断；也可以第一次由教师讲述故事，之后学生判断，第二次教师将故事放在幻灯片上，让学生读完故事再做判断（以判断耳朵听到的信息与眼睛看到的信息，对各自的接受度进行比较）。故事及答案见附录。

习题（做两次）

请不要耽搁时间	正确	错误	不确定
1. 店主将店堂内的灯关掉后，一男子到达	T	F	?
2. 抢劫者是一男子	T	F	?
3. 来的那个男子没有索要钱款	T	F	?
4. 打开收银机的那个男子是店主	T	F	?
5. 店主倒出收银机中的东西后逃离	T	F	?
6. 故事中提到了收银机，但没说里面具体有多少钱	T	F	?
7. 抢劫者向店主索要钱款	T	F	?
8. 索要钱款的男子倒出收银机中的东西后，急忙离开	T	F	?
9. 抢劫者打开了收银机	T	F	?
10. 店堂灯关掉后，一个男子来了	T	F	?
11. 抢劫者没有把钱随身带走	T	F	?
12. 故事涉及三个人物：店主，一个索要钱款的男子，以及一个警察	T	F	?

> **复习思考题**

1. 倾听有哪些类型？
2. 倾听的障碍有哪些？如何有效地克服倾听障碍？
3. 结合自己的实践，谈谈有效的倾听有哪些技巧。

> **沟通游戏**

学生组成临时团队，8~10人一组。

如果学生互不认识，就请每位用一分钟介绍自己。全部同学介绍完毕，请每位同学说出其他同学的姓名等信息，信息越多越好；如果学生互相认识，就请每位用一分钟讲述一个自己的故事。全部同学讲述完毕，请每位同学说出其他同学的故事，信息越多越好。

> **案例分析**　　　　　　　李教授的学生为何找不到酒店

李教授去湖南郴州上课，接待方将他安排在市第一人民医院南院对面的汇圆湖酒店。

上课期间，李教授一个学生想来看望他，就打电话问他住在哪里。李教授刚好从窗口看到对面第一人民医院住院楼，就说住在第一人民医院对面，学生再问是什么酒店，李教授按照酒店住宿须知的名称告诉了他。他说听不清楚，要求李教授给他发一信息，李教授照办了。

不久学生说不小心失去了信息，请李教授再发一次酒店名，这时李教授没在酒店里，就凭记忆发短信：第一人民医院对面的汇圆酒店。

发这个信息李教授犯了两个错误：一是从酒店窗户看到的住院楼是一扇形，李教授只看到了第一人民医院标志，而没能看到"南院"二字，应该是第一人民医院南院；二是发信息时酒店名又少了一个"湖"字。李教授很快发现了第二个错误，在学生打电话确认时，特别说了是第一人民医院对面的汇圆湖酒店。

更巧的是，李教授的手机没电了，又带错了充电器，无法再与学生进行直接联系了。

结果学生到第一人民医院对面找汇圆酒店，没有人知道，还是在出租车司机的帮助下找到了第一人民医院南院对面的汇圆湖酒店。

讨论题：

李教授与学生如何避免沟通错误？

主要参考文献

[1]蒙特．管理沟通指南[M]．钱小军,张洁,译．8 版．北京:清华大学出版社,2010.

[2]魏江,严进．管理沟通——成功管理的基石[M].3 版．北京:机械工业出版社,2014.

[3]洛克,金茨勒．商务与管理沟通[M]．张华,等,译.10 版．北京:机械工业出版社,2013.

[4]张振刚,李云健．管理沟通:理念、方法与技能[M]．北京:机械工业出版社,2014.

[5]叶龙,吕海军．管理沟通:理念与技能[M]．北京:北京交通大学出版社,2006.

[6]康青．管理沟通[M].4 版．北京:中国人民大学出版社,2015.

[7]哈特斯利,麦克詹妮特．管理沟通[M]．李布,赵宇平,等,译．北京:机械工业出版社,2000.

[8]曾仕强,刘君政．人际关系与沟通[M]．北京:清华大学出版社,2003.

[9]崔佳颖.360 度高效沟通技巧[M]．北京:机械工业出版社,2009.

[10]查伦巴．组织沟通——商务与管理的基石[M]．魏江,朱纪平,等,译．北京:电子工业出版社,2004.

[11]贝克．管理沟通——理论与实践的交融[M]．康青,王啬,冯天泽,译．北京:中国人民大学出版社,2003.

[12]卡耐基．人性的弱点[M]．路茫缩写．上海:上海文化出版社,1986.

[13]黑贝尔斯,威沃尔．有效沟通[M]．李业昆,译．北京:华夏出版社,2002.

[14]王建民．管理沟通实务[M]．北京:中国人民大学出版社,2008.

[15]晓佳．商务文书范本大全[M]．北京:中国言实出版社,2006.

[16]拉姆斯登 G,拉姆斯登 D．群体与团队沟通[M]．冯云霞,等,译．北京:机械工业出版社,2001.

[17]余世维．有效沟通[M]．北京:北京大学出版社,2009.

自我测试结果评价

第3章　心理与沟通

1. 沟通能力测试

42分以上：你拥有很强的沟通能力，不要浪费它。

32～41分：你已有不错的沟通素质，要多注意掌握沟通技巧。

31分以下：也许你在与人的沟通上时常感到挫败，但是相信我，这并不妨碍你成为一个沟通高手，抓住一切机会训练自己的沟通技能。

2. 气质类型测试

正确判断人的气质：胆汁质、多血质、黏液质、抑郁质。

打分规则：

1、7、10、13、18、22、26、30、33、39、43、45、49、55、57分值累加（黏液质）

2、6、9、14、17、21、27、31、36、38、42、48、50、54、58分值累加（胆汁质）

4、8、11、16、19、23、25、29、34、40、44、46、52、56、60分值累加（多血质）

3、5、12、15、20、24、28、32、35、37、41、47、51、53、59分值累加（抑郁质）

评判标准：

如果某类气质得分明显高出其他三种，且均高出4分以上，则可定为该类气质。如果该类气质得分超过20分，则为典型；如果该类气质得分在10～20分，则为一般型。

两种气质类型得分接近，其差异低于3分，而且又明显高于其他两种，高出4分以上，则可定为这两种气质的混合型。

三种气质得分均高于第四种，而且接近，则为三种气质的混合型，如多血-胆汁-黏液质混合型或黏液-多血-抑郁质混合型。

3. 心理自检坐标图

理想型曲线呈山峰状。

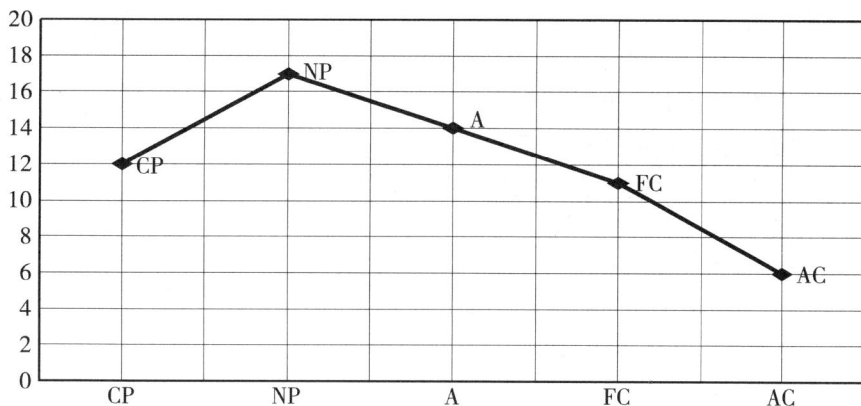

第9章 有效演讲

1. 演说技能自我评估

105～115 分：你具有优秀演讲者的素质。

98～104 分：你略高于平均水平，有些地方尚需要提高。

98 分以下：你需要严格地训练你的演说技能。

请选择得分最低的 6 项，作为本部分技能学习提高的重点。

2. 会议主席自我评估

27 分或 27 分以下：您的会议主持得很好。

36 分以上：可能预示您在扮演主席角色方面存在某些问题。

3. 会议参与自我评估

30 或 30 分以下：您的参与状态良好。

40 分以上：可能预示您对于会议及您在其中的角色有某些问题。

第12章 有效倾听

1. 倾听技能测试

将所得分加起来：

90～100 分：你是一个优秀的倾听者。

80～89 分：你是一个很好的倾听者。

65～79 分：你是一个勇于改进、尚算良好的倾听者。

50～64 分：在有效倾听方面，你确实需要再训练。

50 分以下：你注意倾听吗？

2. 倾听实验

商店打烊时

故事内容：某商人刚关上店里的灯，一男子来到店堂并索要钱款，店主打开收银机，收银机内的东西被倒了出来而那个男子逃走了，一位警察很快接到报案。

测试答案：

请不要耽搁时间	答案
1. 店主将店堂内的灯关掉后，一男子到达	？商人不等于店主

2. 抢劫者是一男子   ? 索要钱款不一定是抢劫

3. 来的那个男子没有索要钱款   F

4. 打开收银机的那个男子是店主   ? 店主不一定是男的

5. 店主倒出收银机中的东西后逃离   ?

6. 故事中提到了收银机,但没说里面具体   T
   有多少钱

7. 抢劫者向店主索要钱款   ?

8. 索要钱款的男子倒出收银机中的东西后,   ?
   急忙离开

9. 抢劫者打开了收银机   F

10. 店堂灯关掉后,一个男子来了   T

11. 抢劫者没有把钱随身带走   ?

12. 故事涉及三个人物:店主,一个索要钱   ?
    款的男子,以及一个警察